中西書院文庫

劉東 主編

いとうじんさい
おぎゅうそらい

論語古義 論語徵

〔日〕伊藤仁齋 著

〔日〕荻生徂徠 著

張蒙蒙 整理

商務印書館
The Commercial Press
甲子1897

中西書院文庫
總　序

　　基於彼此的"戰略合作"關係，我們新近創辦的這所中西書院，又動議在老字號的商務印書館，再來創立這一套"中西書院文庫"。

　　自晚清的國門被迫開啓以來，由於"應戰者"藉以謀求自强的武器，反而必須謀之於外部的"挑戰者"，也就使新一代"學術大師"的標準，從以往單純時間性的"博古通今"，擴充成了如今空間性的"學貫中西"。於是，如果再從更積極的角度來評估，在當今日益全球化的學術語境中，"中西"這個界面也就從激烈衝突的焦點，反而變成了學術上傲人的制高點。而浙江大學所以要成立"中西書院"，也正是鑒於"中西"這兩個字，已經成爲領先學府的主要標準，和國際視野的基本標志。——本著這樣的認識，我們在這個新創的學術機構中，也便可更加專注于文化之間的，特別是中西之間的持續對話，從而既去警惕文明衝突的破壞性，也來憧憬文化交融的生產性。

　　進而，也正是文明間的這種生產性，反使我們借助空間性的"中西"，轉而去暢想時間性的向上躍升了。也就是説，如果歐亞大陸的四大"軸心文明"，過去是受到了來自地理的限制，而不得不在有限的傳播過程中，兩兩捉對地形成了那邊疙裡疙瘩的兩希文明，和這邊的"佛教中國化"與"儒學印度化"，那麼，我們如今則可能突破這種地理限制，借助於更方便迅捷的文化傳播，去富有成果地進行"中國與希臘"之間的對話。甚至於，如果我們的運思足够透徹有力，這種對話還應表現爲"孔子與蘇格拉底"之間的對話，——這既意味著我們經由批判的比較，剝離了依附在宋明理學之上的印度宗教，也意味著我們通過知識的考古，去除了夾雜在西方文化中的希伯來神學。

無論如何，至少是根據我本人迄今的認識，也只有在"中國和希臘"這兩大文明之間，才能"罕見地共享著一連串的文化要素，包括多元、人間、現世、經商、感性、審美、樂觀、懷疑、有限、中庸、理性、爭鳴、論理、倫理、學術、講學等等"，於是，"也正是鑒於這兩者間的'親和性'，我在晚近以來才越來越傾向於認定，正被自己孜孜以求的'中國文化的現代形態'，絕不會只存在于本土的文化潛能中，而會更加廣大而寬闊地，存在于文明與文明之間，特別是'中國與希臘'的'文化間性'中"。①——於是便不待言，上面的這種基本的價值判定，也正是我心中"中西"二字的注脚，而與此同時，它也會預示中西書院的活動方向。

由此就説到這套"文庫"的宗旨。不言而喻，"中西書院"的基本使命，就是倡導跨越文明的深度對話，並且既要落實爲"國學與漢學"的對話，更要進一步登堂入室，去落實爲"中學與西學"的對話。正是在這種不稍懈怠、未有窮期的對話中，無論是這些在崗的教授同仁們，還是那些應邀的訪問學者們，都自然要結出各種形式的成果，而把它們慢慢收攏到一起，便可大體反映出本院的精神風貌與活動軌迹，不管是分別自行撰寫的新作，還是我們移譯別人的成書，乃至請人重新點校的典籍。——可不管怎麼説，今後凡是收集到這裡的著作，總會瞄向同一個學術目標，那就是要在持續而緊張的思考中，去攀越由中西文明共同支撐的、人類迄今尚未達到的"文化高度"。

也正是這種想象中的"文化高度"，從高處定義了我們的工作性質。

---

① 劉東：《悲劇的文化解析・自序》，上海人民出版社 2017 年版，第 6 頁。

不然的話，既然我們已跟商務印書館的同事，另外啓動了幾套翻譯的叢書，有的還可説是規模巨大、卷帙浩繁的，好像就不必再創辦這個"文庫"了。不過，即使我們眼下對於西學的把握，確已達到了前所未有的深廣度，而且如今已完全不必就此妄自菲薄了；可我們還是念兹在兹地記挂著，自己的文化使命絕不止被動的"引進"，還更在對於本土資源的有效"激活"。換句話説，如果中華的歷史終不至戛然而止，而中國的文化也終將是命不當絕，那麽，我們這代學者的終極文化使命，就只能是在杜鵑啼血般的、死而後已的追求中，促使它遞進爲"中國文化現代形態"。——"正如我曾一再强調過的，唯有對於'中國文化現代形態'的尋求與奠定，才是我們這場偉大實踐的終極目標。也就是説，這塊土地上的未來文化模式，既必須是標準'現代'的，由此而顯出對於全球化的汲取與適應，又必須是典型'中國'的，由此而顯出對歷史傳統的激活與承繼。——只要一天找不到它，我們的社會就會一天'找不到北'，就會日趨紊亂與失序下去；而一旦真正確立了它，儘管此後的歷史仍會發生損益，我們却可以像孔子那樣，信心滿滿地發出對於未來的預言——'雖百世可知也'。"

　　而由此也就有理由説，這一套將會陸續面世的"文庫"，雖則在其他方面均可不拘一格，却仍有著嚴格而統一的標準，那就是因其縝密厚重的學術量，以及由此帶來的高度的啓發性，有助於國人在"中西"之間的對話中，在大家向著"中國文化現代形態"的追求過程中，由於多所發明而能傳諸後世，同時也能讓我們終究無愧於自己的子孫。

劉　東

2022 年 11 月 14 日於北京友誼賓館

目　録

整理説明

　　一、此次點校，《論語古義》《論語徵》均以日本内閣文庫本爲底本，其中，《論語徵》參以上海古籍出版社二〇一七年影印松平賴寬輯、觀濤閣藏日本寶曆十年（一七六〇）和刻本《論語徵集覽》中分段，附《論語古義》後。《論語》原文中夾註爲《論語古義》所註。

　　二、原文中由於刊刻而出現的俗字，如"徃""詔""埀"等，改爲"往""詔""垂"等通用字形；對原刻本中出現的"巳""己""已"，"衹""祇""祗"等訛混情況，依據文意進行分别。

　　三、人名不統一的地方，如楊雄、揚雄等，依通行用法統一爲一種；刻本中漫漶處，依據文意進行還原。

　　四、對於《論語古義》和《論語徵》等註釋中的引文，儘量依原文進行覆核，但有些出於作者"隨意所記，不必每言搜究"，其與文獻出處有微别者，一律視爲原文，不加更改。

　　五、其他原書中的疏漏，保留原貌，不予改動。

《論語古義》序

　　昔者夫子生乎衰周之季，躬天縱之資，立生民之極，祖述前聖，討論墳典。其道之大、德之盛，亘今古而莫之比也。其遺言微旨之託于後者，門人弟子，謹而備録，名曰《論語》。固經中之一王，百家之權衡也。聖而前乎此者，不經其品章，則萬世無以識其爲聖；賢而後乎此者，不就其折衷，則萬世無以辨其言行事實之爲孰得孰失也。言其大也，則猶天地之囿萬象，而品彙莫不罔羅乎其中；言其近也，則猶布帛菽粟之切于民用，而一日不資，則不能以爲人。斯道之蘊奥，學問之階級，固具於其中，而不待復求之於其外矣。自漢而後，疏解註述之繁，非不精且詳也，然徒視以爲平實法語，而非鉤玄探賾之至論；應酬常談，而非統宗會極之要言。則雖不能不沿解以泝經，亦不可以不原經以審註焉。大抵聖人之道務實，故其教人，每就日用行事之實示之是非得失，而未嘗使之求心于一念未萌之先也。今且舉其大者，二十篇中鉅細畢舉，而其要莫仁爲大也。後之所謂仁者，以寂然不動，解覺解愛之理爲仁之體；以惻隱之發乎心者，爲仁之用；而以其著乎行事，澤物利人實迹之可見者，爲仁之施。於是仁分爲三截，而其用功全在乎屏欲閑邪？湛乎瑩乎，以復靈覺不昧之初，則澤物利人之功，乃其發見，而仁之粗者也。而質諸先聖之言，則所謂仁也者，唯一而已矣。而主實，故其利澤恩愛之及物者，雖有生熟大小之差，皆可以謂之仁。而安則爲仁者，利則爲智者，假則爲霸者，依則爲人，違則非人也。所以其用工之方，義以配之，禮以節之，智以明之。或忠或敬或恕，能敦其積，而後可以爲仁矣。而語其本，則孝弟之心，乃所謂知能之良，而至於仁之基也。若夫至於不動之初，未萌之際，則聖人固無其説矣。推之百行，莫不皆然。昔吾先人夙志聖學，衽席經典，服膺遺訓。唯信夫子之爲曠古一人之聖，此書之爲曠古無上之經。晝誦宵繹，參究訓傳，怳然自得，始覺後世之學與古人異。齒未强仕，已草此解。杜門卻掃，日授生徒，不復知世有聲利榮華之可羨。改竄補緝，向五十霜；稿凡五易，白首紛如。冀傳聖訓于後昆，託微志于汗青。瑣義末説，時有出入，則蓋亦不暇校矣。胤也不肖，夙受其分數，奉以周旋，不敢失隊。徒知讀父書，而欲傳之同志。爰命鋟梓，以垂不朽云。

　　　　　正德二年壬辰九月　　日京兆伊藤長胤謹叙

《論語古義》總論

日東洛陽伊藤維楨述

敘由

宋邢氏昺曰:"按《藝文志》曰:'《論語》者,孔子應答弟子時人,及弟子相與言,而接聞於夫子之語也。當時弟子各有所記,夫子既卒,門人相與輯而論纂,故謂之《論語》。'漢興,傳者有三家:魯《論語》者,魯人所傳,即今所行篇次是也;齊《論語》者,齊人所傳,別有《問王》《知道》二篇,凡二十二篇,其二十篇中,章句頗多於魯《論》;古《論語》者,出自孔子壁中,凡二十一篇,有兩《子張》篇,次不與齊、魯《論》同。孔安國爲傳,後漢馬融亦註之。張禹受魯《論》于夏侯建,又從庸生、王吉受齊《論》,擇善而從,號曰'張侯《論》'。後漢包咸、周氏竝爲章句,列於學官。鄭玄就魯《論》、張、包、周之篇章,考之齊、古,爲之註焉。魏吏部尚書何晏集諸儒之説,竝下己意,爲《集解》,正始中上之,盛行于世。"

維楨按:鄭氏曰:"《論語》,仲弓、子游、子夏等撰定。"程子曰:"《論語》之書,成於有子、曾子之門人,故其書獨二子以'子'稱。"愚以謂:此特謂撰夫子之語而已。至諸子之語,未必盡然。蓋《論語》一書,記者非一手,成者非一時,何者?除有子、曾子外,閔子、冉子亦以"子"稱。而諸子之語,曾子最居多,子貢、子夏次之。《學而》一篇三載有子之語,而《子張篇》多記子張之言,則知夫子之語皆成於游、夏等所撰,而諸子之語,則各出于其門人之所記。然要之,編《論語》者,亦游、夏之儔而已。

曾南豐曰："記二典者，皋、夔之徒。"即此意。而自宋興以來説《論語》者，蓋數百家，然而多出其意見，淆以佛老之説，則不可據以爲信。唯漢儒之説，猶爲近古，蓋不失傳受之意。故此書出入註疏者爲多，而於諸家之説，獨取其所長，並加裁定。其意味血脈，則竊附臆見云。

又曰：《論語》二十篇，相傳分上下，猶後世所謂正、續集之類乎？蓋編《論語》者，先録前十篇，自相傳習；而又次後十篇，以補前所遺者，故今合爲二十篇云。何以言之？蓋觀《鄉黨》一篇，要當在第二十篇，而今嵌在中間，則知前十篇既自爲成書。且詳其書，若曾點言志、子路問正名、季氏伐顓臾諸章，一段甚長。及六言、六蔽，君子有九思、三戒，益者三友、損者三友等語，皆前十篇所無者。其議論體製，亦自不與前相似。故知後十篇，乃補前所遺者也。

綱領

程子曰："讀《論語》，有讀了全然無事者，有讀了後其中得一兩句喜者，有讀了後知好之者，有讀了後直有不知手之舞之足之蹈之者。"

又曰："學者當以《論語》《孟子》爲本，《論語》《孟子》既治，則六經可不治而明矣。讀書者，當觀聖人所以作經之意，與聖人所以用心，聖人之所以至於聖人，而吾之所以未至者。所以未得者，句句而求之。畫誦而味之，中夜而思之。平其心，易其氣，闕其疑，則聖人之意可見矣。"

又曰："學者須將《論語》中諸弟子問處，便作自己問。聖人答處，便作今日耳聞，自然有得。雖孔孟復生，不過以此教人。若能於《語》《孟》中深求玩味，將來涵養成甚生氣質。"

又曰："凡看《語》《孟》，且須熟讀玩味，須將聖人言語切己，不可只作一場話説。人看得此二書切己，終身儘多也。"

維楨按:《論語》一書,萬世道學之規矩準則也。其言至正至當,徹上徹下,增一字則有餘,減一字則不足。道至乎此而盡矣,學至乎此而極矣,猶天地之無窮,人在其中而不知其大。通萬世而不變,準四海而不違,於乎,大矣哉!其語道,則以仁爲宗,以智爲要,以義爲質,以禮爲輔;其語教人,則曰"博文約禮",則曰"文行忠信",而總之曰"吾道一以貫之",是其標的也。雖後有聖者出,亦不能易此。而宋儒説《論語》,專以仁義爲理,而不知爲德之名;以忠信爲用,而不爲緊要之功。甚者至於以《論語》爲未足,而旁求之他書。或假釋老之説,以資其言説,其不得罪於孔門者,殆鮮矣。

又曰:夫子以前,雖教法略備,然學問未開,道德未明。直至夫子,然後道德學問,初發揮得盡矣。使萬世學者,知專由仁義而行,而種種鬼神卜筮之説,皆以義理斷之,不與道德相混,故謂學問自夫子始斬新開闢可也。孟子引宰我、子貢、有若三子之語曰"賢於堯舜遠矣",又曰"自生民以來,未有盛於孔子也"。蓋諸子嘗得親炙夫子,而知其實度越乎群聖人,而後措詞如此。愚斷以《論語》爲最上至極、宇宙第一書,爲此故也。而漢唐以來人皆知六經之爲尊,而不知《論語》之爲最尊,而高出於六經之上,或以《易》《範》爲祖,或以《學》《庸》爲先,不知《論語》一書,其明道立教,徹上徹下,無復餘蘊,非他經之可比也。夫子之道,所以終不大明於天下者,職此之由。愚賴天之靈,得發明千載不傳之學於《語》《孟》二書,故敢攄鄙見,不少隱諱,非臆説也。

又曰:夫道至正明白,易知易從,達於天下萬世,而不可須臾離。故知之非難,守之爲難;守之非難,樂之爲難。若夫高遠不可及者非道,隱僻不可知者非道,何者?非達於天下萬世,而不可須臾離之,道也。一人知之,而十人不能知之者,非道;一人行之,而十人不能行之者,非道。何者?非達於天下萬世,而不可須臾離之,道也。苟知此,則識吾夫子之德，實度越乎群聖人，而吾夫子之道，高超出乎萬世焉。《中庸》曰：
"考諸三王而不謬，建諸天地而不悖，質諸鬼神而無疑，百世以俟聖人而
不惑。"蓋贊夫子之德、之學、之功云然。若夫高遠不可及、隱僻不可知
之説，考之於三王則謬，建之於天地則悖，推之於人情物理則皆不合。
可見宇宙之際，本無此理，而誣道之甚者也。夫窮高則必返于卑，極遠
則必還于近。返卑近，而後其見始實矣。何則？知卑近之可恒居，而高
遠之非其所也。所謂卑近者，本非卑近，即平常之謂也。實天下古今之
所共由，而人倫日用之所當然，豈有高遠於此者乎？彼厭卑近而喜高遠
者，豈足與語達於天下萬世而不可須臾離之道哉？學者必知此，然後可
以讀《論語》矣。

　　又曰：欲學孔孟之道者，當知二書之所同，又知其所異也，則於孔孟
之本指自瞭然矣。蓋天下所尊者二：曰道，曰教。道者何？仁義是也。
教者何？學問是也。《論語》專言教，而道在其中矣；孟子專言道，而教
在其中矣。其故何諸？曰：道者充滿宇宙，貫徹古今，無處不在，無時不
然，至矣。然不能使人自能趨于善，故聖人爲之明彝倫，倡仁義，教之
《詩》《書》、禮、樂，以使人得爲聖爲賢，而能開萬世大平，皆教之功也。
故夫子專言教，而道自在其中也。而至於孟子時，聖遠道湮，異端蜂起，
各道其道，莫能統一。故孟子爲之明揭示仁義兩者，而詔諸後世。猶晝
夜之互行，寒暑之相代，無偏無倚，煥如日星，使人無所迷惑。七篇之
内，橫説豎説，其言若異，而無一非仁義之旨。而其所謂存養擴充、居仁
由義之説，皆以教而言。故孟子專言道，而教在其中也。二書之言，如
有所異，而實相爲用，此其所同也。此二書之要領，學問之標的。若於
此欠理會，卒不能得孔孟之門庭，學者審諸。

　　又曰：孟子剏倡性善之説，爲萬世道學之宗旨，而孔子不言之者，何
哉？蓋人能從教，則隨其所志所勤，皆可以至於聖賢，而性之美惡不暇

論焉。故雖無性善之説可矣，故曰："性相近也，習相遠也。"夫自衆人至於堯舜，其間相去，奚翅千萬？而夫子謂之"相近"者，則孟子所謂"人皆可以爲堯舜"之意，故雖不言性善，而性善自在其中矣。謂夫子不言性善者，非也。孟子本以仁義爲其宗旨，而其所以發性善之説者，蓋爲自暴自棄者立其標榜，使知所本耳。蓋道至尊而教次之，而其盡道受教者，性之德也。若使人之性如雞犬之無智焉，則雖有善道，莫得而入；雖有善教，莫得而從也。惟其善，故能盡道受教，而之善也輕。此孟子所以爲自暴自棄者發性善之説，而亦莫不以教爲要。何者？倘專任其性，而不學以充之，則衆人焉耳，愚人焉耳。其卒或爲桀紂而止，故曰："苟不充之，不足以事父母。"又曰："苟失其養，無物不消。"皆言性之不可恃也。專謂孟子倡性善之説，爲道學之宗旨者，後世學騖虚遠，視性甚高之所致，而非孟子之本旨也。

《論語古義》總論畢。

卷一

【徵】孔子生於周末，不得其位，退與門人脩先王之道，論而定之，學者録而傳之，六經傳與記是已。其緒言無所繫屬者，輯爲此書，謂之"語"者，裁然耳。蓋七十子之後，諸家所傳，不無附益。獨此至爲醇真，故學者尊之，比諸六經。迨漢代，立之學官，崇聖人之言也。後世先王之道弗明，豪傑士厚自封殖，以聖知自處，遂至於以六經爲先王陳迹，獨潛心斯書。然學不師古，非孔子之心矣，廼敖然自取諸其心以爲解者，自韓愈而下數百千家，愈繁愈雜，愈精愈舛，皆坐不師古故也。余學古文辭十年，稍稍知有古言，古言明而後古義定，先王之道可得而言已。獨悲夫中華聖人之邦，更千有餘歲之久，儒者何限！尚且曉曉然事堅白之辨，而不識孔子所傳爲何道也，況吾東方乎！孟子有言曰："無有乎爾，則亦無有乎爾！"豈謂今之時與？是以妄不自揣，敬述其所知。其所不知者，蓋闕如也。有故，有義，有所指摘，皆徵諸古言，故合命之曰《論語徵》。

　　蓋先王《詩》、《書》、禮、樂，孔子之前，學者亦傳其義，然其言人人殊矣，至於孔子而後論定。故所以命之爲"論"者，廼以命孔子事業乎爾。大史公謂學者稱述六藝，皆折衷於孔子，是之謂乎！如論人、論官、論罪，古皆謂論而定之也，非徒論辨也。《漢書·藝文志》謂弟子論撰孔子之語，猶爲不失古言，廼"論"屬之弟子。其意謂如《尚書》之"尚"也，則國語、家語何別，齊《論》、魯《論》何謬？且訓

“語”爲“言”，非古矣。古者大學有“乞言”“合語”，《周官·大司樂》有“樂語”，凡言之可以爲教者，皆謂之“語”，如“語云”及“請事斯語”之類，可見已。故曰：謂之“語”者，裁然耳。

七十子所録，人人殊矣，散之四方，人爲篇而篇無統也。命篇無意義，以此，程子曰：成於有子、曾子門人，故唯二子以子稱。何廼遺閔、冉，且也子思作《中庸》，字其祖，子何必優於字乎？大氐其族有爲大夫者，則子歸之，其它否。烏知子貢、子路、游、夏之儔，其族不有爲大夫者乎？又如何註所引“孔曰”“馬曰”“王曰”，古本皆具其姓名，作“孔安國曰”“馬融曰”“王肅曰”，而晏父名咸，故於包咸獨去其名，辟諱也。至於孔穎達《正義》，廼始盡去其名，從省也。朱子不睹古本，妄謂不名先儒禮也。於是乎尹焞、游酢、謝良佐屬悉氏而不名，又從而爲之階級，子程張而氏諸儒。自此之後，《大全》諸書，奉以爲金科玉條不敢違，遂使讀者茫乎不能識其爲誰某也。殊不知君前臣名，其於父與師亦爾。解經諸儒，具其姓名，禮當然也，且功罪有歸，謬誤可稽，義當然也。予嘗謂朱子不知而作者，豈不然乎？

魯《論》二十篇、齊《論》二十二篇、古《論》二十一篇，其傳於後者尚爾，況《論語》未成之時乎？其篇有并析者可知也。祇其書以知命君子終始，及《鄉黨》終上《論》，《堯曰》終下《論》，群弟子之言附後，蒐輯者之條理之也。蓋上《論》成於琴張，而下《論》成於原思，故二子獨稱名，其不成於他人之手者審矣。

矢口之與涉筆，有間也。《論語》者，聖人之言而門人之辭也。謂之聖人之文者，惑矣，門人一時以意録之，以備忽忘焉耳，豈有意傳之後世哉？且烏知其録時之意乎？且《論語》猶《詩》邪？《詩》有序而《論語》無序，何以識孔子所以言之乎？曾點之“舞雩”，如際諸

畫，樊遲則否，迺録者之工拙殊也。凡謂《論語》精譔者，其説至於
"邦君之妻曰小君"而窮矣。且先王之道，禮樂焉耳，而孔氏多言其
義，禮樂殘缺，《論語》迺有不可解者矣。

　　人不欲學孔子所學，而欲學孔子，是工人不由規矩準繩，而學
般倕也。其意謂欲學孔子，宜無若《論語》，聖人之言行具是，而其
意猶有所不足也，則以《史記》世家補之。噫，是惡足盡孔子哉！孔
子不得其位，不行其道於天下，以匹夫終其身。故其所言所行，止
於若是焉。夫舜耕歷山、陶河濱而人化之，是其德爲爾，何以睹其
道乎？苟有其德則舉而措諸事業，是莊周内聖外王之説也。道者，
率性自然而人皆有之，故聖人不假學，是宋儒以後之失也。其究必
至於廢六經而極矣，孰謂仁齋先生殊於宋儒也？然則《論語》不足
讀邪？曰：否也。工人既傳其規矩，而後與般倕處，其益豈小小乎？
是歷山、雷澤之間，亦足以窺其百揆之時哉！要之，聖人之道大矣，
苦學者所見之小焉耳。

學而第一 凡十六章

【徵】孔子未免身爲匹夫，五十而知天命，然後脩先王之道傳諸人，以儒
　　自處，以好學自稱。其恒言曰："學而不厭，誨人不倦。"如"學而時
　　習之"，亦以勸人，是雖未足以盡聖人，亦足以樂孔子，故以居首，蒐
　　輯者之意也。《荀子》首"勸學"，蓋本諸。

子曰："學而時習之，不亦説乎？ 學，俲也，覺也。考諸古訓，驗之見聞，有所俲法而
覺悟也。習，溫習也。説，"悦"同，喜也。言既學矣，而時時溫習，則智開道明，猶大寐頓
覺，跛者忽起，而有不堪其悦者矣。蓋道之浩浩，唯學得以盡之，而非習則亦不能造其極。

故聖人以學为貴,而習爲要也。**有朋自遠方來,不亦樂乎?** 朋,同類也。其學足以被乎遠,則君子善與人同之。志得遂而足以見我德之不孤,何樂如之? **人不知而不愠,不亦君子乎?** 愠,怒也。君子,成德之稱。言德備於己,則富貴爵禄、毀譽得喪,一切無所動乎其中。故雖人不知而輕賤之,毫無所怒,學之至也。蓋其道愈大,則識之者愈少,是君子之所以不愠也。"

【古義】此夫子自言其意中之事,以勸勉人也。言適其心則悦,遂其願則樂,皆人情之所同然。而人未知,誠悦樂也。君子者,人之所仰慕。而人未知,誠君子也。故學而時習,則所得日熟,是爲誠悦矣;有朋自遠方來,則善與人同,是爲誠樂矣;而至於上不怨天,下不尤人,無入而不自得焉,則不啻免爲鄉人,是爲誠君子矣。而朋來之樂,不愠之君子,皆由學而得焉,則學之爲功,不其大乎? 夫子所以爲天地立道,爲生民建極,爲萬世開太平者,亦學之功也。故《論語》以"學"之一字,爲一部開首,而門人以此章置諸一書之首,蓋一部小《論語》云。

【徵】"子"爲男子美稱,亦爲大夫之稱。古者天子世嗣,諸侯世嗣,大夫不世爵,士不世官。四十而仕爲士,五十而爵爲大夫,七十致仕,是德立而爵從,以大夫爲其至者。非若秦漢以後士,生願封侯,以官至三公爲分所當得者比矣。是稱"子"之義也。子必有父,人無不有父者。不德爲不肖,爲不肖其父也。學成德而爵爲大夫,亦爲肖其父也,故德莫美於"克子",古之義也。《論語》稱孔子去姓,如《春秋》公魯侯,内辭也。

　　學農圃,學射御,亦皆言學,而單言"學"者,學先王之道也。學先王之道,自有先王之教,《傳》曰:"樂正崇四術,立四教,順先王《詩》、《書》、禮、樂以造士。"是也。習者,肄其業也。時習之,王肅曰:以時誦習之。《傳》曰:春誦,夏絃,秋學禮,冬讀書。其習之亦如之，以身處先王之教也。説者，心深受而有所愛慕也。蓋先王之道，善美所會萃，天下莫尚焉。而其教法，順陰陽之宜以將息之，假以歲月而長養之。學者優游於其中，久與之化，德日以進，辟諸時雨之化，大者大生，小者小生，豈非可悦之事乎？朋，黨類，謂從我游者也。樂，謂樂其在我者而不復它求也。學成而孚於人，遠方士亦有來從我游者，我教而育之，亦以在我者已，是其可樂之至，豈復有所慊而它求乎？凡天下之樂，皆在富貴，而貧賤之樂，其大而可皆能者，唯是已。故自西自東，自南自北，無思不服，《文王》之詩，而孔子廼足當之矣。人不知，謂不見用於世也。愠，謂心有所怫鬱也。蓋愠、鬱一音之轉，不必訓怒。君子，治民者之稱，包大夫以上。雖在下，其德足以長民，亦謂之君子也。士學先王之道以成德，將以用於世，然人不知而不我用也，其心豈莫所怫鬱乎？爲下者之情爲然。然亦有命焉，行先王之道於世，命也；傳先王之道於人，命也。唯命不同，於是時教學以爲事，藉以忘憂。其心莫有所怫鬱，豈不以爲君子之人乎？不亦、乎者，贊辭。贊學習之道可悦可樂，亦可以爲君子也。蓋先王之道，敬天爲本，禮樂刑政，皆奉天命以行之。故知命安分，爲君子之事矣。《中庸》曰："遯世不見知而不悔，惟聖者能之。"《易·文言》曰："不見是而無悶，龍德而隱者也。"是聖人而充君子之德，莫所待而不愠，廼舜、泰伯足以當之，非凡人所能及者。大氐孔門之教，不以凡人所不及者强之，故曰："發憤忘食，樂以忘憂，不知老之將至。"又曰："學而不厭，誨人不倦。"皆孔子自言以勸人者，與斯章之義正相發也。悦則不厭，樂則不倦，優游以卒歲，富貴於我如浮雲，皆以是物，信哉！

　　朱子以"效"訓"學"，是字學家釋名之説。謂聲音之道，展轉相因，效轉爲學，故學亦有效意耳。然效、學一分，效自效，學自學，豈可混乎？且學字，本不須訓詁，其義自明，朱子所以引效字纏繞立説者，坐誤讀《中庸》《孟子》，妄求爲聖人故耳。夫聖人聰明睿知之德受諸天，豈可學而至諸，何況效乎？先王四術，《詩》、《書》、禮、樂，辟如化工生花，學以成德，德以性殊。立言制行，亦人人殊，何必效爲？宋儒非剪綵之花，則里婦效矉西施，可謂陋矣。又如訓"覺"，是其一旦豁然貫通之説，聖人之道所無。蓋先王之教，習之久，與之化，德成而知明，莫有所容力。故曰："默而識之……何有於我哉？"宋儒主理貴知，欲先明其理而後踐之，故有其格物之説。今日格一物，明日格一物，有何窮盡？故又立一旦豁然之説以濟之。辟諸不享大牢，欲知其味，豈非妄乎？老佛以天下之人爲迷，迷斯有悟，聖人之道豈有是哉？《孟子》"先覺""後覺"訓"正"，徵諸本文可見已。《論語》"先覺"，謂覺人之詐僞耳，豈語學哉？人性本善，亦原於孟子，而孔子所不言。孟子亦有所爲而言之，且其所謂性，廼宋儒氣質，善亦大槩言之；宋儒"性"，如佛氏"性相"之"性"，大失古言。其所謂善，亦以至者言之，遂加一"本"字而有復初之説。然赤子無聖人之德，其可言者理耳，故又曰：性即理也。是宋儒取諸其臆妄作者，昭昭乎明矣哉！又如仁齋以稽古補偏爲學問之功者，亦誤讀《中庸》，而謂道不竢聖人而有之故也，果其説之是邪？孔子奚學爲？"習"訓"重習"，亦爲纏繞。學、習固有重複之義，然重複豈能盡學習之義乎？"時習之"，既以爲時時重習，又以爲無時不習。朱子解經，可謂無特操者已。時時重習，僅爲童子受句讀者事；無時不習，則天子、諸侯之禮，宗廟、軍旅、冠昏、喪祭，皆不可得而習之矣。故唯坐如尸立如齋，可見其説之窮已。"説"訓"喜"意，殊爲不知字義。喜與怒對，悦則不然：聲色之悦耳目，芻豢之悦口，理義之悦心，王聞之大悦，佛然不悦，人皆悦服之類，豈特喜意乎？心與理浹洽則喜，宋儒誠枯單哉！悅固在心，然何必求諸心也？樂主發散在外，緣朋來造是無用之解，其謬昉於皇侃。殊不知凡言樂者，皆樂在我者而不須它求之義。悅、樂之分，悅者道尚在彼而我學之，樂者道已在我而我教人，豈不明白乎？"慍"訓"含怒"意，亦至於《南風》"解慍"而窮矣。且人不知而怒，雖非君子，亦無是事。至於樂與不慍爲所遇境有順逆者，則其謬甚矣。人不知，本謂在上之人不知其有長民之德、治邦之才耳，如"莫我知也夫"，豈爲七十子不知夫子乎？故朋來之樂，亦人不知之事，迺以教育英才自樂，而雖人不知亦不慍耳。是儒者之事，足以當君子之德，故曰："不亦君子乎？"朱子以講道授徒爲大小大事，以朋來爲順境，以生徒零落爲人不知，爲逆境，所見之陋，宜其生鵝湖之爭也。又如以人不知而不慍爲學問之極功，是固然，然有所慍者，爲其有所蘊也，苟無所蘊，亦何足貴哉！且聖人之道，敬天爲本，故君子貴知命，若徒以心不爲利名動言之，迺佛老亦能之。蓋先王之道，安民之道也。學者，學之也，學優則仕，以行其道。子路曰："不仕無義……君臣之義，如之何其廢之？"孔子時議論如此，故人不知而不仕，其心有所怫鬱，士子之常也。樂《詩》《書》以忘憂，儒者之事也，孔子以此自處，亦以勸人，此章之義也。

有子曰："其爲人也孝弟，而好犯上者，鮮矣；不好犯上，而好作亂者，未之有也。有子，孔子弟子，名若。犯上，謂干犯在上之人。鮮，少也。亂，謂逆理亂常之事也。言孝弟之人不待學問，自不爲不善也。蓋明孝弟爲本然之善也。**君子務本，本立而道生。孝弟也者，其爲仁之本與！**務，專力也。本，猶根也。言君子凡事專用力於根本，根本既立，則其道生生不已。孝弟者，其至於仁之本歟！故爲仁者以孝弟爲本，則仁道充大，而足以保四海也。"

【古義】此章總贊孝弟之爲至德也。蓋"其爲人也孝弟"者，其性之最美而近道者也，則其必無犯上作亂之事可知矣。此則進德作聖之基本，而可以至於仁矣。仁者，道也。孝弟者，其本也。苟自此本而充之，則所謂道者生生不已，猶有源之水導之而放于四海，有根之木培之則可以參天，故曰："孝弟也者，其爲仁之本與！"可知道云者，乃指仁也，而孝弟其根本也。編者以此置諸首章之次，蓋明孝弟乃學問之本根也，有旨哉！

論曰：仁者天下之達道，而人之所不可不由焉而行者也。而循其本，則人性之善，具此四端。苟知擴而充之，則可以至於仁矣。故孟子曰："人皆有所不忍，達之於其所忍，仁也。"又曰："惻隱之心，仁之端也。"又曰："親親，仁也……無他，達之天下也。"有子以孝弟爲仁之本，其言相符，蓋孟子祖述之也。先儒之説，以爲仁義者，人性所具之理，性中只有仁、義、禮、智四者而已，曷嘗有孝弟來？若如其説，則仁體而爲本，孝弟用而爲末，於是與有子之言似相枘鑿。故曰："爲仁以孝弟爲本，論性以仁爲孝弟之本。"然既曰"其爲人也孝弟"，又曰"本立而道生"，則其以孝弟爲仁之本，可知矣。然則孟子以仁義爲固有者，何也？蓋謂人之性善，故以仁義爲其性也。此以仁義名性也，非直以仁義爲人之性也。毫釐千里之謬，正在于此，不容不辨焉。

【徵】爲仁於天下，以教孝弟爲先。宗廟之禮，所以教孝也；養老之禮，所以教弟也。孝弟化行，民俗和順，天下自然治。而後世不知其意，以爲迂闊，故有子語其義也。言觀於孝弟之人不好犯上作亂之事，可以見其效弗差焉。"君子務本，本立而道生"，蓋古語，有子引之。有本有末，莫非道也。君子務本，有司務末，所職殊也。在上之人所統大，而力有不周也。本立而道之行於彼者，自然而然。有非吾之所使者，辟諸草木之生，勃勃乎莫之能禦，故曰"道生"。我教孝弟，未嘗教忠，未嘗教敬，未嘗教和，未嘗教順，而忠敬和順，自然生於彼，先王之知其要也。

朱子曰："仁者，愛之理，心之德。"夫善惡皆在心，何德非心之德？何唯仁哉？愛之理，廼其理氣之説。蓋"五常"出《周書》，不知其解。仁、義、禮、智出《孟子》，謂根於性而不謂性。謂之性者，自漢儒始。配之五行者，亦自漢儒始。然漢儒之性，廼宋儒之氣質，初無理氣之説。理氣之説，自茂叔始。若唯據性理也，則性中何無孝弟也？程子深泥五行，其意謂生之初唯有五氣，五氣之理，仁、義、禮、智，故曰："曷嘗有孝弟來？"仁齋先生又以"本"爲本根，而言可由孝弟以成仁德也，是誤讀《孟子》之失已。先王之道，仁自仁，孝弟自孝弟，豈可混乎？蓋仁智，德也。禮者，先王之禮；義者，先王之義。"禮以制心，義以制事"，皆道也。王道亡而師道興，古者禮樂以成德，於是略禮樂而急脩身，故采其要領者以教人。是仁、義、禮、知之名所以立也，其在思、孟之際乎？故其所謂禮，專指曲禮言之。後世諸先生皆不晰淵源所委，一宗漢儒，其所不通者，以臆斷之，所以謬也。

仁知並言，德也；仁義並言，道也。道存六經，《詩》《書》者，義之府也。禮皆有其義，《春秋》之義，孔子竊取之，《易》唯時之義。故六經莫非義，孰爲仁，孰非仁？仁蓋統其大者也，唯賢者能識其大者，學者所難也。仁難言，以此。然先王之道，安天下之道也，六經孰非安天下之道？故仁以安天下解之，庶其不差矣。子張問仁，子曰："行五者於天下。"顏淵問仁，子曰："天下歸仁。"如有若之言，亦謂爲安天下也。不好犯上，不好作亂，豈學者自治之事哉？子曰："苟志於仁矣，無惡也。"果若後儒之説，則有若可謂言不知倫已。大氐先王之道，必有事焉，禮樂是也，故《論語》多語禮樂之義者矣。後儒不知，外禮樂而唯義理是視，此章之旨，所以不明也。

　　本，始也，林放問禮之本。天下之本，國也；國之本，家也；家之本，身也。德者本也，財者末也，皆謂所始，古言爲爾。古之言，皆主行之故也。後世體用之説興，以體爲本，以用爲末，以理爲本，以事爲末，皆主所見故也。莊周"内聖外王"之説哉！

子曰："巧言令色，鮮矣仁。"巧，好。令，善也。鮮，少也。言好其言語，善其顏色，致飾於外，則是僞焉耳，何仁之有？

【古義】孔門之教以仁爲學問之宗旨，而平生受用莫不從事於此，故不言道，不言德。或以仁命之，如此章是也。蓋德以仁爲主，而仁以誠爲本。剛毅木訥，質乎外而實乎内，故曰"近"；巧言令色，似乎外而僞乎内，故曰"鮮"。其辨誠僞於幾微之間，至嚴矣。

【微】巧言之人，必以令色行之，故或止曰"巧言"，如巧言亂德、巧言如簧是也。《書》曰："巧言令色孔壬。"司馬遷作《史記》，改作"巧言善色佞人"。佞人即巧言，故知令色帶説也。世人貴佞，故曰"雍也仁而不佞"以惜之，故必求佞而仁者，以爲成人，孔子斷之曰"巧言令色，鮮矣仁"，見仁者之必不佞也。"鮮矣仁"，猶言鮮乎仁。仁者何以不佞？學《詩》以善其言辭，學禮以善其威儀，皆所以養德也。苟不務成德於我，唯言色之美是求，則徒爲悦人之歸。蓋天命我爲天子爲諸侯，是任天下國家者也，爲大夫爲士，亦共天職者也。學而成德曰"君子"，謂成安民，長國家之德。故君子畏天，至嚴也。仁以爲己任，至重也。其心在安國家，至大也。志於仁者，豈遑及言色之末哉？是其所志大故也。不畏天，不任重，其志不在安民，則所務不出於言辭容色之間焉，其所就不过於悦人自私焉，甚者廼至於以亂國家焉，所志小故也。朱註："好其言，善其色，致飾於外，務以悦人。"若無不可者，然以内、外言之，其禍昉於孟子好辨，而極於宋儒，不可從矣。又曰：“人欲肆而本心之德亡矣。”亦其心學之説耳。且心豈有本末？亦其迷悟之説耳。《孟子》有“本心”之文，乃謂初心耳。又曰：“聖人詞不迫切，專言鮮，則絕無可知。”聖人豈必不言無乎？鮮者，少其人之謂也。天下之大，氣質萬品，豈可以吾一人之見而必其無也乎？故曰“鮮”。朱子意廼謂其人無仁焉，殊不知古書多曰“不仁”“未仁”耳，未聞“無仁”也。蓋仁者成德之名，不可以有無言矣，其或曰“無仁”者，以國與世言之，無仁人之謂也。又或有以巧言令色爲脅肩諂笑之徒者，是豈帝之所畏乎？按：皇侃本“矣”下有“有”。

曾子曰：“吾日三省吾身。曾子，孔子弟子，名參，字子輿。三省，如三復、三令之類，丁寧反復而省其身也。凡三字在句首者，爲三次之義，如三復白圭、三以天下讓是也。在句尾者爲數目之字，如君子所貴乎道者三、君子之道者三是也。**爲人謀而不忠乎？與朋友交而不信乎？傳不習乎？**孔氏曰：“忠謂盡中心。”信，實也。何氏曰：“傳不習乎，言凡所傳授之事，得無素不講習而妄傳乎？”**”**

【古義】此曾子於此三者，常常無忘於心，又每日三次竦動興起，自省其身若此。蓋斯三者皆爲人不苟之事，曾子以此自省其身，則古人所以脩身者，專以愛人爲本。故其所自省者亦在爲人，而非如後世之學以絕外誘、屏思慮爲省身之要也，可從而知矣。

論曰：古者道德盛而議論平，故其修己治人之間，專言孝弟忠信而未嘗有高遠微妙之説也。聖人既没，道德始衰，道德始衰而議論始高。及乎其愈衰也，則議論愈高而去道德愈益甚矣。人唯知悦議論之高，而不知其實去道德益遠也，佛老之説、後儒之學是已。蓋天地之道存于人，人之道莫切於孝弟忠信，故孝弟忠信足以盡人道矣。若曾子之言，後世學者孰能識其造於至極而無復可加者乎哉？觀後篇答孟敬子將死之語，與此章意若出一轍，則知此章蓋出於其晚年而非初年之言也。然則曾子一生之學，謂此章盡之可矣。先儒惜其嘉言善行不盡傳於世者，亦非深知《論語》者也。

【徵】吾日三省吾身，《荀子》"三"作"參"，而無"三者"之目。或曰：參而察之，未穩，三去聲爲是。朱子曰："以此三者日省其身。"可謂不知古言。然其說本於程子誓邪七，此自一時惡其效顰，豈可爲據乎？忠者，懇到周悉，無所不盡也。信者，行不爽言，若合符節也。朱子盡己以實之解，殊爲未暢。觀於下文以忠信爲傳習之本，則惡其義之淺，故爲此艱深之言也。殊不知曾子止以爲人謀、與朋友交者言之，初非如宋儒心學務深者比也。蓋先王之道，安天下之道也。然登高必自卑，行遠必自邇，故君子依中庸。中庸者，孝弟忠信之謂也，皆存乎接人之間，孔門之教爲爾。又謂之依於仁，曾子守約出《孟子》，迺以曾子之勇比諸黝、舍，豈以槩其生平乎？如《戴記・曾子問》，則謂之何？可謂牽強。又如："傳不習乎？"何晏曰："言凡所傳之事，得無素不講習而傳之。"邢昺曰："傳惡穿鑿。"爲得之。朱子曰："傳謂受之於師，習謂熟之於己。"是解傳如學。大氐傳可屬之師而不可屬之弟子也。爲人謀，與朋友言，皆以我言之，傳獨不屬我，可乎？仁齋先生駁之爲當。按：皇侃本"交"下有"言"。

子曰："道千乘之國，敬事而信，節用而愛人，使民以時。"包氏曰："道，治也。"千乘之國，諸侯之國，其地可出兵車千乘者也。敬事而信者，敬慎民事而信以接下也。人，通臣民而言。時，謂農隙之時，言治國之要，本在於所存，而非專任政事也。

【古義】治千乘之國，其事固難，而其功最大矣。然以此爲本，則亦無難治者，即孟子所謂"事在易"之意。○楊氏曰："上不敬則下慢，不信則下疑，下慢而疑，事不立矣。敬事而信，以身先之也。《易》曰：'節以制度，不傷財，不害民。'蓋侈用則傷財，傷財必至於害民，故愛民必先於節用。然使之不以其時，則力本者不獲自盡，雖有愛人之心而人不被其澤矣。然此特論其所存而已，不及爲政也。苟無是心，則雖有政不行焉。”

【徵】“道千乘之國”，諸先生之解，可謂善言治國之道者已。然孔子何以謂“千乘之國”？且“道”字，皇侃本作“導”。馬融曰：“謂爲之政教也。”包咸曰：“道，治也。”皆非正解，特以解“導”耳。且古曰“導之以德”，豈此數事而謂之“導”乎？竊疑此必脫簡，“道”如“道宋衛之間”之“道”。蓋天子巡狩，必道千乘之國，小國苦供億也。“敬事而信，節用而愛人，使民以時”，皆道千乘之國之事也。使民以時，蓋謂使治道路也。不然，治國愛民爲先，何置諸後也？宋儒以理言之，莫不可言者，粲然可觀。苟不求諸辭，亦鑿矣耳。

萬乘、千乘、百乘，古言也。謂天子爲萬乘，諸侯爲千乘，大夫爲百乘，語其富也。語其富者，侈其辭，如千金之子，孰能計其囊中之藏適千而言之乎？故古來註家，布算求合其數，可謂不解事子雲已。如以王畿千里出萬乘求之，必方百里者十而出千乘，是方三百一十六里之國也。由此而求之，必方百里而後出百乘，安有方百里而爲大夫者乎？又以方百里出千乘爲準，則方三十一里有畸出百乘。以方百里之國而有大夫若是，能堪尾大之患乎？故斤斤求合其數，皆不通之論也。

敬皆本於敬天、敬鬼神，其無所敬而敬者未之有也。朱子創敬工夫，是無所敬而敬者也，自謂無爲，以余觀之，亦病耳。

子曰：“弟子，入則孝，出則弟，謹而信，汎愛衆，而親仁。行有餘力，則以學文。”汎，廣也。衆，謂衆人。言廣愛衆人，無所憎嫉也。仁，謂仁者，言親近有德之人也。餘力，猶言間暇。以，用也，謂用間暇也。文者，先王之遺文。言孝弟謹信，汎愛而親仁，則脩身之本立矣。而其有餘力則亦考遺文，以驗其所行之得失也。

【古義】此言學問當慎其初也。孝弟者，人倫之本。謹信者，力行之要。

汎愛、親仁者，成德之基。餘力學文者，亦"就有道而正焉"之意，言在爲弟子時果能如此，則學自正、德自脩而終身之業得矣。

論曰：凡學須慎其初，所入一差必貽終身之害。後世學者不知以德行爲主，而專以學文爲事，故其卒也必爲異端俗儒之流。蓋古者以德行爲學問，故學問既成而道德自立，見聞益廣而躬行益篤矣。後世以德行爲德行，以學問爲學問，故既學矣，而又脩德行以副其意。故每有文學勝而德行不及之患矣，或有未及德行，而流至於記誦文詞而止者矣，其初之不可不慎也如此。

【徵】謹而信，謹者，慎其言行不敢苟也。信者，行如其言也。朱子分配言行，蓋取諸《易》"庸言之信，庸行之謹"。可謂强矣。孝弟者，弟子之道也。謹信者，持身也。愛衆、親仁者，接人也。之三者，日用之常也。餘力學文，以求進德也。朱註謂德行本也，文藝末也。又曰："力行而不學文，則無以考聖賢之成法，識事理之當然，而所行或出於私意，非但失之於野而已。"夫文，謂《詩》《書》、禮、樂之文，先王之教也。不學此，則雖有上數者，未免爲鄉人矣，何以能成君子之德哉？豈得謂之末也乎？何唯考成法、識事理乎？後世諸先生，皆不知學問之道，悲哉！

仁齋先生解"弟子入則孝"曰："此言學問慎其初也。"蓋據"弟子"字言之。"有事弟子服其勞，有酒食先生饌"，先生、弟子，古未有若是拘拘者也。夫子本言爲人子弟者之事，而仁齋忽生一見，乃謂宗門之別也。以爲弟子入門初受教，孔子先以此教之，陋哉！且孔子時豈有宗門也？

子夏曰："賢賢易色，事父母能竭其力，事君能致其身，與朋友交，言而有信。雖曰未學，吾必謂之學矣。"子夏，孔子弟子，姓卜名商。賢人之賢而變易顏色，言好善之有誠也。致，猶委也。致其身，謂不有其身也，子夏言學者求如是而已。苟有如是之人，雖或未嘗爲學，我必謂之既學道之人矣。

【古義】游氏曰："三代之學，皆所以明人倫也。能是四者，則於人倫厚矣。學之爲道，何以加此？子夏以文學名，而其言如此，則古人之所謂學者可知矣。"○愚謂子夏得親炙於聖人而篤信深守焉，則固當真得聖人之意。而今其言如此，則聖門所謂學者可知矣。故學者能得子夏之意，而後可以讀書。不然，則雖文學可觀而與未學之人同，可不察乎！

【徵】"賢賢易色"章，如曾子"君子人與？君子人也"意，子夏設此以教人也。若有人能此數者，其人或自謙曰"未學"，我必謂之已學之人也。必者，懸斷之辭，以他邦他邑之人未諳其生平言之。賢賢易好色之心，何從而得"好"字乎？變易顏色，好賢之誠形於外也，甚爲穩當。能致其身，謂致身其職也。凡曰"致"者，皆謂使之至也，如致敬、致哀、致知、致中和，謂吾有所使之而敬哀之心、中和之氣自然來至焉，真知自然生焉。如致命、致廩餼，謂送之而使至于彼也，皆使之至也。故納身其職，視官如家，是之謂致身。大氐人之在職，雖奉行其事，而身不任之。如秦人視越人肥瘠，如坐岸上捕魚，是其身猶在此而不至于彼，官與我不相干，安得謂之忠乎？故君子之事君，必納身其職而後爲忠，故以致身言之。孔安國曰："不愛其身。"愛，猶惜也。辟諸愛惜物，不肯放手置于地，亦謂不納身其職也。朱註："致猶委也，委致其身，謂不有其身也。"似而非矣。古曰委質爲臣。委，奠也。質，贄也。謂仕者之奠贄也。朱子不知之，又誤讀孔註，乃謂委身其君而不以爲己有，是妾婦之道也。果其言之是乎？所謂"不可則已""奉身以退"者，既委之而復奪之，豈可乎？世衰而道不明，君以是爲忠，臣以是爲忠，以陷於妾婦之節，豈不陋乎？後世君子，多以身死其難爲臣子第一義，故有是說。然是

匹夫慷慨所能，豈難事哉？且“在三”之節，豈唯於君哉？《傳》唯
《表記》有“獻身”之文，“身”乃“質”誤，自獻其贄以成其信，豈不穩
協哉？或引元首股肱一體之義，然究獻身之說，妾婦唯命，奴僕唯
命，豈望其爲股肱哉？字義不明，有戾於大義焉，學者察諸。朱註
又引游氏之言，至矣，然以爲務本則非矣。蓋學以成德，學而不能
成其德者衆，故子夏云爾，亦與上章其義互相發，茸錄者之意也。
吳氏廢學之弊，刻哉！

子曰：“君子不重則不威，重，厚重。威，威嚴。言君子不厚重，則無威嚴而民不敬。
夫子多爲當時賢士大夫說，故凡稱君子者，大類指在位之人而言。學則不固。孔氏曰：
“固，蔽也。”言君子亦當爲學，以致其道，不然則有蔽固不通之病。主忠信。主者對賓之
稱，忠信學問之本，故學必以忠信爲主。無友不如己者。朱氏曰：“無、毋通，禁止辭也。
友所以輔仁，不如己，則無益而有損。”過，則勿憚改。勿，亦禁止之辭。憚，畏難也。自
治不勇則惡日長，故有過則當速改，不可畏難而苟安也。”

【古義】此章一句各是一事，皆切要之言也。凡《論語》諸章有直記一時
　　　之言者，有併錄異日之語者，有綴輯數言以爲一章者，如此章是也。
　　　蓋孔門諸子綴輯夫子平生格言，以作一章，自相傳授之也。後之學
　　　者，亦當自佩服焉。

　　　　論曰：主忠信，孔門學問之定法。苟不主忠信，則外似而內實
　　　僞，言是而心反非。難與並爲仁者有矣，色取仁行違者有矣。後儒
　　　徒知持敬，而不以主忠信爲要，亦獨何哉？

【徵】“君子不重則不威”，舊註：“敦重也。”敦重者，性也，豈可强乎？蓋
　　　祀與戎，國之大事，其它諸大禮，重事也。君子奉天道以行之，建旌
　　　旗以象日月，設百官有司以象星辰，明等威以象天地。不重，謂非
　　　重事也。君子愷悌以爲德，故凡非重事，不設威嚴。唐虞君臣，俞
　　　咈於一堂之上，孔門師弟，親若父子，皆古之道也。後世此義不明，

天地否，上下隔，而仁不明，職此之由焉。"學則不固"，《傳》曰："博學無方。"孔子無常師，謂不固守一師之説也。"固哉！高叟之爲詩"，亦謂此也。舊註"不堅固"，非古言也。仁齋先生謂學問之效，令人不固陋，是其視學太淺矣，大非孔子之意也。"主忠信"，鄭玄曰："主，親也。"是其意如"主司城貞子家"之"主"。游學他邦，所主之家，必忠信之人，所主之人最親，故訓"親"也。然如答子張："主忠信，徙義，崇德也。"正與此章相發。"無友不如己者，過則勿憚改"，乃徙義之事也。又《易》："忠信，所以進德也。"又《禮記》曰："禮有本有文，忠信，禮之本也。"皆"主忠信"意。蓋學者，學先王之道也。先王之道，治天下之道也，故其道廣大而高明而精微。苟不主忠信，則必流於虛夸，故學問之道，必主忠信而成德於己焉，古之道也。主，如"主文譎諫"之"主"，辟諸主賓，有主而後賓至焉，忠信而後所學可成焉。忠信乃"爲人謀而忠、與朋友言而信"之謂也，不必從程朱諸先生深其義可也。何則？先王之道，治天下之道也，故學之必在接人之間焉。其於接人之間，苟能操心如此，則所學自然成於己矣，是聖人之教、之術也。後人莫有深長之思，則不識聖人之教、之術，故嫌夫爲人謀之忠與朋友言之信淺乎！乃務深其解，是不知道者也。如引"不誠""無物""出入無時"，皆坐是病也。此章"君子不重則不威，學則不固"是一類，"主忠信"以下是一類。孔子多誦古言以誨門人，或並引以相發，或專誦以獨行。此章之半見它篇，而朱子以爲逸其半，仁齋先生疑其言不類，以爲非一時之言，皆不知孔子誦古言故也。屬辭比事，豈唯《春秋》哉？

曾子曰："慎終追遠，民德歸厚矣。"慎終而不忽者，用慮之周也；慕遠而不遺者，好善之厚也。上之所好如此，則下民化之而無所不厚也。

【古義】世之不知道者，必速目前之近效而忽於慎終，習末俗之苟簡而遺

於追遠。如此者，其所以自修者既薄矣，何以能化其民使之歸厚
邪？然則其爲國亦可知也。

【徵】“慎終追遠”，曾子語所以制禮之意也。先王制喪祭之禮而慎終追
遠，是其意爲民之情歸厚故也。民德，如“君子之德”“小人之德”。
歸厚，如“歸仁”。先王之禮，爲安民而設故爾。朱註“歸”字不穩，
仁齋先生以謂不啻喪祭，凡事皆當慎終追遠。其説本於皇侃“一
通”，勃窣理窟，甚於朱子矣。夫慎終追遠，孔安國既以爲喪祭之
事，古來所傳，豈容盡廢乎？大氐後儒不知先王之道，以《論語》章
章皆修身方法，所以失之也。

子禽問於子貢曰：“夫子至於是邦也，必聞其政，求之與？抑與之與？”子
禽，姓陳名亢，子貢，姓端木名賜，皆孔子弟子。或曰：亢，子貢弟子。今據此章及後篇“問
子貢”章，爲子貢弟子爲是。抑，語辭。子禽見夫子所至之邦，必與聞其政，而怪其感應之
速，故問若此。**子貢曰：“夫子溫、良、恭、儉、讓以得之。夫子之求之也，其
諸異乎人之求之與？”**溫，和厚也。良，易直也。恭，致敬也。儉，無飾也。讓，謙遜
也。皆不自高之意。其諸，語辭也。言溫、良、恭、儉、讓，皆與抗顏盛容以待人者相反。夫
子雖不有意取人之信，然盛德之至，時君敬信，自以其政就而問之。此夫子之所求也，非若
他人之求而後得也。

【古義】自爲高尚者，人欽其道之高；務爲矜飾者，人疑其德之盛，天下之
通患也。若溫、良、恭、儉、讓五者，皆和順易直、謙己自卑，不足以
起人之瞻仰。夫子雖以此存心，然盛德之至愈抑愈揚、愈謙愈光，
不意取人而人自感之。此謂不求之求也。嘗告子張曰：“質直好
義，慮以下人，在邦必達，在家必達。”又曰：“我待賈者也。”子貢知
此，故曰：“溫、良、恭、儉、讓以得之。”若子貢，可謂善觀聖人者矣，
學者所當潛心而勉學也。

【徵】“溫、良、恭、儉、讓”，朱註：“良，易直也。”大失字義。是其意以五德
接人之威儀也，故不得其解。見《傳》有“易直、子諒之心”，子諒即

慈良，而妄剿二字以解之。殊不知如股肱良哉、良相、良馬、良工、良醫、三良，皆以材良言之，良豈有易直之義乎？温，其容也；良，其材也；恭，其處己也；儉，其制用也；讓，其接人之際也。豈可謂之威儀乎哉？蔡邕《石經》"抑"作"意"，蓋古字通用。《漢書》隗囂曰："抑者從横之事復起於今乎？"是亦"意"作抑。

子曰："父在，觀其志；父没，觀其行；三年無改於父之道，可謂孝矣。"曰志、曰行，皆以善而言。道者，指其良法而言。父在則唯觀其志于善而已，父没然後其行之善可觀也。所志所行既善，則可謂孝矣。然父没三年之間乃改作之時，於是善奉其道，永久無替焉，則爲能盡其孝也。

【古義】夫孝者，以立身行道不失令名爲本，以繼志述事不墜先業爲盡。故其志行不善，則雖日用三牲之養，猶爲不孝。況父没之後，自徇己意，改其良法，則實不孝之甚矣。嘗論孟莊子之孝曰："其不改父之政與父之臣，是爲難能焉。"即此之謂也。或曰：若父之道善，則終身守之可也。曰"三年無改"者，何哉？且爲人之父者，難保其必皆善，如何？曰：人之父固有良有不良。其不良者，蓋置而不論，夫子特就其良者而言之。凡中人以上，各隨其人而不能無良法。故爲之子者，雖微善不可以不奉行焉。三年無改者，謂永久守之，非謂三年之後便可改之也。其以三年言者，蓋以過三年而後即己之道，不可謂父之道也。

【徵】"父在觀其志，父没觀其行"，觀人之法也。然"三年無改於父之道，可謂孝矣"，則父雖没，猶有未可觀其行者也。此上二句蓋古語，下二句孔子補其意。孔安國曰："孝子在喪，哀慕猶若父存，無所改於父之道。"漢儒之説，多古來相傳者。後世三年之喪，若有若亡，故人不知此章之義，種種聚訟。尹氏解但論其心，烏有聖人但言其心而不言其事者乎？游氏解"當改而可未改者"，是"無改"之字，所指太窄矣。仁齋先生解"道"者,指其良法而言,如"盜之道"、"戎狄之道"、"道二,仁與不仁",豈必皆善乎? 蓋道謂所由也。雖非先王之道,人人亦各有自以爲道者,是其心自以爲善而由之,故皆謂之道。又有守《詩》《書》一言片句以終身者,其所爲雖有所窒碍,亦謂之道,如"是道也,何足以臧"是已。又曰:"三年無改者,謂永久守之,非謂三年之後便改之也,以過三年而後即己之道,不可謂父之道也。"勃窣理窟,豈孔子時之言哉? 蓋孔子之意,無論善不善,三年無改,可謂孝矣。何者? 天子諒闇三年,百官總己聽於冢宰,言猶不出,尚何改之有? 古之道也,後儒所以疑焉者,以父有大惡,如桀紂所爲,而子不改之,則有害於家國也。夫桀紂之惡,雖桀紂亦不敢自以爲道矣。是則亡論,其它如後世楊墨佛老,奉之者自以爲道。苟有不善,改之爲是,而尚且不改,亦可謂之孝矣。雖可謂之孝,而不可謂之義矣,故觀人之道,於是乎取其孝也。古人之言,各有所當者如此。後儒言孝,則必欲孝備百德。若孝必備百德,則君子之道,一孝而足,何煩立友悌忠信、仁義勇智種種之目哉? 且孝之爲德甚重焉,《周官》三德:至德者,德之至,莫以尚焉;敏德者,各隨其材所敏而成焉;之二者盡矣,又必立所謂孝德者。此古聖人之意也。其人所爲,或未盡合於道,而苟合於孝德,則聖人取之,古之道也。後儒之不知聖人之道,宜其有疑於聖人之言也。

有子曰:"禮之用和爲貴,用,以也,《禮記》作"禮之以和爲貴"是也。和者,無乖戾之謂。蓋禮勝則離,故行禮必以和爲貴。**先王之道,斯爲美。小大由之,有所不行。**有子先借先王之道,以明禮之不可一於和也。言若先王之道,固雖爲美,然世有升降,時有隆污,悉由之而不改焉,則有所牴牾而不行矣。**知和而和,不以禮節之,亦不可行也。**此承上文而言禮之不可一于和也,言知專貴和而不節之以禮,則委靡頹敗,亦不可行。猶雖先王之道,然小大由之,無所取舍,則有所不行也。"

【古義】和者，美德而禮之所貴也。故人皆知貴之，而不知其所弊亦在於此。蓋道之所廢必生於所弊，所弊必生於所貴。能視其所弊而早反之爲難，故曰“不以禮節之，則亦不可行也”，可謂明且盡矣。

論曰：“舊註曰：‘禮之爲體雖嚴，然其爲用，必從容而不迫。’”蓋體用之説起於宋儒，而聖人之學素無其説，何者？聖人之道，不過倫理綱常之間而各就其事實用工，而未嘗澄心省慮，求之于未發之先也。故所謂仁、義、禮、智，亦皆就已發用工，而未嘗及其體也。唯佛氏之説，外倫理綱常而專守一心，而亦不能已於人事之應酬。故説真諦説假諦，自不能不立體用之説。唐僧《華嚴經疏》云：“體用一源，顯微無間。”是也。其説浸淫乎儒中，於是理氣體用之説興。凡仁、義、禮、智皆有體有用，未發爲體，已發爲用，遂使聖人之大訓支離決裂，爲有用無體之言。且説體用，則體重而用輕，體本而用末，故人皆不得不捨用而趨體。於是無欲虛靜之説盛，而孝弟忠信之旨微矣，不可不察。

【徵】“禮之用和爲貴”，不可中間斷句。《戴記》：“禮之以和爲貴。”用訓以，古書率然。仁齋先生引之，爲是，祇識字不識句，猶之朱子哉！蓋言禮之以和爲貴者，先王之道，以禮爲美。小事大事，莫不由禮，而非和不行故也。“有所不行”，皇侃、邢昺皆屬於上文。不者，“亦不可行也”，“亦”字爲無謂矣。朱子以屬下，昧乎古文辭也。蓋和者，和順也，謂和順於事情也。禮之數三千三百，雖繁乎，亦有窮焉，謂有所不周也。且《王制》曰：“凡居民材，必因天地寒煖燥濕。廣谷大川異制，民生其間者異俗：剛柔、輕重、遲速異齊，五味異和，器械異制，衣服異宜。修其教，不易其俗，齊其政，不易其宜。”《曲禮》曰：“君子行禮，不求變俗。祭祀之禮、居喪之服、哭泣之位，皆如其國之故。”是禮之所以貴和也。先王之道，禮有威儀文物，故曰:"斯爲美。"小事大事,莫不有禮,故曰:"小大由之。"馬融以來兼和言之,爲不成文矣。邢昺疏以"和"爲"樂",程子、范氏據以爲解。樂固教和,而樂自樂,和自和,烏可混乎? 是好言其理而不知言之失也。禮,先王所作,道也,非性亦非德。漢儒、宋儒以爲性,非也。仁齋先生以爲德,亦非也。天理之節文,人事之儀則,宋儒既以天理人欲立説,亦能知禮之爲先王所作,而欲引之於性,故作是言以彌縫之。其究猶之佛氏法身,徧法界之義耳。禮之爲體雖嚴,朱子此言,非專言性之本體,亦指先王制禮。其體本嚴,然其失乃在不識體用之非古言也。《燕義》曰:"和寧,禮之用也。"此言用禮則國家和寧也,豈體用之用乎?

有子曰:"信近於義,言可復也。恭近於禮,遠恥辱也。因不失其親,亦可宗也。"朱氏曰:"信,約信也。復,踐言也。"孔氏曰:"宗猶敬也。"言信恭雖善,然不合于義禮,則必有其弊。既近於義禮矣,又因而與人不失其和,則亦可宗而敬之,非止言可復、遠恥辱而已也。

【古義】禮義者,人之大閑,而百行之所取法也。故大人言不必信,行不必果,唯義之所在,所以信近於義,然後其言可復也。恭而無禮則勞,慎而無禮則葸。所以恭近於禮,然後能遠恥辱也。苟能如此,則固可謂善矣。然硬守堅執,不近人情,則亦未爲至也。故因有此質而亦能與人交,不失其親,則其學問之熟、道德之成,既有所守而亦能有容,所以亦可宗也。與前章"禮之用和爲貴"章意相同。

【徵】"信近於義""恭近於禮""因不失其親",此三言,引古書載古人之德行也。"言可復也""遠恥辱也""亦可宗也",此三言,有子釋之。何以知其然? 以其辭也。且"復"協"辱","親"協"宗",《易》象之辭爲爾。"信"不必訓"約信",踐言之謂也。朱子所以訓"約信"者,下有"言可復也",義複不可通故也。是朱子以爲有子誨人之言,故不可通矣。且本於“約信曰誓”，約與信殊義，可謂牽强已。夫學問之道，貴當義、貴踐禮，未聞以近於義、近於禮誨人者，故朱子以爲有子誨人之言者，誤矣。蓋言其爲人能踐言，而其所言與先王之義不大相遠，有子贊之曰：“若是乎其言誠可踐焉。”若或乖先王之義，則欲踐之不可得也。其爲人恭，而與先王之禮不大相遠。有子贊之曰：“若是乎必遠恥辱焉。”

若或違先王之禮，則反招恥辱也。“因”亦德行之名，與“信”“恭”同倫，何註：“因，親也。”按：因、姻古字通用。《周禮·大司徒》：“六行：孝友睦婣任恤。”鄭註：“姻，親於外親。”《正義》：“此姻對睦，施於外親。若不對睦，亦施於内親。故《論語》云‘因不失其親’，《喪服傳》云‘與因母同’，此皆施於内親也。”是何註訓親之意已。又按《陳書·王元規傳》：“元規八歲而孤，兄弟三人，隨母依舅氏，往臨海郡，時年十二。郡土豪劉瑱者，資材巨萬，以女妻之，元規母以其兄弟幼弱，欲結强援。元規泣請曰：‘姻不失親，古人所重，豈得苟安異壤，輒婚非類？’母感其言而止。”是因分明作姻，可見古註家亦有此説已。但因爲六行之一，鄭註爲是。不失其親，親族不離也，如失諸侯、失民、失百姓，可見已。宗，如“宗子”“宗周”之“宗”，言人親外族，則本宗多離。今其爲人，能親外族，而本親不離。有子贊之曰：“若是乎，亦可以歸而奉之焉。”謂親族宗之也。朱子解：“因猶依也，宗猶主也。”又以不失其可親之人爲解，未知何據，可謂鑿矣。仁齋因字之解，本於韓愈《筆解》，亦鑿。

人或知禮爲先王之禮，而不知義爲先王之義矣。古人處事必援古義以斷之，《傳》曰“《詩》《書》，義之府”，是其具也。韓退之曰“行而宜之”，朱子曰“心之制，事之宜”，是皆妄意取諸其臆而曰是義也。夫人人自取諸其臆，囂然以亂先王之道。道之喪，未必不因是言焉,悲哉!

子曰:"君子食無求飽,居無求安,敏於事而慎於言,就有道而正焉,可謂好學也已。"不求安飽,專心致志而汲汲於求道也。敏於事者,急於行也。慎於言者,不妄言也。又不敢自是,必就有道之人以正其是非,則可謂真好學矣。

【古義】此言君子不可不務學也。夫好學之益,在小人猶爲大,況在居大位、執大事者乎?故以"好學"爲君子之美稱。今夫不求安飽而慎其言動,則固可美也。然學最難講而道最易差,苟師心自用,不就有道之人而正焉,則是非取捨無所涇渭,殆誤其一生者多矣。故必就有道而正,而後可謂好學也。

【徵】"食無求飽,居無求安,敏於事而慎於言",是君子之行也,然必就有道而正焉,而後可謂好學也已。小人之志在温飽,君子則否:所事天職也,不可不敏焉;一言出而民知其過也,不可不慎焉。在上之人當爾,學而成長民之德者當爾,故曰君子之行也。凡孔子所謂"學",學先王之道也;"有道",謂身有道藝者也。先王之道存焉,故就有道而正焉,謂之好學也。後世不知"學",宋諸老先生"脩身"之説勝,而先王之道荒,遂連上三言爲好學之事。其意非不美矣,如其辭何?既曰"君子",又曰"好學",豈可一乎?又曰:"凡言道者,皆謂事物當然之理,人之所共由者也。"是又不知"道"者之言也,且是何以解有道也,有道有德,在古書其義自別,不可不知。

子貢曰:"貧而無諂,富而無驕,何如?"諂,佞悦也;驕,矜肆也。子貢以此爲至,故問以質之。**子曰:"可也。未若貧而樂,富而好禮者也。"**可者,僅可而有所未盡之辭,言無諂無驕則固知自守矣。然處貧富而無過耳,不若貧而樂、富而好禮者之飽德樂道,而不自知其貧富之爲至也。**子貢曰:"《詩》云'如切如磋,如琢如磨',其斯之謂與?"**《詩·衛風·淇澳篇》。治骨曰切,象曰磋,玉曰琢,石曰磨。子貢自以無諂無驕爲至,及聞夫子之言,又知學問研究之無窮,故引《詩》以贊之也。**子曰:"賜也,始可**

與言《詩》已矣，告諸往而知來者。"告往知來，謂告之以既往之事，則自能知將來之變也。《詩》之妙，變化無窮，隨取隨有，非告往知來者，則不能盡《詩》之情。夫子到此，始知唯子貢之可與言之也。

【古義】學者不以貧爲憂，而後能樂；不以富爲樂，而後能好禮。適見其飽德樂道，而不知貧富之爲貧富也。蓋貧而樂，顏子其人也；富而好禮，周公其人也。但貧而樂者，即富而能好禮；富而好禮者，必貧而能樂，非有優劣，易地皆然。

　　論曰：《詩》，活物也，其言初無定義，其義初無定準。流通變化，千彙萬態，挹之而愈不竭，叩之而愈無窮。高者見之而爲之高，卑者見之而爲之卑。上自王公大人，下至於田夫賤隸，吉凶憂樂，悲歡榮辱，各莫不因其情而感通。《唐棣》之詩，夫子以明道之在乎至近；《旱麓》之章，子思以示道之察乎上下。古人讀《詩》之法蓋如此。若今經生唯見《詩》之訓詁、事實如何便了，則《詩》之旨委地矣。

【徵】"貧而無諂，富而無驕"，子貢自言爲政而使民如此如何。孔子答以"未若使民貧而樂，富而好禮者也"。以政刑治民，猶足能使民貧而無諂，富而無驕矣；至於以禮樂治民，而後能使民貧而好樂，富而好禮焉，是治之至者也，故孔子云爾。《坊記》："子云：'小人貧斯約，富斯驕，約斯盜，驕斯亂。'"其次章曰："貧而好樂，富而好禮，衆而以寧者，天下其幾矣。"皆以民言之。《憲問》："奪伯氏駢邑三百，飯疏食，沒齒無怨言。"不以稱伯氏而稱管仲。次章曰："貧而無怨難，富而無驕易。"亦道使民之難易，則知此章之義爲爾。"樂"讀如字，上脫一"好"字，是後儒因有"飯疏食，飲水""一簞食、一瓢飲"，而遂誤耳。子貢在孔門爲高第弟子，若以"貧而無諂，富而無驕"爲脩身之至，則豈足以爲子貢乎？大氐後世心學盛，而忘孔子之道爲先王之道；道統之説興，而獨尊曾子，輕視諸賢，故其失有若是者焉。
“骨曰切，象曰磋，玉曰琢，石曰磨”，《爾雅》之詁，誠不可易矣。然
又曰：“如切如磋者，道學也；如琢如磨者，自脩也。”《大學》同之，是
自古義，當從此解，而不必拘骨象、玉石之分也。《管子·弟子職》
曰：“相切相磋。”孔安國解“《詩》可以群”，而曰：“群居相切磋。”是
皆謂朋友相問難也。《中庸》曰：“道問學。”則道學亦古言。“道”當
去聲，與“導”同，世儒訓“言”，非矣。蓋朋友相問難，是所以導于學
也。《詩》曰：“追琢其章，金玉其相。”《學記》曰：“相觀而善之謂
摩。”是琢磨以德行言之，故曰：“自脩。”總而言之：學也，古之學，禮
樂焉耳。子貢引此，而明化民之道在學也。人之於是詩，唯以爲學
問之事，子貢以爲化民之道，所以嘆也。往者，謂其效也；來者，謂
其所由來也。貧樂、富好禮，自切磋琢磨來，而切磋琢磨，可以往於
樂與好禮。後儒皆泥往古來今，殊不知《易》“過此以往”，《戴記》
“此自大學來者”，豈可拘乎？如朱子之説，孔子所已言者，頃刻之
間，豈得謂之“往”哉？理學者流衹知理，故謂子貢知義理之無窮而
孔子嘆之，豈不淺淺乎哉！且古人之於《詩》，取義無方，諸子之所
皆知也，何唯子貢乎哉？皇侃本“樂”下有“道”，“來者”下有“也”。

子曰：“**不患人之不己知，患不知人也。**”言學者當不患人之不知己之善，而患己
不知人之善也。蓋非善有於己，則亦不能知人之善，故君子以爲患也。

【古義】晏嬰之賢而不知孔子，荀子之學而不知子思、孟子。甚乎，不知
　　　人之爲患也！若鮑叔之知管仲，蕭何之知韓信，似矣，然未也。非
　　　孔子，則不知堯舜之當祖述焉；非孟子，則不知孔子之聖，生民以來
　　　未嘗有也。斯之謂能知人也，難矣哉！

【微】“不患人之不己知”，知命也；“患不知人”，仁以爲己任也。尹氏曰：
　　　“求在我者，是非邪正或不能辨。”是或若亡害然，然人我是非，宋儒

窠窟，小哉！夫學，學先王之道也。學以成德，將用諸世，而世不我知，莫所用之，廼負其初志。學者之患，不亦宜乎！祇君子貴知命，故不患焉耳。苟以在我、在人言之，則釋迦、達磨所能，豈孔子之心哉？仁以爲己任，故知人者，亦將用之也。天或命我以國家，不知人則何以用之？故知人者，將以器使之也。器使之道，天下無棄材也。若以是非邪正言之，則惡惡之心勝，而天下之人皆有罪矣，聖人之道豈若是乎？學者察諸。皇侃本“己知”下有“也”。

爲政第二 凡二十四章

子曰：“爲政以德，譬如北辰，居其所而衆星共之。”德者，仁義禮智之總名。北辰，北極天之樞也。居其所，不移也。共，向也。言爲政以德，則其象猶北辰，居其所而衆星四面旋繞而歸向之也。

【古義】此言爲政以德，則無爲而天下歸之也。若夫不知爲政以德，徒欲以智力持之，則勞攘叢脞①愈理愈不理，此古今之患也。後世講經濟之學者，不知斯之務，徒區區求於儀章制度之間，鄙哉！○范氏曰：“爲政以德，則不動而化，不言而信，無爲而成。所守者至簡而能御煩，所處者至靜而能制動，所務者至寡而能服衆。”

【徵】“爲政”者，秉政也，如《左傳》：“我死，子必爲政。”“以德”，謂用有德之人也。秉政而用有德之人，不勞而治，故有“北辰”之喻。如舊註“有德之人治國也”，其義雖通，不得於辭，不可從矣。皋陶曰：“在知人，在安民。”孔子曰：“知者知人。”夫仁者大德也，而“知仁”之稱，“知”每居上者，安民之道，非知人則不能故也。故贊聖賢之君，

---

① “脞”爲日文漢字，似當作“脞”。

必以得聖賢之臣稱之，古人知道，故其言如此。下章"道之以德"，亦是之謂也。范氏"所守者至簡"，爲守何也？所處者至靜，非主一無適之謂邪？大似學究作科舉文。"舜有臣五人而天下治"，"選於衆，舉皋陶"，"無爲而治者，其舜也與"，參諸"股肱良哉""元首叢脞哉"，則古義明矣。

　　"政之爲言正也，所以正人之不正也"，是就政字而發義者，豈不可乎？然不識政謂何，則漫然耳。"德之爲言得也，行道而有得於心也"，較諸"禮樂得於身謂之德"，何其霄壤！古書身皆謂我也，佛氏身心之説出，而學者嫌其淺已。禮樂者，道藝也，道藝在外，學而成德於我，故曰"得於身"。古書之言，一字不可易者如此。朱子意：道者當然之理，行之而得於心。枯單哉！且德有達德，有性之德，有有德之人，豈可一訓通哉？

子曰："《詩》三百，一言以蔽之，曰'思無邪'。" 《詩》三百十一篇，言三百者，舉大數也。蔽，猶蓋也。"思無邪"，《魯頌・駉篇》之辭。言《詩》之爲經，雖其教無窮，然不過使人之所思無邪曲耳。

【古義】思無邪，直也。夫子讀《詩》到此，有合於其意者。故舉而示之，以爲"思無邪"一言，足以蔽盡《詩》之義也。夫《詩》，夫子之所雅言，則豈徒蔽三百篇而已哉！雖曰蔽盡夫子之道，可也。

　　論曰：仁義禮智謂之道德，人道之本也；忠信敬恕謂之脩爲，所以求至夫道德也。故語道德，則以仁爲宗；論脩爲，必以忠信爲要。夫子以"思無邪"一言爲蔽三百篇之義者，亦"主忠信"之意。先儒或以仁爲《論語》之要，性善爲《孟子》之要，執中爲《書》之要，時爲《易》之要：一經各有一經之要，而不相統一。不知聖人之道同歸而殊塗，一致而百慮，其言雖如多端而一以貫之。然則"思無邪"一言，實聖學之所以成始而成終也。

【徵】"《詩》三百"，孔安國曰："篇之大數。"包氏曰："蔽猶當也。"司馬遷謂："《詩》三千，孔子刪之爲三百。"然據《論語》，則孔子時亦唯三百耳，曰"刪"者，蓋孔子潤色其字句耳；"思無邪"，包氏曰："歸於正。"朱子演之曰："凡《詩》之言，善者可以感發人之善心，惡者可以懲創人之逸志，其用歸於使人得其情性之正而已。"其説至於桑間濮上而窮矣，遂有《鄭》《衛》孔子所刪，而漢儒取以足三百之疑也。殊不知孔子語所以取於《詩》之方耳。《詩》之義多端，不可爲典要。古之取義於《詩》者，亦唯心所欲，祇其"思無邪"，是孔子之心也。欲取義於《詩》者，必有所思，故曰"思"。後儒以情性解之，豈"思"字之義乎？"邪"如"奇衺"之"衺"，謂務奇巧以踰先王之道也。其在《詩》，本言魯侯之思，不淫奇邪，以致騋牝三千之盛已。程子曰："思無邪者，誠也。"仁齋先生曰："直也。"可謂不知字義矣。范氏曰："學者必務知要守約，則足以盡博矣。"可謂安矣。古云："博學於文，約之以禮。"謂約之於身耳，未聞先約者也。且三千三百之禮，豈要約之義乎？乃至以"毋不敬"蔽《禮》，以"時"蔽《易》，以"欽"蔽《書》，亂道極矣。夫"毋不敬"果能盡乎《禮》，"時"果能盡乎《易》？三千三百，三百八十四，亦何聖人之迂濶也。"儒者之道，博而寡要"，是司馬遷主黄老而言之。雖譏之乎，其去古未遠，亦能形容聖人之道者矣。夫古之取諸《詩》，唯心所欲，故聖人恐其流於邪也，是孔子所以言之。宋儒效顰，子雲之《法言》《太玄》哉！皇侃本"蔽"作"弊"。

子曰："道之以政，齊之以刑，民免而無恥；道，猶引導，謂先之也。政，謂法制禁令也。齊，所以一之也。道之而不從者，有刑以一之也。免而無恥，謂苟免刑罰而無所羞愧。道之以德，齊之以禮，有恥且格。道之以德者，孟子所謂"謹庠序之教，申之以孝悌之義"也。禮，謂制度品節也。格，正也，言民有所羞恥，又能自脩而歸于正也。"

【古義】道之以政者，禁其邪志；齊之以刑者，繩其犯法。皆以法而不以德，故雖使民不敢爲惡，而爲惡之心未嘗息也。道之以德者，養其德性；齊之以禮者，勵其行義。皆以德而不以法，然民有所觀感羞恥，而雖使之爲惡而不敢爲。蓋政刑之功雖速而其效小也，德禮之效似緩而其化大也。其效小，故治遂不成；其化大，故其治愈久而無窮。此風俗醇醨之所由分，國祚脩短之所由判，王霸之別專在于此。先王非偏恃德禮而廢政刑也，特其所恃者，在此而不在彼耳。

【徵】"道之以政，齊之以刑"，亦謂先王之政刑也。雖用先王之政刑，而不用德禮，則民僅免刑戮耳，廉恥之意何由而生哉？"道之以德"，謂用有德之人也，則民有所感化，是之謂"道之"也。猶有所不齊，故以禮齊之焉，先王之道皆爾。後世不知"德"字之義，以己之德解之，非矣。若己無德，則政刑亦不能用之矣。無德而用政刑，則民無所措手足矣，何免之有？蓋徒用政刑者，其意在急治民，使不爲非也。用德禮者，其思遠矣哉！先王之道，是爲尚焉，學者思諸。有恥且"格"，古註訓"正"，未是。朱子訓"至"，爲是。然亦有感格意，蓋感、格聲音相通，故古昔"格"字，多用之於皇天、鬼神、宗廟。又如"有苗格"，皆有感格意；"格其非心"，亦有感動意；"免而無恥"，免者，謂免於刑戮也，如"難乎免於今之世矣""而今而後吾知免夫""幸而免"，皆爾。道之以政，齊之以刑，亦能使民免於刑戮也，不止謂民有苟免之意。

子曰："吾十有五而志於學，堯、舜、禹、湯、文、武、周公治天下之大經大法，謂之道。志於學者，欲以其道修己治人，爲天下開太平也。三十而立，立者，自立于道也。學既爲己有，而不爲利祿、邪說所變移搖動也。四十而不惑，不惑，謂心之所思欲自得其理，而不惑於是非之間也。後篇曰："既欲其生，又欲其死，是惑也。"又曰："一朝之忿，忘其身，以及其親，非惑歟？"照此二語，則自曉"惑"字之義。五十而知天命，天者，莫之爲而爲；命者，莫之致而至。皆非人力之所能及。惟善可以獲乎天，惟德可以膺乎命。知此，則務於自脩而不萌一毫希望之心，此智致其精而學到至處也。**六十而耳順**，耳順者，毀譽之來，耳受而不逆也。言向也雖已知天命，然毀譽之入于耳，猶有所礙然，到此則一切漠然，不覺其入也。**七十而從心所欲不踰矩**。矩，法度之器，所以爲方者也。雖隨其心之所欲，而自不過於法度，蓋聖而不可知之境，道與我一也。"

【古義】此夫子自陳其平生學問履歷以示人也：先言其志于學者，蓋言雖聖人之資，必待學問然後有所至，以歸功於學問也。自"立"而至於"不踰矩"，是其效也。夫聖人生知安行，而其有階級者，何哉？道之無窮，故學亦無窮。唯聖人極誠無妄、日新不已，自少到老自不失其度，故能覺其進而自信其然。蓋人之於一生，自少而壯而老，年到于此則其智自別。雖聖人之資，不能無老少之異焉，則又不能無老少之別。猶天之有四時，自春而夏而秋而冬，其寒燠溫涼自應其節。此即聖人生知安行之妙，而所以與天地合其德，與日月合其明，與四時合其序也。徒曰"爲學者立法"者，非矣。

論曰：孟子既歿，斯道不明乎天下。世儒之所講求者，不過訓詁文字之間。及宋氏興，鉅儒輩出，崇正黜邪，漢唐之陋爲之一洗，其功固偉矣。然當時禪學盛行，以其遺説解聖人之旨者實爲不少。於是專貴一心，而以明鏡止水爲脩身之極功。胡氏云："一疵不存，萬理明盡。隨所意欲，莫非至理。"是也。夫操則存，舍則亡，出入無時，莫知其鄉，心之不可恃，而不可不道以存之。如此，故夫子之聖，猶至七十始曰："從心所欲不踰矩。"蓋聖德之至，從容中道，而非"一疵不存，萬理明盡"之謂也。

【徵】古者十五而入大學，或曰十三，大槩言之耳。蓋男子二八而精通，有爲人父之道。當是時，士大夫之子志爲士大夫，農工商賈之子志爲農工商賈。其無志者亦衆矣，廼如"昭公十九有童心"是也。志

者，其心所專注也。“志于學”云者，孔子在學而有所志也。三十而
受室受田，始稱一夫，前是則餘夫也。是雖庶人，尚有所成立也，孔
子之立，謂學之成也。四十曰強，仕，出謀、發慮。非不惑，則何以
能爾？“不惑”云者，莫有爲所惑亂也。五十命爲大夫，五十而爵，
以行先王之道於其國。學之效，至是而極矣。然五十始衰，故自此
之後，不可復有所營爲。故五十而爵不至，有以知天命也。孔子又
曰：“知我者，其天乎！”知天之命，我以傳先王之道於後也。六十而
耳順，言天下莫有逆耳之言也。然彼豈無逆耳之言乎？我之不以
爲逆也，故曰“耳順”。蓋聖人能盡人之性，故人雖有逆耳之言，其
心以爲彼之過，不亦宜乎？是雖常人，其當事不怒，唯老成人爲然，
亦可以窺聖人焉。《傳》曰：“七十貳膳，杖於國，不俟朝，不與賓客
之事。致政，唯衰麻爲喪。”此雖先王養老之制，然老者所以受異數
而自安者，爲其精神筋力皆衰故也。故老後放縱，人之常也。孔子
七十，從心所欲，亦放縱耳，祇其不踰矩，所以爲聖人也。不踰矩，
猶之“大德不踰閑”，閑以防閑，言其大者也；矩者，法度之器，言其
精也。是皆孔子所自言，亦常人所能，聖人豈遠人而爲道乎？宋儒
之解，過乎高妙，所以鰲乎聖人之道而流乎佛老也。

孟懿子問孝。子曰：“無違。”孟懿子，魯大夫仲孫氏，名何忌。無違，謂無違於禮也。
樊遲御，子告之曰：“孟孫問孝於我，我對曰‘無違’。”樊遲，孔子弟子，名須。
御，爲孔子御車也。孟孫，即仲孫也。夫子又恐懿子不達無違之旨，故語樊遲以發其意。
樊遲曰：“何謂也？”子曰：“生，事之以禮；死，葬之以禮，祭之以禮。生事
以禮之爲孝，猶或知之。至於葬祭以禮之爲孝，則其所不能知焉，故夫子爲懿子丁寧
之也。**”**

【古義】夫孝者，不以飲食奉養爲至，而以立身行道爲要。故生事葬祭皆
　　無違于禮，則孝親之道盡矣。蓋富而好禮，善之至也。懿子，魯之

世卿而民所具瞻，故夫子以此告之。況生時之孝猶易爲力，至於没後之孝，則非躬自盡道、光其先業、垂裕後昆者則不能。故曰："葬之以禮，祭之以禮。"實孟氏之藥石哉！

【徵】"無違"者，無違於親之心也。如"又敬不違，勞而不怨"，及曾子曰"孝子之養老也，樂其心，不違其志，樂其耳目，安其寢處，以其飲食忠養之"，是孝道之常也。孟懿子問孝，孔子以其常者語之。既語之後，乃慮其僭禮之家，一意無違親志，則有傷人臣之道，孝非其孝也，故語樊遲以發之，使以禮爲孝之則焉。蓋先王制事親之禮，其於無違親志之道，莫至焉，故前後之言，自相發耳。然前言語其常，後言防其僭，其意自殊焉。世儒多以前言若一時漫然不之省者，而嫌於失言，故或以不違理，或以不違禮解之，果其解之是乎？夫子當首語之以禮，何必爲此歇後語，故難人哉？夫孝以養志爲至，苟不知此，而先以禮臨親乎？烏可謂之孝乎？況以不違理爲心者乎？非嚴威儼恪，則是非鋒生，不孝之大者也。大氐聖人之教人，自有次第，故顔子曰："夫子循循然善誘人。"後儒識淺性急，烏知之哉？

孟武伯問孝。子曰："父母唯其疾之憂。"武伯，懿子之子，名彘。人子事父母之間，其當憂者甚多矣，然不若疾病之最爲可憂也。

【古義】父母已老，則侍養之日既少，況一旦染病，則雖欲爲孝，不可得也。故以父母之疾爲憂，則愛日之誠自不能已，而愛慕之心無所不至，雖欲不爲孝，得乎？所以警武伯者深矣。○武伯父子俱爲魯之卿，而告懿子者，其義大矣；告武伯者，其意切矣。告懿子者，蓋夫子之特旨，而非常人之所能及，故重告樊遲丁寧之，學者當深翫焉。

【徵】"父母唯其疾之憂"，古註："言孝子不妄爲非，唯疾病然後使父母憂。"朱註："言父母愛子之心，無所不至，唯恐其有疾病，常以爲憂也。人子體此，而以父母之心爲心，則凡所以守其身者，自不容於

不謹矣。"未審武伯爲人何如,安知二説孰爲當乎? 然父母豈唯疾
之憂哉? 且孟武伯問孝,而孔子答以父母之心,豈理乎哉? 且使孟
武伯不知以不貽父母憂爲孝,則孔子之答,不亦迂乎? 若使孟武伯
知之,則不俟孔子之答矣。由是觀之,舊註爲優,大氐宋儒動輒求
諸心,是其深痼,時時發見耳。

**子游問孝。子曰:"今之孝者,是謂能養。至於犬馬,皆能有養。不敬,
何以別乎?"**子游,孔子弟子,姓言名偃。養,謂飮食供奉也。敬者,敬其事也。言古人所
謂孝者,其事固大矣,在今時人唯謂能養爲孝,亦未爲不可也。然子弟婢僕以至於犬馬之
賤,皆有養之而不使其至死亡,苟養親而敬不至焉,則與夫養卑賤者何所分別乎? 所謂敬
者,左右使令,晨省昏定,至於飮食衣服寒暖之節,敬而不怠是也。

【古義】此夫子因子游之問,而戒世之事親者多流於不敬而不自知也,觀
　　　"今之孝者"可見矣。聖人答門弟子之問,面就其人之病而警之。
　　　然又或有因門人之問而廣爲世戒者,若此章是也,不可執一而
　　　泥焉。

【徵】"今之孝者,是謂能養",言今世所謂孝者,非孝也,能養也。"是謂"
　　　云者,命之云爾。"至於犬馬,皆能有養",包氏曰:"犬以守禦,馬以
　　　代勞,皆養人者。"爲是。如後説,則皆能有養,不可得而解矣。且
　　　比親於犬馬,聖人之言,不若是其鄙也。古君子,禮樂以成德,故其
　　　言君子也。至於《孟子》"路人其君""寇讐其君",是禮樂壞,而君子
　　　之言有不君子者焉。

子夏問孝。子曰:"色難。謂事親之際,惟有愉色爲難。**有事,弟子服其勞。
有酒食,先生饌。曾是以爲孝乎?**先生,父兄也。饌,飮食之也。曾,則也。言服
勞奉養乃事親之常,未足爲孝也。"

【古義】事親之道,愛敬爲本矣。然敬猶或可勉而能,至於愉色,則非誠有
　　　深愛而終始不衰者不能,故曰:"色難。"先儒謂子夏能直義而或少溫

潤之色，故告之，蓋就子夏之所不足而誡之也。○道愈虛則言愈高，德愈實則言愈卑，自然之符也。故天下之言，得能爲其高而不能爲卑，無其德也。若"武伯問孝"以下三章，天下之言，莫卑於此，亦莫實於此。惟孔子能言之，而他人之所不能言焉，所以爲聖言也。

【徵】"色難"，朱註引《戴記》，爲勝。包咸謂"承順父母顔色"乃爲難，何以見承順之意乎？皇疏："曾，猶嘗也。"古者"曾"皆訓"乃"，而訓"嘗"者唯《墨子》有之，味文意，訓乃爲是。

子曰："吾與回言，終日不違，如愚。回，孔子弟子，姓顔字子淵。夫子與之言，終日之間無一言之違逆，如愚者然，有聽受而無問難也。退而省其私，亦足以發，回也不愚。私，謂燕居獨處，非進見請問之時，言及省其私，亦足以發揮夫子之道。故夫子深喜之，又言不愚，以明前言如愚者，乃其所不可及也。"

【古義】此夫子稱顔子不事聰明，深造妙契，非常人之所能及也。聖人終日之談皆平淡易直，無駭人之聽聞者。顔子聰明，一聞之則實有以知其包天地、貫古今，無復餘蘊，不啻若口之悦芻豢。故其所與言者，不待問辨詰難而發露乎言行之間，猶草木之經時雨而勃然興起，非若他人聽了便休也。夫子及乎省其私而便知其然，故曰："回也不愚。"重歎之也。夫其智之可見者，智之未深者也；智而不可見，乃是智之最深者也。譬諸川流之淺，雖其勢駛漲，猶或可涉。淵海之深，汪洋乎不可測也，所謂"如愚"者是也，非去智絶聖、昏默守愚之謂。其不事聰明，是其智之所以愈深也。

【徵】"終日不違，如愚"，孔安國曰："不違者，無所怪問於孔子之言，默而識之如愚。"漢儒解經，多古來相傳之説如此。蓋孔子以好學自稱，又以稱顔子。夫學問之道，一意從事先王之教，而不用其智力，以竢油然生焉，故孔子曰："默而識之，學而不厭，誨人不倦，何有於我哉？"顔子亦曰："夫子循循然善誘人，博我以文，約我以禮，欲罷不

能。既竭吾才……"諸子性急,欲得諸孔子言下。顏子則不然,待
其自然來集,故顏子雖穎悟,然學問之道本然矣。非好學之至,何
以能一意從事夫子之教乎? 故稱其穎悟而不稱其好學者,不信聖
人之言者也。孔安國曰:"察其退還,與二三子說繹道義,發明大
體,知其不愚。"朱子曰:"及退省其私,則見其日用動靜語默之間,
皆足以發明夫子之道,坦然由之而無疑。"朱子以爲孔子退省其燕
私之時,是"退"屬孔子,爲不穩。孔安國以爲顏子退去之後,孔子
察其嘗與二三子私語者,極爲穩當。何則? 私爲私語,見《左傳》。
其在《論語》,如子夏告樊遲"舜選於衆,舉皋陶",曾子告門人"忠恕
而已矣",是其類也。發,如"憤悱啟發"之"發",謂其足以啟發二三
子也。朱子日用"動靜語默"之說,其意以道爲當然之理,而不知爲
先王之道,以其心學之見視孔、顏故也。且所謂"坦然由之而無疑"
者,豈得謂之發乎? 且何緣而見其坦然由之而無疑也,皆文外生
義,豈不妄哉!

子曰:"視其所以,朱氏曰:"以,爲也。爲善,爲君子;爲惡,爲小人。"**觀其所由,**"觀,
比視爲詳矣。由,從也。事雖爲善,而意之所從來者有未善焉,則亦不得爲君子矣。"**察其
所安。**"察,則又加詳矣。安,所樂也。所由雖善,而心之所樂者不在於是,則亦矜持耳,
豈能久而不變哉?"**人焉廋哉? 人焉廋哉?**"焉,何也。廋,匿也。重言以深明之。""

【古義】君之於臣,人之於朋友,其所倚賴甚大,不可不慎所擇。夫人之
難知,堯舜其猶病諸。至佞似才,至奸似直,諂諛者似忠,矜持者似
德,故我明不足以察之,則必至於以黑爲白,以枉爲直,小人爲君
子,君子爲小人,而政事日非,身辱國亡,可不懼哉?

【徵】"人焉廋哉",孟子亦言之。孟子聽訟之法,此則以察國君之道。蓋
訟之道,廋其情實,國君之賢否,其臣亦廋之故也。説者以爲知人
之法,窮措大哉! 古註:"以,用也。"或曰:如"不我以"之"以",訓

“與”，則“視其所與謀國者何人也”義同。又如“不使大臣怨乎不以”，是其證。朱子訓“爲”，豈有是哉？“觀其所由”者，觀其所由何道也。司馬相如《封禪文》：“愼所由於前，謹遺教於後耳。”“所由”與“遺教”對，其爲道術者審矣。古註訓“經”，朱註訓“從”訓“行”，皆不知而爲之説者；“所安”者，謂其心所安逸也。蓋欲知國君之善惡者，先視其所用之人賢否，而大櫱可知已。所用賢則賢，否則否，是其至易見者，故曰“視”也；次觀其所由之道術何如，或先王之道，或五伯之道，或戎貊之道，或刑名之道，是非歷觀其政事民俗則不可見者，故曰“觀”也；次察其心所安佚者何如，或仁義，或財利，或聲色，或田獵，是非深察其君行事則不可見者，故曰“察”也。賢者之擇君，或爲其君與鄰國交，皆不可以不知其賢否，故孔子言之。朱註視觀、察，徒以爲詳略之分，可謂不知字義已。程子欲以此察常人而不可得矣，則謂必知言窮理而後此法可用焉，是以孔子爲未足者也。且人人而欲察之，豈聖人之用心哉？

子曰：“溫故而知新，可以爲師矣。”溫，尋也。溫故而知新者，尋繹舊聞而時有新益也。

【古義】此言師道之甚難也。人之爲學，不溫故則必忘其所能，不知新則無得其所亡。蓋天下之事無限而天下之變無窮，苟能尋繹舊聞而復有新得，則應之愈不竭，施之當其可，而後可以爲人之師矣。夫師者，人之模範也。人材之所由成就，世道之所由維持，以韋帶之賤與人君並稱，其責甚重，其任甚大，可不謹乎？

【徵】“溫故而知新”，何晏曰：“溫，尋也，尋繹故者。”皇侃引“溫燖”，又見《中庸》鄭玄註：“溫，讀如燖溫之溫，謂故學之熟矣。後時習之，謂之溫。”《左傳》“尋盟”，賈逵註云：“尋，溫也，猶若溫燖故食也。”是“溫”訓“尋”，迺古來相傳之説。尋、燖古字通用，習之義也。何晏不識，以尋繹言之，朱子仍之，可謂粗鹵已。"故"者，邢疏曰"舊所學得"，朱子曰"舊所聞"，是皆據字義解，非也。如國之故、天下之故、幽明之故，皆明有所指。蓋如典故、故實之故，凡先世所傳者，皆謂之故。先世所傳，即我所學，則邢、朱如無害，然不知古言而以字解之，推諸它書有所不通，學者察諸。"新"者，古人所不言，先師所不傳也。事變無窮，非能知此，則不足爲人師也。

子曰："君子不器。" 器者，用而有適之謂，言君子之德可大用，而不可小用。

【古義】君子雖道宏德邵，無施不可。然或有於事不能者，若孔子不學軍旅、不能辭命之類，可謂不適其用矣。然而論聖人之才之德，則不在是，故曰："君子不可小知，而可大受也。"若夫廣綜衆藝、精幹小事者，人之所悦而致遠恐泥，不可以此論君子也。

【徵】君子不器，包咸曰："器者，各周其用，至於君子，無所不施。"朱註因之。《學記》曰："鼓無當於五聲，五聲弗得不和；水無當於五色，五色弗得不章；學無當於五官，五官弗得不治；師無當於五服，五服弗得不親。君子曰：大德不官，大道不器，大信不約，大時不齊。察於此四者，可以有志於本矣。""不器"見于此。大氐學以成器，器以性殊，故喻以切磋琢磨，故用人之道，器使之。君子者，長民之德，所以用器者也，故曰"不器"。器者百官也，君子者君與卿也。譬諸良醫用藥，良匠用椎鑿，藥與椎鑿者器也，醫匠者君子也，故知包咸所謂"無所不施"者，非矣。究其説，必至於不用器而自用而極焉，元首叢脞哉！職是之由。宋儒乃曰：孟子唯可以爲賓師，孔子則無不可也，妄哉言！

子貢問君子。子曰："先行其言而後從之。"

【古義】張氏栻曰："君子主於行，而非以言爲先也。故言之所發，乃其力行所至，而言隨之也。夫主於行而後言者爲君子，則夫易於言而行不踐者，是小人之歸矣。"

【徵】君子長民之德也，仁以爲己任，在行之而已，故先行其言而後從之。
　　　行之艱，豈易言之哉？故惡夫佞者。

子曰："君子周而不比，小人比而不周。"周，普徧也。比，偏黨也。皆就所與人親
厚而言之。

【古義】此言君子小人用心之別也。學問之要，在辨君子、小人趣向如
　　　何，否則欲爲君子而反爲小人之歸者多矣。《論語》每以君子小人
　　　對舉而論之者，蓋爲學者示其嚮方也。

【徵】孔安國曰："忠信爲周，阿黨爲比。"本諸魯《語》。又《書》曰："雖有
　　　周親，不如仁人。"皆古言也。朱子既以普徧解之，又云："與人親厚
　　　之意，但周公而比私耳。"蓋周訓普徧者一義，訓親者一義，可謂支
　　　矣。蓋親厚之道，勢難普徧，必也爲人謀而忠，與朋友交而信，庶足
　　　以無比黨之私已，古之道也。朱子又謂君子、小人之分，在公私之
　　　際，毫釐之差耳。是誠然，然亦末已。蓋君子者在上之德，其心在
　　　安民，故公；小人者細民之稱，其心在營己，故私。若不求諸安民之
　　　道、忠信之義，而一意欲普徧，其弊必至於鄉原。一意欲公，其弊必
　　　至於老莊"天地不仁""聖人不仁"而極焉，不可不察。

子曰："學而不思則罔，思而不學則殆。"

【古義】稽於古訓之謂學，求于己心之謂思。會天下之善而一之者，學之
　　　功也；極深研幾，與鬼神同功者，思之至也。學之功也實，思之至也
　　　神。學而不思則實無所得，故罔；思而不學則師心自用，故殆。是
　　　故非思則無以能學，非學則無以達思，兩者相待而後得成也。又
　　　曰：古之學者所思多於所學，今之學者所學多於所思。而古人所謂
　　　學，與今人所謂學者，亦大異矣，此亦不可不察也。

【徵】學而不思則罔，罔，誣也，皇疏一通有之。蓋學而不思，則不知其

義，必至於非禮爲禮，非義爲義，上誣先聖，下罔時人也。思而不學則殆，如"多見闕殆"之"殆"。精思之至，雖有所得，苟不由先王之道，迷而頻復，時冐榛棘，不能坦然由之無疑也。包咸"罔然無所得"，何晏"徒使人疲殆"，皆非古言。

子曰："攻乎異端，斯害也已。" 攻，治也。異端，古之方語，謂其端相異而不一也。言不用力於根本而徒治其端之所異，則無益而有害也。

【古義】言學問之道，用力其本則末自治焉，徒脩其末則必遺其本，必然之理也。後世之學不用力於道德仁義，而徒從事於記誦詞章，爭其多寡，較其短長，此亦攻異端之類焉耳。本末倒置，輕重易所，其害有不可勝言者也。

　　論曰：異端之稱自古有之，後人專指佛老之教爲異端者，誤矣。孟子之時，或稱邪説暴行，或直稱楊墨之徒，可見其時猶未有異端之稱。若夫佛老之教即所謂邪説暴行，而亦在異端之上，豈待攻而後有害耶？

【徵】攻乎異端，古註："攻，治也。"善道有統，故殊塗而同歸，異端不同歸也。異端雖無明解，與善道對言，故正義曰："謂諸子百家之書也。"朱子因之，旁及佛老。然孔子之時，豈有諸子百家哉？且"攻，治也"，本諸《周禮》"攻金之工""攻木之工"，謂治而成器也。故"攻"字可用諸學者，不可用諸道藝。故治六經，古無是言，況有治諸子百家而成之之理哉？蓋攻，如"鳴鼓而攻之"之"攻"。異端，稽諸漢晉諸史，多謂人懷異心者，乃多岐之謂也。人之懷異心，遽以攻之，必至激變，故孔子誡之。"異端"字不它見，獨見《論語》《家語》，而《家語》註"猶多端也"，乃孔安國、王肅輩必有此解，故諸史所用，依其解已。魏簒漢祚，以攻異端爲務。何晏《集解》，據《序》文，非何氏私書，孫邕、鄭冲、曹羲、荀顗、何晏署名，則必奉魏帝勅而作者，如唐《正義》、明《大全》耳，故避時忌諱，特設新義。後儒不察，遂爲定說也已，如"可謂好學也已"，明祖解"已"爲"止"。此方學者，復有解"已"爲"甚"者，皆可謂誤矣。

子曰："由！誨女知之乎！知之爲知之，不知爲不知，是知也。"由，孔子弟子，姓仲，字子路。子路性剛，以盡知天下之事爲知，故夫子告之曰："汝所爲知之者，未必真知之。今誨汝知之者乎，其所知者自以爲知，所不知者便以爲不知，是謂之知也。"蓋知者務知其所當知者，而知而無益者不必求知之，以其不在盡知天下之事也。

【古義】天下之事無窮，而一人之知有限，況事之多端，有可得而知者矣，有不可得而知者矣。欲知不可得而知者，則失之鑿矣；雖可得而知者，欲盡知之，則流于濫矣，故曰："君子於其所不知，蓋闕如也。"不以盡知天下之事爲知故也。孟子曰："堯舜之知而不徧物，急先務也。"是堯舜所以爲大聖，而學者所當取法也。後之儒者動欲盡知天下之事，是欲能堯舜之所不能，其得爲智哉？

【徵】"知之爲知之，不知爲不知"，語知人之方也。蓋門人以意錄孔子之言，而不錄其所由，故後人難其解，遂鑿耳。此章之言，與答仲弓"舉爾所知"正相發矣。古來註家，皆以爲孔子語學問之道。夫以不知爲知者，不知之失也。苟使其人知，豈有此病乎？且不知爲不知，止而不求知，則學問之道廢矣。且子路非好知之人也，孔子豈然乎？且知人者政事之所急，故强求知其所不知，勢之所必至，故孔子於仲弓，於子路，以此告之耳。後世儒者與孔門諸子學問自別，故動求諸己。且如諸家説，"知之"二字終不穩，皇侃本作"不知之爲不知"。

子張學干禄。子張，孔子弟子，姓顓孫，名師。干，求也。朱氏曰："禄，仕者之俸也。"子曰："多聞闕疑，慎言其餘，則寡尤；多見闕殆，慎行其餘，則寡悔。呂氏曰："疑者，所未信。殆者，所未安。尤，過也。"言寡尤，行寡悔，禄在其中矣。禄在其中者，謂不爲人所棄而衣食自給也，非必指受穀而言之也。”

【古義】得于學問者，深而周；得于見聞者，近而實。子張既知學，故夫子舉得于見聞者告之。蓋多見聞，則足廣其智，而有所則傚，而亦必闕疑殆，而慎言行，則外無受人之尤，內無生己之悔。言行有實而足爲人之所信，孰敢不服從，亦孰敢不薦引？是禄在其中也。

【徵】禄在其中，餒在其中，直在其中，仁在其中，皆謂爲此而得彼也。樂亦在其中，謂此彼皆有也。“學干禄”者，學干禄之道也，與“請學農圃”類同。孔子所答，以慎言行也。見，見君子之所行。聞，聞君子之所言。疑與殆，以己言之，非謂所見聞君子之言行未善也。“闕”云者，姑闕之而竢己心之信焉安焉。不取諸先王之道而取諸君子之言行，雖君子之言行，其己心之所疑殆，尚且闕之，慎之至也。言行無玷，得禄之道也。程子曰：“子張學干禄，故告之以此，使定其心而不爲利禄動。”夫士無恒産，以何能存？故學而干禄，士子之常也，故先王設穀禄之制，孔子亦不責子張，而直答以此。子張亦豈不知世俗干禄之所爲乎？蓋於其心有不安者，故問：“君子亦有干禄之道邪？”可謂善問矣。孔子所答，干禄之道也，它如“聞斯行之”，則非干禄之道矣，可以見已。宋儒之學，遠於人情，故曰：“定其心而不爲利禄動。”果其說之是乎？則孔子當答以君子知命矣。孔子廼以此答之，故知君子亦有干禄之道也。道之不遠於人如此，不可不察。程子又曰：“惟理可爲者爲之而已矣。”殊不知君子遵道而行，而尚有不得禄者，則君子知命也。不求諸先王之道，而妄以己意求諸理，宋儒之病也。

哀公問曰：“何爲則民服？”哀公，魯君，名蔣。時哀公失政而民不服，故問之。孔子對曰：“舉直錯諸枉，則民服；舉枉錯諸直，則民不服。”錯，捨置也。諸，衆也。言舉錯得當則民服，否則不服。

【古義】哀公意以爲，服民必有術以能之。孔子告之以舉錯得當則民服，舉錯失當則不服也。蓋好直而惡枉，天下之同情，順之則得，逆之則不得，非可以術能也。故治國之道，顧其所以處之者如何耳，非可以私意小智濟之也。

【徵】"舉直錯諸枉，舉枉錯諸直"，蓋古言也，而孔子引之也。《孝經》曰："非先王之法言，不敢道。"古之道若是焉。後儒不知，迺謂聖人以意造言，謬矣哉！"舉直錯諸枉"，諸，之乎也。枉與曲不同：枉者，材之反張者也；直者，材之良者也。蓋以積材之道爲喻：積材之道，以直者置於枉者之上，則枉者爲直者壓而自直矣。故它日語樊遲而曰"能使枉者直"，直謂材之良者，故喻諸善也仁也。枉謂材之不良者，故喻諸惡也不仁也。枉、直，喻也，故當不拘字義，以善與仁解之。宋儒不識其爲喻，曰："好直而惡枉，天下之至情也。"可謂謬矣。以錯爲廢置，包咸之陋也。宋儒因之，殊不知天下有善而無惡，惡者善之未成者也。先王之道，養以成之，惡皆化爲善，故孔子曰："能使枉者直。"子夏曰："舜有天下，選於衆，舉皋陶，不仁者遠矣；湯有天下，選於衆，舉伊尹，不仁者遠矣。"言舉而不言錯，可見錯非廢置之義已。故充包咸、朱子之說，則季康子"殺無道以就有道也"，其與先王、孔子之道，何啻霄壤哉！又按《易》"舉而錯之天下之民"，"舉錯"一義，正如此章，可以徵諸。舉直錯諸枉則民服，多謂舉錯當則民服，小矣哉，陋儒之見也！舉直錯諸枉，能使枉者直，故民服。苟取當於眼前，衛鞅之所不爲也，孔子、子産何以獲誚？按《代醉編》載孫繼和之說，亦同予意，祇未知積材之道爲喻耳。又如"大居敬而貴窮理"，"居敬"固孔子語仲弓者，然以此爲窮理之本，則其鑑空衡平之說也。苟使鑑空衡平，亦唯能見己之所見耳，不若以先王之道爲規矩準繩也。雖良匠，苟無規矩準繩，何以

能審其曲直哉？"窮理"乃《易》贊聖人之言，宋儒强諸學者，可謂不
知類已。皇侃本"何爲則民服"下有"也"字。

季康子問："使民敬忠以勸，如之何？"季康子，魯大夫季孫氏，名肥。時季氏僭濫，
民不心服，亦不從其所令，故問之。**子曰："臨之以莊，則敬；孝慈，則忠；舉善而
教不能，則勸。"**包氏曰："莊，嚴也。臨民以嚴，則民敬其上。上孝於親，下慈於民，則民
忠矣。舉用善人而教不能者，則民勸勉。"

【古義】此章亦與前章同意。蓋王者之治以德而不以法，其效若迂，而其
化無窮；霸者之政以法而不以德，其效若速，而無益於治。故知治
國之本在自正其身，而不得以智術爲之也。康子之意在求速效，而
夫子之所答專在於自治。若使康子達夫子之意，其所以治魯國者，
豈有不得如其所欲邪？《禮》曰："君子不出家而成教於國。孝者，
所以事君也；弟者，所以事長也；慈者，所以使衆也。"蓋述夫子之言
者也。

【徵】"臨之以莊"，臨下之道也。蓋天至高而不可企及矣，至遠而不可窺
測矣，至大而不可盡矣，日月星辰森羅於上焉。君子之治民，奉天
道以行之，故齊明盛服、非禮不動以象之，所以敬天也。夫民曰"天
民"，不屬諸君而屬諸天，臣則皆君之臣也，古之道也。故奉天道以
臨之，是謂之莊，然後孝慈，春風之行也。語哀公"舉直"而已矣，語
季康子"舉善而教不能"，益詳矣，君與大夫之分也。張敬夫曰："此
皆在我所當爲，非爲欲使民敬忠以勸而爲之也。"夫季康子問使民
敬忠以勸如之何，而孔子答之以此，是爲欲使民敬忠以勸而爲之者
審矣。張敬夫廼欲勝孔子而上之，可謂刻矣，是其意惡其輆也。惡
其輆乎，則莫若誠焉，故君子貴學。學以成德，自然不假勉強，不則
雖使其心爲我所當爲，亦終輆耳。輆則不久，不久則不足以化
民也。

或謂孔子曰："子奚不爲政？"定公初年，孔子不仕，故或人疑其不居官爲政也。子曰："《書》云：'孝乎惟孝，友于兄弟，施於有政。'是亦爲政，奚其爲爲政？"《書》文今見《古文尚書·君陳篇》，而無"孝乎"二字，當以此爲正。"孝乎惟孝"者，美孝之辭，言善事父母者，必友于兄弟而施及於有政。孔子引之，言如此則是亦爲政矣，何必以居位爲爲政乎？

【古義】孝友者，人之善行也，夫孰不美焉，亦孰不從焉？以此心自脩則身脩，以此心治人則人治，雖家國天下莫不從焉。而家居講學者，每有不能有爲於世之歎。殊不知"居家理，故治可移于官"，奚以不居官爲政爲慊乎？孟子曰："其子弟從之，則孝弟忠信。'不素餐兮'，孰大於是？"與居官爲政者奚異？

【徵】"子奚不爲政"，包咸曰："或人以爲，居位乃是爲政。"朱子因之，曰："定公初年，孔子不仕，或人疑其不爲政也。"皆不知古言。"我死子爲政"，謂秉柄於其國也；"疇昔之羊子爲政，今日之事我爲政。"謂秉柄於其事也。如此章，則孔子爲大夫時事也，未審其爲司空時邪，爲大司寇時邪？大夫服官政，謂一官之政也。孔子爲大夫，不秉柄於其官，故或人疑而問之耳。如舊說，或人謂不仕爲不爲政，不情之甚矣。且"奚其爲爲政"，疊用爲字，極爲未穩。今解爲秉柄，則奚其爲爲政，乃奚其爲秉柄，豈不穩乎？蓋聖人施爲，自不與常人同，於其官政，不必屑屑然有所更張。然其意所在，豈或人所能知？故引《書》答之。"孝乎惟孝"，四字句。包咸曰："美大孝之辭。"爲得之。《書》今本無"孝乎"二字，脫耳。朱註解"乎"爲"如此"，大誤矣。施，行也。有政，政也。言孝友之道，自然行於政事，是亦秉柄於官政也。古註"所行有政道"，可謂强爲之解已。君陳代周公，爲政於成周，孔子引此，極當。按《家語》："孔子爲魯大司寇，有父子訟者，夫子同狴執之，三月不別。其父請正，夫子赦之

焉。"以此觀之,孝友豈不行於官政乎? 按:蔡邕《石經》"孝乎"作
"孝于"。

子曰:"人而無信,不知其可也。大車無輗,小車無軏,其何以行之哉?"
大車,謂平地任載之車。輗,轅端橫木,縛軛以駕牛者。小車,謂田車、兵車、乘車。軏,轅
端上曲,鉤衡以駕馬者。言人而無信,猶車無此二者,豈可得行乎?

【古義】信者,人道之本。人而無信,則不可以一日立於天地之間,猶大
車之無輗、小車之無軏,不可以行也。君不君,臣不臣,父不父,子
不子,一皆由此。夫子就其最所易見者,以喻人必不可無信也。

【徵】輗軏在車與馬牛相接之際,信亦在我與人相接之際,故引以爲喻。
車之行,馬牛之力也;道之行,人之力也,豈不切乎? 言而無信,則
人不信我。人不信我,則我言安能行哉? 事之行亦然,道之行亦
然,教之道亦然。七十子深信孔子,故孔子之教,行於七十子,不竢
多言。孟子則欲使不信我之人由我言而信我,故徒詳其言,以欲人
人之能曉,是訟之道也,徒聒之耳。是無它,不知無信之不可行故
也。輗軏之制,皇疏具焉。註:"包咸曰:大車,牛車。輗者,轅端橫
木以縛軛也。"疏:"端,頭也。古作牛車二轅,不異即時車,但轅頭
安輗,與今異也。即時車,枙用曲木,駕於牛脰,仍縛軛兩頭著兩
轅。古時則先取一橫木,縛著兩轅頭,又別取曲木爲枙,縛著橫木,
以駕牛脰也。即時一馬牽車,軏猶如此也。"註:"小車,駟馬車。軏
者,轅端上曲鉤衡也。"疏:"衡,橫也。四馬之車,唯中央有一轅,轅
頭曲向上,此拘住於衡,名此曲者爲軏也。所以頭拘此衡者,轅駕
四馬,故先橫一木於轅頭,而縛軛著此衡。此衡既爲四馬所載,恐
其不堅,故特置曲軏裡,使牽之不脫也。猶即時龍旂車,轅端爲龍,
置衡在龍頭上曲處也。"鄭玄曰:"輗,穿轅端著之;軏,因轅端
著之。"

子張問：“十世可知也？”陸氏曰：“‘也’一作‘乎’。”朱氏曰：“王者易姓受命爲一世。”子張見夫子聰明睿智，無所不知，故問：“十世之遠，可以前知乎？”子曰：“殷因於夏禮，所損益可知也；周因於殷禮，所損益可知也。其或繼周者，雖百世可知也。”言三代之有天下，雖各有一代之制，然不能盡改人之觀聽，故皆因前代之禮而作之。惟其所損益者，今皆可知而已。既往已如此，則將來亦不過如此。

【古義】此言古今之事不甚相遠，不可好求迂怪不經、不可窮詰之説。蓋世道之變，雖相尋無窮，然本無有可愕可怪之事。冠以加首，屨以藉足，舟以濟水，車以行陸。君尊而臣卑，父老而子繼，千古之前如此，千古之後亦如此。所謂禮也者，亦不過因此而損益焉耳。苟以此推之，則雖千歲無窮之變，皆可坐而致焉。子張之問，既涉於怪僻，故夫子言此以斥之。

【徵】子張問：“十世可知也？”陸氏曰：“‘也’一作‘乎’。”不必爾。蓋“十世可知也”，古書之言，子張疑而問之，而孔子答其可前知也。朱註：“王者易姓受命爲一世。”非矣。王者易姓受命爲一代，父子相受爲一世。孔子之意，蓋謂王者受命制作禮樂，非預知數百年之後不能爲，是可前知之證也。殷因夏禮，周因殷禮，故知有雖萬世不異今日也。殷損益夏禮，其所損益者，在夏代可前知。周損益殷禮，其所損益者，在殷代可前知。是三代聖人，建一代之法，使數百年之人守之，則其前知數百年後者審矣。若有聖人繼周而興，則今之所前知，何翅十世乎？雖百世者，謂其不止十世也。馬融曰：“所因，謂三綱五常；所損益，謂文質三統。”所因，何啻三綱五常？所損益，何啻文質三統？朱註：“其所損益，不過文章制度、小過不及之間，而其已然之迹，今皆可見。”是前二“可知”，與後“可知”，不同其義，可謂謬矣。且果其説之是乎，則秦漢以後，不與三代同，何孔子之言不驗邪？且子張不問禮，而孔子答以禮，是聖人所前知，僅禮而已。且其意謂聖人損益前代之禮，唯與時宜之，而不知一代禮樂維持數百年之後也。《中庸》曰："至誠之道，可以前知。"不然，何以在其爲聖人乎？

子曰："非其鬼而祭之，諂也。見義不爲，無勇也。"非其鬼，謂非其所當祭之鬼。諂者，謂瀆近鬼神也。知義之所在而不爲，是無勇也。

【古義】陳氏櫟曰："此章欲人不惑于鬼之不可知，而惟用力于人道之所宜爲。他日語樊遲曰：'務民之義，敬鬼神而遠之。'亦以鬼神對義而言。蓋嘗驗之天下之人，其諂瀆鬼神者，必不能專力於民義。其專力於民義者，必不諂瀆於鬼神，二者常相因云。"

【徵】"非其鬼而祭之"，此孔子有所譏而言之，但未審其爲何人也。其義則與答樊遲"務民之義，敬鬼神而遠之"相發，然彼則義圓，而此則言不倫，故知其有所爲而言之。

卷二

八佾第三 凡二十六章

孔子謂季氏：“八佾舞於庭，是可忍也，孰不可忍也？”季氏，魯大夫季孫氏也。佾，舞列也。天子八，諸侯六，大夫四，士二，每佾人數如其佾數。言季氏以陪臣，而敢僭用天子之禮樂，是可敢忍爲之事哉？而尚忍爲之，則何事不可忍爲？

【古義】謝氏曰：“君子於其所不當爲，不敢須臾處，不忍故也。而季氏忍此矣，則雖弒父與君，亦何所憚而不爲乎？”○夫子所論當時人物政治得失，自今觀之，似或有不甚切于學者。然孔門弟子皆謹書之者，何也？夫子嘗曰：“載之空言，不若著之行事親切著明也。”蓋學將以有爲也，故泛論義理，不若即事即物，直辨其是非得失之爲愈也。如此等章，實與《春秋》一經相表裏。此當時諸子所以謹書而不遺也歟？

【徵】“八佾舞於庭”，“八佾舞”連讀，世人“佾”下斷句，非也。《春秋·隱公五年》：“九月，考仲子之宮，初獻六羽。”《左氏傳》：“公問羽數於眾仲，對曰：‘天子用八，諸侯用六，大夫四，士二。夫舞，所以節八音而行八風，故自八以下。’公從之。於是初獻六羽，始用六佾也。”《公羊傳》：“初者何？始也。六羽者何？舞也。初獻六羽，何以書？譏。何譏爾？譏始僭諸公也。六羽之爲僭奈何？天子八佾，諸公六，諸侯四。諸公者何？諸侯者何？天子三公稱公，王者之後稱公，其餘大國稱侯，小國稱伯、子、男。始僭諸公，昉於此乎？前此矣，前此則曷爲始乎此？僭諸公，猶可言也。僭天子，不可言也。"《穀梁傳》："穀梁子曰：'舞夏，天子八佾，諸公六佾，諸侯四佾。初獻六羽，始僭樂矣。'尸子曰：'舞夏，自天子至諸侯，皆用八佾。初獻六羽，始屬樂矣。'"何休、杜預皆謂八八六十四人，六六三十六人，四四十六人，二二四人。服虔謂六八四十八人，四八三十二人，二八十六人。服虔蓋以《襄十一年》鄭人賂晉侯以女樂二八，誤爲二佾也。何、杜以爲舞勢宜方，是或然矣。且天子六十四人，則大夫三十二人，爲太過矣，況士豈能辦十六人乎？故何、杜於理爲優，諸公六佾，諸侯四佾，恐傳譌也，《左傳》尸子爲可據已。杜預曰："魯惟文王、周公廟得用八，而他公遂因仍僭而用之。今隱公特立此婦人之廟，詳問衆仲，因明大典，故《傳》亦因言始用六佾。其後季氏舞八佾於庭，知惟在仲子廟用六。"由此觀之，他公僭用，而季氏遂僭之也。但明堂位無文王，則杜預亦誤矣。於庭，古來無解，邢昺以爲家廟之庭，殊爲不通。竊疑成王賜伯禽以天子禮樂祀周公，天子之廟八佾舞於庭，伯禽廼造臺以舞之，所以尊天子之樂也。後世有舞臺，或昉于是邪？是誠臆説，別無所據。然"於庭"二字，非此不通，姑録以俟後君子也；"是可忍也，孰不可忍也"，邢昺曰："季氏以陪臣而僭天子，最難容忍。"《集註》范氏因之，是於"忍"字之義爲得之，然非聖人之言矣。小人唆人激變者，其言率如此，不可從也。謝氏曰："季氏忍此矣，則雖弑父與君，亦何所憚而不爲乎？"是忍字，本諸孟子。孟子創言性善，而與楊氏之徒爭仁内外，故引"不忍人之心"，以爲仁之端，遂又有不忍人之政。然求諸古言，以忍爲美德，而未有以不忍爲貴者矣；求諸理，聖人亦有不忍之心，而聖人之思深遠焉，故未有以不忍爲教者矣，蓋其究必成婦人之仁故也。小不忍亂大謀，此先王之法言，《孝經》曰："非先王之法言不敢道。"故知非孔子之言矣。且責季氏以心術，豈不妄哉？此章之義，蓋爲昭公發之。昭公亦小不忍，以致乾侯之禍，故云爾。季氏之僭，不啻一世，從前魯君所忍，是尚可忍也。僭之大者，尚可忍也，則無不可忍之事矣。魯君能以此爲心，季氏之僭可正，而魯可治焉。聖人之言，皆有作用，宋儒廼以理以心而已矣，不可不察。

三家者以《雍》徹。三家，魯大夫孟孫、叔孫、季孫之家也。《雍》，《周頌》篇名。徹，祭畢而收其俎也。天子宗廟之祭，則歌《雍》以徹，是時三家僭而用之。**子曰："'相維辟公，天子穆穆'，奚取於三家之堂？"**相，助也。辟、公，諸侯及二王之後。穆穆，深遠之意，天子之容也。此《雍》詩之詞，孔子引之，言三家之堂非有此事，亦何取於此義而用之乎？舉其無知妄作之一端，以明其僭禮大類如此。

【古義】此通上章共爲三家僭禮而發，蓋夫子作《春秋》之意也。當時之人視三家僭禮，不徒不能規其非，反舉之以爲美談，故夫子斥之，以明其僭妄之罪，且欲其聞而改之也。夫位愈盛則責愈重，禄愈高則任愈大，《詩》曰："赫赫師尹，民具爾瞻。"季氏，魯之世卿，衆之所倚賴，而其無智妄作如此。既不足取信當時，又非所以垂裕後昆，故爲人之上而不知學，其蔽必至於此。

【徵】三家者，"者"字語助，無意義，如"三子者"之"者"。古者歌詩，皆有所取於其義，而《雍》詩於三家之堂，莫有所取焉；於魯君之堂，亦莫有所取焉。孔子不斥其非禮，但以《詩》言之，若訝之者然，所以開喻也。《集註》廼曰："譏其無知妄作，以取僭竊之罪。"大失聖人之辭氣也。且"無知妄作"，本"作者之謂聖"之"作"，豈可引於此乎？相，儐相也，訓助者，字義耳。其實相自相，助自助，不可混矣。辟公，王肅以爲國君諸公，爲是。鄭玄以辟爲卿士，公謂諸侯，《書》"惟辟玉食"，豈卿士之謂乎？邢昺疏：毛萇以爲諸侯及二王之後，然《毛傳》無之，可謂妄矣。《曲禮》：“天子穆穆。”《爾雅》：“穆穆，美也。”穆穆蓋深遠意，天子行禮，有辟公爲之儐相，則天子迺若無所爲者，唯見其穆穆然美已，是《雍》詩之義也。

程子曰：“周公之功固大矣，皆臣子之分所當爲，魯安得獨用天子禮樂哉？成王之賜，伯禽之受，皆非也。”弇州先生曰：“叔子之爲此語也，語於秦之君臣也，非三代之君臣也。唐虞之世，其爲帝者，茅茨不剪，土階三尺而已。都俞吁咈于其內，得一言則君臣交相拜而相咏嗟，非截然而不相及也。堯得舜而三載，命之陟位受終，類上帝，禋六宗，望山川，徧群神，輯五瑞，狩四嶽，不聞其以疑堯議也；舜得禹而命之終陟，受命於神宗，率百官，若帝之初，不聞其以疑舜議也。堯舜之於舜禹，臣之者也。成王之於周公，師之者也。以尊則叔父也，以親則爲其父弟者也。存而負扆以行天子之事，沒而崇以天子之禮樂，夫誰曰不可？且以周公之功與舜禹並，而尊親過之，不復子則禪而帝，復子則祀而王，聖人之所以崇德報功也。而曰‘非’者，何也？夫秦而始君朕也，君父皇考也，而臣弗與也，其尊若天而臣若草芥也。吾故曰：叔子之爲此語也，語於秦之君臣也。”茂卿曰：“大氐後儒謂禮萬世不易者，是其心有自以爲禮者，故妄意成王、伯禽，皆非矣。夫《禮》爲一代之典，《周禮》周公作，而成王、伯禽親受之，故成王、伯禽非禮歟，則孰爲禮？豈不肆乎？故孔子所謂‘非禮’者，謂其後也。”

子曰：“人而不仁，如禮何？人而不仁，如樂何？”言仁者德之本，禮樂者德之推。人而不仁，其本既無，雖欲行禮樂，豈爲其用哉？其所見者，徒威儀節奏耳。

【古義】禮儀三百，威儀三千，待其人而後行，則不仁之人雖欲用禮樂，而禮樂豈爲之用乎？或曰：仁者，惻隱之充也，何預於禮樂？曰：慈愛惻怛之心，衆德之所由生，萬事之所由立。仁人之於天下，何事不成，何行不得，況於禮樂乎？

論曰：七篇之書，《論語》之義疏也，故得《孟子》之意，而後可以曉《論語》之義。苟不本之於《孟子》，而徒欲從《論語》字面求其意義，則牽强不通，必至致誤，若宋儒所謂"仁者天下之正理"是已。學者不可不知。

【徵】禮樂者，先王之道也。先王之道，安民之道也。仁，安民之德也，故苟非仁人，則禮樂不爲之用，故曰"如禮何""如樂何"，此以在上之人言之也。游氏曰："人而不仁，則人心亡矣。"程子曰："仁者天下之正理，失正理則無序而不和。"皆不知聖人之道爲先王之道也，不知此章之言爲在上者發之也。仁齋先生曰："慈愛惻怛之心，衆德之所由生，萬事之所由立。仁人之於天下，何事不成，何行不得，況於禮樂乎？"此不知禮樂者之言已。辟諸摶埴作器，雖器皆埴也，先王作禮樂，以仁而已矣。故孔子曰："夫仁者，制禮者也。"又曰："道二，仁與不仁而已矣。"故不仁之人不能用禮樂也。

林放問禮之本。林放，魯人，見世之爲禮者專務繁文，而疑其本之不在是。**子曰："大哉問！ 禮，與其奢也，寧儉；喪，與其易也，寧戚。"**禮，先王之所制，時王之所用。今放疑之，故夫子大其問也。易，治也。禮，所以節制。喪，所以致哀。故禮奢而備物，不若儉而不備。喪易而盡禮，不若戚而不文，得其本故也。若夫徒務繁文，而遺其本實者，固非所以爲禮也。放特問禮，而夫子兼言喪者，蓋欲其意之備也。

【古義】爲禮者必好備物，好備物，則必至文勝。爲喪者必欲治而無失，欲治而無失，則必失其實。故禮以儉爲本，喪以哀爲本，聖人之尚實也如此。

論曰：舊註謂禮貴得中，其説本于《禮記》，然非聖人之意。嘗曰："先進於禮樂，野人也；後進於禮樂，君子也。如用之，則吾從先進。"又曰："奢則不孫，儉則固。與其不孫也，寧固。"及如此章，自

後世之學言之，似有不及於中之病，故以爲救時之論。然聖人之道
尚儉而惡奢，其經世理民，常戒盈滿而從退損。雖以禮爲教，而必
以儉爲本。其言及中者甚少，蓋以儉可以守禮，而中則不可執
守也。

【徵】孔子大林放之問，蓋世人所見者小，故徒以禮爲美觀。林放獨能疑
禮之意本不在是而問之，是其所見者大，孔子所以嘆也。朱註：“蓋
得其本，則禮之全體無不在其中矣。”是不得“大哉”之解，以全體言
之，理學者流哉！又其言曰“世之爲禮者，專事繁文”云云，殊不知
禮之有繁文，乃其所以物爲之制。曲爲之防，豈可以爲非乎？大氏
後儒迫急之見，未免直情徑行。戎狄之道，貴質賤文，亦本諸二精
粗耳。“禮，與其奢也，寧儉；喪，與其易也，寧戚”，蓋古語。孔子不
直語其本而引此，使放思而得之，孔子之教皆爾。何以知其爲古
語？答與問不正相值也。它如“忠信爲禮之本”，以人學禮言之。
如恭敬，以行禮之心言。如上章“人而不仁”，以在上之人言之。至
於此章，則以人所行之禮言之。奢謂其心以禮爲美觀，務求備其財
物，而不知侈其用也；儉謂其心在節財用，而不知物不稱其義也。
“易”，去聲，包咸曰：“和易也。”非矣。朱註訓“治”，得之，但其説
曰：“節文習熟而無哀痛慘怛之實者也。”非矣。蓋謂富貴之家，助
喪之人多，而百官皆備，衣衾棺椁之用不乏，一切治辦也；戚謂貧賤
之家，無助喪之人，衣衾棺椁不備，事事艱難，轉增哀戚之甚也。夫
喪之爲禮，所以致哀也，節文之詳豈損哀乎？且喪不可屢，豈有所
謂習熟者哉？大氏宋儒忽略字義，遷就以成其説。如“儉”字，本謂
節用也，朱子以溫良恭儉讓爲聖人威儀，遂解儉爲節制。至於此
章，亦以質勝而文不足爲儉，遂引《禮運》“汙尊抔飲”爲説。夫任口
言理，莫不可言者，然字失其義，亦影耳。《易·象》曰：“山上有雷，

小過。君子以行過乎恭，喪過乎哀，用過乎儉。”正與此章相發。儉以用言之，豈非財用乎？戚易與奢儉對，豈徒以節文言之哉？夫禮以教中，本文曰“與其”，曰“寧”，亦不得已以取儉戚者，而非儉戚為至也。而孔子所以言之者，何也？《禮器》曰：“昔先王之制禮也，因其財物而致其義焉。”故君子之行禮，亦必視其財物，為之進退，古之道為爾。如“今也純儉，吾從眾”，豈不然乎？《檀弓》曰：“曾子曰：‘晏子可謂知禮也已，恭敬之有焉。’有若曰：‘晏子一狐裘三十年，遣車一乘，及墓而反。國君七个，遣車七乘，大夫五个，遣車五乘，晏子焉知禮？’曾子曰：‘國無道，君子恥盈禮焉。國奢，則示之以儉；國儉，則示之以禮。’”子游問喪具，夫子曰：“稱家之有亡。”子游曰：“有亡惡乎齊？”夫子曰：“有，毋過禮。苟亡矣，斂首足形，還葬，縣棺而封。人豈有非之者哉？”子路曰：“傷哉貧也，生無以為養，死無以為禮也。”孔子曰：“啜菽飲水盡其歡，斯之謂孝。斂首足形，還葬而無椁，稱其財，斯之謂禮。”子思之母死於衛，柳若謂子思曰：“子，聖人之後也，四方於子乎觀禮，子蓋慎諸？”子思曰：“吾何慎哉？吾聞之：有其禮無其財，君子弗行也；有其禮有其財無其時，君子弗行也。吾何慎哉？”是皆言君子行禮，視財物與世進退之，有時乎取儉與戚也。《曲禮》曰：“貧者不以貨財為禮，老者不以筋力為禮。”《禮器》曰：“故天不生，地不養，君子不以為禮，鬼神弗饗也。居山以魚鼈為禮，居澤以鹿豕為禮，君子謂之不知禮。故必舉其定國之數，以為禮之大經。禮之大倫，以地廣狹；禮之厚薄，與年之上下。”是皆言先王制禮時，亦已視財物之所出，定其度數也。孔子曰：“夫仁者，制禮者也。”言先王之制禮，求以安民也。仁者愛物，謂其節用而不傷民也。今林放苟知君子有時乎取儉與戚，而思以求之，則知先王所以制禮之意在仁焉，是所謂本也，是林放問本之所以爲大也。宋儒昧乎字義而不知道，乃以文質釋之，謬之大者也。遂至或謂孔子欲損周之文，以就夏殷之質。殊不知奢儉皆謂同行斯禮，而其所以用財不同已，豈有文質之異哉？且林放豈與顏子同科，而足以語制作之意哉？可謂妄已。又仁齋先生以禮貴得中，非聖人之意。蓋禮所以教中也，禮者先王所立以爲極也，所以使賢者俯就，不肖者企及也。是乃以聖人所立禮爲中也，非使人以己意取夫中也。世多欲以己意求夫中，則仁齋先生言之者是矣。然儉自用財之道，不與中相關，而乃以儉與中對論者，非矣。

子曰：“夷狄之有君，不如諸夏之亡也。”諸夏，中國也。亡，無也，視有如無之謂。此孔子傷時無上下之分而嘆之也。

【古義】夫子每視時俗之變，雖一事之小，必重嘆之，以其所關係大也。今諸夏，禮義之所在，而曾夷狄之不若，則其爲變亦甚矣，此《春秋》所以作也。當此時，雖周衰道廢、禮樂殘缺，而典章文物尚未湮墜，孰知諸夏之不若夷狄？然夫子寧捨彼而取此，則聖人崇實而不崇文之意可見矣。其作《春秋》也，諸侯用夷禮則夷之，夷而進於中國則中國之。蓋聖人之心即天地之心，遍覆包涵、無所不容，善其善而惡其惡，何有於華夷之辨？後之說《春秋》者甚嚴華夷之辨，大失聖人之旨矣。

【徵】“夷狄之有君，不如諸夏之亡也。”亡，無也。諸夏，諸侯之國也。是聖人之貴禮義也，雖有君而無禮義，是其去禽獸不遠焉。孔子之時，諸夏雖有君乎，猶亡之然。然先王之澤不斬，禮義尚存，故孔子以爲勝之矣。程子解失於“不如”之詁，不可從也。

季氏旅於泰山。旅，祭名也。泰山，山名，在魯地。禮，諸侯祭山川在其封內者。今季氏以陪臣祭之，非禮也。子謂冉有曰：“汝弗能救與？”對曰：“不能。”子曰：“嗚呼！曾謂泰山不若林放乎？”冉有，孔子弟子，名求，時爲季氏宰。嗚呼，歎辭。

夫子欲冉有之救正其非，既而知其不能，則又美林放以勵之，亦教誨之也。

【古義】季氏舞八佾、歌《雍》徹，夫子既斥其僭竊，今亦欲旅於泰山，故夫子欲冉有之救之也。夫禮，人之隄防也。禮立，則人心定，人心定則上下安，上下安則彝倫得以叙矣，庶事得以成矣。今季氏以臣僭君，則是自壞其隄防也。神不享非禮，民不祭非類，季氏爲魯國卿而所爲如此，何以率其民？不智亦甚矣。

【徵】《周禮·大宗伯職》："國有大故，則旅上帝及四望。"鄭玄註："故，謂凶裁。旅，陳也，陳其祭事以祈焉，禮不如祀之備也。"此章，古註以爲譏僭，朱子因之。然觀其引林放，則孔子之譏，必在奢而不在僭，則必季氏爲魯侯旅者，而其行禮徒務美觀故爾。後儒每言及季氏則輒謂僭也，豈不泥乎？

子曰："君子無所爭，必也射乎！言君子恭遜，不與人爭。其或有所爭者，必也於射禮乎！蓋明其所爭者，亦皆以禮，而他無所爭也。揖讓而升下而飲。按《儀禮》：大射之禮，耦進三揖，而後升堂。射畢揖降，以俟衆耦皆降，勝者乃揖，不勝者升，取觶立飲也。照本文"下而飲"之語，則與"不勝者升，取觶立飲"不合。竊謂不勝者下而獨飲，無衆耦送觶之禮也。其爭也君子。言雍容揖遜如此，則其爭也便君子，而非若小人之以利害與人爭也。"

【古義】此言君子唯於射有所爭，則見君子於事，總無與人爭也。君子以仁存心，以禮存心，何爭之有？其與人爭者皆小人，不仁不禮之甚也。讀《論語》者，至於夫子言君子諸章，則不可不潛心覃思，佩服體取。若此章，最其切要者歟！

【徵】"揖讓而升下而飲"，中間不可句。王肅曰："射於堂，升及下，皆揖讓而相飲。"按《儀禮》：射時，升降皆揖讓；飲射爵時，亦揖讓升降也。朱註"升"句，非矣。蓋射之爭，爭於中禮，射不主皮，則所貴在和容，故其爭以揖讓行之，所以爲君子也。皇侃曰："它事無爭，而於射有爭，故云：'必也射乎！'""於射所以有爭"者，古者生男，必設蓬矢、桑弧於門左。至三日夜，使人負子出門而射，示此子方當必有事于天地四方，故云："至年長，以射進仕。"禮，王者將祭，必擇士助祭，故四方諸侯，並貢士於王，王試之於射宮。若形容合禮、節奏比樂而中多者，則得預於祭，得預於祭者，進其君爵土；若射不合禮樂而中少者不預祭，不預祭者，黜其君爵土。此射事既重，非唯自辱，乃係累己君，故君子之人，於射而必有爭也。故顏延之曰："射許有爭，故可以觀無爭也。"

子夏問曰："'巧笑倩兮，美目盼兮，素以爲絢兮。'何謂也？"此逸《詩》也。倩，好口輔也。盼，目黑白分也。言其美質也。何氏曰："絢，文貌。凡畫繢之事，先布衆色，然後以素分布其間，以爲文。"蓋言身章之美也。《衛風·竹竿》之詩曰："巧笑之瑳，佩玉之儺。"又言顏色之美，與服飾之麗相稱，其語意正相類。子夏適不知畫繢之事，因讀此詩而有疑，故爲問。**子曰："繪事後素。"**繪，畫衣服也，《考工記》云："凡繪畫之事後素功。"是也。子夏之所疑，不在上二句，而在"素以爲絢"，故夫子專以繪事告之也。**曰："禮後乎？"**子夏因夫子之言而悟：凡物有其質，而後可以加文，然則人之於禮亦有其質，而後可學乎？**子曰："起予者商也，始可與言《詩》已矣。"**起，猶發也，言能起發我之志意也。夫子以其能會其意，故以"始可與言《詩》"稱之。

【古義】此章子夏之所問，夫子之所答，初只尋常間談，而本非有關於學問。及乎子夏曰"禮後乎"，而始爲至論也。夫禮以儉爲本，至於風氣既開，日趨繁文，於是人惟視其繁文，而不知其本之儉，故曰："禮與其奢也，寧儉；喪與其易也，寧戚。"子夏知之，故曰："禮後乎？"苟非得聖人之意於言詞之表者，其措詞豈能斷然若此乎？林放聞夫子之論，而初知禮之本。子夏因論《詩》，而自悟禮之後，非放之所及也。

　　論曰：《詩》無形也，因物而變，爲圓爲方。隨其所見，或悲或歡。因其所遭，一事可以通千理，一言可以達千義。故非聞一而知二者，不能盡《詩》之情。子夏聞畫繪之事，而悟"禮後"之説，可謂亞聞滄浪之歌，而知自取之道者也。

【徵】倩，毛《傳》："好口輔。"馬融曰："笑貌。"盻，毛《傳》："白黑分。"馬融曰："動目貌。"義相通。蓋笑之美，在口輔，動目之美，在黑白分也；"素以爲絢兮"，何註以爲《詩·衞風·碩人》逸此一句。朱子併上二句，直以爲逸《詩》，未詳孰是。絢，馬融曰："文貌。"而不解一句之義。邢昺曰："莊姜既有巧笑、美目、倩盻之容，又能以禮成文絢然。"果其説之是乎？《詩》之義本謂禮，而孔子引繪事，爲迂。且《詩》之義本謂禮，而子夏曰"禮後乎"，豈足爲"起予"乎？朱註："素，粉地，畫之質也。絢，采色，畫之飾也。"是因孔子引繪事，而謂《詩》本言畫，可謂泥矣。且"後素"失義，不可從矣。繪事後素，何晏註："鄭曰：繪，畫文也。凡繪畫，先布衆色，然後以素分布其間，以成其文。"此説與《考工記》"凡畫繪之事後素功"合，但鄭玄註曰："素，白采也，後布之，爲其易漬污也。"義爲迂矣。朱註加一"於"字而曰："謂以粉地爲質，而後施五采。"是其意據《禮器》"甘受和，白受采"耳，殊不知彼主行禮得忠信之人，此主學禮貴美質，其義自別也。且先素而謂之後素，後素迺以何措辭乎？且繪與畫不同，畫泛言之，繪則畫布，如《虞書》："予欲觀古人之象，日月星辰、山龍華蟲，作會，宗彝，藻火粉米、黼黻絺繡。"《曲禮》："飾羔雁者以繢。"《深衣》："具父母、大父母，衣純以繢。"皆爾。朱子以粉地爲解，則以爲畫圖，可謂不識字義已。蓋《詩》"素以爲絢兮"，謂傅粉也。絢者，謂爛然有光也。美人得粉，美益彰；繢事得布素分間，五采益明；美質學禮，其美益盛。非美人也粉適成醜，非五采也布素何施，非忠信之人也禮不可得而學，此章之義也。起予，朱註盡之。蓋聖人好學之篤，與群弟子相答問，其意每謂藉此以廣己之意智，迺所以誨而不倦也。後人徒以謙虛無我贊之，抑末矣。

子曰："夏禮，吾能言之，杞不足徵也；殷禮，吾能言之，宋不足徵也。文獻不足故也。足則吾能徵之矣。"杞、宋，二國名。杞，夏之後。宋，殷之後。徵，證也。文，典籍也。獻，賢也。言二代之禮，吾往既聞之而能言其詳，欲證之於夏殷，而之杞宋二國，皆不足取以爲證，以其文獻不足故也。文獻若足，則吾能相證而傳之後世，蓋聖人不欲言無證之説也。

【古義】先王之禮，唯得夫子而後能傳於後世，言之則存焉，不言則亡焉。苟以其文獻不足而不言之，則豈非夏殷之禮自我亡之乎？《中庸》曰："上焉者，雖善無徵。無徵不信，不信民不從。"故君子擇民之可信而言之，見民之可從而行之。苟不察民之信從與否而强爲之，則是誣之也，若老佛之説是已。凡渺茫不經，如存如亡之説，皆足以起人之惑，而啓其好異之心。故無徵之言，聖人不道焉，仲尼"祖述堯舜，憲章文武"是也。而後世儒者，動稱伏犧、神農、黃帝，甚而至於論盤古、燧人之世，稱天皇、地皇之名，吾知其非聖人之意也。

【徵】"夏禮吾能言之"，仁齋先生據《戴記》，之訓適。文辭各殊，可謂泥矣。朱註盡之。古註文獻爲"二國之君文章、賢才"，徵訓成，誤矣。如子貢所謂"賢者識其大者，不賢者識其小者"，是獻足徵也；"文獻不足徵者"，言二國無識夏殷禮之人與典籍也。徵，如《中庸》"無徵不信"也。蓋孔子洞知古聖人作禮樂之心，又熟知人情世變。故夏殷之禮雖殘缺，僅得一二，推知其餘，如眎諸掌，而謙曰"吾能言之"，豈唯言其義而已哉？然無徵則民不信，故孔子不傳夏殷禮，是此章之義也。升庵曰："《左傳》：'不徵辭。'註：'徵音證。'唐貞觀中，有唐九證，其名取《莊子》'九徵'説，而字作'證'，可以定其音矣。"

子曰："禘自既灌而往者，吾不欲觀之矣。"按經傳稱"禘"者非一，其義各殊。此所謂禘者，謂大廟之祭也。蓋王者既立始祖之廟，又推始祖所自出之帝，祀之於始祖廟，而以始祖配之也。魯以周公之廟爲大廟，而以文王爲所自出之帝，祀之於大廟，以周公配之也。灌者，方祭用鬱鬯之酒灌地，以降神也。自灌以前，有禮之名而無禮之實；及乎灌而降神，始有其實，故曰："灌而往者，吾不欲觀之。"若曰："自始至終，皆無可觀者也。"蓋魯僭用天子之禮，故夫子歎之也。

【古義】實，本也。文，末也。有此實而後有此文，有此文而後有此禮，苟無此實，則禮文皆虛而已。魯以侯國敢用天子之禮，其亡實甚矣，宜夫子之不欲觀之也。其曰"不欲觀之"者，甚嫉之之辭。嘗曰："居上不寬，爲禮不敬，臨喪不哀，吾何以觀之哉？"亦甚嫉其無實也。

【徵】禘自既灌而往者，如"過此以往，未之或知也"。故訓後，以天時言之，往爲前，來爲後。以人事言之，來者其所從來，往者由此而後也。禘禮失傳，故其詳不可得而知矣。然灌所以降神也，《易》曰："觀盥而不薦，有孚顒若，下觀而化也。"王弼引此章。《祭統》曰："夫祭有三重焉：獻之屬莫重於祼，聲莫重於升歌，舞莫重於《武宿夜》，此周道也。""灌""盥""祼"通用。觀，示也，上之所以示，下之所以觀。在灌而不在薦，重故也。《象傳》曰："大觀在上。"蓋孔子之於禘，欲觀其大者，而不欲觀其小者，貴本也。孔子曰："居上不寬，爲禮不敬，臨喪不哀，吾何以觀之哉？"亦言所觀在本也，但《易》觀盥，凡祭皆然。此特言禘者，禘爲大祭，故特言之歟？禘所以享帝也，《祭義》曰："唯聖人爲能享帝。"此其所以特言禘歟？何註"以來"，以魯郊禘非禮爲説，不知何以知其爲魯邪？以非禮而不欲觀，則灌以前何擇也？又如朱註以"誠意未散""浸以懈怠"解之，大失其義矣。夫灌而《易》能乎，則《易》何以言"觀盥而不薦"乎？且所謂禘者，禘嘗之禘邪，王者大祭之禘邪？何以必以非禮解之，可謂不通已。皇侃曰："先儒舊論灌法不同。"案鄭二註，或神或尸，故解者或云："灌神是灌地之禮，灌尸是灌人之禮。"而鄭註《尚書大傳》則云："灌是獻尸，尸乃得獻，乃祭酒以灌地也。"

或問禘之説。子曰："不知也。禘禮之意，至深遠矣。且以王者之祭，故以"不知"答之，蓋爲魯諱也。**知其説者之於天下也，其如示諸斯乎?"指其掌。**示，與"視"同。指其掌，謂明且易也。弟子從傍見夫子言此自指其掌，而記之也。

【古義】禘者，先王報本追遠之深意，非仁孝誠敬之至，不足以與此。苟通其説，則於治天下，何難之有？蓋治天下之本，在感應之孚，而難以政刑智數致之。故非德之至，誠之極，則不足與知禘之説，而於治天下，亦不免以私意妄作，幸其自治，非見聞智慮之所能及也。

【徵】"我觀周道，幽厲傷之"，孔子適周，禮皆殘缺，不可得而考也。"吾舍魯何適矣"，周禮盡在魯也。"魯之郊禘非禮也，周公其衰矣"，成王命魯公，世世祀周公以天子禮樂，故周公若是其隆焉。及後世惠公請郊廟，遂祀群公皆用天子禮樂，是天子禮樂，不屬諸周公而屬諸魯。屬諸魯而後周公之隆不可見矣，故曰"其衰矣"。郊祀天配后稷而不祀周公，天與后稷，非魯所得祀，則昉乎惠公之請者審矣。後世之禘，又非伯禽時之禘，故曰"非禮"。弇州先生以郊禘爲皆非後世之僭，而謂晉文雄伯而有崇勳，襄屛王而卻請隧，魯弱國而未聞以僭禮樂討。且魯得僭之，齊晉先矣，奚待魯也？其言雖辨，孔子既曰"非禮"，則其非昉伯禽者審矣。且《家語》曰："魯無冬至，大郊之事，降殺於天子。"亦不深考已。夫祀周公以天子禮樂，既爲非常之典，則後世郊禘之非禮，亦得藉口。齊晉之不以僭討者，周公之餘威也。

　　不王不禘之法，又魯之所當諱者，故以"不知"答之。此據程子之説，而以成王伯禽爲非禮。按《明堂位》："季夏六月，以禘禮祀周公於大廟。”是祀周公用禘禮也。不曰“禘周公”，而曰“以禘禮祀周公”，則非禘者審矣，豈所謂天子禮樂者禘禮歟？抑將所謂天子禮樂者不必禘禮，而用禘禮者後世之僭歟？是未可知矣。意必因得用禘禮而遂禘焉耳，《吕覽》惠公所請郊廟之禮者，廟蓋謂禘歟？要之，孔子所謂魯郊禘者，以當時言之，而非伯禽之舊也。

“知其説者之於天下也，其如示諸斯乎”，指其掌，古註：“如指示掌中之物，言其易了。”是不知示之爲眎也。“其如示諸斯乎”，如視天下於掌也。孟子曰：“武丁朝諸侯有天下，猶運之掌也。”語勢相同。

禘之説，朱子以仁孝誠敬之至言之。仁齋先生曰“治天下之本在感應之孚”，是一端耳。夫禘禮弗傳，故後世自言知其説者皆妄矣。大氐古聖人之道，奉天道以行之，尊祖宗合諸天，禮樂刑政，皆受其命，是其大端也。諸儒爭務高其議論，而遺其大端，我所不取也。

祭如在，祭神如神在。祭，祭先祖也。祭神，祭外神也。朱氏曰：“此門人記孔子祭祀之誠意。”**子曰：“吾不與祭，如不祭。”**夫子嘗言：“吾當祭之時，或有故不得與，而使他人攝之，則此心缺然，如未嘗祭也。”以與上文相類，故附記之。

【古義】夫子之於祭祀，盡其誠如此。

論曰：祭祀之禮，人道之本，於是不盡其誠，則人道缺焉，其復何言？夫人本於祖，萬物本於天。豺獺之賤，皆知報本，報本之心，人之至情。故聖人因其不得已之至情，以立之宗廟，具之犧牲，陳之簠簋籩豆，以伸其報本反始之情。若於外神之祭，或崇其德，或報其功，皆盡吾不得已之至情而已爾，豈問其享與不享？“祭如在，祭神如神在”，聖人事神之誠如此。《禮》曰：“齊三日，乃見其所爲齊者。”又曰：“祭之日，入室，僾然必有見乎其位。周還出户，肅然必有聞乎其容聲；出戶而聽，愾然必有聞其嘆息之聲。"皆衰世失道之論，而非聖人崇德之言也。識者以《祭義篇》爲亂道之書，可謂有見矣。

【徵】"祭如在"，古經之言也。"祭神如神在"，釋經之言也。下引孔子之言以證之，如"色斯舉矣"章也。大氐後儒深泥《論語》爲孔子語録，殊不知一時門人以其意録之，或記孔子言行，或記《詩》《書》之義，故其例不同者如此也。程子曰："祭，祭先祖也。祭神，祭外神也。"本諸孔安國。然祭豈必先祖乎？神豈必外神乎？可謂不知而爲之解已。范氏曰："有其誠則有其神，無其誠則無其神。"不曰"至不至"，而曰"有無"，宋儒之廢鬼神尚矣。仁齋先生曰："盡吾不得已之至情而已爾，豈問其享與不享？"大氐後之賢者，其所見不勝阮瞻而上之，悲哉！剖樹以求花於其中，烏能見之？謂之無花，可乎哉？《易》曰："知鬼神之情狀。"是聖人之事也。後世儒者皆理學，烏能知之？又按：不曰"如親在"而曰"如神在"，事死如事生，語其心也。禮則否，雖親亦神之，雖妻亦拜之，可以見已。後儒昧乎禮而不知此義，故文公作家禮，主事死如事生之義，可謂陋已。《文獻通考》載："天寶詔：宗廟祭，引祭神如在。"可見古來註家，亦有不若孔安國説者矣。

王孫賈問曰："與其媚於奧，寧媚於竈，何謂也？"王孫賈，衛大夫。朱氏曰："媚，親順也。室西南隅爲奧。竈者，五祀之一，夏所祭也。凡祭五祀，皆先設主而祭於其所，然後迎尸而祭於奧，畧如祭宗廟之儀。如祀竈，則設主於竈陘，祭畢而設饌於奧以迎尸也。故時俗之語，因以奧有常尊而非祭之主，竈雖卑賤而當時用事，喻自結於君不如阿附權臣也。賈，衛之權臣，故以此諷孔子。"**子曰："不然。獲罪於天，無所禱也。"**言天至尊矣，非奧竈之可比也。苟獲罪於天，則媚於奧竈，所能禱而免乎？明非但不可阿權臣，雖君亦不可阿。

【古義】天之道，直而已矣。夫火上而水下，鳥飛而魚潛，草木植而華實

時，善者天下以爲善，惡者天下以爲惡，斯之謂直。天地之間，渾渾
淪淪，靡非斯道。其欲以邪枉之道立於天地之間者，猶投冰雪於湯
火之中，有遲有速，必受其譴，雖鬼神不能爲之福。故曰："獲罪於
天，無所禱也。"《詩》云："永言配命，自求多福。"

【徵】孔安國："奧以喻近臣""竈以喻執政""天以喻君"，而無五祀之説。
　　觀於"無所禱"也，則朱註爲優。朱註五祀之"禮"，據鄭玄《月令》
　　註。又王孫賈意，奧以喻君，竈以喻執政，而諷孔子。孔子直以天
　　答之，若不知諷意者，然其言也厲，豈可謂之遜乎？王孫賈托禱祀
　　言之，則孔子亦以禱祀答之。若不知諷意者，是所以爲孔子之言
　　也。天道福善禍淫，故曰："獲罪於天，無所禱也。"朱子乃曰："天即
　　理也。"仁齋先生曰："天之道，直而已矣。"其論非不美矣，然皆以己
　　心言之，以知天自負，豈不倨乎？《集註》："凡祭五祀，皆設主而祭
　　於其所。"按鄭玄《月令》註："祀户，設主于户内之西，竈在廟門外之
　　東，中霤設主於牖下，祀門設主於門左樞。行在廟門外之西，爲軷
　　壤，厚二寸，廣五尺，輪四尺。祀行之禮，北面設主于軷上。"是也。
　　其主，鄭註《周禮》："以菩蒭棘柏爲之。"菩音員，按字書："菩陽宮"
　　《漢書》作"蕡陽宮"，迺音負之誤。鄭註《聘禮》："禮畢，乘車轢之而
　　遂行。"迺知其主皆權時設之，祀畢棄之，非若宗廟之主也。

子曰："周監於二代，郁郁乎文哉！吾從周。"監，視也。郁郁，文盛貌。言其視
夏商之禮而損益之，故文章燦然，以致其盛也。

【古義】聖人每惡奢而從儉，今於周之禮，則獨從其文之郁郁者，何哉？
　　蓋道以得當爲貴。自治之道，不可不儉，朝廷之禮，不可不備。夏
　　商之禮，質而不備，周之禮，文而得當。此夫子所以特從周也。聖
　　人處事之權衡，從而可知也。

【徵】"周監於二代"，孔安國曰："監，視也。"皇侃、邢昺疏，以比視、廻視

解之。以余觀之，如"儀監於殷"之"監"。蓋以二代爲監戒，曲爲之防，故制度詳密，所以文也。孔子從之，以備也，以時也。仁齋先生曰："聖人每惡奢而從儉，今於周之禮，則獨從其文之郁郁者，何哉？蓋道，得當爲貴。自治之道，不可不儉，朝廷之禮，不可不備。夏商之禮，質而不備，周之禮，文而得當。此夫子所以特從周也。"可謂不知而強爲之解者已。林放問禮本，何以知其爲自治之禮？周監於二代，何以知其爲朝廷之禮？本文所無，取諸臆，豈不妄乎？禮有財物，奢儉皆以用財言之，豈文質之謂乎？季氏旅泰山，可謂非朝廷之禮哉？而孔子引林放，豈非惡其奢邪？夫朝廷之禮，其用財物豈不廣乎？朝廷而不貴儉，豈聖人之心哉？麻冕豈不用諸朝廷哉？且聖人之道，文也。夏以夏禮爲文，殷以殷禮爲文，周以周禮爲文，皆以其時也。當夏殷之時，豈有意於爲質乎？自後觀之，而後以周爲文耳。文即中也，非比並文質而取其中也。且以周爲文者，非就殷之質，而加之以爲文也。且道以當爲貴者，出於何典？是朱子以當然之理訓道之見也。孰謂仁齋先生知道也？又曰："孔子於自治之道不取周禮，於朝廷之禮則取之，聖人處事之權衡也。"夫禮，豈事之倫哉？其人不知禮，故輕視禮爾。古曰："先王制禮，不敢不至。"是孔門之教也。不然，子思何謂"憲章文武"？大氐後儒動輒曰："萬世不易之禮。"斯見錮其胸中耳。仁齋嘗謂宋儒死定，豈非操戈入其室邪？此章之言，孔子自言制作之意。當其時，俾孔子制作，則從周者獨多也，亦如答顏子"爲邦"之問焉。

子入大廟，每事問。 大廟，魯周公廟。孔子始仕之時，入而助祭也。**或曰："孰謂鄹人之子知禮乎？入大廟，每事問。"子聞之，曰："是禮也。"** 鄹，魯邑名，孔子父叔梁紇，嘗爲其邑大夫。孔子自少以知禮聞，或人因此譏之，夫子言："不知而問，即是禮也。"蓋"知之爲知之，不知爲不知，是知也"之意。

【古義】聖人之於禮，固無所不知。然但聞其名，而於其器物事實，則或有所未知者，故始入大廟，每事問耳，亦謹之也。或人未知道，徒以講名物度數爲知禮，故以此譏之。夫子但曰"是禮也"，其意以爲，不知而問，何禮如之。夫闕疑好問者，君子之心也。苟以此爲心，則智明識達，於天下之事無所不得，故曰"是禮也"，猶曰"是道也"。

【徵】"子入大廟，每事問"，古必有此禮，故孔子曰："是禮也。"孔安國曰："雖知之當復問，慎之至也。"是解禮意已。朱註曰："敬謹之至，乃所以爲禮也。"是禮無之而孔子以口給禦人也，烏在其爲孔子乎？孔子曰："是禮也。"豈不較然著明乎哉？而猶云云者，廼不信孔子之言，而信或人之言也，悲哉！

　　　"鄹人之子"，輕孔子之辭。它如武氏之子、臧氏之子、顏氏之子，皆指少年言之。

子曰："射不主皮，爲力不同科，古之道也。"皮，革也。布侯而棲革於其中以爲的，所謂鵠也。科，等也。古者鄉黨習射之禮，專主於中而不主於貫革，以人之力有强弱也；曰"古之道也"者，嘆今之不然也。按：射不主於皮，今見于《儀禮·鄉射禮》，蓋古射法之語也。

【古義】射之爲藝，其中可以學而能，其力不可以强而至，此古者之所以射不主皮也。蓋世道之變，治亂升降之所由而分。替者不可以復興，汙者不可以復隆。每一變，必一衰，故雖服御器物、民俗歌謠之小，君子必察焉。貫革之興，其變小也。然世道之不復古，於是可見，此夫子之所以深嘆也。

【徵】"射不主皮，爲力不同科"，馬融曰："射有五善焉：一曰和，志體和；二曰和容，有容儀；三曰主皮，能中質；四曰和《頌》，合《雅》《頌》；五曰興武，與舞同。天子三侯，以熊虎豹皮爲之，言射者不但以中皮爲善，亦兼取和容也。"爲力，力役之事，亦有上中下。設三科焉，故曰不同科。正義曰："二曰和容，衍'和'字。"庶民無射禮，因田獵分禽，則有主皮者，張皮射之，無侯也。因按《周禮·地官》："鄉大夫之職，各掌其鄉之政教禁令。正月之吉，受教法于司徒，退而頒之于其鄉吏，使各以教其所治，以攷其德行，察其道藝。以歲時登其夫家之衆寡，辨其可任者。國中自七尺以及六十，野自六尺以及六十有五，皆征之。其舍者，國中貴者賢者能者、服公事者，老者疾者皆舍。以歲時入其書。三年則大比，攷其德行、道藝，而興賢者、能者。鄉老及鄉大夫帥其吏與其衆寡，以禮禮賓之。厥明，鄉老及鄉大夫、群吏，獻賢能之書于王，王再拜受之，登于天府，內史貳之。退而以鄉射之禮五物詢衆庶：一曰和，二曰容，三曰主皮，四曰和容，五曰興舞。此謂使民興賢，出使長之；使民興能，入使治之。"此馬融所本，力役與禮射相關者如此矣。又按《鄉射》記曰："禮射不主皮，主皮之射者，勝者又射，不勝者降。"鄭玄註曰："禮射，謂以禮樂射也，大射、賓射、燕射是矣；不主皮者，貴其容體比於禮，其節比於樂，不待中爲雋也；言不勝者降，則不復升射也。主皮者，無侯，張獸皮而射之，主於獲也。"《尚書傳》曰："戰鬥不可不習，故於蒐狩以閑之也。閑之者貫之也，貫之者習之也。凡祭，取餘獲陳於澤，然後鄉大夫相與射也。中者雖不中也取，不中者雖中也不取，何以然？所以貴揖讓之取也而賤勇力之取。繯之取也於囿中，勇力之取。今之取也於澤宮，揖讓之取也。澤，習禮之處，非所以行禮。其射又主中，此主皮之射與？"朱子能引此而失其義，蓋疑爲力之爲力役，遂以主皮爲貫革耳。大氐後世儒者，徒識字而不知古言。爲力、爲政古言也，主皮亦古言也。不知古言而欲以字解之，所以失也。古有禮射焉，有主皮之射焉，有貫革之射焉：禮射主禮樂，主皮之射主中的，貫革之射主力。凡言射者，如"必也射乎"類，皆禮射也，是君子之射也。主皮之射，庶民之射也。貫革之射，力士之射也。布侯而棲皮爲的，故中的爲主皮。朱子混皮革爲一，大誤矣。凡言革者，如袥金革及兵革，皆謂甲冑，故貫革者謂其力穿甲札，豈不誤乎？又如楊氏："中可以學而能，力不可以强而至。"其於後世演武之射，尚且不知之，況於上古禮射乎？可悲哉！

子貢欲去告朔之餼羊。古者天子常以季冬，頒來歲十二月之朔於諸侯，諸侯受而藏之祖廟。月朔則以特羊告廟，請而行之，謂之告朔之禮。餼，生牲也。魯自文公始不視朔，而有司猶供此羊。故子貢以爲不行其禮，徒供此羊，此虛文耳，故欲去之也。**子曰："賜也，爾愛其羊，我愛其禮。"**愛，猶惜也。夫子言若汝可謂愛羊，今我所幸者，在羊存耳。禮雖廢，猶得賴羊以識之。若并去其羊，則此禮遂亡，此我所以惜之也。

【古義】禮，理也。羊，物也。禮隆則物賤，禮污則物貴。蓋禮隆則義爲之主，用牛不可則用羊，用羊不可則用豕，故禮隆則物賤也，禮污則文爲之主。循物則爲禮，違物則非禮，故禮污則物貴也。及乎其益衰也，則人惟以物識禮，而禮因物而存亡，於是物益貴焉，故存羊即所以存禮也。子貢欲去餼羊，其未達於此義乎？

【徵】先王之禮，古未載簡，載簡自孔子始。蓋孔子有得諸遺文者，又有得諸聞見者，如"文獻不足故也""賢者識其大者，不賢者識其小者"，豈不然乎？去羊則禮不可得而見之，孔子所以愛也。且孔子求禮也艱，故愛之。且"禮者，體也"，道之體也，禮亡則道隨亡，豈不惜乎？仁齋先生解曰："禮，理也。羊，物也。禮隆則物賤，禮污則物貴。蓋禮隆則義爲之主，用牛不可則用羊，用羊不可則用豕。"此其人尊孟子，過於孔子。蓋嫌此章之義似碍宣王以羊易牛之說，故爲此言耳。殊不知孔子惜周禮之乖亡，孟子廼在禮亡之世，誘宣王以仁政，所主不同，有何窒碍也？且"禮，理也"，出《戴記》，而理訓治，其以義理解之，謬矣。古云："以禮制心，以義制事。"是禮與義殊也。古曰："先王制禮，不敢不至。"如之何遽以義變之哉？且子貢之愛羊，豈憐其無罪就死地乎？亦惜費耳。孔子欲不廢羊，而已則欲易以豕，果何心乎？告朔之餼羊，僖三十三年《左傳》："餼牽竭矣。"餼與牽相對，牽是牲，可牽行，則餼是已殺。哀二十四年《左傳》："晉師乃還，餼臧石牛。"是以生牛賜之也。《聘禮》註及《論語》皆云："牲生曰餼。"由不與牽相對，故爲生也。告朔，《周禮·大史職》："頒告朔于邦國。"鄭玄曰："天子頒朔于諸侯，諸侯藏之祖廟。至朔，朝于廟告而受行之。"《春秋·文公六年》："閏月不告月，猶朝于廟。"《左氏傳》曰："閏月不告朔，非禮也。閏以正時，時以作事，事以厚生，生民之道，於是乎在矣。不告閏朔，棄時政也，何以爲民？"《文公十六年》："夏五月，公四不視朔。"《穀梁傳》曰："天子告朔于諸侯，諸侯受乎禰廟，禮也。公四不視朔，公不臣也，以公爲厭政以甚矣。"何休曰："禮，諸侯受十二月朔政于天子，藏于太祖廟，每月朔朝廟，使大夫南面奉天子命。君北面而受之，比時使有司先告朔，謹之至也。受於廟者，孝子歸美先君，不敢自專也。言朝者，緣生以事死。親在，朝朝莫夕，已死，不敢渫鬼神，故事必于朔者，感月始生而朝。"僖公五年《左傳》曰："正月辛亥朔，日南至。公既視朔，遂登觀臺，以望而書，禮也。"杜註："視朔，親告朔也。"《襄二十九年》："正月，公在楚。"《左傳》曰："釋不朝正于廟也。"《玉藻》曰：天子聽朔於南門之外，諸侯皮弁以聽朔於太廟。《釋例》曰："人君者，設官分職，以爲民極。遠細事以全委任之責，縱諸下以盡知力之用，摠成敗以效能否，執八柄以明誅賞，故自非機事，皆委任焉。誠信足以相感，事實盡而不擁，故受位居職者，思效忠善，日夜自進而無顧忌也。天下之細事無數，一日二日萬端，人君之明有所不照，人君之力有所不堪，則不得不借問近習，有時而用之。如此，則六鄉六遂之長，雖躬履此事，躬造此官，當皆移聽於內官，廻心於左右。政之粃亂，恒必由此。聖人知其不可，故簡其節，敬其事。因月朔朝，遷坐正位，會群吏而聽大政，考其所行而決其煩疑，非徒議將然也，乃所以考已然。又惡其密聽之亂公也，故顯稟以斷之，是以上下交泰，官人以理，萬民以察，天下以治也。文公謂閏非常月，緣以闕禮，傳因所闕，而明言典制，雖朝于廟，則如勿朝，故經稱猶朝于廟也。經稱告月，傳言告朔，明告月必以朔也。每月之朔，必朝于廟，因聽政事，事敬而禮成，故告以特羊。"合而觀之，告朔、告月一也，朝廟、朝正一也，視朔、聽朔一也，三者相因耳。祇告朔，據《論語》《春秋》，則告于廟之義；據《穀梁》，則天子告于諸侯，而《周禮》似亦同《穀梁》也。意者天子既告于廟，而以其所告于廟者頒之諸侯，故曰頒告朔，而《穀梁》字誤耳。所告之廟，《穀梁》以爲禰廟，何休以爲太祖廟，以理推之，何休爲優也。然漢儒又以司樽彝職朝享，合諸祭法月祭，而謂即朝廟之事。月祭唯考廟、王考廟、皇考廟，故《穀梁》以爲禰廟歟？其實經無明文，漢儒以臆道之。蓋告朔之羊，因告而祭之，非正祭也，故朝享月祭恐別矣。又按：文公十六年《公羊傳》曰："公曷爲四不視朔？公有疾也。何言乎'公有疾不視朔？'自是公無疾，不視朔也。然則曷爲不言'公無疾不視朔？'有疾猶可言也，無疾不可言也。"解《論語》者，謂魯自文公不視朔，據《公羊》之文焉。又皇侃曰："鄭註《論語》云：'諸侯用羊，天子用牛。'"

子曰："事君盡禮，人以爲諂也。"魯之人士，仰夫子之聖德久矣，而夫子自以臣子之禮處之，於事君之禮，自莫不盡。且春秋時不知事君之禮，故時人見夫子事君盡禮，以爲諂也。

【古義】此夫子傷當時之薄俗，而歎之也。人臣之於君，以盡禮爲本。譏夫子以爲諂者，本非昏愚柔懦之人，必是揚己敖物、不知遜讓者之言。其流必至於賊道，故君子惡焉。荀子之言曰："道義重則輕王侯。"非也。王侯豈可輕者耶？其輕王侯者，適其所以不知道義也。

【徵】事君盡禮，人以爲諂也，爲魯發也。孔安國曰："時事君者多無禮，故以有禮者爲諂。"此或然也。然秦以後君臣之禮，與三代異焉，故後世讀春秋時之書，以爲無禮者，未必皆爲無禮。且孔子未嘗事它國，唯魯衛，則爲魯發者審矣。仁齋先生曰："人臣之於君，以盡禮爲本。譏夫子以爲諂者，本非昏愚柔懦之人，必是揚己敖物、不知遜讓者之言。其流必至於賊道，故君子惡焉。荀子之言曰：'道義重則輕王侯。'非也。王侯豈可輕者邪？其輕王侯者，適其所以不知道義也。"予讀其書至此，益知其操心之僻也。孟子曰："說大人則藐之。"在孟子則是之，在荀子則非之，果何心哉？大氐山林之士，召見於王侯之前，廟堂之禮，百官之儀，皆其平生所不習見。卒然遇之，怯者氣奪而不能言，勇者有所矜而言激，是亡它也，積威之漸也。入門執戟森如，上殿執法威如，抗聲大言則譙之，濶武徐步則訶之。初而傴，中而僂，卒而膝行，不敢仰際，俯伏不敢興，是世俗之禮也。蓋先王之知其卒必至如此，乃作人臣之禮：進退有節，佩玉鏘如者，不欲若是其遽也；拜興有度，張拱翼如者，不欲若是其卑也。是豈翅爲美觀哉？所以優人臣也。夫然後君不以奴隸際其臣，而臣得盡其言，此三代之禮也。故先王之思，淵矣哉！士之見大人，不能不見其巍巍然也，是以制此優游不迫之禮，使進退以之。其心存乎禮樂，而不見其巍巍然者，既以此爲禮，君亦不尤其似乎慢焉，至矣哉！如《曲禮》曰："大夫見於國君，國君拜其辱。士見於大夫，大夫拜其辱。"君於士，不答拜也，非其臣則答拜之。大夫於其臣，雖賤必答拜之。國君不名卿老世婦，大夫不名世臣姪娣，士不名家相長妾。故孔子見南子，南子拜，非以客禮也，雖臣亦然。又如《聘禮》，大夫使鄰國，其君迎于門，其所以異於國君者，以內外已；君揖入，每門每曲揖，入廟門三揖，至于階三讓，其所以異於國君者，君一臣二已；升堂君受玉，其所以異於國君者，亦君一臣二已，豈不然乎？戰國之時，先王之禮廢，而君益倨，臣益卑，故孟荀之言興。究其弊，亦或有若仁齋之言者。及秦并天下，倨者益倨，卑者益卑，其所定以爲朝廷之制者，世俗之禮耳。後世不改，一沿其制，故秦漢以後，以無禮責其臣者，皆暗君也。獲無禮之譴者，多爲忠臣也，何者？喜則賞，怒則罰，賞罰之權在君，臣安得輕之？故能輕王侯藐大人者，秦漢而後，是爲君子，禮殊故也。假使後世人君視於三代人臣，則其不以爲無禮者幾希矣。仁齋不之知而非荀子者，亦爲其不知禮故也。且下章曰："君使臣以禮，臣事君以忠。"是臣之事君，不患其無禮，而患其不忠，勢之必至也，故孔子不言禮。以此觀之，予故知此章之言，孔子爲魯發焉。三家强而公室弱，人皆附三家而輕公室，習以爲常，故以孔子爲諂者有之。而孔子違俗而必盡其禮，亦所以張公室，抑三家也。

定公問："君使臣，臣事君，如之何？"孔子對曰："君使臣以禮，臣事君以忠。"定公，魯君，名宋。

【古義】以尊臨卑，易以簡，故爲君之道，在使臣以禮；以下事上，易以欺，故爲臣之道，在事君以忠。君而無禮則失臣，臣而不忠則身戮。故聖人之言，猶規矩繩墨乎！從之則吉，違之則凶，所以爲天下之極也。非若佛老異端之書，可以高遠奇特，求之而得也。

【徵】"君使臣以禮，則臣事君以忠"，古文辭簡爾。何者？定公之問也。臣者，君之所與共天職也，故君使臣以禮。臣者，代君之事者也，故臣事君以忠。然施之必由君始焉，但以易簡易欺言之，補弊之言耳。

子曰：“《關雎》，樂而不淫，哀而不傷。”《關雎》，《周南·國風》，《詩》之首篇也。淫者，樂之過而失其正也。傷者，哀之過而害於和也。蓋《關雎》之樂，其聲雖樂而不至淫，雖哀而不至傷，使聞者自得性情之正，故夫子贊之。

【古義】此專美《關雎》聲音之盛而言，當與“師摯之始，《關雎》之亂”章參看。夫聲音之妙，可以感動鬼神，而況於人乎？《關雎》之樂，能合於中和之德，而歸于性情之正，夫子之所以取之也。蓋樂者，人情之所宜有，而哀亦人情之所不免。苟欲去人情之所宜有，則至於絶物；欲滅人情之所不免，則至於害性。但《關雎》之樂，其音樂而不淫，哀而不傷。聞之者邪穢蕩滌，查滓融化，自得性情之正，樂之至美者也。然而“詩言志，歌永言，聲依永，律和聲”，則《詩》其本也。苟讀《詩》而善得其志，則聲音自在其中矣。按《小序》云：“《關雎》者，后妃之德也。”本不言何王后妃，蓋言后妃之德宜如此。《鵲巢》，《關雎》之應也，其《序》云：“《鵲巢》者，夫人之德也。”亦不的言何國夫人。則所謂后妃，亦不斥言何王后妃爲是。今觀《小序》之作，其首句文辭古奧，實出於古人之手，其爲國史之作明矣。其下云云者，猥瑣鄙俚，不足觀之，且自相矛盾，不可據以爲信，故今據《小序》首句爲斷。

【徵】“《關雎》，樂而不淫，哀而不傷”，語其聲也。朱註：“《關雎》之詩，言后妃之德，宜配君子。求之未得，則不能無寤寐反側之憂；求而得之，則宜其有琴瑟鐘鼓之樂，蓋其憂雖深而不害於和，其樂雖盛而不失其正，故夫子稱之如此。欲學者玩其辭，審其音，而有以識其性情之正也。”是主辭義言之，非矣。主辭義言之，“樂而不淫”，尚可言矣。至於“哀”字，則如“孤哀子”之稱，及“哀哀父母”，皆施於死喪者，於《關雎》之詩，實無其事。故朱子易以憂字，可見其謬已。《樂記》曰：治世之音，安以樂；亂世之音，怨以怒；亡國之音，哀以思。宮亂則荒，商亂則陂，角亂則憂，徵亂則哀，羽亂則危。其聲哀而不莊，樂而不安，絲聲哀，竹聲濫。《左傳》：季札觀樂，爲之歌《豳》，曰："美哉，蕩乎！樂而不淫。"爲之歌《頌》，曰："哀而不愁，樂而不荒。"皆以聲言之，可以見已。孔安國曰："樂不至淫，哀不至傷，言其和也。"蓋言其得中和之聲也，古註之不可易如此。

哀公問社於宰我。宰我對曰："夏后氏以松，殷人以柏，周人以栗，曰，使民戰栗。"宰我，孔子弟子，名予。古者建邦立社，必植樹以爲主。王者受命王天下，必改前代之制，以新人之觀聽。三木皆老蒼堅强，隨地能生，故三代建國，自王朝至於侯國，植之以爲社主。至周兼寓使民畏刑之意，蓋以古者戮人於社也。戰栗，恐懼貌。宰我從解周人用栗之意如此。**子聞之，曰："成事不說，遂事不諫，既往不咎。"**言凡事既成矣，不可得復解說。已遂矣，不可復諫止。已往矣，不可復追咎。孔子以宰我所對，既啓時君殺伐之心，而其言已出，不可復救，故歷言此以深責之，欲使謹其後也。

【古義】人君之德，莫大於愛民，故古之君子與人君言，必以愛民爲本，救民爲急。夫萌蘖之生，灌溉培養之，猶恐其或不得生，矧可屈折剪伐之，以殘其生乎？故可啓人君殺伐之心者，君子諱言之，恐其傷仁義之良心也。孟子曰："君子遠庖廚。"蓋爲此也。夫子之深責宰我，宜矣。

【徵】"哀公問社於宰我"，邢昺疏："張、包、周本以爲哀公問主於宰我，杜元凱、何休用之以解《春秋》。"皇侃疏亦曰：鄭註《論語》爲"問主"。今按：練主用栗，見於《傳記》，則作"主"爲是。使民戰栗，敬也，是宰我以意解之。成事不說，遂事不諫，既往不咎，三句古語，孔子誦之，以責宰我。蓋主用栗，其義不傳，若以意爲之解，穿鑿傅會，所由興也，故孔子不取爾。孔安國本"主"作"社"，曰："凡建邦立社，各以其土所宜之木。宰我不本其意，妄爲之說，因周用栗，便云'使民戰栗'。"朱子曰："豈以古者戮人於社，故附會其說與？"孔子以宰我所對，非立社之本意，又啓時君殺伐之心，故責之。仁齋曰："王者受命王天下，必改前代之制，以新人之觀聽。三木皆老蒼堅强，隨地能生，故三代建國，自王朝至于侯國，植之以爲社主。至周，兼寓使民畏刑之意。"是仁齋意，謂社主之制，通於天下，故不取土宜之説。朱子求孔子所以責宰我之意不可得，則旁采戮人於社之義，是豈宰我之附會哉？夫周用栗，其義在當時，宰我既已不知，而數百載之後，孔安國言之，千有餘歲之後，朱子又言之，豈非臆斷乎？使孔子聞之，豈不以責宰我者責之邪？旁考它書，有枌榆社、櫟社，而不必皆松、柏與栗，則社主通於天下者，非矣。且社豈有主哉？祀天於郊圜丘，地於方澤，名山大川與社稷，皆類焉耳，其無主者審矣。且松、柏、栗之爲社，無徵也，練主用栗，有徵也，故舍彼而從是。

子曰："管仲之器小哉！"管仲，齊大夫，名夷吾，相桓公霸諸侯。器者，所以成其用也。《春秋傳》曰"霸王之器"，是也。器小，謂管仲所執之具甚小，不濟用也。或曰："管仲儉乎？"或人疑器小之爲儉。曰："管氏有三歸，官事不攝，焉得儉？"三歸，義未詳，或曰臺名。攝，猶兼也。家臣每一人必兼治數事，管仲不然，皆言其侈。"然則管仲知禮乎？"爲禮者好備物，故又疑不儉之爲知禮。曰："邦君樹塞門，管氏亦樹塞門。邦君爲兩君之好，有反坫，管氏亦有反坫。管氏而知禮，孰不知禮？"屛，謂之樹。塞，猶蔽也。設屛於內，以蔽內外也。坫，在兩楹之間，獻酬飲畢，則反爵於其上。黃氏震曰："反坫，累土而爲之，如今行在所之騏驥院、牛羊司。與凡營壘多於臺門內，立土墻之類。"按《汲冢周書》云："乃立五宮，咸有四阿反坫。"註云："反坫，外向室也。"豈兩君之好，必欲容其儀衛，而爲此外向之室？世遠不可知，此皆諸侯之禮，而管氏僭之，夫子所以譏其不知禮也。兩説如此，然近世多從黃氏之説。

【古義】以德行仁則王，以力假仁則霸。管仲相桓公，霸諸侯，自世俗觀之，其施爲事業，固爲赫赫焉，然止於此耳。若使管仲聞聖賢之學，唐虞三代之治，豈難致哉？子游爲武城宰，以禮樂爲治，曰："割雞焉用牛刀？"謂之物小而器大。若管仲之相齊，專尚霸術，功利是務，不能致主於王道，是割牛用雞刀。謂之物大而器小，宜夫子譏管仲之器小也。後之居宰職者，不可不知所從也。

【徵】孔子無尺土之有，亦異於湯與文武焉。使孔子見用於世邪，唯有管仲之事已，然其時距文武五百年，正天命當革之秋也。使孔子居管仲之位，則何止是哉？故孔子與其仁而小其器，蓋惜之也，亦自道也。夫孔子小之，而終不言其所以小之，可以見已。夫管仲以諸侯之相，施政於天下，可謂大器已，而孔子小之。或人之難其解，不亦宜乎？揚雄曰：“大器猶規矩準繩，先自治而後治人。”是書生常言。程朱諸家所祖述，是而爲大。咀宋儒糟魄者，皆能勝管仲而上之哉！程子曰：“奢而犯禮，其器之小可知。”是論經奪席者之言，可謂能言此章之義而縱橫無敵已。其不解孔子之言，亦何殊夫或人哉？仁齋曰：“器小，謂管仲所執之具甚小，不濟用也。”可謂不知字義已。大氐《詩》學不傳矣，後儒之不知微言也。“三歸”未詳何謂，《説苑》曰：“桓公立仲父，致大夫曰：‘善吾者，入門而右；不善吾者，入門而左。’有中門而立者，桓公問焉。對曰：‘管子之知，可與謀天下，其強可與取天下。君恃其信乎？内政委焉，外事斷焉。驅民而歸之，是亦可奪也。’桓公曰：‘善。’乃謂管仲：‘政則卒歸於子矣，政之所不及，唯子是匡。’管仲故築三歸之臺，以自傷於民。”是三歸之爲臺，審矣。至於所以名三歸之義者，或以“左右中立”，或引“筭法”，皆鑿矣。包咸謂“娶三姓”，而引“婦人謂嫁爲歸”，最非矣。按《晏子春秋》曰：“晏子相景公，老辭邑，公不許曰：‘昔吾先君桓公，有管仲恤勞齊國，身老，賞之以三歸，澤及子孫。今夫子亦相寡人，欲爲夫子三歸，澤至子孫，豈不可哉？’對曰：‘昔者管子事桓公，桓公義高諸侯，德備百姓。今嬰事君也，國僅齊於諸侯，怨積乎百姓，嬰之罪多矣，而君欲賞之，豈以其不肖父，其不肖子厚受賞，以傷國民義哉？且夫德薄而祿厚，智惛而家富，是彰污而逆教也，不可。'公不許。晏子出，異日朝，得間而入邑，致車一乘而後止。"是三歸，桓公之所賜也。以澤及子孫及致車一乘觀之，豈如後世封戶之制歟？得食其入而不封戶，則不得役其民也。古者食采邑，亦得食其入，而車乘供公家之賦。其併車乘之賦，歸諸私家，賞之厚者也。其制蓋有三歸焉，而管仲以此造臺邪？然至於"三歸"之名，則終未可知已。反坫，鄭玄曰："反爵之坫，在兩楹之間。"皇侃曰："坫者，築土爲之，形如土堆。"又曰："兩楹者，古者屋當棟下隔之，棟後謂之室，棟前謂之堂。假三間堂，而中央之間堂，無東西壁，其柱盈盈而立，故謂柱爲楹。"《郊特牲》曰："臺門而旅樹、反坫，繡黼、丹朱、中衣，大夫之僭禮也。"《明堂位》：曰"山節、藻梲，復廟、重檐，刮楹、達鄉，反坫、出尊，崇坫、康圭、疏屛，天子之廟飾也。"鄭玄曰："反坫，反爵之坫也。出尊，當尊南也。唯兩君爲好，既獻，反爵於其上，禮君尊于兩楹之間。崇，高也，康讀爲亢龍之亢。"又："爲高坫，亢所受之圭，奠于上焉。"孔穎達曰："鄉飲酒是鄉大夫之禮，尊於房戶間。燕禮是燕己之臣子，故尊於東楹之西。若兩君相敵，則尊於兩楹間。"邢疏因之，然但釋鄭註在兩楹之間耳，其實鄉飲酒禮、燕禮，皆無反坫之文。《士冠禮》曰："爵弁、皮弁、緇布冠各一匴，執以待於西坫南。"《大射禮》曰："取公之決拾於東坫上。"《士喪禮》曰："牀笫夷衾，饌于西坫南。"《既夕禮》曰："設棜于東堂下，南順，齊于坫。"《內則》曰："天子之閣，左達五，右達五。公、侯、伯於房中五，大夫於閣三，士於坫一。"《爾雅》曰："垝謂之坫。"郭註："在堂隅，坫端。"疏曰："坫者，堂角也。"《說文》曰："坫，屛也。""垝，垣也。"《汲冢周書·作雒解》曰："五宮：大廟、宗宮、考宮、路寢、明堂，咸有四阿反坫。"孔鼂註："廟四下曰阿。反坫，外向室也。"《升庵外集》引此，作"回阿"，而曰："此外向之坫也。"合而觀之，蓋坫在堂角，其制如屏垣，其上可厝物，貴賤之室皆有之，唯反坫爲天子廟飾已。所以謂之反坫者，豈其制外向，有異於群下之坫歟？曰"邦君爲兩君之好，有反坫"，則雖廟飾亦屏類已，可移而撤之。爲兩君之好則設之，否則撤之。若後世所傳之坫，則托子類，其物極小，豈可謂之廟飾乎？陳祥道《禮書》謂："此反爵坫也，此庋食坫也，此堂隅坫也者。"誤矣。

子語魯大師樂曰："樂其可知也：始作，翕**如也；**語，告也。大師，樂官名。翕，合也，聚也。言樂有八音，初起氣聚而不舒矣。**從之，純如也，皦如也，繹如也，以成。**從讀爲縱，放也。純，和也。言樂之既放，和而不乖，猶五味相濟以相和也。皦，明也，五音六律，明而不混也。繹，相續不絶，如貫珠也。成，樂之一終也。言樂之節奏如此，故其感于人心者亦然。"

【古義】當時音樂殘缺，伶官唯知論五音六律，而不知樂之節奏有自然之序，而其和在於絲毫之間，況於其通性情心術之微者乎？夫樂之於天下，猶柁之於船，或左或右，隨其所轉；將之於卒，或進或退，從其指麾。治亂盛衰，每與聲音相通，故夫子爲大師一一指點而示之也。

【徵】"樂其可知也"，樂至難知，然伶人爲樂，唯翕、純、皦、繹而已，故曰："樂其可知也。"古註："五音始奏，翕如盛也，莫以尚焉。"蓋凡樂之初起也貴盛，不盛不繼，猶如《詩》之起句邪？然必竢放縱之，然後和，和則若一，謂之純如。謝氏曰："五音六律不具，不足以爲樂。翕如，言其合也。"朱註因之。仁齋先生曰："樂有八音，初起氣聚而不舒也。"殊不知翕、純、皦、繹，皆語樂之物也。如二家之説，不善樂者亦爾。且五音六律之具，通樂之一終者也，豈初起而皆具乎？可謂不知而爲之解已。"皦如也"，古註："言其音節明也，莫以尚

焉。"仁齋曰:"五音六律明而不混。"妄哉！豈有五音六律並奏者
乎?"以成",古註:"縱之以純如、皦如、繹如,言樂始作翕如,而成
於三,莫以尚焉。"朱註:"成樂之一終也。"非也。言始作至一終,唯
此耳。本文唯言"始作""縱之"二者,而純、皦、繹,節節皆爾,豈得
謂若是而一成乎?

儀封人請見,曰:"君子之至於斯也,吾未嘗不得見也。"從者見之。儀,衛
邑。封人,掌封疆之官。朱氏曰:"蓋賢而隱於下位者也。君子,謂當時賢者。至此皆得見
之,自言其平日不見絕於賢者,而求以自通也。"**出曰:"二三子何患於喪乎? 天下
之無道也久矣,天將以夫子爲木鐸。"**朱氏曰:"喪謂失位去國。"《禮》曰"喪欲速
貧"是也。木鐸,金口木舌,文教用之。蓋施政教時,所振以警衆者也。言天下久亂,道將
自絕,故天將使夫子爲木鐸,詔道於萬世。一時得喪,豈足以爲患乎?

【古義】門人親愛夫子深矣,故不得不以其失位爲患。封人一見夫子,遽
　　以木鐸稱之,其所以慰喻弟子者至矣。蓋不以一時得喪爲患,而以
　　木鐸萬世爲幸,其見可謂卓矣。嗚呼,異哉!

【徵】武事振金鐸,文事振木鐸,以徇道路爲義,朱註後説爲是。儀封人
　　之言,知命之言,知孔子爲萬世師,蓋孔子取之,故録。以當得位爲
　　解,非矣。

子謂《韶》:"盡美矣,又盡善也。"謂《武》:"盡美矣,未盡善也。"《韶》,舜樂。
《武》,武王樂。美者,聲容之盛。善者,美之實也。

【古義】美者,如鐘鼓管簫之音,干戚羽旄之容是也。善則指其德而言,
　　所謂"聞其樂而知其德"是也。舜以揖遜而有天下,武王以征伐而
　　得天下,此《韶》之所以盡美盡善,而《武》之未盡善也。聖人右文而
　　左武,崇德而惡殺,故其言如此。蓋論其樂云然,非論舜武之優
　　劣也。

【徵】《韶》盡善,《武》未盡善,孔安國以來,以受禪、征伐分其優劣,而美、
　　善無明解。朱子據邢昺,以美爲聲及舞之美,善爲美之實,果其言

之是乎？《武》爲實不足，而外飾聲容之美也。且所謂美之實者，將何以見之？其説以揖遜放伐言之，則不關樂，但就舜武行事斷之也。且不及《夏》《濩》，而止舉《韶》《武》，亦何意也？且揖遜獨爲盡善，則夏傳子者謂何？放伐必爲未盡善，則何遺《濩》也？要之，後世儒者不識聖人與道，忽見孟子"性之""身之"等言，妄生優劣，轉以解此章者已。夫善、美皆謂樂，何關舜、武行事哉？蓋美誠聲容之美，然亦德之美矣。微德之美，何以形諸聲容哉？和正以廣，極乎天而蟠乎地，泱泱渢渢、熙熙乎以盛，洋洋乎盈耳，是謂之美，故美者以其大者言之也。善歌、善舞、善琴、善笛，皆以善言之，善豈外聲容乎？一事一節之細，莫不曲當。律小大之稱，比終始之序，使親疏貴賤、長幼男女之理皆形見於樂，是謂之善，故善者以其小者言之也。聖人之作樂，豈躬自作之？亦必有后夔之倫爲之輔。古今人才之盛，唯虞與周，故四代之樂，《韶》《武》獨盡美焉耳。至於武之未盡善，則有司之失傳也。不然，周工之不及后夔也。《樂記》曰："'聲淫及商，何也？'對曰：'非《武》音也。'子曰：'若非《武》音，則何音也？'對曰：'有司失其傳也。若非有司失其傳，則武王之志荒矣。'子曰：'唯，丘之聞諸萇弘，亦若吾子之言。'"是《武》未盡善之説也。

子曰："居上不寬，爲禮不敬，臨喪不哀。吾何以觀之哉？"

【古義】居上者以寬爲道，而不欲好察。禮以敬爲本，而不在文飾。喪以哀爲主，而不在備物。居上不寬，則下無全人。爲禮不敬，臨喪不哀，則本實既亡，何所觀感邪？

【徵】"居上不寬"章，朱註爲得之，言本立而其所行得失可得而觀也。本之不立，雖有善，不足觀耳。觀政、觀禮、觀喪，古有此事：觀其得失，善者效之，不善戒之也。蓋寬者，謂有容也。一國之君，子蓄一國之民；天下之君，子蓄天下之民。唯寬也有所容焉，有所容焉而後群下得措其身焉，然後有所養而安焉，故寬者仁之本也。不曰"仁"者，仁至矣，不仁至矣。苟不仁邪，尚何須觀也？不曰"慈惠"者，慈惠而不寬者有之，未有寬而不慈惠者也。聖人之言，如遠而實近者，如是邪？禮以敬爲本，敬天與祖宗也，後儒或以"寬假"，或以"主一無適"爲解者，皆不識古言也，不識聖人之道也。臨喪者，吾臨他人之喪也，臨他人之喪必哭，故或謂哭爲臨。

里仁第四凡二十六章

子曰："里仁爲美，擇不處仁，焉得知？"言里有仁厚之俗，人猶以爲美而居之。擇所以處身者而不於仁，豈得爲知乎？

【古義】此言居之不美，輒可遷徙，處身一失其所，則其害有不可勝言者矣。然人皆知擇居，而至於處身，則不知辨其是非，多失於不仁，是不智之甚也。斯之謂不知類也。

【徵】"里仁爲美"，古言，孔子引之。何者？里訓居，《孟》《荀》可徵焉，居仁曰"里仁"，非孔子時之言，故知其爲古言也。"擇不處仁，焉得知"，孔子之言也。何以知之？變里爲處也。宋儒多謂孔子生知，不假學，取諸胸中以言，殊不知孔子曰："我非生而知之者。"又曰："非先王法言不敢道也。"豈不較然著明乎哉？而不與己心合，則謂孔子自謙而勉人，何其自信而不信聖人之言也！孟子引此章之言而曰："夫仁，天之尊爵也，人之安宅也。"又曰："居仁由義。"又曰："居天下之廣居。"數言而不已，蓋本於此。古之學問，守先王之法言，至孟子雖多所發，尚有孔門之遺者若是焉。趙岐註《孟子》曰："里，居也。"可謂善解《孟子》者已。《荀子》曰："仁有里，義有門。

仁非其里而虛之，非禮也；義非其門而由之，非義也。"註："虛讀爲居，聲之誤也。"豈不然乎？鄭玄解《論語》曰："居於仁者之里是爲美。"猶之可矣。求居而不處仁者之里，不得爲有知。古今言雖殊，安有謂仁者之里爲仁焉者乎？可謂謬矣。朱子："里有仁厚之俗爲美。"窘哉！苟能居仁，衆美皆臻，故曰："里仁爲美。"如"其心三月不違仁，其餘則日月至焉而已矣"，豈不然乎？後儒不識古文辭，就里仁上見美，殊不知要之將來也。"擇不處仁，焉得知？"與"知者利仁"，其義相發。孔子曰："道二，仁與不仁而已矣。"故聖人之道，仁莫尚焉。知之而不疑，是謂知，孔門之教爲爾。凡知者必有所擇，故曰擇，非必擇居之謂也。且古人皆土著，擇居之事至少矣。且二十五家爲里，里有仁厚之俗，不近人情矣。

子曰："不仁者不可以久處約，不可以長處樂。約，困也。言不仁者久困則爲非，久樂則必驕。仁者安仁，知者利仁。安，謂安而不遷。利，謂以仁爲利而行之。言安仁者與道爲一，故其處約樂，自不足云；利仁者堅守而不失，故能處約樂也。"

【古義】不仁之人，雖一旦勉強，然無其德，故久處約則濫，久處樂則驕。唯仁者之於仁，猶身之安衣，足之安履，須臾離焉，則不能樂，是之謂安；知者之於仁，猶病者之利藥，疲者之利車，雖不能常與此相安，然深知其爲美而不捨，是之謂利。夫飽仁義者，不願膏粱之味、文繡之美。萬物皆備於我，而富貴貧賤不能撓於其心，豈能處約樂之足云哉？

【徵】"不仁者不可以久處約，不可以長處樂"，貧賤事每減削，故曰"約"。富貴養可佚樂，故曰"樂"。不仁者志在己之安利，故久困則爲非，長樂必驕佚。仁者之於仁，如四體之欲安佚，時或離之，輒復思之；知者之於仁，如小人之見利，雖有不便，勉強求之。朱註："失其本心。"又曰："非外物所能奪。"以仁爲本心，以富貴爲外物，本於"仁，人心也”。“於我如浮雲”。然“仁，人心也”，孟子性善之説，其實謂仁根於心也。“於我如浮雲”，謂不義之富貴耳。宋儒之説，流於老莊，學者察諸。

子曰：“惟仁者能好人，能惡人。”仁者以愛爲心，故好惡得當而不失。

【古義】善善常不及，惡惡必過，人之通患也。故以愛人之心待人，則善者固得當，而不善者亦不至過惡。若以惡人之心待人，則善者未必得當，而不善者必至於過惡。此所以惟仁者能好人惡人也。

　　論曰：宋儒以仁爲理，故以好惡當理解之，即明鏡止水之意也。蓋以無情視仁，無欲解仁，而不知仁之爲德，雖有淺深大小之差，而未有不自愛人之心而出者。故唯仁愛之人，而後能好惡得當，而不至於有刻薄褊私之弊。《書》曰：“罪疑惟輕，功疑惟重。”此仁者之所以能好惡人，而與好惡得理者，不可同日而語也。

【徵】仁人之於民，如和風甘雨之被物，物得其養而莫不生長，故其好人惡人，皆有益於人也。好之至，用之；惡之至，退之。用之，使民被其澤；退之，使民免其害。是好惡之有益於人也。是謂之能好惡人，言其盡好惡之用也。朱子曰：“當理而無私心。”程子曰：“得其公正。”仁者之好惡人，誠公正而無私，然以公正無私求之者，所以求之愈遠焉。且其公正無私，豈能盡好惡之用哉？苟不盡好惡之用，可謂不能好惡已。孔安國曰：“惟仁者能審人之所好惡。”古來相傳之説，不可易者若是邪！《大學》曰：“民之所好好之，民之所惡惡之，此之謂民之父母。”是也，然豈從流俗之謂哉？以安民爲心之謂也。

子曰：“苟志於仁矣，無惡也。”言心之所向，纔在於仁，則自無爲人所惡也。

【古義】仁，實德也。纔志於仁，則寬厚慈祥，與物無忤，故自無爲人之所惡也。

論曰：宋儒之學持論過高，嫌乎恤人之怨惡爲枉道，故解無惡以爲無爲惡之事矣。此非聖人之意，蓋己有可惡之實而爲人所惡者，固其道也，改之可也。己無可惡之實，而或見惡者，雖君子所不得免。然聖人每教人以無怨惡于人者，何哉？世議甚公，人心甚直，苟爲容悦，則人必以容悦目之。苟爲面諛，則人必以面諛名之。欲爲人所容，而反爲人所賤。其唯志於仁，則不求爲人容而寬裕慈惠，人自不怨惡焉。此聖人之所以貴無怨惡也。《詩》曰：“在彼無怨，在此無射。庶幾夙夜，以永終譽。”夫子又嘗答仲弓問仁曰：“在邦無怨，在家無怨。”又曰：“年四十而見惡焉，其終也已。”聖人之意可見矣。

【徵】“苟志於仁矣，無惡也”，孔安國曰：“苟，誠也，言誠能志於仁，則其餘終無惡。”此古來相傳之説，莫尚焉。朱註：“苟，誠也，其心誠在於仁，則必無爲惡之事矣。”“誠”字作“誠實”之解，非也。孔曰“誠能”，審其爲語助矣。朱子尚疑其人雖志仁而未免有惡，故解苟爲誠實耳。然苟訓誠實，它絶無之，可謂鑿矣。仁齋先生曰：“纔志於仁，則寬厚慈祥，與物無忤，故自無爲人之所惡也。”其解苟字得之，然其所疑亦如朱子，故發“惡”字去聲，而引孔子答仲弓：“在邦無怨，在家無怨。”然孔子曰：“出門如見大賓，使民如承大祭，己所不欲，勿施於人。”則何翅志於仁而已乎？故其所疑，終亦不能釋然焉。殊不知聖人之言，主教誨英才，故曰：苟能志於仁，則雖有惡亦終歸於無惡焉。後儒但見言之當否，而不知聖人教誨之道也。大氐去惡不如求善，罰惡人不如用善人，去疾不如養元氣，天下之理一矣。故教誨之道，不欲人之務自去其惡，唯心在善，則自然無惡。況仁者衆善之長，志於仁則無惡，要之其終之辭也，古註爲得之。

子曰："富與貴，是人之所欲也，不以其道得之，不處也；貧與賤，是人之所惡也，不以其道得之，不去也。欲富貴而惡貧賤者，人之情也。然君子之動，必以其道，故苟不以其道，則雖得富貴而不處，得貧賤而不去也。所謂道者，即仁也，故下段終言之。孟子稱伊尹曰："非其義也，非其道也，禄之以天下不顧。"亦此意爾。君子去仁，惡乎成名？君子之所以名爲君子者，以其存仁也。若去仁，則何所成其名乎？君子無終食之間違仁，造次必於是，顛沛必於是。造次，急遽之意。顛沛，偃仆之貌。此申言終食之間，其無違仁如此，非但富貴貧賤、取舍之間而已。"

【古義】此又言仁者安仁之意。或曰：仁之德大矣，何獨以富貴貧賤言之耶？曰：自古之人，固有見危授命，犯顏諫爭，奮然不顧身者，然至於富貴貧賤取捨之間，則不能不殉物而動心。唯君子之心，常安於仁，故不處於不可處之富貴，而不去於不可去之貧賤。此其所以首而言之也，而至於終食無違，造次顛沛必於是，則端言仁之成德也。

【徵】"不以其道得之，不處也"，朱子曰："謂不當得而得之。"是唯解字義已。苟唯解字義已，則未可以爲人之師矣。仁齋先生曰："所謂道者，即仁也。"不處與不去，豈容一其解乎？蓋"不以其道得之，不處也"，此言得富貴之道，即仁也；"不以其道得之，不去也"，此言得貧賤之道，即不仁也。仁則安富尊榮，不仁則反之，古聖人之教皆爾。陽貨曰："爲富不仁，爲仁不富。"是小人之言，孟子引此，可謂好辨之過也。夫小人之富，千金萬金，非取諸人，則不積諸己；君子之富，千乘萬乘，人服人從，而安富尊榮，均之皆有其道矣。然君子之所以名富，既不與小人同，故所爲其道亦殊也。不仁而得富貴，是不以其道也，不可以爲君子，故不處。仁而得貧賤，是不以其道也，不害於爲君子，故不去。君子者，有在上之德者也，故君尚諸子以名之。爲人君止於仁，是在上之德也。君子而未仁，是雖有君子之名而其實未成，故曰"惡乎成名"。後世儒者惑於陽貨之言，而不知聖人之心，故"其道"二字之義，終然不明矣。此章之言，相承之序，所以不順也。唯仁齋先生之解，可謂不得其辭而得其心者已。孔子又曰："不知命，無以爲君子。"又曰："富而可求也，雖執鞭之士吾亦爲之。"與此章之言，實相發焉。蓋命也者，自彼而至者也，非我求之者也。不以其道而得富貴，是求富貴者也，故不處；不以其道而得貧賤，是不求而自至者也，故不去。知命而後，其心一於仁。一於仁而後，君子之名可成，此其所以相發也。馬融曰："造次，急遽。顛沛，偃仆。"朱子解本諸，但曰："顛沛，傾覆流離之際。"此其意以沛然流水貌，故取流離之義，殊爲牽強。蓋古言於音而不於義者多矣，顛沛或顛覆之轉音，豈容以字解乎？"造次必於是，顛沛必於是"，即依於仁也。

子曰："我未見好仁者，惡不仁者。好仁者，無以尚之；惡不仁者，其爲仁矣，不使不仁者加乎其身。尚，加也。言好仁者，天下何善加之？若夫惡不仁者，誠知不仁之可惡，猶惡惡臭，亦可以爲仁矣。然不使一毫不仁之事，加於其身耳，與好仁者固有間矣。有能一日用其力於仁矣乎？我未見力不足者。爲仁由己，而由人哉？苟能一日用其力，則仁斯至矣。唯人不肯用其力焉耳，豈有用其力而不足者哉？蓋有之矣，我未之見也。蓋，疑辭，言昏弱之甚，欲進而不能者，或有之矣。然我未見之也耳，再言此以斷無有力之不足者也。"

【古義】好仁者，德之至也。惡不仁者，有所不爲也。好仁者，視人之不善，猶哀憫之，而欲其與入于善也；惡不仁者，視人之不善，猶鷹隼之搏鳥雀，必痛拒絕之。二者甚有逕庭，俱謂之成德，非也。或曰：夫子嘗曰："仁遠乎哉？我欲仁，斯仁至矣。"而此亦曰"我未見"者，何哉？夫仁者，人心也，何遠之有？但仁以誠爲本，夫子難其人者，蓋以非仁之難能而誠之難致也。好仁者、惡不仁者，其等雖異，然皆發於誠心，非勉强之所能及，此夫子所以言未見也。

【徵】“我未見好仁者，惡不仁者”，《表記》曰：“無欲而好仁者，無畏而惡不仁者，天下一人而已矣。”此上等之資質，其於仁也，皆不假用力能爲之。上章“仁者安仁，智者利仁”，成德之人也。此以好惡言之，乃性質之異，故不同矣。朱註以“成德”解此章，非矣。蓋好仁者、惡不仁者，皆不假用力，而我未見其人。用其力而力不足者，我亦未見其人，是孔子所以勸人用力於仁也，無以尚之。孔安國曰：“難復加也。”此贊其爲上等資質也。皇侃疏：“李充曰：‘所好唯仁，無物以尚之也。’”朱註因之，此釋好仁之心，皆通。但孔安國得諸辭，爲勝；“其爲仁矣”，言其必能爲仁也，不則，“其”字、“矣”字皆不順也，朱註非矣；“不使不仁者加乎其身”，孔安國曰：“言惡不仁者，能使不仁者不加非義於己，莫以尚焉。”朱註：“以不仁者爲不仁之事。”可謂强矣。能不使不仁者加非義於己，此伯夷之行也。其不爲不仁之人所累，此乃所以用力之易，故曰：“其爲仁矣。”“有能一日用其力於仁矣乎，我未見力不足者”，乎猶則也，言苟能用力，則人人皆可至，勸辭也。朱子以爲歎辭，非矣。“蓋有之矣，我未之見也”，孔安國曰：“謙不欲盡誣時人。”爲得之，蓋語其極少也。聖人竢人之自信，不欲與人爭，故其語氣如此。朱子加一“偶”字，語勢迥別。

子曰：“人之過也，各於其黨。觀過，斯知仁矣。”黨，朋類也，指親戚、僚友而言。

【古義】此爲以過棄人者發。凡人之於過，不有無由而妄生者，必因其親戚僚友而過。故曰“各於其黨”，正見其不可深咎也；曰“觀過知仁”，則亦足見其就此而猶有可稱者也。孟子曰：“管叔，兄也。周公，弟也。周公之過，不亦宜乎？”是其所以爲周公也。蓋聖人不深責人之過者，以人有自新之途而悔過自改，則亦猶夫人故也。

論曰：人之過也，不生於薄，而生於厚，何也？薄則防患遠害，爲身之計全而趨人之患緩，故得無過也。因薄而過者，間或有之，然因薄而過者，直謂之惡，而不得謂之過也。非聖人之至仁，則孰能知過之可宥，而不可深咎？

【徵】"觀過，斯知仁矣"，蓋古語，而孔子釋之也。言觀群下之所過，以知國君之仁也。人，衆人也。黨，鄉黨也。蓋朝廷、宗廟之間，君子所慎，鮮有過矣。但其於鄉黨、親戚、朋友所在，其過不亦宜乎？國人皆如此，是可以知國君仁德之化也。古註憒憒，非改"觀"作"恕"，則不通矣。朱註："黨，類也。"非古言矣。尹氏曰："於此觀之，則人之仁不仁可知矣。"然孔子豈曰"知不仁"乎？且仁人豈必竢其有過而知之乎？且"觀"者，猶"觀政""觀俗""觀人"之"觀"，皆有歷觀意，可謂不穩已。果其言之是乎？當曰"見過"。皆不得其解，強爲之說者，不可從矣。

子曰："朝聞道，夕死可矣。"言人之不可不聞道，其急如此。

【古義】此爲託老衰或罷微恙而不肯爲學者發。夫道者，人之所以爲人之道也。爲人而不聞之，則虛生耳，非與雞犬其伍，則草木與同朽，可不悲哉！苟一旦得聞之，則得所以爲人而終。故君子之死曰終，言其不漸滅也。或曰：朝聞夕死，不亦太急乎？曰：不然也。人而不聞道，則雖生而無益。故夫子以朝聞夕死爲可者，最示其不可不聞道之甚也，何謂太急？

【徵】"朝聞道，夕死可矣"，道者，先王之道也。子貢曰："文武之道未墜於地，在人。"謂孔子之時也。孔子所至訪求，汲汲乎弗已，恐其墜於地也；"夕死可矣"，孔子自言其求道之心若是其甚也。後人不學《詩》，不知言語之道本若是，故疑其過甚。古註曰："將至死不聞世之有道。"可謂誤矣。朱註以道爲事物當然之理，以聞爲眞知，以生順死安爲説，遂流於老佛，不可從矣。按：蔡邕《石經》"矣"作"也"。

子曰："士志於道，而恥惡衣惡食者，未足與議也。"朱氏曰："心欲求道，而以口體之奉不若人爲恥，其識趣之卑陋甚矣，何足與議於道乎？"

【古義】衣食以取足奉口體，雖惡，何足恥焉？士而志于道，其心既知所嚮矣，而又恥惡衣惡食，則其終必至於枉道殉物，其不足與議道也必矣。

【徵】"士志於道"，言士必志於道也，不連下句；"而恥惡衣惡食者，未足與議也"，《內則》："四十始仕，方物出謀發慮。"此士之職，得與議政。未足與議者，不足爲士也。君子從大體，小人從小體，故士志於先王之道，其心在安民。細民以營生爲事，其心在溫飽，故恥惡衣惡食者，無志者也。朱註"議於道"，士安得議於道乎？程子曰"心役乎外"，內外之説，其家言已。

子曰："君子之於天下也，無適也，無莫也，義之與比。"朱氏曰："適，專主也。莫，不肯也。比，從也。"言君子於天下之事，無適無莫，可取則取，可捨則捨，可去則去，可就則就。唯義之所在，非惟我之從義，義亦與我相從而不離也。

【古義】義者，天下至密者也，故精義然後能得無適莫，非無適莫而義之與從也。蓋無適則莫，無莫必適，不能不倚一偏。其無適者，異端之不立一法也。無莫者，俗士之不知所擇也。唯君子精義之至，無所偏倚，而後自能得無適莫焉。夫子嘗曰："無可無不可。"蓋無可無不可之間，自有義存，非無可無不可，而又以義爲主也。其謂無道以主之，幾於猖狂自恣者，謬矣。

【徵】"無適也，無莫也"，何晏曰："無所貪慕也。"今本脱之，邢昺以爲厚薄。朱註："適，專主也。"《春秋傳》曰"吾誰適從"，是也，爲有據。莫不肯也，未知何據。記幼讀佛經，似有此字，因搜諸僧，得《無量壽經》《華嚴經》，皆有無所適莫之文。《華嚴》慧苑《音義》引《蜀志》：“諸葛亮曰：‘事以覆疎易奪爲益，無適無莫爲平，人情苦親親而疎疎，故適莫之道廢也。人皆樂人從己，不樂己從人，故易奪之義廢也。’”《漢書註》曰：“適，主也。”《爾雅》曰：“莫，定也。”謂普於一切，無偏主親，無偏定疎。澄觀疏曰：“無主定於親疎。”《無量壽經》慧遠《義疏》曰：“無適適之親，無莫莫之疎。”璟興《連義述文贊》曰：“適，親也。莫，疎也。”乃知適莫爲親疎者，古來相傳之説，而邢昺本諸。祇適莫無親疎之義，慧苑引《漢書》《爾雅》爲確。親疎之義，由比字而生。比者，親也。故以親疎爲解者，乃《論語》之意也。故適莫一意，如無偏無黨耳。何晏以“無所貪慕”解之者，以此。今儒者多不讀佛經，殊不知孔穎達作《正義》，而古註多不傳佛經疏釋，多作於六朝隋唐之世，故苑、觀、遠、興輩，皆睹它古註，援以解其書耳。如慧苑《音義》，鑿鑿乎有據，豈後世朱子所能及乎？韓退之、謝顯道皆曰：“適，可也；莫，不可也。”殊不知“無可無不可”者，孔子之事，非常人之所能及也。此章者君子之道，泛爲凡人設訓，豈可混乎？祇韓愈解下句曰“惟有義者與相親比”，得之。蓋言君子之於天下也，孰去孰就，惟有義者與相親比焉，是此章之意也。大氏“天下歸仁”，“行五者於天下”，凡以天下言者，皆主仁，其所也。此章乃以義言之，則以語去就之道矣。至思孟以道與天下之人爭，而後動輒曰“天下天下”，不復主仁。後儒不知古言，故於古書言天下者，漫不之省也。朱子於此章，作一切解，乃至旁與佛老爭義之有無，大謬矣。嗚呼！君子豈無親疎，此特語去就之道耳。

子曰：“君子懷德，小人懷土；君子懷刑，小人懷惠。”懷，歸也。土者，謂身之所安也。刑，法也。惠，恩惠也。

【古義】此言治君子與治小人，其道自不同也。懷於德者，不以利動，惟善是親也；懷於土者，有恒産者有恒心也；懷於刑者，心樂儀刑；懷

於惠者，惟利是親。君子小人存心不同，故其所以懷之者自不
同也。

【徵】君子懷德，則小人懷土；君子懷刑，則小人懷惠，自然符也。君
子、小人，以位言。懷者，思而弗措也，如"有女懷春"之"懷"。
君上懷賢，則民安其土，其心不在政刑故也。民輕去鄉者，虐
政所致也，德政無它，安民而已。使民安其生，是謂安民。民
思恩惠者，無恩惠故也，虐政之效也。朱註"懷刑爲畏法"，小
人之事也。孔安國"懷"訓"安"，懷刑爲安於法。《學齋佔畢》以
爲"儀刑""典刑"之"刑"，皆非矣，皆不識古文辭，四句分爲四
事故也。

子曰："放於利而行，多怨。"孔氏曰："放，依也。"依利而行，言每事必依傍於利而行
之也。多怨，謂多取怨也。

【古義】無怨，德也。多怨，不祥也。君子以義爲主，故雖損於人，而人不
我怨；小人以利爲本，故雖無損于人，反多取怨。《中庸》曰："正己
而不求于人，則無怨。"

【徵】"放於利而行，多怨"，利者，非君子之所貴也，主在上之人言之。
"放"訓"依"，出《檀弓》："梁木其壞，哲人其萎，則吾將安放？"

子曰："能以禮讓爲國乎？何有？不能以禮讓爲國，如禮何？"禮讓以德而
言，禮以制度而言。何有，言不難也。

【古義】此言以禮讓爲國，則人亦化之，何難爲之有？若不以禮讓爲國，
則禮文雖具，亦且無如之何，況於治國乎？古者專以禮爲治國之要
典，猶後世之用律也。

【徵】"不能以禮讓爲國，如禮何"，朱註："況於爲國乎？"非矣。禮者，先
王治國之具也。言先王爲治國，故設此禮。而今不能以禮讓爲國，
則以先王之禮爲何所用乎？是有禮而不能用之也。

子曰：“不患無位，患所以立。不患莫己知，求爲可知也。”朱氏曰：“所以立，謂所以立乎其位者。可知，謂可以見知人之實。”

【古義】此章亦聖人之常言、學者之準則，不可不聽受佩服焉。

子曰：“參乎！吾道一以貫之。”曾子曰：“唯。”吾道，猶曰我之所道也。一者，不二之謂。貫，統也。言道雖至廣，然一而不雜，則自能致天下之善，而無所不統，非多學而可能得也。唯者，應辭。曾子直受之，以爲己之任，猶顏子曰“請事此語”之謂。子出，門人問曰：“何謂也？”曾子曰：“夫子之道，忠恕而已矣。”盡己之謂忠，忖人之謂恕。自竭盡己之心，則於人無物我之隔。能忖度人之心，則癢痾疾痛，舉切於我身矣。曾子以爲，忠恕足以盡夫子之道也，因爲門人述夫子一以貫之之旨如此。

【古義】夫道一而已矣，雖五常百行，至爲多端，然同歸而殊塗，一致而百慮。天下之至一，可以統天下之萬善，故夫子不曰“心”、不曰“理”，唯曰“吾道一以貫之也”。蓋忠以盡己，則接人必實而無欺詐之念；恕以忖人，則待物寬宥而無刻薄之弊。既忠且恕，則可以至於仁矣，豈復有他岐之可惑者乎哉？故夫子曰“吾道一以貫之”，而曾子特以忠恕明之，其有旨哉！

論曰：聖人之道，不過彝倫綱常之間，而濟人爲大。故曾子以“忠恕”發揮夫子一以貫之之旨。嗚呼！傳聖人之道而告之後學，其旨明且盡矣。夫子嘗答樊遲問仁曰：“與人忠。”子貢問曰：“有一言而可以終身行之者乎？”夫子唯曰：“其恕乎！”孟子亦曰：“强恕而行，求仁無近焉。”可見忠、恕二者，乃求仁之至要，而聖學之所以成始成終者也。蓋忠恕所以一貫之也，非以忠恕訓一貫也。先儒以爲夫子之心一理渾然，而泛應曲當。惟曾子有見於此，而非學者之所能與知也，故借學者忠恕之目，以曉一貫之旨，豈然乎哉？

【徵】“參乎！吾道一以貫之”，吾道者，先王之道也。先王之道，孔子所由，故曰：“吾道。”“曾子曰：‘唯。’”唯，然也。如“男唯女俞”，俞訓然，則唯亦然。子貢曰：“然，非與？”如漢文“唯唯否否”也。又《難

經》曰“然”，皆如今人曰“是”；公西華曰：“正唯弟子不能學。”即後
世“政爾”也，皆可推。宋儒謂曾子深喻之曰“唯”，子貢不能如曾子
之唯，乃其優劣矣。殊不知記者有詳畧也，果其言之是乎？其它諸
章，諸子問政問仁類，唯錄孔子之答而已，迺以爲諸子皆不深喻哉？
可謂鑿矣。大氐宋世禪學甚盛，其渠魁者，自聖自智。稱尊王公
前，橫行一世，儒者莫之能抗。蓋後世無爵而尊者，莫是過也。儒
者心羨之，而風習所漸。其所見亦似之，故曰性，曰心，皆彼法所
尚。豁然貫通，即彼頓悟。孔、曾、思、孟，道統相承，即彼四七二
三。遂以孔門一貫、大小大事、曾子之唯，即迦葉微笑矣，豈不兒戲
乎？過此以往，天理人欲即真如無明，理氣即空假二諦，天道人道
即法身應身，聖賢即如來菩薩，十二元會即成住壞空。持敬即坐
禪，知行即解行，陽排而陰學之。至於其流裔，操戈自攻，要之不能
出彼範圍中，悲哉！如此章一貫之旨，誠非不能大知之者所及。然
游夏以上，豈不與聞？特門人所錄，偶有參與賜耳。千載之後，據
遺文僅存者，而謂二子獨得聞之，又以其有詳畧而爲二子優劣，可
不謂鑿乎？蓋孔子之道，即先王之道也。先王之道，先王爲安民立
之，故其道有仁焉者，有智焉者，有義焉者，有勇焉者，有儉焉者，有
恭焉者，有神焉者，有人焉者，有似自然焉者，有似僞焉者，有本焉
者，有末焉者，有近焉者，有遠焉者，有禮焉，有樂焉，有兵焉，有刑
焉。制度云爲，不可以一盡焉，紛雜乎不可得而究焉，故命之曰
“文”。又曰：儒者之道，博而寡要。然要其所統會，莫不歸於安民
焉者。故孔門教人，曰“依於仁”，曰“博文約禮”，謂學先王之道，以
成德於己也。學先王之道，非博則不足盡之，故曰“博文”。欲歸諸
己，則莫如以禮，故曰“約禮”。然禮亦繁矣哉，故又教之以仁。仁，
先王之一德也，故謂先王之道仁盡之，則不可矣。然先王之道，統

會於安民，故仁，先王之大德也。依於仁，則先王之道，可以貫之矣。故不曰"一"，而曰"一以貫之"。辟諸錢與繩：仁，繩也；先王之道，錢也。謂錢即繩，可乎？是一貫之旨也。宋儒亦有錢繩之喻，以一理爲繩。然一理貫萬理，則萬理、一理之分，豈容言貫乎？一理貫萬事，則岐精粗而二之，依然老佛之見已，可謂不成喻矣。忠恕者，爲仁之方也，故曾子云爾。然忠恕豈能盡先王之道乎？由此以往，庶幾可以盡之，示之以其方也。故"而已矣"者，非竭盡而無餘之辭，亦如"堯舜之道，孝弟而已矣"，孝弟豈盡於堯舜之道乎？亦言由此則可以盡之耳。此章之義，後儒或以爲一理，或以爲一心，或以爲誠。其謂之一理者，昧乎"貫"字也。其謂之一心者，不知先王之道也。其謂之誠者，僅謂動容周旋中禮耳，不知孔子之所爲道也。忠者，爲人謀而委曲周悉，莫不盡己之心也。恕者，己所不欲，勿施於人之謂也，皆以與人交者言之。仁之爲道，亦在與人交之間，而長之養之，匡之成之，使各遂其生者也。然仁道至大，非門人之所能，故以忠恕示其方也。如舊註：天道也，人道也，體也，用也。天之忠恕也，聖人之忠恕也，學者之忠恕也，皆堅白類耳。任口而言其理，則莫有不可言者。然求諸古言，豈若是其恣乎？可謂道之賊已。皇侃本"貫"之下有"哉"字。

子曰："君子喻於義，小人喻於利。"喻，曉也，猶"四體不言而喻"之"喻"，言觸物隨事，自能通曉也。

【古義】此言君子小人所好不同，故心之所趨從殊。君子之所好在於義，故其曉於義也甚速；小人之所好在於利，故其曉於利也亦甚速。學者以此自省，則庶乎不至爲小人之歸矣。

【徵】"君子喻於義，小人喻於利"，君子者，在上之人也。雖在下而有在上之德，亦謂之君子；小人者，細民也。雖在上而有細民之心，亦謂之小人。義者，《詩》《書》所載先王之古義也。古之人，據先王之古義以裁決事之宜焉。古學既亡，人妄取諸己臆，謂之義，非義之義也。後儒解義以宜，以裁決，皆其一端耳。其源昉於誤讀《孟子》，以羞惡之心爲義耳。朱子曰：“義者，天理之所宜。”以此而贊義，何不可之有？苟不本諸先王之古義，將何所取乎？禮義一類，《書》曰：“以義制事，以禮制心。”《孟子》曰：“非禮之禮，非義之義。”《傳》曰：“《詩》《書》，義之府也。”可以見已。歷觀經傳，有禮之義者，此先王所以制禮之義也。有以人臣言之者，如“義以方外”“大義滅親”“不仕無義”，及“出處進退之義”是也。有以利對言者，如此章是也。《易》曰：“理財正辭，禁民爲非，曰義。”蓋民以營生爲心者也，其孰不欲利焉？君子者，奉天職者也。理其財，使民安其生焉，是先王之道之義也。故凡言義者，雖不與利對言，然莫不歸於安民之仁者，爲是故也。故義者士君子之所務，利者民之所務。故喻人之道，於君子則以義，於小人則以利。雖君子，豈不欲利乎？雖小人，豈不悦義乎？所務異也。宋儒以爲語君子小人所自喻者，乃曰“惟其深喻，是以篤好”，是其意謂聖人洞見其心焉。果其説之是乎？君子小人，其心判然霄壤，雖聖人終不能化小人也。於是乎惡惡之心勝，而先王孔子之仁澌焉，豈不悲乎？觀《書·盤庚》專以“生生”喻之，喻民之道，自古爲爾。喻君子以利，而後張儀、蘇秦之術行於天下也。宋儒貴心學，動求諸己，於義利之辨剖毫剖釐，務探心術之微，究其歸，不過於徒評論是務耳。孔子之言，豈其然乎？學者察諸。

子曰：“見賢思齊焉，見不賢而内自省也。”朱氏曰：“思齊者，冀己亦有是善；内自省者，恐己亦有是惡。”

【古義】此言見人之賢不肖，皆不可不反求之於己也。人之常情，見賢則必忌憚之，見不賢則必譏笑之。非惟不知反求於己，適足以害其德也。夫見賢而不思齊，無志者也；見不賢而不内省，無恥者也。無志無恥者，所謂自暴自棄者，而不可與有爲也必矣。

子曰："事父母幾諫。幾，微也。幾諫，謂微詞以諷也。見志不從，又敬不違，勞而不怨。不違者，謂姑順父母之意，而不遂己之諫也。勞，慰勞也。"

【古義】諫父母之道，尤忌徑直，要在微婉其詞，以委曲諷導之焉耳。若父母有過而不諫，則陷親於不義。諫而忤親之意，則亦爲不孝。唯能敬能勞，不違不怨，而後爲能得事父母之道也。苟如此，則父母之心亦有所感，而諫得行也。

【徵】"事父母幾諫"，朱子引《内則》，大得古學之意。

子曰："父母在，不遠遊，遊必有方。"鄭氏曰："方，猶常。"謂可遊之方也。

【古義】人子遠遊，則爲日久，廢養多，而不能使父母無倚門之憂。故曰："不遠遊。"其遊每有定所而不事漫遊，則無所貽憂，故曰："遊必有方。"范氏曰："子能以父母之心爲心，則孝矣。"可謂能發孝子之心也。

【徵】遊必有方，如"博學無方"之"方"。鄭玄曰："方猶常也。"爲得之。

子曰："三年無改於父母之道，可謂孝矣。"

【古義】此章重出。凡諸章重出者，蓋夫子屢言而門人互錄之。意味深長，學者宜深玩而詳思焉。

【徵】"三年無改於父之道，可謂孝矣"，胡氏曰："複出而逸其半。"非也。孔子曰："知言。"又曰："非先王之法言不敢道。"故孔子多誦古言。《論語》所載，不皆孔子之言矣。蓋"父在則觀其志，父没則觀其行"，古言也。"三年無改於父之道，可謂孝"，亦古言也。孔子或並引，或單誦，非複出矣。所以並引者，以見學貴博也，并二言而義圓矣。門人所以又錄其單者，以見孔子用古言之方也。如"主忠信"，

亦非複出而逸半者矣。仁齋先生以"君子不重"章非一時之言，可
謂善讀書。然未識孔子誦古言，悲哉！

子曰："父母之年，不可不知也。一則以喜，一則以懼。"知，猶記憶。

【古義】此言常記父母之年，則見其壽以爲喜，見其衰以爲懼。喜懼交
臻，而愛親之心不能自已，其不可不知也如此。聖人之言，天下之
至言。理到此而盡矣，教到此而極矣，不可以其語平易而忽諸。

子曰："古者言之不出，恥躬之不逮也。"逮，及也。朱氏曰："言古者，以見今之
不然。"

【古義】此言出言之易而躬履之難也。夫言而不稱，可恥之甚也。古人
尚實而不貴華，故恥之如此。

子曰："以約失之者，鮮矣。"約者，檢束之謂，言脩身處事皆當檢束也。

【古義】聖人之言，猶蓍龜神明，必應必驗。此言至淺，然從此則得，違此
則失，必然之理也，不可不篤信而深守之。

【徵】"以約失之者鮮矣"，此"生於憂患而死於安樂"之意。古單言"約"
者，"困約"與"約束"耳。孔安國、朱子胥失之。

子曰："君子欲訥於言而敏於行。"包氏曰："訥，遲鈍也。"

【古義】此夫子言君子之心，以勉學者也。胡氏曰："敏訥雖若出於天資，
然可習也。言煩以訥矯之，行緩以敏勵之，由我而已，自不能變其
氣質，奚貴於學哉？"

子曰："德不孤，必有鄰。"朱氏曰："鄰，猶親也。德不孤立，必以類應。故有德者，必
有其類從之，如居之有鄰也。"

【古義】人不知而不慍，君子之心也。然德不孤必有鄰，必然之理也。故
夫子言德之既成，必無孤立之理，以定學者之志，亦"禄在其中"之
意。學者惟當患德之不成，而無以饑餲①爲心害也。

━━━━━━━━━━

① 底本作"餲"，疑當作"渴"。

【徵】"德不孤,必有鄰","鄰",如"臣哉鄰哉"之"鄰",謂必有助也。《易》曰:"敬義立而德不孤",亦謂多助者也。《詩》云:"民之秉彝,好是懿德。"是德之所以多助也。夫德而莫有助焉者,則湯與文王,豈七十里若百里而興乎哉? 古註引"方以類聚""同志相求",可謂謬矣;仁齋先生引"禄在其中矣",可謂鄙矣。

子游曰:"事君數,斯辱矣;朋友數,斯疏矣。"數,煩數也。

【古義】此言事君交友,皆當以禮進也。若褻狎戲弄,屢相往來,至於煩數焉,則爲臣取辱,爲友見疏,當自戒也。故事君者,非堯舜之道,不敢以陳,則不辱矣;與朋友交,以文會友,以友輔仁,則不疏矣。

【徵】"事君數","數"必古言,謂屢諫也。朱註爲得之,蓋人不可以言喻也,貴自得之也,如憤悱、啟發,可以見已。自孟子以言語強聒,而後斯義遂泯矣。仁齋先生據古註爲煩數之義,曰:"褻狎戲弄,屢相往來,至於煩數焉。"臣之於君,有職守在,豈可以屢相往來言之哉? 士之居學,比諸"百工居肆",則朋友同筆硯者尚矣,何翅屢相往來已乎哉? 其失亦坐不識古言,而徒以字義解已。

卷三

公冶長第五凡二十七章

子謂公冶長："可妻也。雖在縲絏之中，非其罪也。"以其子妻之。公冶長，孔子弟子。縲，黑索。絏，攣也。古者獄中以黑索拘攣罪人。長，蓋以枉濫被繫，故云然。**子謂南容："邦有道，不廢；邦無道，免於刑戮。"以其兄之子妻之。**南容，孔子弟子，居南宮，名縚，又名适，字子容。言有此德，故必見用於治朝。謹其言，故又能免禍於亂世也。

【古義】夫嫁女擇婿，必求其良者，天下之同情也。若長之陷於縲絏，人之所辱，然以非其罪而妻之。至於南容，又以其可免於亂世而妻之。正見夫子之取人，惟是之從，不拘于一也。蓋編《論語》者併錄二子之事，以明聖人之權度變化無方，學者之所當盡心也。

【徵】聖人視其兄之子，猶己之子也，公冶長、南容相等也。"雖在縲絏之中，非其罪也"，雖未免於刑戮，猶免也。聖人之愛其子，至矣。然其擇婿，止於是耳，豈以爲奇貨可居而藉以爲榮乎？後人以爲有優劣者，非也。南容數見於《論語》，而公冶長不復見焉。千載之下，豈容以此知其優劣乎？按曾子曰："啓予足，啓予手。……吾知免夫，小子！"《左傳》多以全首領獲終於牖下爲願。《中庸》贊孔子，引"既明且哲，以保其身"，此皆古之法言。蓋古之代，王世嗣，諸侯世嗣。士大夫之子爲士大夫，農工賈之子爲農工賈，貴賤分定也。故人皆以免於刑戮，全其首領爲至焉。秦漢以後，始囂然人皆願爲三公，王澤斬故也。故後儒於聖人擇壻意，率多鑿耳。或謂南容免於刑戮，與公冶長非其罪也適相當，而多不廢一言，則優於長也。殊不知南容爲三家之族，三家者值有道則必廢，而此不廢。故多不廢一言者，以其爲三家之族耳。長有縲絏之事，故夫子斷非其罪也。業非顯者，何必論其不廢哉？且託女子於人以終其身，其人能免刑戮，則父母之願足矣，雖聖人亦爾。聖人所以異於常人者，無奇貨可居，藉以爲榮之心爾。無臧無否，婦人之德。故程子所謂量才求配，亦非古義也，學者察諸。程子又曰："避嫌之事，賢者且不爲，況聖人乎？"此事誠然。雖然，聖人之道豈絕無避嫌之事乎？《傳》云："夫禮者，所以定親疏，決嫌疑，別同異，明是非也。"又云："夫禮者，所以章疑別微，以爲民坊者也。"自陋儒傳柳下惠嫗女子之事，而唯問其心，不問其禮。以此爲高者衆矣，則或將藉口程子也，故詳之爾。南容，《家語》南宮紹，字子容，王肅從之，《世本》亦同。《史記》名"括"，《左傳》名"說"，鄭玄作"閱"，未知孰是。皇侃疏："范甯曰：'公冶長名芝，字子長。'"

子謂子賤："君子哉若人！魯無君子者，斯焉取斯？" 子賤，孔子弟子，姓宓名不齊。若人，猶言若此人也。言有君子之德哉，若此人也！若魯無君子者，斯人安得取斯德而成之哉？美子賤能尊賢取友，以成其德也。

【古義】 此贊賢師友薰陶之益甚大也。夫子之取人，每不稱其質美，而深稱其好學，若言顏子是也。今於子賤，先美其德，而後專歸之於師友薰陶之功。蓋生質之美有限，而學問之功無窮。苟資之於師，輔之於友，以取其善，則何學不可至，何德不可成哉？後世無實好學者，故恥下問，遠善友。學問之功終不能以勝其氣質之偏，猶以一杯水救一車薪之火也。而曰學之無益，不亦誤哉吁！

【徵】"魯無君子者，斯焉取斯"，仁齋先生曰："贊賢師友薰陶之益甚大
　　也。"勝朱註甚。《説苑》曰："宓子賤治單父，彈琴身不下堂，單父
　　治。巫馬期亦治單父，以星出，以星入，日夜不處，以身親之，而單
　　父亦治。巫馬期問其故，宓子曰：'我之謂任人，子之謂任力；任力
　　者勞，任人者佚。'"是子賤之於學於政，皆以能取諸人聞也。舜之
　　無爲，任人也；舜之大智，好問好察邇言也。孔子謂其君子哉，
　　以此。

**子貢問曰："賜也何如？"子曰："女，器也。"器者，必備而不可闕之謂。言子貢之
材，天下不可無也。曰："何器也？"曰："瑚璉也。"瑚璉，宗廟盛黍稷之器。夏曰璉，
商曰瑚，周曰簠簋，蓋器之貴重而非常用者。言子貢之材之美可貴，而不可常用也。**

【古義】朱氏曰："子貢見孔子以君子許子賤，故以己爲問，而孔子告之以
　　此。"○瑚璉簠簋，器之貴重而不可常用者也；耒耜陶冶，雖非貴重
　　之器，而常用不可闕者也。夫子以子貢之材，不比之於彼而比之於
　　此，其戒之深矣。蓋耒耜陶冶之爲器，戶戶皆有。人雖不知貴重
　　之，而民生常用不可闕焉，若聖人之德是也。叔孫武叔曰："子貢賢
　　於仲尼。"子禽謂子貢曰："仲尼豈賢於子乎？"豈非知尚瑚璉之華，
　　而不知耒耜陶冶之爲民生常用不可闕之器耶？蓋賢人之材可見，
　　而聖人之德不可知也。

【徵】《明堂位》云："有虞氏之兩敦，夏后氏之四璉，殷之六瑚，周之八
　　簋。"註云："皆黍稷器。"包咸、鄭玄之解《論語》，賈逵、服虔、杜預之
　　解《左傳》皆云："夏曰瑚。"樂肇以爲未詳，然《明堂位》古矣。朱註
　　云："宗廟盛黍稷之器而飾以玉，器之貴重而華美者。"仁齋先生曰：
　　"器之貴重而非常用者。"因謂孔子不比諸耒耜陶冶常用者，以戒子
　　貢深也。夫天下不可無民，猶如耒耜陶冶常用，不可一日闕也。孔
　　子而以陶冶耒耜爲尚，則許行豈非乎哉？樊遲之請學農圃，孔子何

謂之小人哉？仁齋務欲出奇，而不知其畔道遠矣。古者成德六焉，
聖居其一。太宗伯之器也，瑚璉其是之謂邪？

或曰："雍也仁而不佞。" 雍，孔子弟子，姓冉字仲弓。佞，口才也。時俗以佞爲賢，故
美仲弓優於德而病短於才也。**子曰："焉用佞？禦人以口給，屢憎於人。不知
其仁，焉用佞？"** 禦，猶抵當。給，辨也。言佞人所以抵當於人者，但隨口取辨，而爲人所
憎惡爾。我雖未知仲弓之仁，然其不佞，乃非所以病仲弓也。

【古義】愛人者，人亦愛之，仁之所以爲美德也。若屢憎於人，正見佞之
爲凶德也。夫子戒之，宜矣。當時實德日病，諛風日盛，人徒知重
佞而不知重仁。故夫子言此，以深明不可用佞之意。或曰：仲弓之
賢亞於顏子，而夫子不許其仁者，何哉？曰：仁，實德也。慈愛之德
充實於中，而無一毫殘忍刻薄之心，其利澤恩惠遠被于天下後世，
而後謂之仁。所以雖仲弓之賢，夫子猶不與之也。

【徵】仲弓爲人，蓋慈惠而短於言，故時人仁之。朱子曰："重厚簡默。"此
自其所見耳，豈然乎？夫以慈惠爲仁，世人所皆知，攷諸它書可見
也。時人貴佞，每欲仁之兼佞，以爲全材。觀於"巧言令色，鮮矣
仁"，"剛毅木訥近於仁"，仁佞每並舉，可以見已。蓋能言者不能
爲，能爲者不能言，自然之符也。故孔子曰："爲之難，言之得無訒
乎？"故孔子喜仲弓之不佞已。它日又曰："雍也可使南面。"謂其仁
也，是其進德非曩者之仲弓矣。朱子曰："仁道至大，非全體而不息
者，不足以當之。"是自理學之見耳。凡其德可以安民者，皆謂之
仁。但孔子主學，學也者，學先王之道也。故可以安天下之民者，
而後許其仁，是仁所以難其人也。

子使漆雕開仕，對曰："吾斯之未能信。"子説。 漆雕開，孔子弟子，字子若。開
言："吾於斯仕進之道，未能無疑。"蓋欲學成而後仕，其心未自足也，故夫子善其篤志而
悦之。

【古義】學者之於仕進，雖其材未充，然親戚責之，朋友推之，則未必不出仕。況如開之學，聖人使之仕，則其材必可用，而猶未肯之，則其不自爲足，而所以求之者，可謂至深矣。此雖賢哲之細事，實學者之所難，故聖人深悅之也。

【徵】"吾斯之未能信"，古註："仕進之道未能信者，未能究習。"豈有所謂仕進之道乎？朱註"斯"指"此理"而言，理學家之言也，孔子時豈有之乎？蓋吾學之可以從政，吾自信之，而後可以仕。開未自信，故云爾。孔子之勸仕，以其材可以從政也。孔子之悅之，以其志大而不欲小試也。朱註："聖人所不能知而開自知之。"豈其然乎？聖人之所知者，其材也；所不能知者，其志也。如三子言志，或以兵賦，或以足民，或以賓客之禮，則志如其材。至於曾點，亦其志不欲小試也。後世變化氣質之説興，而聖人官人各其材之義泯焉。故於此章之旨，漫然不會其意耳。

子曰："道不行，乘桴浮于海。從我者，其由與？"桴，筏也。子路聞之喜。子曰："由也好勇過我，無所取材。"子路欲從夫子而行，故言好勇過我也。鄭氏曰："無所取材，言無所取於桴材也。"蓋子路有濟物之志，而無濟物之材，故戲之耳，猶戲子游"割雞焉用牛刀"之意。

【古義】此與"欲居九夷"章同意，蓋夫子之素志也。當時君昏臣驕，天下無所之往，故欲乘桴浮海，化島夷之民，以爲禮義之俗。聖人以四海爲一家之心，於此可見矣。子路好勇，故欲從夫子而行，無所顧慮，夫子因戲之曰："好勇過我，無所取材。"蓋有具於己而後可以濟人，子路之德未及于此，則雖欲乘桴浮于海，徒爾無益。故美其好勇，而進其所未及也。

【徵】"道不行，乘桴浮于海。從我者，其由與？"此孔子之微言也。《易》曰："利涉大川。"謂涉艱難也。而海之難涉，非復大川之比。蓋孔子所言，其事之至難，廼非獨力所能濟。而所可與共者，又難其人。唯子路好勇，故假設云爾，非實許子路也。子路不解假設之意，喜其言與己共行，故孔子又曰："由也好勇過我。"是廼無可慮者，祇恐其無所取桴材，欲從而卒不能從耳。蓋言興大事、涉艱難，非勇之所獨能，亦必有其具廼可爲也，無經濟之材則不能也。朱子"材"訓"裁"，其不解微言，亦猶子路歟？宜其無所解於《詩》也。且"取"字不明，謬矣。何註一說"財""哉"同，恐非。

孟武伯問："子路仁乎？"子曰："不知也。"仁，實德也。故雖子路之才，猶難必其有，所以夫子以不知告之。**又問，子曰："由也，千乘之國，可使治其賦也，不知其仁也。"**朱氏曰："賦，兵也。古者以田賦出兵，故謂兵爲賦。言子路之才可見者如此，仁則不可知也。"**"求也何如？"子曰："求也，千室之邑，百乘之家，可使爲之宰也，不知其仁也**。"千室，大邑。百乘，卿大夫之家。宰，邑長，家臣之通號。**"赤也何如？"子曰："赤也，束帶立於朝，可使與賓客言也，不知其仁也。"**赤，孔子弟子，姓公西，字子華。

【古義】三子之材自他人觀之，皆足以稱仁者。然夫子不許之者，蓋學有實材有實德，孔門固貴乎實材，而至於實德尤難其人。故夫子於三子，皆許其材之可用，而一無以仁許之者。若管仲雖非有實德者，而素有濟天下之志，又能成濟天下之功，故夫子亦稱其仁。至於三子，則未可預期其功，又不見其慈愛之德全有於己，故皆以不知答之。

論曰：世之務詞章記誦者，多騖於空文，而不知成德達材。夫有實德，而後實材可得而施；有實材，而後詞章記誦亦得爲吾之資。若夫既無實德之可觀，亦無實材之可取，則雖議論可聞，文章可觀，皆無益之瑣事焉耳。三子之爲人，雖未可知其仁，而其所自期者既如此，夫子之所許者亦如此，則雖未至有實德，而亦可謂有實材者矣。古人之學，隨而可知矣。

【徵】"千乘之國，可使治其賦也"，"千室之邑，百乘之家，可使爲之宰也"，"束帶立於朝，可使與賓客言也"，此孔子許三子者，與三子自言其志同也。非唯聖人能知人，而三子亦自知也。

子謂子貢曰："女與回也孰愈？"愈，勝也。子貢方人，夫子問其與回孰愈，以觀其自知如何。對曰："賜也何敢望回？回也聞一以知十，賜也聞一以知二。"聞一知十，謂聞一事而知十事，蓋推類之所極而言也。聞一知二，謂因此而知彼。胡氏曰："聞一知十，上知之資，生知之亞也；聞一知二，中人以上之資，學而知之之才也。"子曰："弗如也，吾與女弗如也。"與，許也。言汝固弗如回，然吾反與汝所謂弗如之言。蓋有合於夫子謙己服人之心，故既然之，又重許之也。

【古義】此見服人之善之難也。蓋知人之善固難，而服人之善最難。既知人之善，而又不難於自屈，天下之至難也。子貢於是知其進德之深也，人惟以穎悟觀子貢者，未也。

【徵】"吾與女弗如也"，中間不句斷，孔子自言己亦不如也，亦願爲其宰意。聖人好賢之誠也，亦喜子貢自知之明。且先王之道，散在天下。孔子無常師，訪求四方，廼集於我，可謂艱矣。而顏子得之於孔子，不須搜求，其聰明又如此。過此以往，殆不可測矣，故孔子自言不如者，要之將來也。古註"慰子貢"，非是。朱註"與"訓"許"，"女"下句斷，本諸秦道賓，不知聖人之心也，且昧乎文辭也。

宰予晝寢。晝寢，謂當晝而寢。子曰："朽木不可雕也，糞土之墻不可杇也，於予與何誅？"朽，腐也。雕，刻畫也。杇，鏝也。言其志氣昏惰，教無所施。與，語辭。誅，責也。言不足責，乃是深責之也。子曰："始吾於人也，聽其言而信其行；今吾於人也，聽其言而觀其行。於予與改是。"宰予能言，而行不逮，故夫子自言於予之事而改前之失，乃所以重警之也。胡氏曰："'子曰'疑衍文，不然則非一日之言也。"

【古義】范氏曰："君子之於學，惟日孜孜，斃而後已，惟恐其不及也。宰我晝寢，自棄孰甚焉？故夫子責之。”○聽言信行，待人之誠，自當如此；聽言觀行，觀人之法，亦當如此。二者並行而不相害，初非聽其言而全信其行也，亦非緣此而盡疑學者也。蓋聖人之心，猶造化之妙，隨物賦形，或培或覆，各因其材。其言“於予改是”者，適因宰我之事而發耳。

【徵】“宰予晝寢”，古來以爲晝寐，非也。古有“寢不寐”之文，寢謂夜臥也。然寢非臥也，諸侯有正寢、燕寢，士唯有寢，今之內堂也。夜則臥于此，故謂夜臥爲寢也。宰予晝寢，晝處于寢也。晝處于寢，蓋有不可言者焉，故孔子深責之。《檀弓》曰：“夫晝居於內，問其疾可也；夜居於外，弔之可也。是故君子非有大故，不宿於外。非致齋也，非疾也，不晝夜居於內。”《左傳》載：“趙宣子驟諫，靈公患之，使鉏麑賊之。晨往，寢門闢矣。盛服將朝，尚早，坐而假寐。麑退，歎而言曰：‘不忘恭敬，民之主也。’”是晝寐，豈可深責之乎？後世儒者，聚童子講習，督其勤惰，妄意以謂孔子之責宰我，亦猶我也，故爲此解耳。皇侃本“杇”作“圬”。王肅曰：“杇，鏝也。”皇本亦作：“圬，墁也。”侃釋之曰：“圬墁之，使之平泥也。”

子曰：“吾未見剛者。”或對曰：“申棖。”剛，堅強不屈之意。申棖，弟子姓名。**子曰：“棖也慾，焉得剛？”**孔氏曰：“慾，多情慾。”蓋夫子發其隱微，而明棖之不可得剛之由。

【古義】人多情慾，則於一切世味眷戀不忘，而於義所當爲逡巡畏縮，欲進不能，此慾之所以不得爲剛也。孟子曰：“行有不慊于心，則餒。”蓋多情慾，則不慊于心，不慊于心，則不能剛，其勢然也。然世俗類以廉介狷直，僅得其一端者爲剛，而負氣好勝、悻悻自好者，亦以剛自居。殊不知寬裕溫柔、以道義自勝者，而後可以爲真剛者也。

【徵】剛者，邢昺曰：“謂質直而理者。”朱子曰：“剛，堅強不屈之意。”仁齋

先生曰："寬裕温柔、以道義自勝者，而後可以爲眞剛者也。"按《書》
九德："寬而栗，柔而立，愿而恭，亂而敬，擾而毅，直而温，簡而廉，
剛而塞，强而義。"是直、剛、强各殊也。又孔子語子路"六言六蔽"，
曰："好仁不好學，其蔽也愚；好知不好學，其蔽也蕩；好信不好學，
其蔽也賊；好直不好學，其蔽也絞；好勇不好學，其蔽也亂；好剛不
好學，其蔽也狂。"是直、勇、剛各殊也。《中庸》"北方之强""南方之
强"，謂勇，則强即勇也。邢昺以直解剛，朱子以强解剛，皆非矣。
仁齋先生誤援《中庸》"南方之强者"，亦沿朱子之誤耳。大氐勇與
怯對，以心不懼言；强與弱對，以力不屈撓言。故强、勇一類，故非
寬裕温柔、以道義自勝者，不足爲强勇之至也；剛與柔對，以其質果
烈言。既曰温柔，烏得以爲剛乎？辟諸物，金剛木柔，而木有强有
弱；火剛水柔，水似弱實强，然不得以水爲剛矣。是字義各有攸當
也。至於直，則以不曲言，烏得混乎？孔安國曰："慾，多情慾。"
《易》所謂"懲忿窒慾"，亦謂怒與色也。蓋剛之爲德果烈，物莫能干
之。至於惑色，則有時乎失其剛果，故曰"焉得剛"。朱註："慾，多
嗜慾也。"又曰："能勝物之謂剛。"故常伸於萬物之上，是其天理人
欲之説。果其説之是乎？則非聖人未足以爲剛也，然未聞以聖人
爲剛者矣。大氐理學者流，任口言其理，莫有不可言者，而名於是
乎紊焉，豈非堅白之倫乎？

**子貢曰："我不欲人之加諸我也，吾亦欲無加諸人。"子曰："賜也，非爾所
及也！""加諸我""加諸人"，猶曰"施諸己""施於人"也。**

【古義】博施於民，而能濟衆，堯舜其猶病諸。而子貢曰："我所不欲人之
加諸我者，吾亦欲無加諸人。"此仁者之所病，而子貢以此自期。夫
子所以抑之也，蓋學貴乎副實，而嫌乎馳高。聰明者其論每過高，
而實不相副。子貢之病，正坐此耳。學若不及，猶恐失之。伯玉使

者不曰"欲無過"，而曰"欲寡其過"。夫子稱之曰："使乎！使乎！"子貢曰："吾亦欲無加諸人。"則是有自居其位之弊，而無深求進益之意。其抑之者，蓋進之也。

【徵】"我不欲人之加諸我也，吾亦欲無加諸人。"此言能化其人，使不爲非義之事也。故子曰："賜也，非爾所及也。"孔安國曰："言不能止人，使不加非義於己。"此古來相傳之説，不可易矣。前篇"不使不仁者加乎其身"，皆謂非義相干爲加，是古言也。蓋言人以非義之事加諸己，是己心之所不欲也。吾則欲使其人無加非義之事於他人也。自彼視己，己亦他人。故孔安國變"人"爲"己"，以明其義耳。本文"人""我"相對，而下"吾"字不對人而言，其所以變文，可以見已。楊升庵謂吾、我無二義者，非矣。所引《左傳》"我張吾三軍，而被吾甲兵。彼則懼我，謀以恊我"，及"我爲吾家""我食吾言"。《莊子》"吾喪我"，及"吾無糧""我無食"，皆有差别也。子貢知者，其心謂吾能制止其人，使無爲非義。然子貢或能爲其一二，豈能皆然乎？且其用心如此，必用知計，流於譎詐，以至於失已。故孔子以"非爾所及"而遏之耳。宋儒不識古文辭，以謂此與"施諸己而不願，亦勿施於人"一意，但彼曰"勿"，此曰"無"。無者自然而然，勿者禁止之謂，爲仁、恕之别。孔子語子貢以恕，而仁非所及，故孔子云爾。妄哉！古者勿、無通用，孰爲自然，孰爲禁止？且子貢不曰"無之"，而曰"欲無"，與孔子所語者何别乎？可謂不能讀《論語》已，又可謂不能讀古註已。

子貢曰："夫子之文章，可得而聞也。文章，指禮樂典籍而言。其事著明，皆可得而聞也。夫子之言性與天道，不可得而聞也。性者，人之生質，皆可以進道；天道者，福善殃淫之常，不可以知解而得聞也。"

【古義】夫子之教人也，其禮樂文章，粲然著明，皆可得而聞也。唯其言性與天道，則不可得而聞焉。蓋聖人之心篤于好善，故知人性之皆可以進于善，而天道之必佑善人也。故其言性，曰："性相近也，習相遠也。"其言天道，曰："天生德於我，桓魋其如予何？"然驗之于人事，則疑乎人性之不能皆以進于善，而天道之不必佑善人也。蓋有非信道好德之至，不能輒信者矣，此子貢之所以爲不可得而聞也。

　　論曰：聖人之道，因人以爲教，故其所謂性，所謂天道，皆世之所謂性與天道，而本非有深昧隱微不易領解者也。而子貢以爲不可得而聞者，何哉？蓋人徒知昏明强弱、人性之萬差，而不知民之秉彝，好是懿德，故人皆可以進善也。徒知吉凶禍福、天道之常，而不知皇天無親、惟善是親，故天必佑善人也。蓋其好善之不至，故每致疑乎此。子貢之德，不及聖人，故亦以夫子之言爲不可得而聞也。其唯聖人乎，其心一於善，而視蓋天蓋地，莫非斯善也。故知人之皆可進善，而天之必佑善人也，此夫子之所以爲聖人也。及後世學騖高遠，求道虛玄，乃謂性天之理，非領悟之人，不能輒解。子貢學究精微，而後始措詞如此，豈其然哉？聖人所謂性與天道，皆後世所謂氣者，而未嘗就理而言，不可以此求之也必矣。

【徵】夫子之文章，謂禮樂也。孔子雖聖人，不得位，不得作禮樂。然如語顏淵："行夏時，乘殷輅，服周冕，樂則韶舞。"及散見《戴記》者，亦頗有論四代禮樂者，則雖其所罕言，猶可得而聞也。夫子之言性與天道者，今雖弗傳，然如《中庸》"喜怒哀樂之未發"一段，蓋其緒言。子貢僅一聞之而深喜之，故曰："不可得而聞也。"朱註以"可得而聞也"，爲學者所共聞。仁齋以"不可得而聞也"，爲絕口不言，皆可謂昧乎文辭已。朱註："文章，德之見乎外者，威儀文辭皆是也。"殊不知聖人之文章豈止是乎？"可得而聞"，本喜聞之辭，威儀文辭而豈喜聞乎？故又有以爲非"聞見"之"聞"者，古書如"聞道也晚"之類，謂聞而得之，誠非淺言之者。然此乃高妙之説，流於老佛矣。又曰："性者，人所受之天理；天道者，天理自然之本體。"仁齋先生辨之盡矣。皇侃本"不可得而聞也"下有"已矣"二字。

子路有聞，未之能行，唯恐有聞。前所聞者，雖既行之，然於心有所未滿，則恐復有所聞，而行之不給也。

【古義】子路好勇，果於行善，門人自以爲弗及，故編者記之，以爲學者之模範也。○張氏栻曰："有所聞而實未副，勇者之所恥也。唯恐有聞，則其篤於躬行可知。然比之得一善拳拳服膺而不失者，則未免有強力之意耳。"

【徵】"子路有聞，未之能行，唯恐有聞。"是門人之言。曰"唯恐"者，門人之心勞之也，以形子路之賢也。古文辭之妙如此。

子貢問曰："孔文子何以謂之'文'也?"孔文子，衛大夫，名圉，文，其諡也。文者，諡之至美者，而圉之爲人不副，故子貢疑之。**子曰："敏而好學，不恥下問，是以謂之'文'也。"**言人性敏者必不好學，位高者多恥下問，文子有如是之美，故得諡爲文也。

【古義】文之爲諡，不可復加。然敏而好學，不恥下問，人之所難，而進善之機甚速，雖以文子之爲人，而有如是之美，則其得諡爲文，不可謂不宜。夫子不没人之善，而其有所譽者，必有所試，則文子之賢可從而知矣。且文子能治賓客，而衛靈無道，得賴以不喪，則夫子之言非溢美，亦可知矣。左氏所記文子之事，恐未必然。

【徵】"敏而好學，不恥下問"，是雖一行之美，亦可以馴致聖賢之德。故古昔立諡法，亦以爲文，聖人開人善路者如此。孔子稱之，聖人不没人之善者如此。蓋《左傳》所載孔文子之事不美，故子貢疑其行諡不副。仁齋先生遂疑《左傳》所記恐未必然也，可謂不識聖人之道已，亦不識聖人之心已。且子貢既已疑之，則左氏不可疑矣。

子謂子產有君子之道四焉：子產，鄭大夫公孫僑。**"其行己也恭，**推賢讓能，不矜其能。**其事上也敬**，執君之事，慎而不怠。**其養民也惠**，生養其民，惠而有恩。
其使民也義。使之以義，不徇其欲。"

【古義】君子之道，謂萬世通行之道也。行己以恭爲要，事上以敬爲主，養民
　　以惠爲本，使民以義爲則。苟有此四者，則可以治天下，豈止鄭國？子
　　產雖爲春秋賢大夫，然人未知其有君子之道，故夫子表而出之。

　　　　論曰：稱君子之道，與稱聖人之道甚別。聖人之道者，以其極
　　而言；君子之道者，以平正中庸、萬世通行之法而言，若《中庸》所説
　　諸章是也。但費隱一章，説者以高遠隱微之理解之，失作者之意
　　甚矣。

【徵】《左傳》曰："鄭人游於鄉校，以論執政。然明謂子產曰：'毀鄉校如
　　何？'子產曰：'何爲？夫人朝夕退而游焉，以議執政之善否。其所
　　善者，吾則行之；其所惡者，吾則改之。是吾師也，若之何毀之？'"
　　是可以見其恭也。又曰："鄭伯賞入陳之功。三月甲寅朔，享子展，
　　賜之先路三命之服，先八邑；賜子產次路再命之服，先六邑。子產
　　辭邑，曰：'自上以下，降殺以兩，禮也。臣之位在四，且子展之功
　　也，臣不敢及賞禮，請辭邑。'公固予之，乃受三邑。"是可以見其敬
　　也。又曰："從政一年，輿人誦之曰：'取我衣冠而褚之，取我田疇而
　　伍之。孰殺子產，吾其與之。'及三年，又誦之曰：'我有子弟，子產
　　誨之；我有田疇，子產殖之。子產而死，誰其嗣之？'"可以見其惠與
　　義也。鄭介晉楚，子產相之，能以禮免，子產之功也。而孔子不稱，
　　豈猶有不足於君子歟？

子曰："**晏平仲善與人交，久而敬之**。"晏平仲，齊大夫，名嬰。

【古義】陳氏櫟曰："常人之交，初則敬，久而玩，必不能全。交久而不替
　　初心，所以爲善交也。"

　　　　論曰：中庸者，天下之至難也。蓋不在於行天下難行之事，而

乃在於能行平常易行之事，始終不衰。故曰："中庸不可能也。"苟知此，則識晏子之行不可及也。

【徵】"晏平仲善與人交，久而敬之"，皇侃本"久而敬之"作"久而人敬之"，其疏曰："此善交之驗也，交久而人愈敬之也。"邢昺本無"人"字，非矣。蓋久而平仲敬之，豈可謂之善與人交乎？久而人敬之，而後善交之驗見矣。此蓋平仲、孔子所素知，偶記其一善以稱之。以平仲爲先輩，故稱此而使人則之也，非以槩其人也，不與上章論子產一例。

子曰："臧文仲居蔡，臧文仲，魯大夫臧孫氏，名辰。蔡，大龜也，謂築室以藏蔡。山節藻梲，何如其知也？節，柱頭斗拱。藻，水草名。梲，梁上短柱。言刻山於節，畫藻於梲也。朱氏曰："當時以文仲爲知，孔子言其不務民義，而諂瀆鬼神如此，安得爲知？""

【古義】蔡氏清曰："文仲居蔡，其崇重如此，則是一心倚著鬼神，而有希福之心矣。既重於此，必輕於彼，而人道所當然，必在所略，此豈智者所爲乎？"

【徵】居蔡，如"居貨""居室""廢居"之"居"，謂買蔡也。朱註："居，猶藏也"，以爲"藏龜之室"，與下"山節藻梲"相粘，非也。《漢書·食貨志》云："元龜爲蔡。"《家語》稱漆雕平對孔子云："臧氏有守龜，其名曰蔡。文仲三年而爲一兆，武仲三年而爲二兆。"鄭玄、包咸皆云："出蔡地，因以爲名。"未知何據。"山節藻梲"，按《明堂位》："天子之廟飾也。"居蔡與山節藻梲，古註以爲二事云："居蔡，僭也。""山節藻梲，言其奢侈。"今按：二事皆僭也，朱註以爲一事，謂藏龜之室，山節藻梲，是不識"居"字也。又以爲"山節藻梲"，不關不知之事，故連諸居蔡以解之。殊不知孔子所謂不知，乃謂不知禮也。且古者蓍龜皆藏諸宗廟，故別無藏龜之室，何者？王者受命於天與祖宗，祀祖宗配之天，一之也。故國有大事，謀諸鬼神，謂祖宗之神

也。鬼神不言，以卜筮告之也。故《禮運》曰：“先王秉蓍龜，列祭
祀，瘞繒，宣祝嘏辭説，設制度。”《莊子》曰：“吾聞楚有神龜，死已三
千歲矣，王巾笥而藏之廟堂之上。”明其在宗廟也。故蓍龜，蓋鬼神
之紹介也。若不問諸宗廟而問諸蓍龜，則先王可謂不知本已，故知
山節藻梲非藏龜之室也。朱子不知禮，故其《筮儀》曰：“爲蓍室，南
户，置牀于室中央，安蓍於其上。焚香，讀祝而筮之。”是以蓍爲神
也。蓍龜雖靈，稟命於物。先王之道，豈若是其陋乎？

子張問曰：“令尹子文三仕爲令尹，無喜色；三已之，無愠色。舊令尹之
政，必以告新令尹，何如？”子曰：“忠矣。”曰：“仁矣乎？”曰：“未知，焉得
仁？”令尹，官名，楚上卿執政者也。子文，姓鬪，名穀於菟。子張以子文忘其身而忠於國，
故疑其仁。夫子以其未必出於至誠惻怛之心，又無利澤及物之功，故但許其忠，而不許其
仁也。**“崔子弒齊君，陳文子有馬十乘，棄而違之。至於他邦，則曰：‘猶**
吾大夫崔子也。’違之。之一邦，則又曰：‘猶吾大夫崔子也。’違之，何
如？”子曰：“清矣。”曰：“仁矣乎？”曰：“未知，焉得仁？”崔子，齊大夫，名杼。
齊君，莊公，名光。陳文子，亦齊大夫，名須無。十乘，四十匹也。違，去也。子張以文子制
行之潔，又疑其仁。夫子以文子亦子文之比，故亦但許其清，而不許其仁也。○按《春秋
傳》：崔杼弒君之後，文子屢見。然觀夫子既許其清，則左氏之説不可據信。

【古義】先王有不忍人之心，斯有不忍人之政，故謂之仁政；雖有仁心仁
　　　聞，然民不被其澤，謂之徒善，以其不足爲仁也。二子既無慈愛惻
　　　怛之德，又不見有利澤恩惠遠及於物，故夫子俱不許其仁。蓋以德
　　　行之謂之仁，以力勉之謂之節。若二子之忠、清，可謂之節，不可謂
　　　之仁。何者？無其德也。若使仁人爲之，固可謂之仁，豈止忠與
　　　清哉？

【徵】以仁爲慈愛，世所皆知也。獨孔子以“依於仁”教其門人，及“欲仁
　　斯仁至”之類，皆非慈愛之謂也，故子張疑之。思求其人，質諸孔
　　子。令尹子文，喜怒不形，物我無間，有似盛德之士，廼宋儒所謂天

理之公、無人欲之私者。陳文子,亦孟子所謂"行一不義、殺一不辜得天下不爲"之意,子張高邁之士,故其所疑如此。蓋仁者,長人安民之德,其心固在安天下之民,而其所爲亦可以安天下之民者,謂之仁焉。如子文之不有己,文子之潔身而無欲,制行雖高,止於淑身,未見其可以安天下之民者,故孔子不許之。宋儒求之而不得其解,旁引二子它行事以論之,可謂窘矣。殊不知二子非古人,孔子特據子張所稱者斷之,豈及其它行事乎? 延平先生當於理而無私心,豈足以爲仁乎? 仁齋先生以出於至誠惻怛之心論之,可謂刻矣。夫孔子之於二子,於三仁,或在它邦,或在上世,既不見其人,何以能知其出於至誠惻怛哉? 且其説皆至於管仲而窮矣,可謂臆説已。

季文子三思而後行。子聞之,曰:"再,斯可矣。"季文子,魯大夫,名行父。每事必三思而後行,夫子曰"再,斯可"者,譏其必限三思而後行之,非謂再則已審也。

【古義】此譏季文子爲魯國卿,不知爲政之體也。《書》曰:"思曰睿,睿作聖。"孟子曰:"心之官則思,思則得之,弗思則不得。"思之有益于事也,固大矣。然爲政莫善於明決果斷,莫不善於優游不決,故曰:"由也果,於從政乎何有?"夫事之千條萬緒,固有不待一思而得者矣,或有千思萬想而猶難決者矣。而季文子每事必三思而後行,則是徒爾思惟,不知決斷,夫子之所以譏之也。

【徵】"季文子三思而後行",是或季文子自言,而魯人誦之者,故曰:"子聞之"也。"再,斯可矣",是孔子斷其妄已,言季文子惡能三思,苟能再思斯可矣。黃東發爲是。鄭玄曰:"不必乃三思。"此言文子既能舉事寡過,則但再思之斯亦爲可也。文例不合,難可從矣。程子曰:"爲惡之人,未嘗知有思,有思則爲善矣。然至於再則已審,三則私意起而反惑矣。"朱子曰:"君子務窮理而貴果斷,不徒多思之爲尚。"是自宋儒之見矣。曰："學而不思則罔,思而不學則殆。"又曰："吾嘗終日不食,終夜不寢,以思,無益,不如學也。"皆勸學之言。且其所謂學,豈窮理之謂乎?《書》曰："欽明文思。"又曰："思曰睿,睿作聖。"孟子曰"心之官則思",又曰"周公思兼三王,以施四事。其有不合者,仰而思之,夜以繼日;幸而得之,坐以待旦",是古聖賢之貴思也。故事有大焉,有小焉,有遠焉,有近焉。事之小而近,雖不思可也;大而遠,雖千百思之可也,何必再三之有? 大氏宋儒之乏於深遠之思也,爲其所見誤之已。

子曰:"甯武子,邦有道則知,邦無道則愚。其知可及也,其愚不可及也。"甯武子,衛大夫,名俞。武子事衛成公,事見《春秋傳》。

【古義】此言甯武子處世之權,自合于君子之道也。人唯知"邦有道則知"之難,而不知"邦無道則愚"之益難。邦有道,則上明下直,是是非非,無所忌憚。方是時也,固易用知以濟事;邦無道,則上昏下諛,是非貿亂。方是時也,既不枉道以希合,亦不悻直以取禍,是爲難能也。此所以其知可及,而其愚不可及也。○盧氏一誠曰:"古之豪傑,善自韜晦,以濟大事,如留侯之爲韓,梁公之爲唐,皆不可及之愚也。彼陳蕃、王允非不烈然而死,惟不能爲武子之愚。故徒殺其身,而甚國之難,君子有遺議焉。"

【徵】甚矣哉,人之喜以賢知自見也! 以至殺其身,以至棄其百乘之富而不顧也。夫殺其身,棄其百乘之富而不顧也,豈不難乎? 然其喜以賢知自見也,徒殺其身而已矣,徒棄其百乘之富而已矣,卒無以濟其事成其功者。無它故也,其心在賢知而不在忠也。其心在賢知者,止於淑其身而已矣。其心在忠者,仁之道也。甯武子之愚,見取於孔子者,以此歟? 然其愚之不可及,亦甯武子之性也。孔子明言不可及也,人之至性,雖聖人亦不能及也。後世儒者不知此意。

子在陳曰：“歸與！歸與！吾黨之小子狂簡，斐然成章，不知所以裁之。”

吾黨小子，指門人之在魯者。狂簡，志大而略於事也。斐，文貌。成章，言其文理成就有可觀者。裁，割正也，謂能裁義理而行之也。

【古義】此門人記夫子之教大被萬世之由也。夫子當初周流天下，欲以行道，至是而知其終不行，故欲成就後學，以詔道於來世。然中行之士不可必得，而吾黨之小子志大而略於事。雖可與進於道，然恐其或過中正，於是欲歸魯而裁之，是教法之所以始立也。蓋三代聖人，其德雖盛，然與民共治，因時爲政，其教不得大被于萬世之遠。至於吾夫子，而後教法始立，道學始明，猶日月之麗天，而萬古不墜也。猗嗟，盛哉！此雖夫子之不幸，然在萬世學者，則實大至幸也。

【徵】吾黨，謂孔子鄉黨也；狂簡，蓋古言，不可以簡畧訓之。孔安國曰：“簡，大也。”《詩·簡兮》，毛萇亦訓“大”。《孟子》引孔子在陳曰：“盍歸乎來，吾黨之士，狂簡進取，不忘其初。”《孟子》又曰：“狂者進取。”皆無簡略之説。蓋狂者志大，故曰“狂簡”。志大而進取，其成也速，故曰“斐然成章”，言文采可觀；棄之遠游，自悔之言也；不知所以裁之者，孔子不知也。自悔其不知，而欲歸以裁之也；所以裁之，謂方法，孔子歸魯脩《六經》，乃其方法也。蓋孔子道不行於當世，乃欲傳之後。先王之道大，非狂簡不能負荷，所以思也。朱註以其不及中行，必欲見貶意，豈孔子思之意乎？如《孟子》“不忘其初”，思孔子不措也，趙岐以爲孔子思之，朱子以爲不改舊習，皆非矣。《孟子》以琴張、牧皮、曾晳狂也，《家語》有琴牢，字子張。趙岐謂琴張，顚孫子張也，其爲人蹟踔謰詭。《論語》曰：“師也辟。”故不能純善而稱“狂”，又善鼓琴，號曰“琴張”。然稱仲由子路，則顏、路連姓以別之。字晳者三人，則曾點亦連姓；稱孔伋子思，則原憲亦連姓，是稱呼之常也。由是觀之，琴張自牢，子張自師，岐説似失。

子曰："伯夷、叔齊，不念舊惡，怨是用希。"相傳伯夷、叔齊，孤竹君之二子。《孟子》稱其："不立於惡人之朝，不與惡人言。""與鄉人立，其冠不正，望望然去之，若將浼焉。"其介如此，宜若無所容。然其所惡之人，能改即止，故人亦不怨之也。

【古義】此明伯夷、叔齊之仁，蓋顯微闡幽之意。夫清者之心，必深念舊惡，而至於絕物；若清者而不念舊惡，則非仁者不能也。若夷齊之行，自合於聖人"與其潔也，不保其往"之心也。其曰"怨是用希"者，蓋稱其仁也。《孟子》亦論伯夷、伊尹、柳下惠曰："三子者不同道，其趨一也。"一者，何也？曰：仁也。足以相發明焉。

【微】惡不仁，伯夷、叔齊之性爲然也；不念舊惡，惡不仁之不已甚也。念，不忘也。舊惡，舊時之惡也。朱註："其所惡之人，能改即止。"夫既改之，烏可爲惡？蓋舊時之惡，乃有時去事移欲改而不可得者，是舊惡也。且如楚滅同姓，田氏篡齊，至於昭王、宣王之時，既爲舊惡，孔子應聘，孟軻游事，是不念舊惡也。然此在他人，亦非難事，特夷、齊惡惡之嚴，如《孟子》所載，則宜若念舊惡然。而乃洒然如忘者，孔子所以稱之也。亶父剪商，豈無奪人國、侵人地之事？西伯之時，周益强大，豈必復奪國反侵地？亦世移事去，而不可如之何。而夷齊聞西伯作興，往而歸之，亦不念舊惡之一事耳；孔子又曰："求仁而得仁，又何怨？"謂其得仁人而歸之，正與此章之義相發。怨者，伯夷之怨也。朱註："人亦不甚怨之。"是其意據《孟子》。以伯夷爲聖人，又其所見聖人如達磨，故不屬諸伯夷，而屬他人耳，殊不知怨者，人情之所不能無也。孔子曰："可以怨。"又曰："怨而不怨。"又曰："匿怨而友其人，丘亦恥之。"舜之怨慕，《凱風》《小弁》之辨，豈不然乎？且子貢明曰"怨乎"，《史記·列傳》亦曰"怨邪非邪"，是伯夷本有可怨之迹也。希，微也，謂怨之迹不可見也。怨之迹不可見，故子貢、司馬遷皆疑之。《老子》曰："聽之不聞，名曰希。"是希字之義也。蓋伯夷、叔齊以孤竹君之二子見稱，不得於其父，棄千乘之國，去而隱於海濱於首陽之山。是伯夷、叔齊之迹，爲孤臣孽子，故世人以怨疑之耳。然伯夷之不得於父，在惡不仁。蓋觀於武王戡商之後，以燕衛齊魯封其功臣，則紂同惡之國，多在東北。孤竹去燕不遠，必亦畿甸諸侯耳。伯夷乃不欲事紂，父知其心，欲立叔齊，而叔齊與兄同心，遂讓之仲子。故讓爲美德，而孔子不稱之，獨以不降志、不辱身稱之。孟子亦明稱"避紂"及"不立惡人之朝"者，原諸其心也，然餓於首陽，隱於海濱，其迹似怨。及於西歸於周，享大老之養，而後怨之迹洗然矣，故孔子以"不念舊惡"表章之耳。《家語》曰："不克不忌，不念舊怨者，伯夷、叔齊之行也。"不克者，不忮害也；不忌者，無所顧慮也。如"文王敬忌"，及"無忌憚"，皆此義。《家語》所載，益足想二子胸次脫灑，毫無蔕芥也。扣馬諫武王事，明王氏辨其妄，盡矣。

子曰："孰謂微生高直？微生，姓。高，名。魯人也，素有直名者。或乞醯焉，乞諸其鄰而與之。醯，醋也。人來乞時，其家無有，故乞諸鄰家，而爲己之所蓄以與之，故夫子譏其不得爲直也。"

【古義】人之乞物，有則當與，無則當辭。倘再三乞而不止，則旁乞諸人而與之，亦豈不可？而微生高方人之乞醯，其家無有，而乞諸其鄰，以爲己物而與之，不直甚焉。聖人最嫉世之釣名掠美、傲然以自高者，若微生高是也。彼曲意徇物，其事雖小，然不可與入君子之道也。夫子譏高之不直，亦惡鄉原亂德之意也。

【徵】微生高，蓋孔子鄉人，以直見稱於鄉，孔子亦愛之。"孰謂微生高直"，似謂非直者，蓋反言以戲之耳，親之至也。意者孔子家乞醯，曰"或者"，佯爲不知，皆戲言也。家偶無醯，而乞諸其鄰，以應人需，于何直不直？故知其爲戲也。若使非孔子家乞之，而他人乞之，是自瑣事，孔子何與聞其事乎？以瑣事而譏人，閭巷間匹夫匹婦之事，豈可謂孔子有之乎？故知孔子家乞之也。微生畝待孔子甚倨，高必其族，故知其爲鄉人也。門人錄之者，蓋以見孔子處鄉黨，愷悌親人也。且高以直自持，亦悻悻自好者，一旦孔子家乞醯，而高不忍使其人空返。乞諸其鄰而與之者，是不與其平生所爲相似也。孔子戲言以喻之，使其知凡事不可徒直，亦教誨之道存焉。後儒不學《詩》，不知言，遂謂高用意委曲，衒名沽譽，故孔子譏之。陋哉！亦高儕輩耳。明儒又有以"孰謂微生高直"爲人不識其直者，然此與"孰謂鄹人之子知禮"語勢正同，則不可從矣。

子曰："巧言、令色、足恭，左丘明恥之，丘亦恥之。匿怨而友其人，左丘明恥之，丘亦恥之。"朱氏曰："足，過也。"程子曰："左丘明，古之聞人也。其所恥有深合于聖人之心，故曰：'丘亦恥之。'亦'竊比老彭'之意。"

【古義】此承上章之意，而類記之。其務飾於外，而内實無誠者，聖人之所深嫉也。若左丘明之所恥，實皆用意挾私，不由直道，在學者有甚於穿窬之盜者，故聖人戒之。

【徵】足恭，孔安國曰："便辟貌。"其人去孔子時不甚遠，必有所受。邢昺解其義曰："便習盤辟，其足以爲恭也。"未知是否。又曰："一說足，將樹切，成也。謂巧言令色，以成其恭，取媚於人也。"朱註因其音而換其義曰："足，過也。"然二說皆無據。字書"將樹切"，又引《管子》"足本"，《法言》"足言足容"，殊爲不類。將樹切，它無所用，亦爲譌音，祇當從孔說，讀如字，而不必深求其義可也。理學家妄以中爲妙道，動以過不及爲說。假使過恭果爲可恥，則正考父"一命僂，再命傴，三命而俯，循墻而走"，豈非過恭邪？《大象》曰："山上有雷，小過，君子以行過乎恭。"豈不君子乎？可謂妄說已。此章意，左丘明質直好義，孔子美之。其曰"丘亦恥之"者，亦"吾與女不如""願爲之宰"意，聖人好賢之誠也。仁齋先生乃觀此章及"人之生也直"類，動拈直字，殊不知直亦一德，豈可槩一切乎？如"直在其中"，聖人不執一"直"字。後世昧乎一貫之義，遂爲一槩之説耳。孔安國又曰："左丘明，魯太史。"則是作《左傳》者，豈有異人？程子乃泥韓愈"浮誇"之言，以爲別人，而曰"古之聞人"也。後儒遂曰："左丘姓，明名。"皆無稽臆説，不足信矣。宋玉曰："口多微辭，所學於師也。"豈可以其文而疑其人乎？且《左傳》之文，乃史之妙者，宋儒昧乎文，其以爲浮誇，宜矣。夫《詩》《易》列六經，而《詩》嫌誨淫，《易》類詭譎，假使不列六經，則程子謂之何？世微《左傳》，孰知《春秋》之意？丘明之功偉哉！大氐道學先生，妒心頗多。

顏淵季路侍。子曰："盍各言爾志？"盍，何不也。**子路曰："願車馬衣輕裘與朋友共敝之，而無憾。"**衣，服之也。**顏淵曰："願無伐善，無施勞。"**伐，猶"黨同伐異"之"伐"，無伐善者，言不毀害人之善也。勞，勞事也，言勞事非己所欲，故亦欲無施之於人也。**子路曰："願聞子之志。"子曰："老者安之，朋友信之，少者懷之。"**老者志瘁，故安其意而使無憂虞也；朋友易離，故堅守信而不相遐棄也；少者畏上，故懷來之而爲其依歸也。

【古義】聖門學者，誠實端愨，言即其所行，行即其所言。苟躬行有所未至，則不敢輕以自許，若諸子之言志是也。子路欲篤於朋友，而無一毫鄙吝之心；顏子欲成人之善，而不施勞事。至於夫子，則欲凡人之接我者，無一不得其所。若子路之言固善矣，然徒有與人共之之意，而未見及物之功；顏淵之言固有及物之功，然未見物各得其所之妙。若夫子，則如天地然，一元之氣運於上，而無一物不得其所，不待物物著力然後能之。蓋子路義也，顏淵仁也，夫子造化也。猶人在於天地之中，而不知天地之大也，大矣哉！

【徵】"車馬衣輕裘"，"衣"如字。朱註去聲，不識古文辭者矣；馬而言敝，

亦有疲敝之義。“無施勞”，孔安國曰：“不以勞事置施於人。”置施
蓋漢時言，未詳其義。豈己則憚勞不爲，留以施於人之意歟？朱
註：“施亦張大之意。”不知何據。不施勞事於人，其義自美，何必改
焉？邢昺疏：“老者安己，事之以孝敬也；朋友信己，待之以不欺也；
少者歸己，施之以恩惠也。”是朱註後説，甚優。朱子更設前説者，
其意謂季路、顏淵皆以工夫，孔子獨以效驗，則似不倫故也。是自
朱子意見，豈識孔子時語意乎？夫志者，願也，欲得其所未得者也。
如三子言志，則以出言，此則以處言，故有不同。程子曰：“子路、顏
淵、孔子之志，皆與物共者也，但有小大之差爾。”此誠然。祇子路
以輕財利言之，顏淵以輕功伐言之，皆主一端。至於孔子，則無事
一端，是所謂大也。程子又謂“子路勇於義，亞於浴沂者也”，此睹
夫子與點之言，而妄意曾點優子路。夫子路者，曾子所畏也，其材
德何必不及曾點哉！夫子所與者，與其志。曾點之材不可考，則
優劣之説，皆臆斷已。又曰：“顏子之志，未免出於有意也。至於夫
子，則如天地之化工，付與萬物。”是誠然，然出於有意者，豈必卑下
哉？顏子之志，大禹之德也；孔子之志，堯舜之化也。宋儒務佔佔
乎有意無意之辨，原其所由來，亦莊禪之遺矣，學者其察諸。又按
子路或稱季路，季，其字也。或謂仕季氏，故稱季路，妄哉！豈謂婁
敬之陋，昉自孔門邪？

子曰：“已矣乎！吾未見能見其過而內自訟者也。”朱氏曰：“已矣乎者，恐其終
不得見而歎之也；內自訟者，口不言而心自咎也。”

【古義】人之於過也，憚改而必文。苟能見其過而內自責，如訟者之必訐
人之非，而不少假借，則其悔悟深切纖毫無遺。非實好學者，豈能
然乎？夫子歎其終不得見，則可見天下非無好學者，而真好學者之
甚尠也。子路，人告之以有過則喜，稱爲百世之師，宜矣。

【徵】"已矣乎！吾未見能見其過而内自訟者也。"顔子不貳過，蓋顔子死後，少見此人。《家語》稱弟子之行，顔子之外，亦莫有此，夫子所以嘆也。

子曰："十室之邑，必有忠信如丘者焉，不如丘之好學也。"十室，小邑也，言美質之人，無處而不有，至於好學之人，則天下鮮矣。

【古義】此歎美質之易得，而好學者之甚難得也。學問之至，積小成大，化舊爲新，生乎千載之下，而可以是非千載之上。以七尺之軀，而可與天地並立而參，故好學之益，不可量也。夫子以生知之聖，而復曰"好學"者，蓋道本無窮，故學亦無窮。故聖人有聖人之學，賢者有賢者之學，學者有學者之學，其造道愈深，則好學愈篤。唯夫子爲能好學，而益見其度越乎群聖人也。

論曰：舊解有至道難聞之説，亦一旦豁然之意。蓋聖門之學，以道德爲本，而不離人倫日用之間。故有進脩之可驗，而無了悟之可期。後世專以理爲主，而以一旦豁然爲的，於是實德愈病，而與聖門之旨日相背馳，學者宜鑒焉。

【徵】"十室之邑，必有忠信如丘者"，句絶；焉，於虔切，屬下句。此衛瓘讀，見邢昺疏。蓋孔子門人，或有仕爲邑宰而不興學，乃以人不好學爲辭者，故云爾。十室，謂其極小者。必者，懸斷詞。言雖極小之邑，必有忠信如我者，則豈無好學者哉？特未使其學焉耳。苟使學之，必能好之也。孔子屢以好學自稱，人亦以此稱之，故皆以我言之。夫學者，人之天性也，故《詩》曰："民之秉彝，好是懿德。"凡有一美，人必傚效，聖人循此性而建學問之道。"學而時習之，不亦悦乎？"悦，好也。若使人性不好學，則烏能悦之？如舊説，焉屬上句，則孔子以好學自負，而懸斷其必不好學，可謂謬矣。朱註："忠信如聖人，生質之美者也。"忠信誠美質，然孔子之意則不然。孔子豈以美質自居乎？蓋忠信者中庸之德，乃非甚高難行之事，故以自稱，又曰"必有"耳。忠謂爲人謀而忠也，信謂與朋友言而信也。後世忠信字義不明，故詳之爾。

雍也第六凡二十八章

子曰："雍也可使南面。"南面者，臨民之稱，言仲弓之德敬愼而不煩，可以使爲人之君。仲弓問子桑伯子。子曰："可也，簡。"此門人以仲弓論伯子之言，足見其可使南面之實，故引以實夫子之言。伯子未詳何人，蓋有德而略於事者也。可也者，許之之辭。簡，約也。簡則得要，此夫子所以可之也。仲弓曰："居敬而行簡，以臨其民，不亦可乎？居簡而行簡，無乃大簡乎？"子曰："雍之言然。"臨民之道，居之以敬則事立，故民不慢；行之以簡則得要，故政易行，所以爲可也。若夫居之既簡，而所行亦簡，則上下交慢，事無統紀，豈不失之大簡乎？故夫子以仲弓之言爲然也。

【古義】居人之上者，衆之所倚賴，故以敬事爲主；執政之柄者，亦易至叢脞，故以易簡爲要。故居敬而行簡，則民有所效而政得其要，夫子許之，宜矣。

【徵】"雍也可使南面"，包咸曰："言任諸侯治。"《家語》以顏子爲王者相，仲弓爲有土之君子，包註蓋本諸朱註："寬洪簡重，有人君之度也。"本文止言可使南面，故朱子亦止謂有人君之度，而不取《家語》、包註。然古所謂君者，皆諸侯之稱，《儀禮》諸書皆爾。仲弓德亞顏子，則《家語》、包咸爲允。又《家語》曰："在貧如客，使其臣如借。不遷怒，不深怨，不錄舊罪，是冉雍之行也。"朱註不取，而別創"寬洪簡重"四字，是睹下"居敬行簡"，而以己意言之，可謂無據已。"在貧如客，使其臣如借"，皆清高貴人之態。千載之下，可想其人，真畫筆哉！"不遷怒，不深怨，不錄舊罪"，最足爲諸侯美德。然其材可爲諸侯，而不可爲大夫，故孔子以"可使南面"稱之。

　　"可也，簡"，孔安國曰："以其能簡，故曰可也。"古註不失古義如此。此冒上章，仲弓以爲伯子亦足使南面，孔子然之，故曰"可也"，而又曰：其所以可使南面者，以其能簡也。可也一句，簡一句。不爾，不成語。朱註："可者，僅可而有所未盡之辭；簡者，不煩之謂。"而仲弓未喻夫子"可"字之意，是其意如謂夫子雖許之，尚慮其失於簡，故曰："可也，簡。"是大失孔子之意。蓋萬世人君，亡論愚駿，其聰慧皆失於苛細。故《書》曰："元首叢脞哉！"此孔子所以簡取伯子也。聖人不没人善，其取人也不求備於一人，可以見已。且所謂"僅可而有所未盡之辭"，未知何據。可也，即"可使南面"之"可"。有何差別？管仲曰："可人也。"豈有僅可意哉？是無它，宋儒不知聖人取人不求備之義，忽見仲弓之問，亦疑夫子過許，故妄意穿鑿，欲就"可"字見聖人無過許之意耳；"居敬而行簡"，孔安國曰："居身敬肅，臨下寬略則可。"古註可謂盡矣。程子曰："内主於敬而簡，則爲要直；内存乎簡而簡，則爲疏略。"豈有簡而不要者乎？伯子之簡，見取於聖人，亦以不失要也。且"居"字主身，而程子曰"内"，内者，心也。故又曰："居敬則心中無物，故所行自簡。居簡則先有心於簡，而多一'簡'字。"夫敬之本，本諸敬天，而程子求諸心，豈古學哉？敬固在心，然必有所敬，而後有敬之名，不然而求諸心，吾恐亦多一"敬"字。且敬則心無邪慝可也，所謂心中無物，非達磨而何？且伯子之居簡，謂其持身之簡，乃其爲人然爾，豈先有心於簡乎？仁齋先生又以敬爲敬事。此其執拗，不忍改其前言也，如"居處恭"，"及齋明盛服，非禮不動"，即所謂居敬也，豈得爲敬事乎？行簡雖事乎，亦屬諸身之詞；以臨其民，如"聰明睿知以有臨"之"臨"，皆以其身言之，非施於政事者矣。

哀公問：“弟子孰爲好學？”孔子對曰：“有顏回者好學，不遷怒，不貳過。不幸短命死矣，今也則亡，未聞好學者也。” 遷，移也，言其心寬平，故當怒而怒，亦不移於他也。貳，字書訓副，訓重，皆爲益物之義。其智明睿，故一改之，則不復行也，此足見顏子好學之篤也。短命者，顏子三十二而卒。既言今也則亡，而又言未聞他有眞好學者，重惜之也。

【古義】此言門弟子中，唯顏子爲能好學，而舉其行事以實之也。可見其
　　專以德行爲學，而與他人用力於文學者自異也。然是在顏子，則爲
　　細事：其心三月不違仁，則不遷怒不足云；得一善拳拳服膺，則不貳
　　過亦不足論。夫子爲對哀公，故略舉其微善而告之，本非顏子之極
　　致也。

　　　　論曰：程子曰“顏子之怒，在物而不在己，故不遷”，又曰“若舜
　　之誅四凶，怒在四凶，舜何與焉？蓋因是人有可怒之事怒之，聖人
　　之心，本無怒也”。其說流于虛無，而非所以論聖人之心也。夫喜
　　怒者，人心之用也，雖聖人亦無以異於人也。唯衆人之喜怒，誘於
　　一己之私而作。聖人之喜怒，乃由仁義而發，非在己在物之謂也。
　　四凶之在朝，妨賢蠹民，常人尚怒，聖人殊甚，故雖誅之猶當有餘
　　怒，此其所以爲聖人也。蓋其愛人也深，故其惡之也亦益甚，豈可
　　謂在物而不在己乎哉？且喜之遷與怒之遷等耳，夫子何以偏曰“不
　　遷怒”耶？蓋怒者，逆德而易遷，而顏子不然，夫子之所以稱之也。
　　可見正心之說，非聖人之意，而聖人之教，專以仁爲宗也。

【徵】不遷怒，何晏曰：“怒當其理，不移易也。”非矣，朱註盡之；不貳過，
　　貳，重也，如“貳膳”之“貳”。過而不改，又從而文之，是謂重過。何
　　晏引《易·大傳》：“有不善未嘗不知，知之未嘗復行。”朱註因之，而
　　“貳”訓“復”，失字義，不可從矣。不重過如淺，《易·大傳》如深，故
　　後儒務欲深之。然《大傳》所言，亦不重過之事，初非二矣。子曰：

"已矣乎！吾未見能見其過而内自訟者也。"豈易事哉？且過也者，聖人猶有之，故君子不貴無過，而改之爲貴焉。哀公以好學問，而孔子對以此者，學以成德，成德之至，和順積中，故不遷怒，清明在躬，故不貳過。不遷怒者，居仁也，不貳過者，遷義也。居仁遷義，日新不已，孔子所以稱之也。此曰"今也則亡"，而《家語》稱"不遷怒，不深怨，不録舊罪者，冉雍之行也"。是兼伯夷、顔淵之行，亦可以見仲弓後來進德之盛，鄰於顔子矣。祇不貳過一事，仲弓終身不能，而顔子既先能之，孔子所以重惜之也。程子曰："顔子之怒，在物不在己。"又曰："若舜之誅四凶也，可怒在彼，己何與焉？"殊不知聖人善用其怒，不可謂無怒焉；顔子善懲怒，不可謂不在己焉。仁齋先生譏之是矣，然其言曰："四凶之在朝，妨賢蠹民，常人尚怒，聖人殊甚。故雖誅之，猶當有餘怒，此其所以爲聖人也。蓋其愛人也深，故其惡之也亦益甚。"果其言之是邪？舜不及顔子遠甚，孔子何以稱"不遷怒"，且子曰："人而不仁。"疾之已甚亂也。此舜亦亂而已，亦盍稽諸經？《大象》曰："山下有澤，損。君子以懲忿窒慾。"人之情，喜怒哀樂愛惡欲，雖皆爲心之用，而不可均視並用焉。《詩》曰："豈弟君子。"《中庸》曰："寬柔以教，不報無道。"故君子者，慈愛樂易是其常，而唯怒爲君子之所重戒也。常人亦爾，雖聖人亦爾。不求諸經而斷諸理，程、朱、仁齋胥失之矣。"子於是日哭，則不歌。"此聖人有餘哀也。有餘哀而無餘怒，則七情之不可均視也。程子槩言約其情者，流於老佛也。世人或謂事當怒則怒，殊不知聖人君子，於事之當怒者，猶且不怒也，何也？怒之當懲，而君子樂易其常也。故顔子不遷怒，不以"和順積中"爲説，而以"鑑空衡平，約情合中"爲説者，皆不知道者之言也。仁齋先生又曰："是在顔子則爲細事。其心三月不違仁，則不遷怒不足云；得一善拳拳服膺，則不貳過不足論。夫子爲對哀公,故略舉其微善而告之,本非顔子之極致也。"殊不知"三月不違仁",乃非顔子之事,而"拳拳服膺"者,學問中語也,豈哀公所與知乎? 故止以此告之耳。然"不遷怒,不貳過",豈得爲微善? 渠爲宋儒盛拈,故特爲此執拗之言夫?

子華使於齊,冉子爲其母請粟。子曰:"與之釜。"子華,公西赤也。使,爲孔子使也。釜,六斗四升。**請益。曰:"與之庾。"冉子與之粟五秉。**十六斗曰庾,十庾曰秉。**子曰:"赤之適齊也,乘肥馬,衣輕裘。吾聞之也,君子周急不繼富。"**肥馬輕裘,言其富也。急,窮迫也。周者,補不足。繼者,續有餘。**原思爲之宰,與之粟九百,辭。**原思,孔子弟子,名憲。孔子爲魯司寇,時以思爲宰。九百,不言其量,或曰九百斗。**子曰:"毋! 以與爾鄰里鄉黨乎!"**毋,禁止辭。五家爲鄰,二十五家爲里,萬二千五百家爲鄉,五百家爲黨。言常禄不當辭,有餘自可推之,以周濟鄰里鄉黨貧乏者也。

【古義】此門人併記二子之事,以見聖人之妙用,雖一取予間,自有道存也。夫子華家富而爲夫子使,固其分也。冉子不達其義,乃私與之粟,故夫子告之以君子有周急之道,而無繼富之義;至於原思辭宰禄,又告之以常禄不可辭,有餘則可以與鄰里鄉黨。蓋請者而不與,辭者而與之。其一與一否,皆靡非道也。聖人之於物,有時措之宜,而無一定之法,於是而可見矣。

【徵】子華非工作度日之人矣,雖出使而母豈乏粟邪? 出使它邦,所費必多。冉求請粟,實爲子華足所費,而以母爲辭也。正義曰:"六斗四升曰釜者。"昭三年《左傳》晏子曰:"齊舊四量:豆區釜鍾。四升爲豆,各自其四,以登于釜。"杜註云:"四豆爲區,區十六升。四區爲釜,釜六斗四升。"是也。案《聘禮記》云:"十斗曰斛,十六斗曰籔,十籔曰秉。"鄭註云:"秉,十六斛,今江淮之間量名有爲籔者。今文'籔'爲'逾'。"是庾、逾、籔其數同。今按:嘉量方徑一尺,深一尺,容一釜，周一尺，爲今七寸一分九釐六毫三絲。夏商周尺皆同，今尺則唐尺。後世以三代異尺，唐則商尺者非矣，余別有考。以今求周，自相乘得五一七八六七三三六九。又以深乘之，得三七二六七二八七一六五三三四七，是爲一釜之積。六十四歸之，得五八二三零一三六一九五八三不盡，是一升之積也。今日本之升方四寸九分，自乘得二四零一，以深二寸七分乘之，得六四八二七。以日本之升除周升，爲八勺九撮八二三三八九四六六七不盡，則釜爲五升七合五勺弱，庾爲一斗四升三合七勺微強，冉子以爲少也可知矣。五秉爲七石一斗八升五合九勺有奇，乃五馬所馱，爲近於人情矣；九百，孔安國以爲九百斗，爲日本之八石零八升，通一歲爲九十七石，蓋中士之禄也；繼者，繼絶也。富而曰繼，反言以形其非也；毋字句絶，古註以來皆然，稽諸《書·大禹謨》曰：“帝曰：毋！惟汝諧。”是其例也。此章之義，自今人觀之：孔子師也，冉子門人也，孔子何故不直斥其非也？蓋學之道，使人自喻，而不必一一明言，一也。故曰：“予欲無言。”曰：“不憤不啓，不悱不發。”曰：“默而識之。”學之道，主其大者，而小者不必拘，二也。故曰：“賢者識其大者，不賢者識其小者。”曰：“大德不踰閑，小德出入可也。”君子不欲傷人之意，三也。故孔子行遇雨，不假蓋於子夏氏，後世諸儒不識是意。且冉子與粟五秉，由今人觀之，孔子爲魯司寇，而其門人猶不用其命，豈有是事乎？然《論語》所載豈妄哉？大氐商鞅以後，天下皆法家。程朱以後，天下皆理學，豈足知君子愷悌之德哉？

子謂仲弓曰：“犂牛之子騂且角，雖欲勿用，山川其舍諸？” 犂，雜文。騂，赤色。周人尚赤，牲用騂。角，角周正中犧牲也。朱氏曰：“用，用以祭也。山川，山川之神也。言人雖不用，然神必不舍也。仲弓父賤而行惡，故夫子以此譬之，言不可以父之惡廢其子之善。如仲弓之賢，自當見用於世也。”

【古義】此夫子論仲弓之賢，而言父之惡無害於其子之賢也。范氏曰：
　　"以瞽叟爲父而有舜，以鯀爲父而有禹，古之聖賢不係於世類尚矣。
　　子能改父之過，變惡以爲美，則可謂孝矣。"〇夫子嘗見互鄉之童，
　　又取犂牛之子，不以其俗之惡而捨其人之材，不以其父之醜而棄其
　　子之美，實天地之心也。門人記此，以見夫子取人之無方也。

【徵】"犂牛"章，舊註盡之矣。但《左傳》："宋公用鄫子於社。"是古曰
　　"用"者，謂以爲牲也。山川不舍者，譬天不舍也。朱註"自當見用
　　於世也"，夫子之意乃謂天也。雖欲勿用者，人也，故知天不舍也。

子曰："回也，其心三月不違仁，其餘則日月至焉而已矣。" 三月，言其久也。
其餘，蓋指文學、政事之類而言，猶"其餘不足觀也已"之意。日月至者，謂以日月自至也。

【古義】此美顏子之心，自能合於仁也，言爲仁天下之至難也，唯顏子之
　　心能合於仁，而至於三月之久，亦自不違。若其他文學、政事之類，
　　彼雖不用力，以日月自至焉而已矣，豈不賢哉？當時賢士大夫及門
　　人弟子，無許其仁者，而獨美顏子如此，大哉！

　　　論曰：人之於道也，其猶規矩準繩乎！故古之聖人，使天下萬
　　世之人由此而行之，故曰"以道脩身"，又曰"以仁存心，以禮存心"。
　　其資之美者，心與之不違，如顏子"其心三月不違仁"是也。及其至
　　也，心與之一而不二，如夫子"從心所欲不踰矩"是也。世衰道微，
　　人安於暴棄，不肯由焉而行之，故孟子引而近之曰："仁者，人心
　　也。"蓋明其本之在我，而不假外求也。及至後世求道過高，乃謂心
　　之於仁也，猶明鏡之有光也。苟如其說，則有明暗之可言，而無離
　　合之可驗。夫子之稱顏子，何以不曰"其心三月不昧"，而稱"三月
　　不違仁"耶？蓋嘗譬之，心猶薪也，仁猶火也，薪得火而成其用，火
　　因薪而見其德。然薪有能燃者，有濕而難燃者，而天下之薪無有不
　　燃者，此其性之雖有不同，而其皆可以爲善則一也，孟子之言性善

是也。故顔子三月不違仁，燥而易燃者也；世之頑冥不仁者，濕而難燃者也。由是辨之，則仁也、心也、性也，其別分明不待辨矣。

【徵】不違仁者，依於仁也，“依”與“違”反，故有“依違”之言；仁，一德也，先王之道，所爲德者衆焉，仁何以盡乎德？然先王之道，安民之道也，安民之德謂之仁。它德雖衆乎，皆所以輔仁而成之也。故孔子以“依於仁”教之，謂其心苟能依於仁，則其它衆德皆自然來集矣；“回也”，如“賜也”，呼顔子告之也。三月者，假設而言其久也。日月至焉而已者，謂日日而至、月月而至也。“至”云者，如“知至”之“至”也。何註以此章爲顔子之事，以其餘爲餘人，泥“三月”而不知假設而言其久也。朱註因此，語意殊不倫。仁齋先生引“其餘不足觀也”而辨其誤，可謂特見，但猶以爲顔子之事，而不知孔子泛言依於仁之益。呼顔子以語之，故曰“其心”，曰“而已”矣，皆未穩矣。且文學政事，豈容言“至”乎？且如孔子之意，則文學、政事皆依於仁，豈容析而二之乎？張子內外賓主之辨，本於孟子，雜以子夏道戰之説。要之，莊子所謂“嗜欲深者天機淺”，此其學所淵源已。假使嗜欲淨盡，苟不有仁德，亦達磨已。且三月不違仁，是學之方，未可謂之仁人也。且仁豈有域乎？如“我欲仁，斯仁至矣”，皆謂自彼來至也，非我往至彼也。又按《論語》，唯此章以心言之。聖門唯仁爲心法，一言一動、一事一物，皆欲與先王安民之德相應，是所謂“依於仁”也，“不違仁”也。它如“居仁”，亦居心於仁也，故又曰“安宅”，又曰“仁，人心也”。後儒不識此義，而曰“仁者心之德”，其不流於老佛者幾希。

季康子問：“仲由可使從政也與？”子曰：“由也果，於從政乎何有？”從政，謂爲大夫。果，有決斷也。曰：“賜也可使從政也與？”曰：“賜也達，於從政乎何有？”達，謂穎悟通達。曰：“求也可使從政也與？”曰：“求也藝，於從政乎何有?"藝,謂多才能。

【古義】此言從政各有其才,而不可以一節限也。蓋果則能斷疑定事,達
　　　則能理繁治劇,藝則能隨機應變,故皆可以從政。○程子曰:"季康
　　　子問:'三子之才,可以從政乎?'夫子答以各有所長。非唯三子,人
　　　各有所長,取其長皆可用也。"

【徵】賜也達,孔安國曰:"謂通於物理。"朱子曰:"通事理。"蓋通於國體
　　　人情,莫有滯礙,如所謂"疎通知遠,《書》教也",是達已。若徒從事
　　　宋儒窮理之學,而以通事理見稱,授之以政,難矣夫!

季氏使閔子騫爲費宰。閔子騫,孔子弟子,名損。費,季氏邑名。以其邑數畔難治,
故欲得閔子而用之。閔子騫曰:"善爲我辭焉,如有復我者,則吾必在汶上
矣。"汶,水名,在齊南魯北境上。閔子自知不能化季氏之惡,故對使者,使其委曲開陳而
寢其召,言若再來召我,則當去之齊。

【古義】人溫柔則少斷,剛毅則不寬,古今之通患也。而閔子之爲人也,
　　　柔順淵默、與物無忤,疑乎無剛果決烈之氣。然觀其答使者之辭,
　　　詞確意直,毅然不可犯,非仁熟義精、有勇且直者則不能。孔門之
　　　諸子,愕然以爲不可跂及,乃記此,以爲學者之標準。

　　　　論曰:先儒謂"仲尼之門,能不仕大夫之家者,閔子、曾子數人
　　　而已",非也。蓋君臣之義,人之大倫,而貴賤之別,位之定分也。
　　　故當論其義不義如何,而不可槩以仕大夫爲非也。孔子曾仕季桓
　　　子,孔門諸子,亦仕大夫之門者有之矣,豈可皆以爲非耶? 唯世有
　　　自抱道德,不爲濁世所汙衊之士,若閔子騫是也。此所以可尚也。
　　　蓋出于數子一等,而未至聖人無可無不可耳。故曰:道並行而不相
　　　悖,大德敦化,小德川流。若夫卑出崇處,貴隱賤顯,高蹈遠引,無
　　　志於斯世者,亦閔子之罪人也。

【徵】程子曰:"仲尼之門,能不仕大夫之家者,閔子、曾子數人而已。"仁

齋先生乃曰：“不可槩以仕大夫之家爲非也。”然味程子之言，豈必以此爲非乎？蓋仕諸侯者，有志於一國之治者也。仕大夫者否矣，其志瑣瑣焉者也，程子乃與其大者已。

伯牛有疾。伯牛，孔子弟子，姓冉名耕。有疾者，有惡疾也。**子問之，自牖執其手，曰：“亡之，命矣夫！斯人也而有斯疾也！斯人也而有斯疾也！”**牖，南牖也。朱氏曰：“禮，病者居北牖下，君視之，則遷於南牖下，使君得以南面視已。時伯牛家以此禮尊孔子，孔子不敢當，故不入其室而自牖執其手，蓋與之永訣也。”

【古義】此孔子惜伯牛之死，而言伯牛之賢不應有此疾，而今乃有之，是非其不能謹疾而有以致之，實天之所命，而雖賢者亦所不免也。則知彼不盡其道而死者，皆不可言命也。

【徵】自牖執其手，包咸曰：“牛有惡疾，不欲見人。”故孔子從牖執其手也，理或然矣，然不如朱子以禮斷之極確也。亡之，人多以亡爲死之義，非也。死與亡異，始死曰死，既葬曰亡。伯牛未死，安得遽謂之亡也？且伯牛未死，孔子豈容言其當死乎？古註：“孔曰：亡，喪也。疾甚，故持其手曰：‘喪之。’”按：“亡喪也”三字，孔安國之言也。“疾甚”以下，何晏不識孔意，妄以己意解之耳。蓋“亡”訓“喪”，如“亡人”之“亡”也，非死喪之義矣。冉子有惡疾，不可復用於世，如失之然，故孔子云爾。朱註“永訣”亦失之，乃親之也。

子曰：“賢哉，回也！一簞食，一瓢飲，在陋巷，人不堪其憂，回也不改其樂。賢哉，回也！”簞，笥。瓢，瓠。一簞食、一瓢飲，言其至貧也。顏子居不堪憂之地，而能處之泰然，不改其樂，故夫子再言“賢哉回也”，以深嘆美之。

【古義】顏子不以貧窶爲憂，而能不改其樂，故夫子稱其賢也。夫顏子之樂，固雖不可以言語形容，然外理義，而豈別有所謂樂者乎？蓋得於理則天下無可憂之事，得於義則天下無可慕之物。苟其如此，則禄之以天下而弗顧，繫馬千駟而弗視，亦何貧窶之足憂？先儒苦其難於形容者,亦求之高遠,而不知求之實德故也。

【徵】顏子不以貧窶累其心,信天命之篤也,它日孔子與"賜不受命"對言,可以見已;所謂"其樂"者,正如伊尹耕有莘之野,樂堯舜之道。孔子亦曰:"發憤忘食,樂以忘憂,不知老之將至云爾。"可見顏子教學爲事,以忘其憂。淵明"樂琴書以消憂",亦不甚相遠矣。祇其德相萬,樂亦相萬,要之皆樂先王之道也。宋儒所見如達磨,不欲惹一物,故以樂道爲非是已。程子曰:"'其'字當玩味。"妄哉!"不改其樂",與"不堪其憂"相對。憂者憂貧,豈可拘其字?則不改其樂,亦要在"不改"二字耳。

冉有曰:"非不說子之道,力不足也。"子曰:"力不足者,中道而廢,今女畫。"朱氏曰:"力不足者,欲進而不能。畫者,能進而不欲。謂之畫者,如畫地以自限也。"

【古義】氣質甚弱者,雖黽勉爲之,或至於半塗而廢,是誠力不足者也。若冉求者,未必盡力向前,只自限畫而不進而已,何所成其材哉?

　　論曰:聖人之道,中庸而已矣。高一分不得,卑一分不得,猶手持足行、目視口食,須臾離焉則不能樂。古人悅道,不啻如口之於芻豢,蓋以此也。冉求之意,徒見其高,而不知初未嘗高,徒見其難,而不知本無甚難,宜乎其有止心也。公孫丑曰:"道則高矣美矣,不可幾及。"亦冉求之見也。

【徵】"中道而廢"者,雖廢亦在道之中也。廢,謂廢業也。在道之中,謂之中道,猶如中流、中林,古言爲爾。孔子語意,言古之力不足者,中道而廢,今汝以力不足自稱,是如畫地而不進矣。觀於"今"字,則稱"古"者審矣。《表記》曰:"鄉道而行,中道而廢,忘身之老也,不知年數之不足也,俛焉日有孳孳,斃而後已。"蓋人之力有強弱,故聖人不欲強之,或作或輟,皆從其力所能,然後優游乎先王之道,以底其成焉。古之道爲爾,孔子

所以稱之。舊註以"半途"解"中道"，其義可通，而大失古言，
學者察諸。仁齋先生曰："冉求徒見道之高遠，而不知中庸之
道，故有止心。"是以中道爲半途，遂以《中庸》篇之言同觀爾。果
使其言之是乎，則孔子何不説中庸之道，使冉求無止心？酒孔子不
及仁齋也？拘儒肆口，一至於斯夫！且聞有中庸之德也，未聞有中
庸之道也，適見其不知道已。

子謂子夏曰："女爲君子儒，無爲小人儒！"君子、小人，以位言。

【古義】君子之儒，以天下爲己任，而有志于濟物者也；小人之儒，纔取足
善其身而已，不能及物也。子夏雖文學有餘，然規模狹小，故夫子
恐其或爲小人之儒，故語之以此。後世記誦詞章之學，蓋亦小人之
儒焉耳。

【徵】"儒"字見《周禮》，酒有文學者之稱。子夏長於文學，孔子欲其所學
施諸君子之事，而不欲施於小人之事也。君子之事者，謂出謀發
慮，使其國治民安也；小人之事者，謂徒務籩豆之末，以供有司之役
也。戰國時百家並起，儒墨爭衡，而後荀子始以堯、舜、禹、湯、文、
武爲大儒，古所無也。孔安國明道矜名，程子爲人爲己，謝氏義利
之分，皆後世之説也。

子游爲武城宰。武城，魯下邑。**子曰："女得人焉爾乎？"曰："有澹臺滅明
者，行不由徑，非公事，未嘗至於偃之室也。"**澹臺姓，滅明名，字子羽，武城人。
徑，路之小而捷者。公事，如飲射讀法之類。行不由徑，不事智巧也。非公事不見邑宰，有
所自守也。

【古義】楊氏曰："爲政以人才爲先，故孔子以得人爲問。如滅明者，觀其
二事之小，而其正大之情可見矣。後世有不由徑者，人必以爲迂，
不至其室，人必以爲簡。非孔子之徒，其孰能知而取之？

【徵】無説。

子曰："孟之反不伐，奔而殿，將入門，策其馬曰：'非敢後也，馬不進也。'"孟之反，魯大夫，名側。伐，誇功也。奔，敗走也。軍後曰殿，戰敗而還，以後爲功。策，鞭也。之反馬羸而不進，故自爲殿耳。按《春秋傳》："齊師伐魯，魯右師奔，孟之側後入以爲殿，抽矢策其馬曰：'馬不進也。'"蓋恐人以爲功，故自暴其實也。

【古義】奔而殿，人之所美也，若人稱之，則謙默不言乃可矣。之反爲人惡伐其功，故恐人以功歸於己，先自暴其實，益見其出於天性也。若使之反實自爲殿，而又自揜其功，則是僞焉耳，非直道也，聖人必不取焉。

【徵】"孟之反不伐"，仁齋先生曰："自暴其實。若使之反實自爲殿，而又自揜其功，則是僞焉耳，非直道也，聖人必不取焉。"殊不知不伐者美德，故聖人稱焉。孔子明曰"孟之反不伐"云者，有功而不伐也。《大禹謨》曰："汝惟不伐，天下莫與汝爭功。"是禹以不伐見稱，豈得無功乎？仁齋務欲出奇，而不知其於一章之中，自相矛盾也。

子曰："不有祝鮀之佞，而有宋朝之美，難乎免於今之世矣。"祝，宗廟之官。鮀，衛大夫，字子魚，有口才。朝，宋之公子，有美色。

【古義】此夫子傷時俗之甚衰，而不如古之尚德也。言衰世好諛悅色，非此難免其害。蓋時俗之衰雖小，其係天下之盛衰大矣，況衰之不小者乎？故聖人深嘆之。

【徵】"不有祝鮀之佞，而有宋朝之美"，孔安國曰："當如祝鮀之佞，而反如宋朝之美。"朱註以一不管二有，於辭不順，不可從矣。其所以不從孔註者，嫌於貴佞也，殊不知孔子言衛靈公所以無道而不喪之故，而取祝鮀，可見朱註之非也。蓋佞古稱口才，未有姦惡之意，觀於《雍也》"仁而不佞"，可見已。聖人所以惡之者，以行之不逮也。後世藉聖人惡之，遂以稱姦人謂之佞。是後世佞字與孔子時異，而宋儒輩不自覺也。孔門四科，稱"言語：宰我、子貢"。其所尊信孟子好辨，豈非佞人歟？詳按此章之意，祝鮀、宋朝，皆衛大夫，是必孔子論衛靈公，次及它國之事。其臣無祝鮀之才，而唯有宋朝之美，故孔子論其不免於患難耳。門人所以錄之者，以孔子平日惡佞，而有時乎有是言，故以見聖人道大，不沒人才，其論大非如曲士拘儒之類耳。按：美亦主容觀之美，不必主色也。

子曰："誰能出不由户，何莫由斯道也？"朱氏曰："言人不能出不由户，何故乃不由此道邪？怪而歎之之辭。"

【古義】道猶大路然，由焉則安，不由則危。遵康莊之平，則自忘其勞；蹈荊棘之艱，則不堪其苦。苟知道如大路，則孰有肯去其安而就其危者哉？故學以知爲先，而以行爲要。

【徵】"上古穴居而野處，後世聖人易之以宫室。上棟下宇，以待風雨。"於是乎有户。是户聖人所作也，道亦聖人所立也。於户則由之，謂爲自然矣；於道則不由之，謂非自然矣。雖然，道之不可不由，其猶户乎？

子曰："質勝文則野，文勝質則史。文質彬彬，然後君子。"野，野人，言鄙畧也。史，史官，言文多質少也。彬彬，文質適均之貌。

【古義】此言質之勝文，猶文之勝質，其爲病也均矣。故非文質彬彬，則不足以爲君子也。蓋文質偏勝，本出於氣質使然，而不免有野與史之病明。學問之熟，而後能至於彬彬，若徒任氣質，則必不能無病也。

【徵】文勝質則史，包咸曰："史者，文多而質少。"朱註："史掌文書，多聞習事而誠或不足也。"愚謂文謂禮樂，史掌文書，故朝廷制度、朝會聘問儀節，莫不通曉，而德行不必皆有也。楊氏曰："與其史也寧野，此睹先進後進、儉戚之言，而爲是言者也。"殊不知"儉戚"就行禮上言之，"先進後進"及此章以人言之，而此"文質彬彬"，即先進野人也。大氏君子所以爲君子者，以文。苟無文，何足以爲君子乎？後世道學先生多狃老莊之説，析精粗而二之。遂謂質本也，文末也，道德本也，禮樂末也。殊不知道無内外焉，無精粗焉。有德行而禮樂不足，即此章野人也，豈不陋乎？"彬彬"，《説文》作"份份"。按："加我數年，五十以學《易》，可以無大過。"《史記》引之，"可以無大過"作"彬彬"也。蓋彬彬乃無過之義，大過過也，小過不及也，故無大過即無過也。"文質彬彬"，蓋文質不相過之義，故曰"文質適稱貌"。

子曰："人之生也直，罔之生也幸而免。"生，謂人之生在於世也。罔者，謂誣罔直道也。言人而邪枉，不可以一日生於天地之間也。

【古義】此章即"斯民也，三代之所以直道而行也"之意，言人之生在乎斯世，雖若姦詐巧僞，靡所不至，然人心甚直，善以爲善，惡以爲惡，君子以爲君子，小人以爲小人，莫非直道也。其誣枉直道，蔑棄人理者，宜其陷于刑戮，罹于咎殃，而不得生存于斯世也。而亦得不死者，是幸而獲免耳，非當然也。

【徵】馬融曰："言人所生於世而自終者，以其正直也。"程子因之曰："生理本直。"是自理學之見，安睹所謂"生理"者乎？若謂人之性直，非直何以存於天地之間乎，猶之可矣。雖然，何以能睹其理也？凡言理如此者，皆臆度耳；"罔之生也，幸而免"，包咸曰："誣罔正直之道，而亦生者，是幸而免。"是解罔爲誣罔正直之道，可謂不善解已。程子曰："罔，不直也。"是其意謂罔，誣罔也，罔之生，謂罔人者之生也。不直之事，不止一端，皆欲誣罔人也，故罔訓不直，措辭之不善也。韓愈《筆解》："直，德字之誤，古書'德'作'悳'。"爲是。言人皆有其德，《中庸》所謂"夫婦之愚，可與知可能行者"是也，是其所以生存乎天地之間也；罔，無也，言無德也，於辭爲恊。何則？直不可謂無矣，德可謂無矣。聞"不直"也，未聞"無直"也。故"直"字是，則"罔"不可訓"無"也，止可以"誣罔"解也。"罔"字以"誣罔"解，則"罔之生也"不成言矣，故韓愈爲是。且孔子曰："直在其中矣。"謂直之不可執也。且德者性之德，德則有誠，誠者謂内外一也。後儒所謂直者，皆指誠言之，後儒所謂誠者，皆指大至誠言之。皆由古言不明，而其意雖美乎，未免郢書而燕説耳。且專尚直，豈孔子之意哉？學者察諸；免，如"免而無恥""免於今之世""知免夫"之"免"，謂免於刑戮也。

子曰："知之者不如好之者，好之者不如樂之者。"知之者，知此道之不可不由也；好之者，好之至，天下之物無以加之也；樂之者，心安於道，而無入而不自得也。

【古義】知之者，義理明白、議論可聞，人皆尚之，然不如好之者之終身不衰、愈進愈熟也。好之者，雖人皆信之，然不如樂之者之與道爲一，而無跡可尋之爲至也。夫道一也，唯有所行之生熟深淺耳。夫子言之者，欲其自生至熟、自淺至深也。

【徵】知之、好之、樂之，尹氏、張敬夫盡矣。

子曰："中人以上，可以語上也；中人以下，不可以語上也。"語，告也，言告人各因其材。聖賢事業，非中人以下之所能當也，唯當以孝弟忠信、威儀禮節告之耳。

【古義】此專爲教人者而發，人之才質自有高下，各隨其量而告語之，則言者既不失言，而聽者亦有所得。若夫子答顏冉之問，顏冉便對曰"請事斯語"是也。若夫中人以下之質，遽以聖賢事業告之，則必有泛然不切之患，而無益於其身也。故君子之教也，有勸而無抑，有導而無强，各隨其材而導之，亦非謂中人以下者，則必不語上也。

【徵】王肅曰："上，謂上知之所知也。兩舉中人，以其可上可下。"盡矣。道莫有上下，故今此所謂上，乃謂上智之所知也。後世此章之義不明，故理學興而欲窺聖人之心，又聸之一切，務欲開民知竇。聖人之道則不然，示諸行事，待其自喻。方其不喻，雖聒之何以能知乎？不自喻而得諸耳，均之不喻已，故聖人不强人以其知之所不及也。**樊遲問知，子曰：“務民之義，敬鬼神而遠之，可謂知矣。”**敬者，不侮慢之謂；遠者，不褻瀆之意。專用力於人道之所當爲，而不求媚於鬼神之不可知，知之至也。**問仁，曰：“仁者先難而後獲，可謂仁矣。”**獲，得也。急事之難爲，而不責其報，仁者之心也。

【古義】務人之義，知之至而得其實者也。敬鬼神而遠之，能用其知而不惑者也。若夫棄日用當務之事，而用力於渺茫不可知之地者，豈可謂知哉？先難而後獲，則有爲人之實心，而其德不可量也。苟有求其報之心而爲之，則雖天下之大勳勞，亦非德也，豈可謂仁哉？夫子不泛論仁之德，而必言仁者者，蓋以仁之爲德，難以空言喻，故舉仁者之心而答之也。凡言仁者諸章倣此。

【徵】務民之義，王肅曰：“務所以化道民之義。”得之，但“化道”二字未切耳；朱註：“民亦人也，專用力於人道之所宜。”是訓民爲人，訓義爲宜，昧乎古言而恣作訓解，從己所好，可謂亂道矣。禮與義，古聖人所建，道之大端也，故此二者每對言，如“以禮制心，以義制事”是也。禮在經曲①，義存《詩》《書》，故曰：“《詩》《書》，義之府也。”仁義禮智之説興，而或以爲德，或以爲性，孔子以前所無也。仁智德也，存乎人焉；禮義道也，作乎聖焉。民之義者，義有種種，此謂其施諸治民者也。訓“民”爲“人”，其謬起自《大學》“親民”。而“義”訓“宜”，借以明其意者也，豈可直易以宜乎？可謂妄已。敬鬼神而遠之，包咸曰：“敬鬼神而不黷。”得之。蓋人卑而鬼神尊，故敬之。幽明隔，故遠之。顓頊命重黎絶地天通，謂不黷也。如祀父母之神，建廟安厝之。祭必齋，血腥體薦，不以人所飲食。祭器殊燕器

_____

① 底本作“曲”，疑當作“典”。

類，所以遠之也；或謂："鬼神之正者敬之，不正者遠之。"殊不知凡
經所謂鬼神，皆謂正者也。朱註："不惑於鬼神之不可知，如亡害
然。"然宋儒所見，歸於無鬼神。凡言無鬼神者，不知聖人之道者
也。此章之旨，明於天人之分，達於幽明之故，故孔子曰："可謂知
矣。"先難而後獲，孔安國曰："先勞苦而後得功。"得之。它日孔子
曰："爲之難。"故此謂爲仁而曰"難"。獲者，得其報也。《記》曰：
"用其仁而去其欲。"故欲獲其利而爲仁，非君子所貴矣。朱註："後
其效之所得。"此本於"先事後得"，然所謂得者，亦謂得報也。朱子
加以"效"字，乃孟子"勿助長、勿正"之説。道學先生，動曰"功夫、
功夫"，一如道士鍊丹，故有此等之言，豈孔門之舊乎？學者察諸。

子曰："知者樂水，仁者樂山。知者動，仁者靜。知者樂，仁者壽。"樂，喜
好也。樂水、樂山，以其趣而言；動、靜，以其才而言；樂、壽，以其效而言。

【古義】水之爲物，周流無滯，盈而能平，故智者樂之。山之爲體，安重不
　　動，萬物殖焉，故仁者樂之，可以見仁、智之趣矣；疏通不滯，動之機
　　也，安固有常，靜之體也，可以知仁智之才矣；無所迷苦故樂，無所
　　戕害故壽，可以驗仁智之效矣。仲尼亟稱水曰："水哉！水哉！"
　　《詩》曰："高山仰止，景行行止。"可以見樂水、樂山之一端也，然此
　　徒以智者、仁者之量而言。若夫聖人之德仕止久速，變化無窮，動
　　而能靜，靜而能動，兼仁智而一之，不可以一德名之也，至矣！

【徵】"知者樂水，仁者樂山"，此二句非孔子時辭氣，蓋古言也，而孔子誦
　　之。下四句，乃孔子釋之也。蓋孔子多誦古之法言，故《孝經》曰：
　　"非先王之法言不敢道也。"古書不傳者多，而後儒昧乎文辭，槩以
　　爲孔子之言，非矣；"樂山""樂水""知者樂"，皆音"洛"。朱註上二
　　字並"五教反"，古無此音。如牛山之"樂"，豈非音"洛"邪？仁知之
　　於山水，與我心會，欣然以樂，故音"洛"爲是。水動山靜，樂如水之

流,壽如山之不崩,豈非釋之之言邪？古註:"知者樂運其才知以治世,如水流而不知已;仁者樂如山之安固,自然不動而萬物生焉。"勝朱註萬萬。《易‧大傳》曰:"知周乎萬物,而道濟天下,故不過;旁行而不流,樂天知命,故不憂;安土敦乎仁,故能愛。"與此章之義互相發焉。朱註:"達於事理,安於義理。"咕咕於理,可醜之甚。

子曰:"齊一變至於魯,魯一變至於道。"一變,謂其易也。道,則先王之道也。

【古義】此爲魯而發也。夫子之時,諸夏衰亂,皆無可論,唯齊由桓公之霸,政治脩明,非諸夏之比,故一變便能至於魯。而魯發政施仁,則便能至於道,蓋言化之漸也。

　　論曰:强之勝弱,人皆知之,而禮樂之優於政刑,則人未之知也。當斯時,齊强魯弱,孰不以爲齊勝魯也哉？然自聖人見之,魯雖弱,尚能守先王之法,非齊之所能及也。況强多暴而弱多德,强者易折而弱者堪久。齊至於簡公而田氏代之,魯雖衰亂,猶能保其國,是其明效也。惟仁能持强,惟智能拯弱。若仁以爲治,智以御之,田氏不能篡齊,魯必爲政於天下也,惜哉！

【徵】魯一變至於道,古註:"魯可使如大道行之時。"可謂明白。朱註:"至於先王之道。"殊爲不通。

子曰:"觚不觚,觚哉！觚哉！"觚,稜也,酒器之有稜者。一升曰爵,三升曰觚。朱氏曰:"不觚者,蓋當時失其制而不爲稜也。'觚哉！觚哉！'言不得爲觚也。"洪氏慶善曰:"古者獻以爵,而酬以觚,此夫子因獻酬之際,有所感也。"

【古義】程子曰:"觚而失其形制,則非觚也。舉一器而天下之物莫不皆然。故君而失其君之道,則爲不君;臣而失其臣之職,則爲虛位。"愚謂由此言之,凡學而不本德,則非學;行而不由仁,則非行;人而失所以爲人,則非人。可不慎哉！

【徵】觚非木簡,以觚爲簡,起于秦漢以後,升庵辨之是矣。祇升庵引"破觚爲圓"，而謂變其形制，恐非矣。蓋時俗湎于酒，而獻酬之禮，不可廢焉。故大其觚以適其量，是觚之所以不觚也。蓋春秋之時，先王之禮尚存，而凡百器物，皆遵用古制，觀於《左傳》諸書，可以見已。故不可遽易其制，乃仍舊制而大之，勢之所至也；秦漢以後，衣服器物，皆無法制。人任意爲之，而新奇日出，則何必用舊制與舊名乎？儒者生於其世，而不知三代時禮之圍世者，若是其久也，故謂變其形制，豈不粗乎？馬融曰："觚，禮器，一升曰爵，二升曰觚。"邢昺疏引《韓詩》説："一升曰爵。爵，盡也，足也。二升曰觚。觚，寡也，飲當寡少。三升曰觶。觶，適也，飲當自適也。四升曰角。角，觸也，不能自適，觸罪過也。五升曰散。散，訕也，飲不自節，爲人謗訕。總名曰爵，其實曰觴，觴者，餉也。觥亦五升，所以罰不敬。觥，廓也，所以著明之貌。君子有過，廓然著明，非所以餉，不得名觴。"今以日本之量求：爵受八勺九，觚受一合七勺八，觶受二合六勺七，角受三合六勺弱。散與觥，受四合五勺弱，則古今人酒量，亦不甚相遠矣。聊附記。

宰我問曰："仁者雖告之曰：'井有仁焉。'其從之也？"朱氏曰："'有仁'之'仁'當作'人'。從，謂隨之於井而救之也。"子曰："何爲其然也？君子可逝也，不可陷也；可欺也，不可罔也。"逝，謂使之往救。陷，謂陷之於井也。罔，猶羅綱，謂欺其不知也。

【古義】宰我意以爲，仁者急於救人，而不私其身。故設爲問，曰："若人之陷于井中，是事出於倉卒，而不得不急應者也。仁者不辨其有無，先自投井而救之乎？"夫子告之以："其必不然也。仁者先自治其身，而後救人。先自明其道，而後定謀。雖愛物之切，而亦有燭理之智。故雖可逝欺之，而自無陷罔之患矣。"蓋孔門諸子無徒問者，若問是事，則必欲爲是事，若宰我之問是也。其意蓋欲捨生以求仁，非夫子爲之救藥，則必將爲燒身禱大旱、割肉飼餓虎之事。此在宰我，實切問也。

【徵】宰我"井仁"之問，慮孔子陷於禍，而以微言諷之也。古註、新註，其義甚淺無味。宰我之智，豈不知之？宰我稱能言之士，豈如此乎？仁者暗指孔子也，"井有仁焉"，不必改作"人"。古註以"井有仁焉"之"仁"，解爲"仁人"，與仁者相犯，不可從矣。又曰："問有仁人墮井，將自投下，從而出之不乎？"是改"也"作"乎"，失於牽強，不可從矣。"井有仁焉"，假設之言，蓋言險難之中，有可爲仁之事也。宰我意孔子仁心之切，雖或人告之而曰："險難之中，有可爲仁之事。"亦必將從之矣。孔子知宰我微意所在，故承之以"君子"。若使宰我明言其事，則孔子必承之以"丘也"；若使宰我泛問仁人，則孔子亦當承之以"仁人"。今宰我問以仁者，而孔子答以"君子"，故知宰我諷孔子也。"可逝也，不可陷也者"，據井有仁言之。"可欺也，不可罔也"者，言其所以然之故也。孟子曰："故君子可欺以其方，難罔以非其道。"蓋朱註所本。蓋罔者，誑之使其迷惑也。君子不逆詐，故可欺也。有所守，故不可罔也。言此以安宰我之心也。大氐後人以宰我有短喪晝寢之失，故視之甚卑，遂不深味其言耳。果使其說之是乎？作《論語》者，當刪前數句，止曰："君子可欺也，不可罔也。"

子曰："君子博學於文，約之以禮，亦可以弗畔矣夫！"文者，先王之遺文，道之所在，非平生見聞之類，故言"博學"也。約，束也。博文以知而言，約禮以行而言。畔，背也。

【古義】此孔門學問之定法也。蓋博學於文，則識達古今，而事有所稽；約之以禮，則身由規矩，而動有所遵。皆以有所取法，故可以弗背道矣。夫世之譚道者，自以爲至言，而實不免爲詖淫邪遁之流；自以爲妙道，而實不免有捕風捉影之病者。皆無博文約禮之工，而徒師己心也。故聖人教人，以"博文約禮"爲學問之定法。若夫今之所謂博學者，皆雜家者流之學，而非聖門所謂博學者也。蓋博學一本，故愈博愈達；雜學二本，故愈岐愈紊。學者審諸。

論曰：三代聖人，屢以中爲言。而至於吾夫子，則特以禮爲教，觀此及"克己復禮"章，可見矣。蓋中有泛然難據之患，而禮有秩然可執之則。故在三代聖人則言中可矣，教學者則非禮不可也。

【徵】文者，《詩》、《書》、禮、樂也。先王之道大矣，非博學之則不能知之也；約之者，納諸身也。欲約先王之道，而納之其身，則非禮不能，故曰"以禮"；或疑文爲《詩》、《書》、禮、樂，則禮已在文中矣，故或以文書解之。殊不知《詩》、《書》、禮、樂皆載於策，孔子而前無有也。蓋博學《詩》、《書》、禮、樂，而約之身特在禮。禮即"《詩》、《書》、禮、樂"之"禮"，非有二也。它如"禮，與其奢也，寧儉；喪，與其易也，寧戚"，喪亦吉凶軍賓嘉之一。"據於德，依於仁"，仁亦六德之一；"泛愛眾，而親仁"，仁亦眾中之一人。古言率如是，後人必欲判然相對，皆不知古言之失也。舊註"約"訓"要"，以學文爲考索，淺哉！且昧乎字義者矣。"畔""叛"同，如"佛肸以中牟畔"之畔，言或學之不博，或不約於禮，其弊皆必至畔於先王之道而從邪説也。蓋孔子時，雖無諸子百家，亦有其漸已。仁齋先生曰："三代聖人，屢以中爲言，而至於吾夫子，則特以禮爲教。"殊不知"樂正崇四術，立四教，順先王《詩》、《書》、禮、樂以造士"，是孔子以前已然。且中自中，禮自禮，豈可混乎？彼惑宋儒之説，而以爲中與禮一理，妄哉！

子見南子，子路不説。 南子，衛靈公夫人，有淫行。孔子至衛，南子請見，子路以夫子見此淫亂之人爲辱，故不悦。**夫子矢之曰："予所否者，天厭之！天厭之！"** 矢，誓也。否，不通，謂不由於道也。厭，絶也。言我見南子，若所不合於道者，則天厭棄之。

以子路氣粗見褊，其言難入，故與之矢言，欲姑信此而思得之也。

【古義】按《史記》：孔子至衛，靈公夫人南子使人謂孔子曰：“四方之君子不辱欲與寡君爲兄弟者，必見寡小君。”蓋南子請見，亦其善意，而非徒請者，故夫子見之。夫雖惡人，有悔非改過之心，則在我無不可見之理。若以其嘗爲惡而卒拒絶焉，則是道自我絶者，而非仁者之本心也。聖人道大德宏，猶天地包涵萬物，自無所遺，何於南子而拒之乎哉？門人記之者，蓋欲要求聖人之道者，當知聖人之心也。

【徵】“子見南子，子路不説。孔子矢之”，其義不傳，自孔安國時既已疑之。朱子援禮爲斷，甚善。仁齋乃曰：“雖惡人，有悔非改過之心，則在我無不可見之理。”殊不知假使有悔過改非之心，而在我無可見之禮，則不可見之矣。《傳》曰：“先王制禮，不敢不至焉。”此一事，其於今可見者止是矣。按：蒯聵以南子故，而失靈公之心以奔，出公乃嗣位，衛於是乎亂。子路事出公，而不悦孔子所爲。豈孔子之見南子，在出公之時，而南子如呂后邪？孔子見之，蒯聵出公父子之際或恊乎？方是時，衛亂而臣下相疑。子路之不悦，豈慮蒯聵之反國邪？則孔子矢之，不亦宜乎？豈翅以安子路哉？亦將取信於國人也，誓之道皆然。不爾，使其在靈公時，孔子能化南子，亦不過一婦人。亦佛化韋提希耳，是何益也？雖然此事當時高第弟子如子路者，猶尚不能知孔子之心，何況千載之下乎？仁齋削朱子援禮之解而妄爾云云。可醜。後世又有訓“矢”爲“陳”者，是諱誓而曲爲之解已。觀孔子之答，其爲誓者審矣。

子曰：“中庸之爲德也，其至矣乎！民鮮久矣。”中庸之德，謂無過不及，而平常可行之道也。至，極也。三代聖人所謂“中”者，不過處事得當之意，至夫子加“庸”字，則爲不駭耳目、不拂時俗、萬世不易之常道，其意復別。

【古義】中庸之德，天下至難也。世之論道者，或以高爲至，或以難爲極。然高者可以氣而至，難者可以力而能，皆有所倚而然。唯中庸之德平易從容，不可以氣而至，不可以力而能，此民之所以鮮能也。蓋唐虞三代之盛，民樸俗淳，無所矯揉，而莫不自合於道。父父、子子、兄兄、弟弟、夫夫、婦婦，自無詭行異術，相接於耳目之間者，所謂中庸之德也。至于後世，則求道於遠，求事於難，愈鶩愈遠，欲補反破，故曰："民鮮久矣。"故夫子特建中庸之道，以爲斯民之極。《論語》之書，所以爲最上至極，宇宙第一之書者，實以此也。

【徵】中庸者，樂德也。《周禮》樂六德："孝、友、祇、庸、中、和。"古書以"六"言者，皆兩兩相對：孝友一類，祇庸一類，中和一類。祇謂用之鬼神，故敬之。庸，用也，謂用之民。乃可常用者，故有平常之義。《康誥》有"庸庸祇祇"，可見祇、庸相對已。就六德取二者而曰"中庸"，亦必古言。仁齋先生以爲孔子所創，蓋非也。中有二義：人受天地之中以生，謂不偏也；舜用其中於民，謂無過不及也。朱子解本此。不偏與無過不及，在古歸於一義。假如王都在中，東西南北道途均，而易可至，是不偏有易行之義。如"賢者俯而就之，不肖企而及之"，是無過不及亦有易行之義。故合不偏、無過不及二義，皆謂不甚高而易行也。故"中庸"二字，乃謂人人可常用易行，而非甚高難及之德行也。如世所謂"其才不及中庸"，及"中庸之主"，可以見已。至於朱註所言，亦極其精者，非無是理。然精之又精，以究其極，則有貴精賤粗之失，而不自覺其畔中庸者矣。如庸爲不易，亦唯贊之云爾，有何不可？若以不易求庸，則大失字義焉。究其所以謬之由，則本於子思之書，以此形老莊之奇僻。然子思亦以德行言之，言由中庸之德行，可以馴致仁聖之德，是登高自卑之意。祇後人睹其以形老莊之奇僻，遂以中庸爲道，動以命聖人之道耳，豈不謬乎？聖人之道，更有廣大焉者，有精微焉者，有高明焉者，故以中庸爲道者非也。然孔子以此爲德之至者，蓋先王之道，治天下之道也。天下之大，賢知常鮮，而愚不肖常衆，故非不甚高而易行之事，則無如愚不肖何矣。故唯中庸之德，而天下可得而一之，是其所以爲至也。君子由中庸以馴致仁聖之德，小人則唯由之而已矣，故此特以民言之。所以民鮮久矣者，禮樂教廢而風俗壞故也。鮮謂鮮其人也，子思書作"鮮能"，仁齋先生從之。《易·大傳》曰："君子之道鮮矣。"可見古言自殊也，何必中庸爲是？仁齋先生又以爲民不能久守，故爲德之至者，果其言之是乎？中庸之爲至德，乃爲其難行也，豈不謬乎？

子貢曰："如有博施於民，而能濟衆，何如？ 可謂仁乎？"博，廣也。**子曰："何事於仁，必也聖乎！ 堯舜其猶病諸**。事，與"止"通，言此何止於仁，必聖人在位者，而後能之乎。然雖堯舜之聖，其心猶有病其難也。**夫仁者，己欲立而立人，己欲達而達人。能近取譬，可謂仁之方也已**。譬，喻也。方，術也。言仁者視人猶己，己欲立而先立人，己欲達而先達人。故求仁者能近取諸身，而以己所欲，譬之他人，則他人之所欲亦猶己之所欲。情志相通，慈愛及物，無有間隔，求仁之術，莫近於此。"

【古義】慈愛之心無所不至之謂仁，至誠之德無所不達之謂聖。蓋聖大而化之謂，而仁者聖中之大德也。故子貢曰："仁且智，夫子既聖。"《中庸》曰："誠者，非自成己而已也，所以成物也。成己，仁也；成物，知也。""夫仁者，己欲立而先立人，己欲達而先達人。"若欲俟己之既立既達，而後立人達人，則卒無立人達人之日。何則？ 己之情願未易遽遂，而施人之方隨力所及，非舍己而徇人也。子貢徒見仁之大，而不識其實，故以在上聖人之事當之，而不察在己今日之所切。所以夫子以能近取譬，告之求仁之方，可謂明且盡矣。

【徵】朱子曰："仁以理言，通乎上下。聖以地言，則造其極之名也。"此昧乎字義。下文明曰"仁"者，孔子又曰："若聖與仁，則吾豈敢？"可見仁爲仁人，聖爲聖人。聖人作者，有聰明睿知之德，豈仁人之所能及哉？故開國之君，如堯舜禹湯文武，是爲聖人。繼世之君及臣，雖有至德，不得稱聖人，故孔子以仁誨人也。所以稱孔子爲聖人者，其德與業，可以比諸作者之聖也。夫仁人可學而能焉，如聖人聰明睿知之德禀諸天，豈可學乎？自孟子以伯夷、柳下惠爲聖人，而後遂失其義焉。宋儒之學，專主天理人欲，其意以人欲淨盡、天理流行爲仁，又以造極處爲聖人，則仁聖無別。故以仁爲通乎上下，可謂窘已。

卷四

述而第七 凡三十七章

子曰："述而不作，信而好古，竊比於我老彭。"述者，依古而傳之也。作者，始創其事也。竊比，尊之之辭。我，親之之辭。老彭，商賢大夫，見《大戴禮》，蓋信古而傳述者也。兩者皆不自我作古之謂，老彭偶有若此之美，故夫子竊比之云，亦謙辭。

【古義】述而不作，不自用也；信而好古，必考古也。夫子之德賢於堯舜，何所不能作？然每祖述堯舜、憲章文武，皆好古傳述，而不敢有所創作者，何哉？蓋聖人之所以爲聖人者，不在自用其智，而在廣資衆智，不好自我作古，而好事必稽古。況往聖典則，布在方策，述之而有餘，信之而可法，何以創作爲？夫子之言，蓋慎妄意造作也。

論曰：宋儒每以發前聖之所未發爲功，殊不知聖人之言徹上徹下，無所不備，無所不到，豈復有所未發，而必待後人之發之邪？若孟子性善養氣等説，皆爲仁義而發，本述夫子之言者也。先儒以爲發前聖之所未發，而亦自欲以其説附于孟子之後，持敬主靜等説，種種繼作。而其論道，必曰"虛靈不昧"，必曰"冲漠無朕"，必曰"明鏡止水"，必曰"體用一源，顯微無間"，其言皆出於佛老之緒餘。而至於吾孔孟之書，則本無此語，亦無此理，謂之"述而不作，信而好古"，可乎？其是非得失，不待辨而明矣。

【徵】"述而不作，信而好古"，是必古稱老彭之語，孔子誦之以自比也，以其行適同也。是孔子知命之言。王者不興，孔子不克當作者之聖，故云爾。《大戴禮‧虞戴德篇》：“子曰：‘丘於君唯無言，言必盡，於他人則否。’公曰：‘教他人則如何？’子曰：‘否，丘則不能。昔商老彭及仲傀，政之教大夫，官之教士，技之教庶人，揚則抑，抑則揚，綴以德行，不任以言。庶人以言，猶以夏后氏之袥懷褐也，行不越境。’”“袥”蓋玉名，衣褐懷玉也。以此觀之，老彭古之善教人者也。而孔子以教學爲事，故以自比之也。舊註：“竊比，尊之之辭。我，親之之辭。”殷世甚遠，孔子何以親之？邢昺疏：“老彭，即莊子所謂彭祖也。李云：‘名鏗，堯臣，封於彭城，歷虞夏至商，年七百歲，故以久壽見聞。’《世本》云：‘姓籛名鏗，在商爲守藏史，在周爲柱下史，年八百歲。一云即老子也。’崔云：‘堯臣，仕殷世，其人甫壽七百年。’王弼云：‘老是老聃，彭是彭祖。’”凡此諸説，誕不足信。然古來多壽必稱彭祖，則必其壽世所希有者；其以老見稱，必世享天子養老之禮者。它若老聃，亦必屢享國老之養，故以老顯也。其以彭爲聃者，蓋孔子以我親之，親其所師也。然老彭《大戴禮》明言商，則不可從矣。古者學，祭先聖先師，《文王世子》曰：“凡學，春官釋奠于其先師，秋冬亦如之。”鄭註：“若漢禮有高堂生，樂有制氏，《詩》有毛公，《書》有伏生。億可以爲之也。”又曰：“凡釋奠者，必有合也，有國故則否。”鄭註：“國無先聖先師，則所釋奠者當與鄰國合也。”按彭城近魯，則魯必祀老彭爲先師，故孔子竊以尊之，我以親之也；述而不作，有不能作者，有能作而不敢作者，能作而不敢作，是以稱焉；古者，古之道也，謂堯舜禹湯文武之道也。信之故好之，好之故博學而詳盡之，是以能述焉。老彭則不可得而考矣，若孔子之聖，可以作而可以述也。命不至，故不敢作，故曰“知命”之言也。朱子曰：“不惟不敢當作者之聖，而亦不敢顯然自附於古之賢人。

蓋其德愈盛而心愈下，不自知其辭之謙也。"殊不知孔子不作禮樂，故曰"不作"，豈謙乎哉？先師當尊，豈可命以謙乎？且其意以智自高，俯視萬世，如蟲蟻然。以此其心而視孔子，故以爲謙爾。然則孔子非聖邪？虞夏商周之道，待孔子而載諸簡。微孔子，則古聖人之道若有若亡。《中庸》曰："苟不至德，至道不凝。"是其所以聖邪？

　　仁齋先生曰："聖人之所以爲聖人者，不在自用其智，而在廣資眾智，不好自我作古，而好事必稽古。"是其意固執孟子賢於堯舜之言，而謂古聖人之道，孔子猶有所不取焉。孔子貴中庸，是其所以賢於古聖人也。殊不知古聖人之道，本非一聖之所能建，乃歷數千載，眾聖所成。故雖孔子之聖，不學則不能知之。孔子深知其如此，故深信而篤好之。此孔子之意也。若夫不在自用其智，而在廣資眾知者，可以解舜之大智已。果仁齋之言是乎，則孔子之於古聖人，猶舜之於群下也。抑揚之間，可不慎乎？且中庸德也，非道也。孔子之言中庸，乃登高必自卑意，豈謂孔子之道爲中庸乎？且宋儒合道德而一之，仁齋亦狃其舊習，乃莊老之遺，謬戾之大者也。

子曰："默而識之，學而不厭，誨人不倦，何有於我哉？" 識，知也。默而識之，猶曰"靜言思之"，言不待人言而自識之也。"學而不厭，誨人不倦"二句，《語》《孟》中凡三出，而他章皆無"默而識之"一句，故不從舊説；"何有於我"，言此二者之外，何德能有於我也。蓋不厭不倦，皆夫人所能，外此別無可稱者。此雖謙辭，益見其德之盛也。

【古義】此二者雖常人皆可得而及，故夫子每自當之。然推其極，則有非聖人不能至者。子貢知之，故曰："學不厭，智也；教不倦，仁也。仁且智，夫子既聖矣。"蓋道愈宏，則其言愈卑；德愈邵，則其言愈謙。何者？道德自充足於己，故自不敢事高遠。若夫其言好爲高遠者，皆以其所處之卑也。

【徵】"默而識之"，不言而喻也。學之道，在默而識之。何者？先王之道禮樂是已。禮樂不言，欲識其義，豈言之所能盡哉？習之久，則自然有喻焉。故子欲無言，及門人問之，而曰：“四時行焉，百物生焉。”學之道其若斯乎？間或不得已，而一言之：“不憤不啟，不悱不發”，皆欲其自得之也。故默而識之則好，好則學而不厭，不厭則樂，樂則誨人不倦，之三者相因而至焉。故曰：“何有於我哉？”言其不容我力也。我者，我學者也，如：“日出而作，日入而息。鑿井而飲，耕田而食。帝之力，于我何有哉？”人多謂不假帝力也。殊不知作、息、食、力協韻，力字句絶。作息飲食，皆帝所使也，莫所容我力也，正與此章同詁。朱註以爲“孔子自謙之言”，非矣。孔子語學問之方，何謙之有？仁齋先生曰：“默而識之，猶‘靜言思之’。”倭人之言，何容乎辨？

子曰：“德之不脩，學之不講，聞義不能徙，不善不能改，是吾憂也。”德因脩而進，學因講而明，徙義則善日長，改不善則惡日消。此四者聖人豈不能哉？但夫子好學之深，體道之無窮，故自以爲憂也。

【古義】脩德，謂養仁義之良心也，學者所以明此也。聞義則徙，不善則改，皆所以脩德也。蓋德者本也，其所以成始成終者，總在于學。此孔門學問之極則，學者之所當遵守者也。夫道之無窮，猶四方上下之無際，愈出愈高，愈入愈深。是以學者有學者之學，賢者有賢者之學，聖人有聖人之學，雖有大小淺深之不同，然其歸則一。不爲聖人而加，不爲愚人而損。道無窮，故學亦無窮。若自以爲得，則非知道者也。故雖以夫子之聖，尚爾云云，此道之所以爲大，而夫子之爲聖也。

【徵】“是吾憂也”，孔子憂夫門人之不脩不講、不徙不改也，誨人不倦之事焉。孔子不以天下爲憂，而以門人爲憂，知命之言焉。朱註以爲孔子自憂，非矣；脩者，務美之也，如“脩飾”“脩潔”“脩治”之“脩”。

性之德，未必美，故務美之也；講，習也，如“講武”之“講”。漢以後，以問難爲講，如《四子講德論》，及《釋奠》有“講師”“讀師”，可以見已。後世以“明其理”解之，益失之矣。《易·大傳》曰“崇德”“廣業”，是爲二事，則徙義改不善，崇德之目也。孔子答子張曰：“主忠信，徙義，崇德也。”或以爲二，或以爲四，不必拘也。

子之燕居，申申如也，夭夭如也。燕居，閒暇無事之時。

【古義】此門人記夫子平居之容如此，及乎其接人，則亦自不同。所謂“君子有三變”，及“子溫而厲，威而不猛，恭而安”是也。欲爲聖人之學者，當先觀聖人氣象，此即學問之準則，不可忽諸。○程子曰：“此弟子善形容聖人處也，爲‘申申’字説不盡，故更著‘夭夭’字。今人燕居之時，不怠惰放肆，必太嚴厲。嚴厲時，著此四字不得；怠惰放肆時，亦著此四字不得。唯聖人便自有中和之氣。”

【徵】申申、夭夭，居不容也。孔子曰：“張而不弛，文武弗能也；弛而不張，文武弗爲也。一張一弛，文武之道也。”是之謂乎！程子謂申申、夭夭“中和氣象”，是誠然，然是特和順積於中而英華發於外者，盛德之至，豈可學而爲乎？宋儒輩多不學聖人之道，而欲學聖人，故云爾。聖人豈可學而能乎？按《博雅》作“申申”“妖妖”，古字通用。

子曰：“甚矣吾衰也！久矣吾不復夢見周公！”

【古義】此門人常見夫子賢於堯舜，而今聞其思慕周公如此之甚，有竊異之心，因知其慕古之篤，好學之深也。蓋夫子壯時，切欲行周公之道於天下，故夜夢屢見之。及乎其老，無復是夢，而自知其衰之甚。蓋歎此道之不行于世也。

　　論曰：夢者，心之動也。夜之所夢，即晝之所思。人心不能無思，則不能寐而無夢。雖孩兒無知，亦必有之，但聖人無邪夢耳。

後儒惑於莊周至人無夢之説，以夫子之夢，爲寤寐常存行周公之
道。其弊至於强欲無夢，而專務虛靜，謬矣！

【徵】孔子生于周之衰，志於制作，又人臣也，故夢周公。明王不作，孔子
五十而知天命，故曰"吾衰也"。天命不至，天使孔子衰，益知天命
之不復至也，故曰"甚矣""久矣"。程子曰："寤寐常存行周公之
道。"是其意，寤則思，寐則夢，未嘗以爲無夢也。仁齋先生乃謂：
"惑於莊周至人無夢之説。"是果何所見也？仁齋之於宗儒，一如佛
氏所謂有宿冤者邪？世人多謂晝之所思，夜則爲夢。殊不知晝之
思，思而已矣，夜之思，乃爲夢焉。多思慮者多夢，其心慣乎動故
也；或有晝之所思，滯而爲夢者，然不必皆爾。莊周所謂至人無夢
者，謂莫非夢者也。

子曰："**志於道**，志者，心有所嚮望之謂。志於道，則心知所向矣。**據於德**，據，猶"據
某地"之"據"，謂身居其地也。據於德，則身有所持矣。**依於仁**，依者，倚附不離之謂。
仁者，道德之長，依此而行則道立矣。**遊於藝**，遊者，玩物適情之謂。六藝之法，皆人事
之不可闕者，時而遊焉，則其材有所達而事無廢闕也。"

【古義】此孔門學問之條目，當時弟子常所佩服者也。道者，人之所由
行，故曰"志"；德者，人之所執守，故曰"據"；仁則近而見於行者，故
曰"依"；藝不可不講，亦不可泥，故曰"遊"。此四者雖有大小之差，
然道之本末終始一以貫之，故夫子次第言之，非他答問之類。蓋
古之學問必有條目，顏子聞"克己復禮"之訓，則請問其目，及後篇
"興於詩"等章皆是也。

　　論曰：道、德、仁、藝，本無二致。此章大小始終，立言自有其
序。大抵古人之書，每言道德仁義，而未嘗稱仁義道德。何者？謂
之道德，則自有仁義之實，而未有仁義之名。既謂之仁義，則又各
有其跡，而不見道德之全。此道德仁義之辨也。

【徵】學也者,學先王之道也。學先王之道者,志於先王之道,得諸己以行世也。先王之道大矣哉! 發育萬物,峻極于天,豈一旦所能得乎? 故曰:"志於道。"德者,己之德也,德人人殊,各以其性所近而成焉。《虞書》"九德",《周官》"六德",可以見已。《易·大傳》曰:"繼之者善,成之者性。"是之謂也。據者,如"據地而作""據城而戰"也。我性之德,守而不失,可以進取,故曰:"據於德。"依者,違之反,不相違離也。如"聲依永",謂絲竹之聲,與歌詠相上下不相離,亦此意;仁者,長人安民之德。先王之道爲安民設之,故其道主仁。然仁有所不及也,於是衆德以輔之,是先王之道所以爲美矣。雖然所主在仁,故凡道之在行者,始於孝弟,推而達諸天下。一皆以生之、成之、長之、養之之心行之,而不與此心相離,是謂之"依於仁"。知、仁、勇三德之類,凡所謂仁者,皆指行言之,亦此意矣。蓋學問之道,在依於仁。苟能依於仁,則衆德皆成,故子曰:"里仁爲美。"又曰:"其心三月不違仁,其餘則日月至焉而已矣。"謂其它衆美自然來至也。藝,六藝也;游,猶游旅。有時乎游,可以娛我耳目,發其意智也。人之於藝亦爾,有游則有息,不于常之謂也。雖然,依於仁、游於藝,豈異事哉? 依於仁,莫有所事,以游於藝爲其事。"不識不知,順帝之則",仁之所以成也。《周禮》"至德以爲道本",謂志於道也;"敏德以爲行本",謂據於德也;"孝德以知逆惡",謂依於仁也。朱註:"游藝則小物不遺,而動息有養。"夫六藝有禮樂,豈得謂之小物哉? 仁齋先生曰:"六藝之法,皆人事之不可闕者。"二子皆不識先王之教,全在禮樂故爾。夫六藝者,聖人設此,以養人之德性,可不學乎?

　　朱子曰:"志者,心之所之之謂,道則人倫日用之間所當行者是也。"是志字從心從之,故爲此解。殊不知倉頡制字,取義一端,以便記憶，豈容固拘偏傍解乎？志謂心所存主也，否則"匹夫不可奪志"，"玩物喪志"，皆不可通矣。心所存主，日夜嚮注，於是廼有之意耳。"人倫日用之間"，是泥乎《中庸》"五達道"也。殊不知"五達道"，謂其可通行者已，豈可以盡於道乎？大哉，聖人之道！發育萬物，峻極于天，豈必日用乎？德則行道而有得於心，僅有得乎心，豈足爲德乎？古曰："禮樂得於身，謂之德。"得於身者，能誠也。能誠則不思而得，不勉而中，故凡道之一節誠于己，皆謂之德。或得諸性，或得諸學，故有"九德""六德"種種之目。朱子之解，可謂陋已。仁則私欲盡去而心德之全，夫德既全矣，尚何違之有？假使私欲盡去，苟不仁乎，則達磨矣，豈足論仁？且何德非心德，心德何必仁也？皆不識仁者之言耳。

子曰："自行束脩以上，吾未嘗無誨焉。"脩，脯也。十脡爲束。古者相見必執贄以爲禮，束脩其至薄者。

【古義】此見夫子誨人不倦之仁也，言人不知來學則已，苟以誠而來學，則吾無不有以教之。其欲人之入於善之心，猶天地之徧萬物而一物不棄也。

【徵】《檀弓》曰："古之大夫，束脩之問，不出竟。"《少儀》曰："其以乘壺酒、束脩、一犬賜人。"《穀梁傳》曰："束脩之問，不行竟中。"言雖薄不出竟也。孔安國曰："言人能奉禮，自行束脩以上，則皆教誨之。"自，從也。蓋束脩者，始見之贄也。奉禮以見，從此以往，未嘗無誨也。《鹽鐵論》："桑弘羊曰：'臣結髮束脩得宿衛。'延篤曰：'吾自束脩以來爲人臣。'梁商曰：'束脩勵節。'賈堅曰：'吾束脩自立。'"皆謂束帶脩飾。然束帶脩飾，不可謂行，則舊説爲優。

子曰："不憤不啓，不悱不發，舉一隅不以三隅反，則不復也。"朱氏曰："憤者,心求通而未得之意。悱者,口欲言而未能之貌。啓,謂開其意。發,謂達其辭。物之有四隅者,舉一可知其三。反者,還以相證之義。復,再告也。"愚謂再告者,再言而決之也。

【古義】朱氏曰:"上章已言聖人誨人不倦之意,因並記此,欲學者勉於用力,以爲受教之地也。"○聖人欲人之入于善之心,固雖無窮,然學者無受教之地,則猶下種不毛之地,雖有時雨降,奈其不生萌何? 蓋聖人欲學者爲受教之地而云然,非不輕施教之謂也。

【徵】求而不得則憤,求之切也。啟,謂微示其端緒也,如"元戎啟行",亦謂開其端也。悱,以口言之,腓、痱皆訓萎,其義相通,謂其於辭猶有未達也。發,如"發揮",謂達其枝葉也。舊註皆謂待其誠意告之,是誠爾,止語其心耳。學問之道,欲其自喻,故孔門之教爲爾。《學記》曰:"善歌者,使人繼其聲;善教者,使人繼其志。其言也約而達,微而臧,罕譬而喻,可謂繼志矣。"又曰:"善待問者如撞鐘,叩之以小者則小鳴,叩之以大者則大鳴。待其從容,然後盡其聲。"又曰:"力不能問,然後語之。語之而不知,雖舍之可也。"皆是道也。自孟子以言語聒人而後,諸老先生皆務欲咸輔煩舌,謬哉! 夫君子之教,如時雨化之,大者大生,小者小生。故譬諸天地之德,至矣哉!《焦氏筆乘》曰:"曾見蜀有《論語》石經'舉一隅'下有'而示之'三字。"

子食於有喪者之側,未嘗飽也。夫子在有喪者之側,哀戚之情,若己有之,故雖食不能甘。**子於是日哭,則不歌。**哭,謂弔哭。一日之內餘哀未歇,自不能歌也。

【古義】聖人之心,慈愛惻怛,無所不至,故凶變之事雖在他人,而若己有之,其事雖過,而餘情不已。可見聖人仁心之厚,無時無處不然,非可以明鏡止水、湛然虛明之説求之也。

【徵】"子食於有喪者之側,未嘗飽也。子於是日哭,則不歌。"又稱顏子

“不遷怒”，是聖人之有餘哀，而無餘怒也。諸老先生粗鹵之甚，其於七情也均視之，故程正叔乃欲慶之曰不弔。

子謂顏淵曰：“用之則行，舍之則藏，惟我與爾有是夫！”用之則有能行之道，舍之則有能藏之德，惟孔子與顏子爲然。**子路曰：“子行三軍，則誰與？”**萬二千五百人爲軍，大國三軍。子路以爲，行三軍別有其材，非用舍行藏之人之所能爲也，故問：“夫子儻行三軍，將與回歟，亦與我歟？”**子曰：“暴虎馮河，死而無悔者，吾不與也。必也臨事而懼，好謀而成者也。”**暴虎徒搏，馮河徒涉，皆匹夫之勇，非求全之道。故夫子不與焉。若夫敬事而不妄動，悉慮而要其成者，實君子之心，衆之所倚賴。夫子之所與，必在于此，蓋抑其血氣之勇，而教之以義理之勇也。

【古義】馮氏去非曰：“道本期於用，非獨善其身而已也。然時不我用，則有退藏而已。用之而欲藏，不仁也；舍之而欲行，不智也。”是時欲扶世立功名者，知行而不知藏；欲潔身遺世者，知藏而不知行。此夫子所以旁觀一世，惟顏子與己同也。説者乃謂淵不願仕，是以其迹而不知其心也。“爲邦”之問，槩可見矣。

【徵】尹氏曰：“用舍無與於己，行藏安於所遇，命不足道也。”是語孔顏之心雖眇乎，無益於學者焉，非孔子本意也。行者，行道於天下也。藏者，卷而懷之也，謂知命也。顏子知道之全，故云爾。仁齋先生曰：“用之則有能行之道，舍之則有能藏之德。”是昧乎“道德”之字矣。其意謂道德非二物，行則道，藏則德，是宋儒舊套，本於莊周“內聖外王”之説。殊不知雖有至德，苟不知先王之道，曷行曷藏？用之而莫有可行，舍之而莫有可藏，何以與于斯乎？知道者鮮，信哉！且孔子以知天命自稱，尹氏可謂駟不及舌已。又據此章觀之，顏子聖人也，故孔子語以制作之道。而後世以亞聖稱顏子，是其意謂聖人如來，亞聖補處菩薩，於是乎妄以己意作爲階級。謂後儒不僭，則吾不信矣。

臨事而懼，不驕之謂也；好謀者，有所營爲，而不必任勇直遂也。仁齋先生曰："悉慮而要其成。"失字義矣。蓋謀與慮殊：謀者，心有所營爲也；慮者，思之委曲也。如"出謀發慮"，可以見已。"裨諶謀於野"，豈必皆與人謀乎？大氐用兵主謀，驕而無謀，所以敗也。

子曰："富而可求也，雖執鞭之士，吾亦爲之。如不可求，從吾所好。"執鞭，賤者之職。言使富能長人之材，益人之智，有可求之義，則雖爲賤職，亦所不辭焉。如求而無益，則不若從吾所好之爲樂也，奚必役役焉求之哉？吾所好者，即謂學也。

【古義】有求而有益于得者矣，有求而無益於得者矣。仁義忠信，則求無不得，而有益於得；富貴爵禄，非惟不可必得，而亦無益於得。此富之所以不可求也。嘗曰："十室之邑，必有忠信如丘者焉，不如丘之好學也。""雖執鞭之士，吾亦爲之"者，豈外學問，而夫子云之乎？

【徵】"富而可求""如不可求"，如問諸人而決之，所以教命也；"吾亦爲之""從吾所好"，如獨斷之於己，所以教決也。孔子所好，孔安國以爲古人之道，朱子以爲安於義理，仁齋先生引"不如丘之好學"，三子之所好殊焉。且安於義理，所以從吾所好耳。若其所好，何唯義理而已哉？學，學古人之道也。孔子又曰"好古"，仁齋舍"古"而取"學"，其意謂孔子之道與先王殊矣，豈不牽所見乎？孰謂漢儒失於聖人之意也？不言"貴"而言"富"，春秋之時，爵位唯世，故人求貴者鮮矣。如秦漢以後，乃反此。

子之所慎：齊、戰、疾。齊之爲言齊也，所以齊不齊也，將祭而戒也。

【古義】齊所以交於神明，固不可不慎。戰則國之大事，人命之所繫。而疾則吾身之所以死生存亡，皆不可不慎焉。聖人平生雍裕閑暇，不見其迹，惟於此三者，慎之甚至，故門人記之。學者若於此苟焉，則違天悖道，可不謹乎？

【徵】"子之所慎：齋"，仁齋先生何以言"鬼神非孔子所貴也"？古者祀聖
　　人配諸天，道之所出焉，故曰："聖人以神道設教。"夫戰者，國之大
　　事；疾者，身之所以死生存亡。而齋乃冠是二者，聖人之心，其謂之
　　何？尹氏曰："夫子無所不謹，弟子記其大者耳。"宋儒可謂妄已，何
　　以見孔子無所不謹？

子在齊聞《韶》，三月不知肉味，曰："不圖爲樂之至於斯也。"不知肉味，言心
一於是，而不及乎他也。夫子仰聖之深，好古之篤，忽聞《韶》而三月之間不知肉味，嘆曰：
"不意舜之作樂，至於如此之美也。"蓋誠之至，感之深，不覺自發其嘆如此。○按：《史記》
"三月"上有"學之"二字，蓋史遷以"三月不知肉味"爲甚固滯，故加"學之"二字，以什其意。
觀夫子夢見周公，則聞《韶》而忘肉味，亦奚容疑？

【古義】舜以上聖之德，當極治之時，故群聖之樂盡美盡善，莫《韶》若也。
　　夫子偶聞其音，而如親見虞帝之聖，身在雍熙之時，契之以心，而非
　　徒聞之以耳也。

　　　論曰：《大學》曰："心不在焉，視焉而不見，聽焉而不聞，食焉而
　　不知其味。"先儒會其義，以爲人心之應物，各會其境，事過即平，不
　　固滯住著，猶鏡之照物，應而無迹也。然聖人之所以異於眾人者，
　　不在心之住不住，而在好善之篤與否焉。蓋其好善也篤，故其
　　心之住于善也亦深。故聖賢之取人也專稱其好善好學，而未嘗
　　問心之住不住也。《韶》者，樂之盡美盡善者也。使眾人聞之，
　　固非不悅也，而其好之之不篤，故其感之之不深。唯夫子願見
　　聖人之心，不啻如饑之於食，故及聞其樂，心醉神怡，至三月之
　　久不自知其味，此所以爲聖人也。夫方食肉，則食爲主，而聞
　　《韶》之心餘念未化，不知其味。若以正心說律之，則不免爲心
　　不正也。先儒嫌其與此章相鑿，遷就牽合，欲會于一。然彼此
　　扞格，無奈其終不相入何。予故謂：《大學》蓋齊魯諸儒所撰，
　　而與孔門之旨異矣。

【徵】“子在齊聞《韶》三月”句，聞《韶》者，學《韶》也。朱註引《史記》：“‘三月’上有‘學之’二字。”爲是。或謂《論語》脱二字者，非矣。師涓之於靡靡，明皇之於霓裳，聞輒得之，深於樂者皆爾，何必如小子學樂者受譜然乎？故聞即學也。不知肉味，如“發憤忘食”，如“不知手之舞之，足之蹈之”；聖人好樂之至也，曰：“不圖爲樂之至于於斯也。”升庵曰：“不意齊之爲樂至此耳。如今之説，則孔子之視舜，劣而小之甚矣。”爲是。朱子曰：“極情文之備。”是何能盡乎樂？《樂記》曰：“可以觀德矣。”孔子以此觀舜德，故嘆之耳。非聖人之深於樂，安能然乎？朱子以“爲樂”爲“作樂”，故屬諸舜，然“爲樂”與“作樂”殊矣，故升庵爲是。仁齋先生引“夢見周公”，而謂：“三月忘肉味，亦奚容疑？”以排《大學》“食而不知其味”也，所見極是。祇“三月”屬下句，一聞而三月忘味，豈有是理乎？且《大學》別有所指。排宋儒而及《大學》，冤哉！古註此“齊”，不成言。

冉有曰：“夫子爲衛君乎？”子貢曰：“諾，吾將問之。”爲，猶助也。衛君，出公輒也。靈公逐其世子蒯聵，公薨而國人立蒯聵之子輒，於是晉納蒯聵而輒拒之。冉有以爲，輒以子拒父，夫子之所不助，故與子貢語，而子貢諾之若此。○舊説：時孔子居衛。按：季桓子卒，康子召冉求，至哀公十一年猶在魯，而孔子亦歸魯，其間未有冉求過衛事。今見冉求、子貢問答，則是時夫子恐當在魯也。入曰：“伯夷、叔齊何人也？”衛輒之罪，固不待問，然夫子之仁，不棄物則未可知也。伯夷、叔齊，疾惡之甚者也。故子貢以此問夫子，試其與不與如何，以決其可助與否也。曰：“古之賢人也。”曰：“怨乎？”曰：“求仁而得仁，又何怨？”出曰：“夫子不爲也。”怨，恨也。言夷齊之行雖高，而其實皆出於慈愛惻怛之心，而毫無所怨，故曰：“求仁而得仁，又何怨？”子貢見夫子以賢人許夷、齊，而尚疑其不免有怨，則夫子之所不與也，故又以“怨乎”發問。而夫子又許其仁，於是知其終不助輒也。○夷、齊之事，傳記不詳，孟子稱：“非其君不事，非其友不友。不立於惡人之朝，不與惡人言。”《史記》所載兄弟遜國之事，不足考信，故特依孟子爲斷。

【古義】子貢之問，若世所謂隱語者，而夫子初不解其意所在，直稱夷齊
　　　之賢且仁。子貢遂知夫子不助衛君，而不復以衛君之事爲問。非
　　　子貢深識聖人之心，則不能問之如此，而又足以觀聖人不假一言於
　　　人之誠，與其所言即其所行，不少差違。猶日月星辰之運于天，而
　　　其進退躔度，皆可測識於此也。

【徵】冉有曰：“夫子爲衛君乎？”朱子曰：“時孔子居衛。”蓋以子貢不斥其
　　　事知之。伯夷、叔齊諫伐之事，不可信矣，明王氏論之詳焉。二人
　　　以讓聞，而不稱於孔門，獨以“惡不仁”稱。其跡似不得乎父而若
　　　怨，故子貢以“怨乎”問之。司馬遷亦曰：“怨邪，非邪？”求仁而得
　　　仁，求仁人而得之也，謂歸西伯也。不以喪位爲怨，歸仁人而樂之。
　　　人之有邦，猶己有之，故孔子曰：“又何怨？”孔安國曰：“以讓爲仁，
　　　豈有怨乎？”朱註從之，而曰：“求所以合乎天理之正，而即乎人心之
　　　安。既而各得其志焉，則視棄其國猶敝蹝爾。”天理、人心，自其家
　　　言，是則亡論，祇求字不穩，且解怨爲悔，終失牽強。它若“君子求
　　　於己，小人求於人”，廼責求之義，自求於人來；求古、求道，皆訪求
　　　之義，豈容謂求仁乎？宋儒以仁爲心之德，又謂有一事之仁，是其
　　　病根，加以昧乎古言，不可從矣。夷、齊惡不仁，孔子賢之，其不爲
　　　輒可知焉。然其跡似怨，倘或怨邪？則夷、齊之行，有不慊於心者
　　　矣，故又問：“怨乎？”得仁人而歸之，是其心雖喪位，猶弗喪也。然
　　　後不仁之人，非孔子所歸者益明焉。

子曰：“飯疏食，飲水，曲肱而枕之，樂亦在其中矣。不義而富且貴，於我
如浮雲。”飯，食之也。疏食，糲飯也。

【古義】聖人之心，純乎理義，無有他念，其視不義之富貴，如浮雲漠然而
　　　無所動於其中也。

　　　　論曰：《孟子》曰“理義之悦我心，猶芻豢之悦我口也。”聖人之

樂，固雖不可以言語形容，然外理義，而豈有所謂樂者乎哉？觀其曰：“不義而富且貴，於我如浮雲。”則其所樂固可知矣。然聖人之心，理義渾融，無跡可見，故不得以“理義”二字形容之，大矣哉！

【徵】“樂亦在其中矣”，孔安國曰“孔子以此爲樂”，非矣。程子曰：“須知所樂者何事。”大似禪子言。《易·大傳》明言：“樂天知命”，豈謎乎？朱子曰：“聖人之心，渾然天理。”是其家言亡論也；“於我如浮雲”，鄭玄曰：“非己之有。”朱子曰：“如浮雲之無有。”皆非矣。脩人爵而天爵至者，自天祐之，故其福永矣；不義而富且貴，如浮雲之無根，倐得而倐失之也；疏食，孔安國曰：“菜食也。”《禮》曰：“疏食水飲，不食菜果。”朱註“麤飯”爲是。

子曰：“加我數年，五十以學《易》，可以無大過矣。”數年，謂數年之功也。“五十”字未詳，《史記·世家》亦無，故今闕而不釋。

【古義】《易》之爲書，窮陰陽消長之變，以明進退存亡之理。其爲教也，貴處退損，而惡居盈滿，故學之則能得無大過也。故“可無大過”之一言，實足以蔽六十四卦之義，猶“思無邪”一言以蔽《詩》三百篇也。

論曰：古者包犧氏之王天下也，仰觀俯察，近取遠取，始作八卦，以類神明之德，蓋示陰陽消長之變，萬物生息之理也。至於殷之末世，周之盛德，系辭以筮之，故謂之《周易》。及至夫子獨述先王之道，而專崇仁義之德，故其雅素與門人言，諄諄然無非《詩》《書》仁義之説，而言及於《易》者，纔見此章而已。蓋夫子以前，固爲卜筮之書，及夫子，則專以義理斷之，而不復襲舊套。孟子亦每引《詩》《書》，論《春秋》，而未嘗有一言及乎《易》者，其學以崇仁義、務孝弟、存心養性爲教，而《易》中專言利故也。惟其於處世之法，委曲詳盡，惕厲勸勉，大有益於人，故夫子亦取之。欲學孔孟者，專崇《詩》《書》《春秋》，而於讀《易》，則當以夫子“可無大過”之言求之，而勿作卜筮之書看。

【徵】“加我數年”，朱子引《史記》“加”讀“假”，古音或然也。“五十”作“卒”，果其說之是乎？當曰：“以卒學《易》。”終不通矣。古註：“以知命之年讀至命之書。”可謂拘矣。且“五十而知天命”，是五十以後之言，此則未至五十之言，可謂牽強。蓋言學《易》比至五十乃始有成也，極言《易》之難學也；“無大過”即《史記》之“彬彬”，謂其於《易》無大謬也。孔子僅言“無大過”，而後人乃欲一一詳盡，則過孔子遠矣，可謂妄已。

子所雅言，《詩》、《書》、執禮，皆雅言也。雅，常也。執，守也。其執守禮者，雖未必出於《詩》《書》，皆常言之也。

【古義】《詩》以道情性，《書》以道政事，皆切於人倫日用之實，故常言之。若有守禮不渝者，則雖未必出於先王之典，亦皆常言之，所以使學者囿於聖賢之盛德，而範乎前脩之懿行也。

　　論曰：求道於高，求事於遠，學者之通病。唯《詩》《書》之爲教，近于人情，達于日用，初不遠人以爲道，亦不遠人以爲言。而執禮能守者，亦可以範士風、維世道，所以夫子常言此三者也。若夫佛老之學，所以離世絕俗，專事高遠，而不能通乎天下者，實不達《詩》《書》之理故也。而後世儒者，亦雖知誦《詩》讀《書》，然求之甚過艱深，而不知求之於平易近情。故其著於言行者，每有崎嶇艱深之憂，而無正大從容氣象。豈非所謂非讀書之難，而善讀書之難乎？

【徵】“子所雅言，《詩》《書》”句；“執禮，皆雅言也”句。孔安國曰：“雅言，正言也。”鄭玄曰：“讀先王典法，必正言其音，然後義全，故不可有所諱。”是與《曲禮》“《詩》《書》不諱”合，謂不避諱也。執禮，《文王世子》曰：“春誦，夏弦，大師詔之瞽宗。秋學禮，執禮者詔之。冬讀

《書》，典《書》者詔之。禮在瞽宗，《書》在上庠。"是古稱教禮之官爲
"執禮"，言不啻孔子，凡執禮者皆雅言，以此証上句也。何註："禮
不誦，故言'執'。"已失其義矣。朱註"雅"訓"常"，非也。雅、常少
殊，且古所謂學者，《詩》、《書》、禮樂而已。其在孔門，不言而可知
矣。故謂《詩》、《書》、禮爲孔子常言者，後人之見也，且從其説，則
"執禮"二字終不明矣。"皆雅言也"四字，爲衍。其意謂正字音，瑣
瑣塾師之事，孔子大聖人不爾，是其病根。殊不知《詩》《書》不諱，
古之禮也。或説："雅"與"俗"對，謂"不用土音也"，亦通。然雅、俗
昉自樂，及至後世乃用之一切，孔子時所無，故不可從矣。仁齋先
生解"執禮"，謂："若有守禮不渝者，則雖未必出於先王之典，亦皆
常言之。"可謂牽強之甚。

葉公問孔子於子路，子路不對。葉公，楚葉縣尹沈諸梁，字子高，僭稱公也。子路
知聖人之德，實有未易名言者，故不對。**子曰："女奚不曰：'其爲人也，發憤忘
食，樂以忘憂，不知老之將至云爾。'"**云爾者，無他之辭。子路不對，故夫子自代
之曰："惟能好學樂道，而不知年歲之將窮而已。"

【古義】知道之無窮而難得，故發憤；知道之可安而他無所求，故樂。發
　　　憤故愈力，樂故不倦。此所以忘食與憂，而不知老之將至也。

【徵】"未得則發憤而忘食，已得則樂之忘憂"，但言其好學之篤耳，朱註
　　　得之。《表記》："《小雅》曰：'高山仰止，景行行止。'子曰：'《詩》之
　　　好仁如此：鄉道而行，中道而廢，忘身之老也，不知年數之不足也。
　　　俛焉，日有孳孳，斃而后已。'"正與此相發，知命之言也；云爾，云
　　　云，爾爾，古言相通。

子曰："我非生而知之者，好古，敏以求之者也。"生而知之，謂不待學而自知
也。敏，速也，言汲汲也。

【古義】當時之人，有以夫子爲生知不由學者，故言此以曉之。夫古可以

徵于今，未有不由古而能爲于今者也。故事稽古，則猶以圖求鏡照，其成敗得失之跡較然著明，皆爲今日之模楷。夫子以生知之聖，猶汲汲乎求古者，以其益有不可量者也。蓋由學者見之，固有生知之聖；由聖人見之，本無生知之質。何者？道無窮，故學亦無窮。苟欲盡無窮之道，則不由學問之功，不可得也。此所以雖夫子之聖，尚汲汲乎此也。

【徵】"敏以求之者也"，朱註："敏，速也，謂汲汲也。"此解殊摸稜。"敏，速也"，如敏疾、敏給、才敏，是自一義；"謂汲汲也"，如《周禮》"敏德以爲行本"，是黽勉，亦自一義。朱子混之，非矣，此章當以黽勉爲義。孔子固聰明睿知稟諸天，如《中庸》所云，然先王之道，非學則不能知之。孔子學先王之道而莫不知，是所以優群聖也。朱註："生而知之者，氣質清明，義理昭著，不待學而知也。"是其家言。特以"清明昭著"言之，乃陳北溪"清水濁水"之説耳。其説雖巧哉，宋儒之道，辟則如有秋冬而無春夏也。所言如所見，不可不察。又曰："生而可知者義理爾，若夫禮樂名物、古今事變，亦必待學而後有以驗其實也。"是又其意以當然之理爲道，以考驗爲學，淺乎其言之！

子不語怪、力、亂、神。 怪，猶行怪之怪，言非常可駭之行也。力，勇力。亂，悖亂。神，神異之事。語之則必使人厭常而輕德，故夫子皆不語之也。

【古義】此明聖人一語一默，莫不有教存也。○謝氏曰："聖人語常而不語怪，語德而不語力，語治而不語亂，語人而不語神。"以此防民，猶有好怪力亂神者。甚乎，人之易惑也！

　　論曰：夫子嘗曰"敬鬼神而遠之"，又曰"未能事人，焉能事鬼？"蓋戒人不脩人道而謟瀆鬼神也。至此直稱"不語"，則益見其妖異之説，恐啓後世之惑，而塞源拔本，深絶諸言議。以此觀之，後世記禮之書，稱孔子之言説鬼神妖異之事者，皆附會之説也。

【徵】"子不語怪、力、亂、神。"語，誨言也。蓋謂召弟子語之，使其奉以行諸己者也。《周禮》有"樂語"，《戴記》有"合語"是也。如顏淵、仲弓問仁，孔子云云，皆曰："請事斯語。"可見皆指孔子所答爲語，亦此意。怪異、勇力、悖亂之事，非先王之典所尚，故不以爲語；鬼神之道微妙，非所以喻人，故亦不以爲語也。"語"字之義不明，漢儒以來乃謂不談此四者，非矣。聖人何殊常人？平日閑談，何嘗不一及之乎？可謂拘矣。鬼神，天神人鬼也。朱註謂："造化之迹。"迹豈鬼神乎？又曰："非窮理之至，有未易明者。"鬼神豈窮理之所能明乎？李充曰："力不由理，斯怪力也；神不由正，斯亂神也。"非孔子時語氣，不可從矣。仁齋先生曰"怪，猶'索隱行怪'之'怪'"，亦不識文者之言焉。仁齋又據此章，而排《易》《中庸》《禮記》言鬼神者爲非孔子之言，果其説之是乎？《春秋》無非亂，亦非孔子之作？

子曰："三人行必有我師焉，擇其善者而從之，其不善者而改之。"

【古義】此明得師之甚近，而道之甚廣也。言三人相聚，則其善不善，較然可見矣。我但從其善，而改其不善者，則善不善皆莫非吾師也。人每有無良師友之歎，殊不知何時無師，何處無師。心誠求之，必有真師矣。故曰：歸而求之有餘師，人惟病不求之耳。

【徵】"三人行，必有我師"，古言也，孔子誦之，言："三人至寡，然三人相議而行，必有可觀者焉。"孔子又釋之，曰："師之之道，務擇其善而從之耳，雖小善亦不棄也。必其全不善者，而後以爲己之鑒戒，不以爲師也。"朱註："一善、一惡""其一我也"，本諸何、邢。然巧甚，非古義也，不可從矣。《老子》猶曰："善人者，不善人之師；不善人者，善人之資。"未嘗以不善爲師，古言爲然，且"必有"字、"而"字不可通矣。《焦氏筆乘》載：蜀有《石經》，"焉"下有"我"。

子曰："天生德於予，桓魋其如予何？"《史記·世家》："孔子適宋，與弟子習禮大樹下。宋司馬桓魋欲殺孔子，拔其樹。孔子去，弟子曰：'可速矣。'"故孔子有此語。

【古義】朱氏曰："孔子言：'天既賦我以如是之德，則桓魋其奈我何？'言必不能違天害己。"

論曰：或曰：桓魋，暴人也。夫子，旅人也。魋欲殺孔子，何憚而不爲？在斯時，恐難委之於天。曰：不然，天有必然之理，人有自取之道。《書》曰："作善，降之百祥；作不善，降之百殃。"《易》曰："積善之家，必有餘慶；積不善之家，必有餘殃。"是謂天有必然之理也。《詩》曰："永言配命，自求多福。"《書》曰："天作孽，猶可違；自作孽，不可逭。"是謂人有自取之道也，非言論之所能盡也。朱氏曰："聖人雖知其不能害己，然避患未嘗不深；避患雖深，而處之未嘗不閑暇。所謂'並行而不悖'也。"可謂善論孔子者也。

【徵】"天生德於予"，包咸曰："謂授我以聖性，德合天地，吉無不利，故曰：'其如予何？'"朱註從之。然"生"字不穩，且非孔子辭氣。蓋"德"謂"有德之人"也，天命孔子教育英才，而有德之人，由孔子生。是天方以此任孔子，而桓魋若能害孔子，則有德之人不復生於世，天命徒然矣。孔子以教學自任，故有是言，與"文王既没"同意。

子曰："二三子以我爲隱乎？吾無隱乎爾。吾無行而不與二三子者，是丘也。"與，猶示也。

【古義】此門弟子，以夫子之道爲高深不可幾及，而見其一言一行，皆從容平易，混然無迹，而疑其有隱，故夫子言此以曉之。

論曰：《論語》二十篇，其一言一行，皆莫非吾師也。故曰："吾無行而不與二三子者，是丘也。"蓋聖人之道，不高不卑，非難非易，通於天下，達於萬世，而不得須臾離，實爲中庸之極也。其以聖人爲高而不可學者，固不知道焉；爲近而不足學

者,亦異端之流,益不知道者也。唯若顏子於夫子之言,無所
不悅,而後爲善知《論語》也。

【徵】"不憤不啓,不悱不發。舉一隅,不以三隅反,則不復也。"故二三子
以孔子爲隱也。"吾無隱乎爾","乎爾",語助辭,如《孟子》:"無有
乎爾,則亦無有乎爾。"人多於此章,解"爾"爲"汝",於《孟子》訓
"然",皆非矣。韓退之《聽穎師彈琴詩》:"穎乎爾誠能,無以冰炭置
我腸!"可見識文章者不與經生同也。《齊風·著》詩:"俟我於著乎
而。"即"乎爾"轉音。"吾無行而不與二三子者",包咸曰:"我所爲,
無不與爾共之者。"爲是,言吾所行,必與二三子共之,莫有所隱而
獨行者。蓋欲二三子默而識之也。"是丘也",言時師多所隱匿,如
《學記》曰"隱其學而疾其師",亦可見焉。唯孔子不然,故曰:"是丘
也。"先王之教,禮樂不言,舉行與事而示之。"天何言哉?四時行
焉,百物生焉。"皆在默而識之。自孟子雄辯聒人而後,儒者終莫識
此意。程子以此章爲聖人俯而就之,是不識教之道本然,强爲解
事者。

子以四教:文、行、忠、信。

【古義】此孔氏之家法也。文以致知,行以踐善,忠以盡己,信以應物,蓋
萬世學問之程式也。學者當謹守之,而不得輒變其法也。

論曰:四教以忠信爲歸宿之地,即"主忠信"之意。蓋非忠信,
則道無以明矣,德無以成矣。禮者忠信之推,敬者忠信之發,乃人
道之所以立,而萬事之所以成也。凡學者不可不以忠信爲主也,而
後之諸儒,別各立宗旨,以爲學問之主意者,何哉?

【徵】文、行、忠、信,是孔門四科。文,文學。行,德行。忠,謂政事。信,
謂言語。政事而曰"忠"。言語而曰"信"。其物也,如"射五物",古
有之。舊註不識古言:如程子"忠信爲本",亦唯三耳;如邢昺,亦唯

文行耳。凡政事皆爲人謀者，故貴忠。善言而不信，亦何貴乎？是
所以忠信爲二科也。

子曰：“聖人，吾不得而見之矣；得見君子者，斯可矣。”聖人者，仁智合一、行
至其極之名。君子者，有德之通稱。**子曰：“善人，吾不得而見之矣；得見有恒
者，斯可矣。**朱氏曰：“‘子曰’字疑衍文。聖人、君子以德言，善人有恒者，以質言。”**亡
而爲有，虛而爲盈，約而爲泰，難乎有恒矣！**朱氏曰：“三者皆虛夸之事，凡若此
者，必不能守其常也。”其曰有恒之難者，所以明善人君子，與聖人之益難而不可易也。”

【古義】此見夫子好賢之深也。夫好善，優乎天下矣。好賢，好善之實
　　也。夫子冀見賢者之心，不啻若饑渴之於飲食，知道之愈無窮，而
　　學之愈無盡也。學者髣髴其萬一，亦可以入聖域；人君髣髴其萬
　　一，於治天下國家何難之有？○曾氏鞏曰：“當夫子時，聖人固不可
　　得而見，豈無君子善人有恒者乎？而夫子云然者，蓋其人少而思見
　　之也。及其見，則又悦而進之，曰：‘君子哉若人！’凡此類，當得意
　　而忘言。”

【徵】“聖人吾不得而見之矣”，何晏曰：“疾世無明君。”是古來相傳之説。
　　何則？“得見君子者，斯可矣。”“得見有恒者，斯可矣。”皆願辭，以
　　人君言之。不者，子賤、南容君子哉？“魯無君子，斯焉取斯？”豈其
　　言之牴牾也？況聖人本開國先王之稱，善人亦齊桓、秦穆之倫，故
　　曰：“不踐迹。”謂其不拘先王之舊也。是有大作用者，亦世不恒有，
　　故曰：“不得而見之矣。”君子，固學先王之道以成德者；善人、有恒
　　者，固無學問。然張敬夫所謂“以學言”“以質言”，張橫渠所謂“志
　　於仁而無惡”，皆昧乎語勢及不識善人矣。非有恒者，雖或用孔子，
　　然不能久，故願有恒者也。且《書》曰：“罔克有終。”是人君之德，以
　　恒爲美也。大氐宋儒以來，陷於莊周“内聖外王”之説，而忘於孔子
　　之道爲先王之道，故動輒作窮措大解，可憫之至；“善人”以下，異日

之言，以其相類，故同居一章。"子曰"何必衍也？"難乎有恒矣"，孔安國曰："難可名之爲有常。"可謂善解古文辭已。有亡以人言，盈虛以倉廩言，約泰以民生言；亡人而以爲有人，倉廩虛而以爲盈，民困約而以爲泰。務夸大以自憙，是無所守者也，故難可名之爲有常已。

子釣而不綱，弋不射宿。綱，以大繩屬綱，絶流而漁者也。弋，以生絲繫矢而射也。宿，宿鳥。洪氏曰："孔子少貧賤，爲養與祭，或不得已而釣弋，如獵較是也。然盡物取之，出其不意，亦不爲也。此可見仁人之本心矣。待物如此，待人可知；小者如此，大者可知。"

【古義】此見夫子道德，度越萬世，然本不離世以爲高，不違俗而獨立，所以爲中庸之至也。韓子所謂"吐辭爲經，舉足爲法"，唯聖人爲然。

論曰：仁者，天下之大德也；義者，天下之大用也。非仁則萬物不育，非義則萬事不行，兩者相須而不得相離也。見聖人之釣與弋，而後知義之不可廢也；見其不綱與不射宿，而後又知仁之不可去也。若夫焚林竭澤，暴殄天物者，固不得爲仁。而至於斷屠戒殺、宗廟不血食者，則亦不知義之不可廢，豈復得爲仁也哉？其不可行于天下也，均矣。故聖人以天下爲道，而不以一人强天下；以萬世爲教，而不以一時律萬世，至矣！

【徵】"釣而不綱"，"綱"不它見，恐網字誤。釣、網事殊，故著"而"字。宿是弋宿，故無"而"字。何註："孔曰：釣者，一竿釣。綱者，爲大綱以橫絶流。以繳繫釣，羅屬著綱。"邢昺疏曰："此註文句交互，故少難解耳。"殊不知孔註至"流"字而止，"以繳"而下何晏也。古者在禮，士得弋釣。至於綱宿，則民之所爲也，君子不爲矣。何以知之？天子諸侯，爲祭及賓客則狩，豈無虞人之供，而躬自爲之？所以敬也。狩之事大，而非士所得爲，故爲祭及賓客則釣弋，蓋在禮所必當然焉。古者貴禮不貴財，不欲必獲，故在天子諸侯則三驅，在士則不綱、不射宿。後世儒者不知道，不知禮，故其於此章也，不知求諸禮，但言仁人之心耳，故其論終有窮矣。以禮言之，仁義豈外哉？朱註又引洪氏曰："孔子少貧賤，爲養與祭，或不得已而釣弋。"是亦以不忍之心爲仁，惑於孟子"遠庖廚"之説，其視仁如浮屠氏，故爲是言已。是禮也，豈在不得已哉？大氐後世井田廢，錢幣盛，而物皆取諸市。其於祭與賓客，以貴價買物爲敬。此俗所移，遂致不識此章之義已。

子曰："蓋有不知而作之者，我無是也。不知而作，不知其理而創作也。多聞，擇其善者而從之。多見而識之，知之次也。識，記也。多聞而擇善，則有所法矣；多見而識之，則有所考矣。皆不敢自作，而取諸人之事，可爲不待聞見而知者之次矣。聖人之廣資衆智，而不敢自專如此也。"

【古義】聞廣矣，而善惡之實泛，然故擇而從之；見實矣，而得失之跡較然，故直記之皆足以備鑒戒，廣知識也。門人見夫子以生知之聖，自居甚卑，而後知其德之甚盛，而聞見之功不可忽諸。蓋聖人體道之深，取善之周，不自覺其辭之謙如此。若夫其言誇大者，其道必小，其行過高者，其德必淺，唯中庸之德爲至也。

【徵】"蓋有不知而作之者，我無是也"，孔子自謂"知之次也"。"多聞""多見"，見于《論語》者二：答子張，以言行言，此章"多聞"，道之聞于人者；"多見"，己得諸簡策及它人所行者，乃述之事也。何則？對作而言之也。二"知"字皆去聲，智謂聖也。朱註"不知其理"，淺矣哉！僅知其理焉耳，豈能作之哉？《緇衣》："多聞，質而守之；多志，質而親之。""多志"，即此"多見"也。

互鄉難與言，童子見，門人惑。互鄉，鄉名，其俗習於不善，難與言善。惑，猶疑也。子曰："與其進也，不與其退也，唯何甚？與，許也。夫子答門人，言："但許彼童子進而來見耳，非許其既退而爲不善也。予何已甚哉？"人潔己以進，與其潔也，不

保其往也。潔，脩治也。往，前日也。言凡人潔己而來，但許其自潔，而不能保其前日所爲之善惡也。”

【古義】聖人待物之仁，猶天地之造化萬物，生者自生，殺者自殺，而生物之心，自無息於其間。何其大哉！《孟子》曰：“往者不追，來者不拒。苟以是心至，斯受之而已矣。”可謂能發夫子之道，而詔之萬世者也。異端誘人而從己，小儒惡人之逃己，與聖人之道，固天淵矣。

【徵】“互鄉難與言”，鄭玄曰：“其鄉人言語自專，不達時宜。”非矣。朱註：“其人習於不善，難與言善。”亦非矣。觀於下文“進退”，則“童子見”者，來學也。“難與言”者，難與言道也。子曰：“賜也，始可與言《詩》已。”“與言”二字，可以見焉；“不保其往也”，鄭玄曰：“往，猶去也。人虛己自潔而來，當與之進，亦何能保其去後之行？”可謂古人能解古書，善識詞義。邢疏、朱註皆以“往”爲“前日”之義，而“保”字不可得而解矣。“唯何甚”，古註解爲“一何甚”“亦有何疑”，而朱子疑其有錯簡闕文，亦不識古文之過耳。“與其進也，不與其退也”，猶言喜來而惡去，門人之意也，故曰“一何甚”。言夫子不若是也，夫子惟與其潔己而已。朱註“非許其既退而爲不善也”，非也，進退未言其善惡。

子曰：“仁遠乎哉？我欲仁，斯仁至矣。”

【古義】此言仁之甚近也。學者以仁爲甚遠而難至，殊不知欲之斯至，何遠之有？蓋仁者天下之美德，而以吾性之善而求之，則猶以薪投火，其至甚迅，何憚而弗求之邪？

　　論曰：仁者天下之大德也，而其事至近，爲之在我，故曰：“我欲仁，斯仁至矣。”而先儒以仁爲具於性之理，而以滅欲復初爲求仁之功。若然，則仁之於人也，猶四肢百骸之具於吾身，人人皆有，天下豈有不仁之人？亦豈須言“至”？譬諸心猶薪也，仁猶火也，薪之用在乎火,而心之德在乎仁。積而不燒,則無以見薪之用;放而不求,則無以見心之德。故聖賢常曰欲仁,曰求仁,而未嘗以滅欲復初爲至仁之工夫也。橫渠有内外、賓主之説,自合于夫子"至"字之義,與以仁爲性爲理者大異矣,學者審諸。

【徵】"仁遠乎哉",言仁至遠也。仁以安天下爲功,故至遠焉。所以安天下者,先王之道也。孔子卷先王之道而懷之,豈遠乎哉? 若使孔子居王侯之位乎,下車而仁可得而行也,故曰:"我欲仁,斯仁至矣。"朱子以"心之德"爲解,以欲仁爲"反而求之"之謂,豈然哉? 心之德在我,豈容言至哉? 反而求之,則即此而在,是宋儒求放心之説,出自浮屠焉,不可從矣。觀"遠乎哉"之言,則"仁"字之義,以安天下言之者,章章明哉! 或曰:宋儒以"不遠"爲解,假使從其解乎,苟非遠也,何不遠之有? 凡謂不遠者,以遠故也。

陳司敗問:"昭公知禮乎?"孔子曰:"知禮。"孔氏曰:"司敗,官名,陳大夫。"昭公,魯之先君,嘗習於威儀之禮,故以"知禮"答之。**孔子退,揖巫馬期而進之,曰:"吾聞君子不黨,君子亦黨乎? 君取於吳,爲同姓,謂之吳孟子。君而知禮,孰不知禮?"**巫馬期,孔子弟子,名施。相助匿非曰黨。魯吳俱姬姓,於禮不可昏,而昭公取之,當稱"孟姬",而諱曰"孟子",使若宋女子姓者然。司敗疑其非禮,故先以"知禮乎"發問,至此詰之。○吴氏程曰:"疑謂之孟子者,魯人諱之而謂之吳孟子者,當時譏諷之語也。"**巫馬期以告。子曰:"丘也幸。苟有過,人必知之。"**夫子以人之知過爲幸,此聖人之心也。

【古義】昭公嘗習於威儀之禮,當時以爲知禮,故孔子答之以"知禮"。及於司敗再以"取於吳"詰之,而夫子以爲過而不辭。蓋司敗之論甚傷急迫,而夫子卒不顯其國惡,其詞氣雍裕,不少露圭角,一應接之間,衆善交集若此。非盛德之至,豈能然乎?

　　論曰:舊註以爲諱國惡,非也。司敗有意問之,夫子無意答之,其以知禮爲答，非不當也。及乎司敗再詰之，而夫子自知其爲過。如使夫子有意諱國惡，則非過也。苟以非過，自以爲過，是僞焉耳，非直也，豈聖人之心乎哉？或曰：然則聖人亦有過乎？曰：君子之過也，如日月之食焉，過也人皆見之，更也人皆仰之。周公弟也，管叔兄也，周公不知其將叛而使之，在周公則不免爲過。故孟子曰：“周公之過，不亦宜乎？”夫日月薄食，五星逆行，四時失序，旱乾水溢，則雖天地不能無過，況人乎？聖人亦人焉耳，其復何容疑？倘若木石器物，一定不變焉，則死物耳，要不足貴焉。故知道者，不貴無過，而貴能改焉。聖人之道廣矣，大哉！

【徵】孔安國曰：“司敗，官名，陳大夫。”邢昺曰：“文十一年《左傳》云：‘楚子西曰：“臣歸死於司敗也。”’杜註云：‘陳楚名司寇爲司敗也。’”孔安國曰：“諱國惡，禮也。聖人道弘，故受以爲過。”此言孔子不復言昭公，而獨言己之幸，所以爲道弘也，非謂諱國惡爲道弘也。過而不知，則不能改之；過而人知而告之，則得改，是幸也。君子之過，如日月之食，在上之人，人所具瞻。孔子得比於此，故曰“幸”也。《春秋·哀十二年》：“夏五月甲辰，孟子卒。”《左氏傳》曰：“昭公娶於吳，故不書姓。”邢昺疏：“此云‘君娶於吳爲同姓，謂之吳孟子’，是魯人常言稱孟子也。”吳氏程以爲當時譏諷之詞，或當然也。仁齋先生論此章而曰：“聖人亦有過。”此言本於孟子，可謂非若宋儒所謂“一疵不存”之比矣。又曰：“苟以非過，自以爲過，是僞焉耳，非直也。”豈聖人之心乎？非矣。諱君之惡，禮也，豈僞乎哉？仁齋動輒曰“直也”“非直也”，夫直豈足論聖人乎？孔子曰“直在其中矣”，又稱伯玉“君子哉”，史魚“直也”，可見直亦一德耳。夫道在行之如何也，而後世儒者以評論是非爲務，故其所重在直也。不貴禮而貴直，職此之由，小矣哉！

子與人歌而善，必使反之，而後和之。朱氏曰：“反，復也。”必使復歌者，欲得其詳，而取其善也；而後和之者，喜得其詳，而與其善也。

【古義】孟子曰：“大舜善與人同，舍己從人，樂取於人以爲善。”取諸人以爲善，是與人爲善者也。夫歌，小藝也，乃於其善，則夫子猶繾綣樂取。聖人樂善無窮之意，於是可見矣。

【徵】“子與人歌而善”，善者，善之也。孔子善之也，子與人管到此，故知雖無“之”字，亦爲善之也。必使反之，賞其善也；而後和之，學之也。與人歌之，禮也。若使反之而已，則嫌乎以歌工待之也。朱註云云，雖詳且盡乎，然不知其爲禮矣，宋儒之學爲然。

子曰：“文，莫吾猶人也。躬行君子，則吾未之有得。”莫，無也，言文吾豈不能及人哉？身行君子，則吾未能也，蓋言行之難也。

【古義】朱氏曰：“於文言其可以及人，足見其不難繼之意，又見其不必工之意；於行言其未之有得，則見其實之難焉。見其汲汲於此，而不敢有毫髮自足之心焉。一言之中，而指意反覆，更出互見，曲折詳盡，至於如此。非聖人而能若此哉？”

【徵】《升庵外集》曰：“《晉書》：‘樂肇《論語駁》曰：燕齊謂勉强爲文莫。’陳騤《雜識》云：‘《方言》：“俛莫，强也。凡勞而勉若云努力者，謂之俛莫。”故文莫黽勉也。’”何註：“莫，無也。文無者，猶俗言文不也。”是古來相傳之説，非何晏之言也。文不吾猶人者，凡言文皆不勝於人也，是何晏之言也。何以知之？若使盡出於何晏，則止當云莫不也。文不吾猶人者，凡言文皆不勝於人也。今解莫爲無，解文無爲文不者，是文無、文不，皆漢時有是言，與文莫、俛莫同義。故展轉作此解，而何晏不識其意也。當歸，一名文無，一名蘼蕪，蘼蕪、文無，音亦相近。臨別贈之，蓋相勉之意，猶云“加餐食”，則知文無古有是言也。按：“文莫吾猶人也”者，孔子時諺也，言凡事黽勉，則可皆及於人也。孔子誦之，而曰："世人所言如此，雖然至於躬行君子之道，則吾未得其人也。"嘆世少君子也。大氏前儒視文甚輕，非聖人本意也。且上有"也"，下無"也"；下有"則"，上無"則"，是文與躬行君子對言者，非也。文莫二字舊註不成解，朱子又曰："莫，疑辭。"是援唐詩中莫字以解《論語》，可謂不識古文辭已。

子曰："若聖與仁，則吾豈敢？抑爲之不厭，誨人不倦，則可謂云爾已矣。"無所不能之謂聖，無所不愛之謂仁。《周禮》以智、仁、聖、義、中、和爲六德是也。孟子以仁且智爲聖，此以仁與聖相對並論，其意自別。爲之，謂爲仁聖之道；誨人，亦謂以此教人也；"可謂云爾已矣"者，猶謂子路曰"汝奚不曰云云"也。○晁氏曰："當時有稱夫子聖且仁者，以故夫子辭之。"**公西華曰："正唯弟子不能學也。"**公西華蓋以其不厭不倦，而知夫子實有仁聖之德，非學者之所能及也。

【古義】門人以爲夫子之德，賢於堯舜，而見其言甚謙，而驚且異焉，而後又益知其德之盛，不可加焉。故於夫子謙讓之言，皆謹錄而備記之，可謂其智亦足以知聖人者也。

【徵】"若聖與仁則吾豈敢"，是或人贊孔子，而孔子以謙承之也。何以知之？若使無人贊之，孔子突然而言之，是孔子以仁聖自處也。且下文曰："可謂云爾已矣。"云爾者，云云也，意舉或人之言而代之以云爾也。故知此必孔子承人贊之者也，正與上葉公問孔子章同辭。聖者聖人，仁者仁人，聖者知之至，仁者行之至。朱子每謂聖者地位，仁者道稱通上下，非也。堯、舜、禹、湯、周公，豈知至而行不至哉？作者之謂聖，制作禮樂，必有所前知，故舉其功之大者以爲稱耳。成康以下，無制作之事，故以仁人稱之。而孔子每勉人以仁，爲是故也。"正唯"二字，馬融曰："正如所言，弟子猶不能學，況仁聖乎？"蓋"唯"，是也。是，如是也。"正唯"，如後世"政爾"，故馬融解以正如所言也；"況仁聖乎"四字，不當文意。蓋孔子自言："吾非仁聖也，吾學仁聖也。""爲之不厭，誨人不倦"，學之事也。公西華深知孔子，故嘆曰："正如所云，赤輩學亦不能也。"謂孔子非學也。弟子，自稱也。

子疾病，子路請禱。子曰："有諸？"疾甚曰病。禱，謂禱於鬼神，本乃臣子不得已之至情，然不宜請於病者而禱之。蓋子路既禱之，而欲伺夫子之意，以白其實。夫子亦知其既禱，故問："有諸？"**子路對曰："有之。誄曰：'禱爾于上下神祇。'"**誄，古作"讄"，《説文》曰"禱也，累功德以求福"，《尚書·金縢》之詞是也。上下謂天地，天曰神，地曰祇。"爾"當作"祠"，《周禮》曰："禱祠于上下神祇。"子路爲夫子自誦其所作誄詞如此。○舊説：誄者，哀死而述其行之詞也，誤矣。子路爲夫子禱疾，不宜引哀死之詞，且見"禱爾神祇"之詞，則知行禱之語，而非哀死之言也。**子曰："丘之禱久矣。"**禱者，悔過遷善，以祈神之佑者也。夫子言："吾禱之非一日矣，豈更用禱乎？"

【古義】古者疾病，有行禱五祀之禮。子路之請禱，固非無謂也。唯夫子之道，度越羣聖，特以道德爲教，而不欲人之惑於鬼神，故曰："丘之禱久矣。"蓋明人當自盡其道，而不可妄用禱，其示子路也切矣。○陳氏櫟曰："聖人素履無愧，少壯迨老，無非對越神明之時，豈待疾病而後禱哉？所謂'禱久矣'，乃因子路引'禱爾'而言，蓋不禱之禱也。"

【徵】誄，孔安國曰："禱篇名。"仁齋先生曰："誄，古作'讄'，《説文》曰'禱也'。"朱子以爲死後之誄。是其意訓"爾"爲"汝"，而謂追言禱疾之事，以見惜死之意。然果如其意，則當云"禱疾"，不當云"禱汝"也。且古文簡，誄累功德，豈及禱疾之事乎？且假使古人不諱，豈方疾革而舉死者之誄乎？爾，語辭，如"假爾泰筮有常"之"爾"。禱篇筮祝，文當相類，從孔説爲是。子曰"有諸"，問有此禮否也。朱註謂有此理否，非矣。古人動求諸禮，宋儒動求諸理。孔子所以問之者，孔子不欲禱，且未知其欲禱何神，故反問以觀其意也。《士喪禮》：疾病，行禱五祀。子路所以不引此而引誄者，蓋此時孔子在他邦而無家，故無五祀可禱也。上下，天地也。唯天子得祭天地，然祭與禱殊，如號泣于旻天、于父母。人窮呼天，雖士庶必有禱天之禮也；丘之禱久矣，是止子路之禱，而安慰其心也。朱子曰："臣子迫切之至情有不能自已者，初不請於病者而後禱也。故孔子之於子路，不直拒之，而但告以無所事禱之意。"夫既當禱矣，何請不請之有？是其意謂實無鬼神。祭與禱，皆虛文，唯致吾誠耳，故歸諸不得已之情乎爾。孔子既曰"祭則受福"，則禱豈無益哉？禱苟有益乎，請亦何害？夫禱者，所以敬天也。仁人之事天，如孝子之事親焉：孝子之於親，怒則謝，豈問過之有無乎？所以敬親也；仁人之於天，災眚則禱，亦豈問過之有無乎？所以敬天也。而乃曰："聖人未嘗有過，無善可遷。"可謂不知敬天者已。且子路當不請而請之，是爲小節，孔子而拒之，豈聖人愷悌之態乎？其亦如子路愛孔子之心何？然則孔子所以止之者何？聖人之心，不可得而測焉。然疾與兵，其所以害生者同，故吾得諸匡之畏也。曰："文王既没，文不在兹乎？天之將喪斯文也，後死者不得與於斯文也；天之未喪斯文也，匡人其如予何？"是孔子信天之知我，命我以斯文，故知其雖病不死，是孔子所以不欲禱也。而其所以曰"丘之禱久矣"者何？凡祭禱，皆有其事焉，有其實焉。丘之禱久矣，其事之有無，未可知矣。且以其實言之，《書》曰"祈天永命"，亦言敬天耳。孔安國曰："孔子素行合於神明。"是自後世言之者也，非孔子之心也，學者察諸。

子曰："奢則不孫，儉則固，與其不孫也寧固。" 孫，順也。固，陋也。

【古義】 此極言奢之害也。蓋固則無文彩，不孫則無名分。無文彩，則徒無可觀者而已；至於無名分，則人道亡矣，聖人之所深戒也。

論曰：先儒謂"奢儉俱失中，而奢之害大"，非也。蓋崇本抑末，聖人之心也。故夫子每以儉教人，而深戒奢之害。苟仁熟義精，則或豐或約，無施而不可。若有意執中，則必至於執一而廢百，故孔孟言禮而不言中也。

【徵】"禮，與其奢也寧儉。""奢則不孫，儉則固，與其不孫也寧固"，孔安國曰："俱失之。奢不如儉，奢則僭上，儉不及禮。固，陋也。"蓋安上治民，莫善於禮，故僭上之失甚於固陋。

子曰："君子坦蕩蕩，小人長戚戚。"坦，平也。蕩蕩，寬廣貌。

【古義】君子每要檢束，故其心反寬廣。小人自好放縱，故不免長戚戚，是學者之所當自省也。○程子曰："君子循理，故常舒泰。小人役於物，故多憂戚。"

【徵】君子知命，故坦蕩蕩。小人不知命，故長戚戚。程子以循理役於物爲解，抑末矣。

子溫而厲，威而不猛，恭而安。厲，嚴肅也。

【古義】此言聖人盛德之容，不待用力而自無偏倚也。若學者，唯當以仁存心，以禮存心。苟仁熟禮立，則不期然而自然。若夫不從事於仁禮，而徒欲以力持守之，則有"恭而安"不成者，不可不知焉。

【徵】溫而厲，"即之也溫，聽其言也厲"；威而不猛，恭而安，"望之儼然"。不然，非言之曰厲，吾未之聞焉。子夏曰"君子有三變"者，盛德之容也。禮樂得諸身，謂之德。古之君子，皆禮樂以成其德，豈翅孔子焉已乎？宋儒乃以氣質爲説，不知禮樂者也。

泰伯第八 凡二十二章

子曰："泰伯，其可謂至德也已矣。三以天下讓，民無得而稱焉。"泰伯，周大王之長子。次弟仲雍，少弟季歷，季歷賢，又生聖子文王昌。泰伯長而當立，讓之不嗣，逃之荊蠻，於是季歷立。至文王，天下諸侯日歸其德，武王遂克商而有天下，號周。三讓，終遜也。以天下讓，謂讓其國，蓋因周有天下而追稱之也。無得而稱，謂其德至極，不得以言語稱之也。○按：泰伯三讓之事，諸儒之説紛然不一。夫商周之事，莫如取證於聖經，故今特據《詩・大雅・皇矣》篇爲斷。觀其言"帝作邦作對，自泰伯、王季"，則知周至泰伯、王季，而始強大矣；觀言"維此王季，則友其兄"，則知王季能事泰伯，而得其歡心矣；觀言"載錫之光"，則知泰伯能知王季之賢，而讓之。王季又能勤王業，而不辱泰伯之知矣。觀言"王此大邦"，則知"以天下讓"者，乃追稱之辭也。蓋大王既没之後，泰伯季歷，兄弟友愛，同當國布治。位號未定，泰伯以季歷之功日高，又有聖子，而讓之季歷。季歷不可，於是逃之荊蠻。蓋泰伯直讓之季歷，而本非豫料大王之心而逃也。觀其不稱大王，而特言自泰伯王季，可見矣。

【古義】聖賢之心，皆爲天下，而不爲己也。泰伯之讓季歷，蓋爲斯民計也，而其後文武之道大被於天下，民陰受其賜，而不知實爲泰伯之德。此夫子所以歎其至德也。

【徵】"三以天下讓"，朱註"三讓謂固遜"，非也。聞謂三讓爲固遜矣，不聞謂固遜爲三讓矣。如三年、三月、三思、三畏、三變，皆實有其數，然其詳不傳焉。邢疏："大王疾，大伯因適吳越採藥。大王殁而不返，季歷爲喪主，一讓也；季歷赴之，不來奔喪，二讓也；免喪之後，遂斷髮文身，三讓也。"是以禮爲説，非後人所及，必古來相傳之説。祇《左傳》："大伯端委，以治周禮。"不與此同，則亦難從焉。要之古書殘缺，不的指其事可也。以天下讓者，言其讓爲天下故也。朱子以爲讓天下，故其言曰："以泰伯之德，當商周之際，固足以朝諸侯有天下矣。"夫周至文王，乃三分天下有其二。泰伯之時，天下非周有，豈可以讓天下言哉？大王之心，以文王有聖德，故欲傳位季歷，而泰伯亦知文王之必能安天下也。故潛逃以讓之，以濟其美，是其讓爲天下故也。凡《論語》稱至德者二：泰伯以讓，文王以恭。稽諸《書》，贊堯以"允恭克讓"，則恭讓爲德之至，而堯之讓舜，爲天下故也。舜禹相承，道始立矣，益以見其讓之莫大焉；泰伯之讓，亦爲天下故也。歷昌相承，文斯成矣。豈不其讓之亦莫至焉哉？蓋讓而無益于人者，止潔身焉，非堯舜泰伯之讓也。讓而濟天下者，克用其讓焉，是其所以爲至德也。民無得而稱焉，固泰伯之所以成其讓，然苟其讓之小也，豈足爲至德哉？孔子言之者，人多不知三讓之事，故發之耳，豈必以泯迹爲至德乎？大氐宋儒無作用，專求諸心，所以不通也。又所謂“泰伯之德足有天下”者，亦未知孔子所以稱至德之意。乃謂孔子既稱至德，則其德當如是矣，殊不知孔子止以讓與恭言之。何則？曰“三以天下讓”而已矣，曰“三分天下有其二”而已矣，未嘗言其它焉。宋儒不信孔子之言，而求至德於言外，豈不謬哉？今按：大王、泰伯，皆非文王之倫。《書》曰：“大王肇基王迹。”《詩》曰：“實始翦商。”孟子以爲智者，而以句踐比之，則周家克商之後，以文武周召之德，而殷頑民尚且不帖服者，以大王之所爲有未慊於人意者故也。泰伯逃而蠻夷奉之爲君，其仁可知矣，則大王所以有仁人之名者，毋乃以有泰伯之故乎？《詩》曰：“維此王季，因心則友，則友其兄。”又曰：“維此王季，帝度其心，貊其德音。”是王季恭謹之人，乃能埋德韜光。據《孔叢子》子思之言，王季當帝乙之世爲西伯。據屈原《天問》，則文王尚作州牧，况王季乎？故鄭玄不從《孔叢子》。孟子又曰：“武丁朝諸侯有天下，猶運之掌也。”以此觀之，方其時殷運未移，若使泰伯嗣大王，則德音必昌，周家必張，而不臣之迹成矣。季歷嗣而後，韜晦承順，歛周家方張之勢，而傳諸文王，以竢殷運之移。此泰伯之讓，所以成周家之美也。蓋民之附泰伯，如蟻慕羶，泰伯之爲人，不能自歛其羶。唯古人克自知，克自度，故泰伯自度其材行，而不嗣大王，使王季嗣也。不然，父疾而不親養，不視其死，不奔其喪，甘爲蠻夷之人，何其甚矣！《左傳》

曰："泰伯不從。"蓋必有其事矣，然不可知其所不從者何事也。朱子以爲夷齊扣馬之心，是或有似焉。然三代時，稱諸侯爲君，其禮有不若秦漢後君臣之分者矣，泰伯亦不身仕殷朝，唯爲周國世子耳。夷齊扣馬之事，王氏既辨之，且泰伯爲是，則湯武爲非，其説終不可通也。仁齋先生據《詩》"帝作邦作對，自大伯、王季"，而謂泰伯之逃不在大王之時，而在王季之時。其言甚辨，然盡廢古書，以己心説古之事，非妄而何？至於大伯、王季相並而治國，則世豈有是事哉？世豈有是事哉？

子曰："恭而無禮則勞，慎而無禮則葸，勇而無禮則亂，直而無禮則絞。"

朱氏曰："葸，畏懼貌。絞，急切也。無禮則無節文，故有四者之弊。"

【古義】此章專言人之百行，不可不以禮爲準則也，當與"博文約禮""克己復禮"等章參看。夫制一器，造一物，莫不各有其法。況天下之人，剛柔進退，有萬不同。苟不有法以律之，則過者益過，不及者益不及，此道之所以不明不行也。人之於禮，其猶規矩準繩乎！蓋恭慎者柔之德，勇直者剛之發，皆人之善行也。然不禮以裁之，則恭而至勞，慎而至葸，勇而至亂，直而至絞，其弊有不可勝言者矣。故孔子常以禮爲人之規矩準繩，而使人以此爲準，大而經國御世，近而脩身齊家，皆莫不以從事於禮焉。後世之學亦雖以禮爲言，而其説過高，專求于己心，至於以心爲法，其亦乖夫子之旨矣。

【徵】葸，何晏曰："畏懼之貌。"《博雅》曰："慎也。"《荀子》曰："諰諰然常恐天下之一合而軋己。"《漢·刑法志》曰："鰓鰓常恐天下之一合而共軋己。"《赤蛟篇》曰："靈禗禗。"左思《魏都賦》曰："臨焦原而弗悷，誰勁捷而無㦷。"言城雉高峻，使人莫敢近也。王延壽《魯靈光殿賦》曰："魂悚悚其驚斯，心㦷㦷以發悸。"註："言殿堂北入，而西廂東序，深邃不測，見者悚驚也。"是葸、㦷、禗、鰓、諰皆通。絞，馬融曰："絞,絞剌也。"邢昺曰："絞剌人之非。"《左傳‧昭元年》:"叔孫絞而婉。"註:"絞,切也。"《韓詩外傳》曰:"堂衣若叩孔子之門曰:'丘在乎?'子貢曰:'子何言吾師名?'堂衣若曰:'子何言之絞?'子貢曰:'大車不絞,則不成其任;琴瑟不絞,則不成其音。子之言絞,是以絞之也。'"朱子曰:"絞,急切也。"按:何朱非殊,蓋絞者,謂責讓人之非,毫無假借也。朱子又曰:"無禮則無節文,故有四者之弊。"張子曰:"人道知所先後,則恭不勞,慎不葸,勇不亂,直不絞。"是或以禮爲節文,或爲先後之序,皆僅言其一端者已。恭慎勇直,是人之性。禮者,所以養人之德性也。任其性,不以禮養之,必有勞葸亂絞之疾也。

君子篤於親,則民興於仁;故舊不遺,則民不偷。興,起也。偷,薄也。此章舊連上章,今從朱氏,別爲一章。

【古義】陳氏櫟曰:"親親,仁也,上仁則下興仁。不遺故舊厚也,上厚則下歸厚,上行下效也。"○以德爲政,則民心服,而其澤遠矣;以法行政,則民雖知畏,然其澤淺矣。故古先聖王治天下之道,在德不在法,所以保數百年宗社而不衰也。後世非無英君碩輔,然其所以御天下者皆反之,故非不欲治,而不得治。聖賢之論治體,皆以德不以法者,爲此故也。

【徵】"君子篤於親"以下,吳氏謂當自爲一章,是矣。又曰:"曾子之言也。"何以知其非孔子之言? 可謂妄矣;興,起也,未是。興有興盛意,民興於仁,謂民之仁行興盛也。

曾子有疾,召門弟子曰:"啓予足,啓予手。啓,開也。曾子以爲身體髮膚受之父母,不敢毀傷,故當其疾病之時,使弟子開衾而視之也。《詩》云:'**戰戰兢兢,如臨深淵,如履薄冰。**'《詩》,《小旻》之篇。戰戰,恐懼貌。兢兢,戒謹意。臨淵,恐墜。履冰,恐陷也。曾子以其所保之全示門人,而言其所以保之之難如此。**而今而後,吾知免**

夫！ 小子！ 言至於將死，而後知其得免於毀傷也。小子，門人也。語畢而又呼之，以致丁寧之意。"

【古義】曾子之學，以孝爲主，忠信爲本，其奉持身體、不敢毀傷者，蓋以孝弟忠信之實，施之身體也。夫孝莫大於愛親，知愛親，而後得能體其心；能體其心，而後知能愛其身。父母之於子也，幼則有湯火之慮，壯則有倚門之望，無一日不恤其有虧傷也。曾子能以父母之心爲心，故終身奉持遺體，戒謹恐懼如此，足見曾子之學臻其至極，而道德蔑以加也。

【徵】鄭玄曰："啓，開也。曾子以爲受身體於父母，不敢毀傷，故使弟子開衾而視之也。"此引《孝經》之文。然《孝經》本謂免於刑戮也，身謂劓與宮，體謂刖，髪謂髡，膚謂墨。故"身體髮膚"四字，指五刑而言。古之道以免於刑戮爲先，故曰："身體髮膚，受之父母，不敢毀傷，孝之始也。"以見用於世爲難，故曰："立身行道，揚名後世，以顯父母，孝之終也。"孔子謂南容曰："邦有道，不廢；邦無道，免於刑戮。"子思賛孔子而曰："國有道，其言足以興；國無道，其默足以容。"是其言皆足相發。又觀春秋時諸侯大夫之言，每以獲全首領終於牖下爲幸矣，古時議論皆爾。後世士君子，驁桀自高，志氣如狂，乃以此等言爲卑不足行也；"吾知免夫"之"免"，亦謂免於刑戮也，《論語》中"免"字皆然。曾子在無道之世，故以此爲幸焉。若以保護身體爲説，其説終有不可通者，學者察諸。《戴記》載樂正子春之事，近迂矣，亦必有所爲而發也。

曾子有疾，孟敬子問之。孟敬子，魯大夫仲孫捷，來問其疾。曾子言曰："鳥之將死，其鳴也哀；人之將死，其言也善。鳥獸愛生而無義，故其將死，鳴必哀；人之將死，氣消欲息，故其言必善。曾子欲敬子知其所言之善而識之，故先以此告之。君子所貴乎道者三：動容貌，斯遠暴慢矣；正顏色，斯近信矣；出辭氣，斯遠鄙倍矣。**籩豆之事，則有司存**。暴，粗厲也。慢，放肆也。信，實也。辭，言語。氣，聲氣也。鄙，凡陋也。倍，與"背"同，謂背理也。籩，竹豆。豆，木豆。言君子之於道，無所不得，然其最可貴者，有此三事：動容貌，則欲其遠暴慢也；正顏色，則欲其近信實也；出辭氣，則欲其遠鄙倍也。若夫至於器數之末，則自有司職守之所存，而非君子之先務也。欲敬子以是三者爲務而偹德也。"

【古義】此章與"恭近於禮，遠恥辱"之意同。蓋君子其養於中者篤，故其
　　　見於外者自如此，非若常人之用力持守，而遂不得其所欲也。捷死
　　　得諡敬，豈有得於曾子之言歟？

【徵】"鳥之將死，其鳴也哀"，二句必是時諺。朱子謂曾子之謙辭，非矣。
　　　"君子所貴乎道者三"以下，曾子語聘會之事也。是在春秋時，爲卿
　　　大夫重務，何者？周道衰，禮樂征伐不自天子出，而在方伯，則諸侯
　　　之相與，非聘會則兵車也。安其國於是，危其國亦於是。孟敬子亦
　　　知其如此，而學禮於曾子，然徒留意於籩豆之末，而不知其所重。
　　　故曾子語之以是，如孔子答衛靈公俎豆之事，亦謂聘會焉。後儒不
　　　知古言，故其於二章，一如癡人説夢，可謂憒憒已。鄭玄曰："此道
　　　謂禮也。動容貌，能濟濟蹌蹌，則人不敢暴慢之；正顏色，能矜莊
　　　嚴栗，則人不敢欺詐之；出詞氣，能順而説之，則無惡戾之言入
　　　於耳。"此古來相傳之説，不可易矣。道有君子所貴者，有有司
　　　所貴者，故曰："所貴乎道者三。"暴，害也。暴慢者，人害之、人
　　　慢之也。信者，人信之也。鄙倍者，人鄙之背之也。出辭氣，
　　　氣者，如"發氣盈容""盛氣顛實，揚休玉色"。朱註暴、慢、信、
　　　鄙、倍，皆以己言之，而曰"脩身之要，爲政之本"，可謂不知辭
　　　義者已。且解"信"爲實，大失古義。且容貌之失，豈翅暴慢？
　　　言語之失，豈翅鄙倍？且籩豆非爲政之具，豈容以爲政之本解之？
　　　不可從矣。

曾子曰：“**以能問於不能，以多問於寡；有若無，實若虛；犯而不校**。能、不能，以學之所造而言；多、寡，以學之所得而言。校，計校也。**昔者吾友嘗從事於斯矣**。吾友，指當時孔門之諸賢也。蓋孔門以此五者爲學問之條目，故曰：“從事於斯矣。”’”

【古義】學者必識孔門之風，而後可以爲孔門之學。苟不識孔門之風，則必不能得其門庭。所謂孔門之風者何？“以能問於不能，以多問於寡，有若無，實若虛，犯而不校”是也。爲學者多不知自省：有一分工夫，便有一分勝心；有兩分工夫，便有兩分勝心。驕吝之念，愈進愈牢，故曰：“人之患，在好爲人之師。”學道者先除其勝心，而後聖賢之學可得而言也。

【徵】“以多問於寡”，多者，多聞也。寡者，寡聞也。有無以能言，實虛以學言，是皆好學之事也。包咸曰：“校，報也。”朱子曰：“校，計校也。”朱子爲是。馬融曰：“友謂顏淵。”朱子從之。仁齋先生曰：“吾友，指當時孔門諸賢也。蓋孔門以此五者爲學問之條目，故曰：‘從事於斯。’”此其意謂以此爲顏子事，則人絕企望之念。其意甚善，然“吾友”二字，似有所指，祇未知其的爲顏子耳。按：《家語》以爲“曾子之行”。曾子言此，則曾子之從事於斯，亦可見已。然此五句非五事，豈學問之條目哉？

曾子曰：“**可以託六尺之孤**，六尺之孤，謂幼少之君。**可以寄百里之命**，謂攝君之政令。**臨大節而不可奪也**。謂持危扶顛，始終不變。**君子人與？君子人也**。與，疑辭。也，決辭。”

【古義】此言當大任，治大衆，非忠信而有才者不能。蓋忠信而無才，則幹旋不足，何以濟事？有才而不忠信，則衆心不服，必至敗事。故必忠信且有才，而後可以爲君子矣。○袁氏黃曰：“輔長君不難，託孤爲難；執國政不難，攝政爲難。託孤寄命不難，臨大節而不負其寄託之重，最爲難。”此非才節所能辨也，唯有德者能之，故斷其爲君子也。

【徵】孔安國曰："六尺之孤，幼少之君。"邢昺曰："鄭玄註此云：'六尺之孤，年十五已下。'言已下者，正謂十四已下亦可寄託，非謂六尺可通十四已下。鄭知六尺年十五者，以《周禮・鄉大夫職》云：'國中自七尺以及六十，野自六尺以及六十有五，皆征之。'以其國中七尺爲二十，對六十；野云六尺，對六十五。晚校五年，明知六尺與七尺，早校五年，故以六尺爲十五也。"茂卿按："以七尺爲中人之度，周一尺當今曲尺七寸二分，則七尺當五尺四分，六尺當四尺三寸二分也。"升庵引《韓詩外傳》："國中二十行役。"則疏之所言信矣；"可以寄百里之命"，孔安國曰："攝君之政令，臨大節而不可奪也。"何晏曰："大節，安國家定社稷。奪，不可傾奪。"朱子曰："其節至於死生之際而不可奪。"是何晏以事言，朱子以其人節操言。蓋節者，謂禮義之大限也。節操在我，豈容言臨乎？禮義在外，故曰"臨"。禮義之大限，所指亦廣。然先王之道，安天下之道也，故安國家，定社稷爲大節。何晏雖陋儒，亦生於宋儒未出之世，故其言有作用者如此。朱子以死生之際言之，可謂所見止其身已。朱子又曰："與，疑辭。也，決辭。設爲問答，所以深著其必然也。"本於邢昺，是韓柳已後文法，豈可以解古文辭乎？"君子人與，君子人也"，反復言之，所以贊之。《仲尼燕居》曰："子貢越席而對曰：'敢問夔其窮與？'子曰：古之人與，古之人也！達於禮而不達於樂，謂之素；達於樂而不達於禮，謂之偏。夫夔達於樂而不達於禮，是以傳於此名也，古之人也。"朱子豈不謬乎？

曾子曰："士不可以不弘毅，任重而道遠。弘，寬廣也。毅，強忍也。士非弘毅，則不能勝重任而遠到。**仁以爲己任，不亦重乎？死而後已，不亦遠乎？**仁之爲德大矣，以此爲己任，故曰"重"也；以仁爲任，終身不廢，故曰"遠"也。"

【古義】士之所以必貴乎弘毅者,以無此量,則不能任重致遠也。德徧乎四海,仁也;澤及乎昆蟲,仁也;教被乎萬世,仁也;救患弭難,亦仁也。以此爲任,不亦重乎? 一息尚存,能持此志而不可失焉,不亦遠乎? 故士不可以不弘毅者,蓋貴其素養也。

【徵】古者學而爲士,故凡言"士"者,誨學者之言也,非謂士當爾而大夫否也。弘,大也,謂規模宏遠也;毅,勇也,謂强有力也。仁以安天下,可謂重任,故非規模宏遠者不能焉。負重任而致遠,死而後已者,亦謂非死不舍重任也,故非强有力者不能焉。朱子曰:"仁者,人心之全德。"自其家言。程子曰:"弘而不毅,則無規矩而難立。"不知何言。

子曰:"興於《詩》,興,起也。《詩》,出於人情,而其美刺亦足以感人,故可以興。立於禮,禮,人之隄防,足以定其心志,故可以立。成於樂。樂以養人之性情,而自和順於道德,故可以成。"

【古義】此明學問得力功效之次第,亦孔門學問之條目也。言學不可以強爲,得於《詩》,則善心興起,其進無窮,故以興於《詩》先之;德不可以自成,莊敬持守、以禮自脩,則德日立而不可搖動,故曰:"立於禮。"道不可以小成,浹洽融液、其心和樂,則道大成而不可遏止,故曰:"成於樂。"得《詩》之理,則知道之在邇而可樂,故有所興起;得禮樂之理,則知其不可斯須去身,故德立而道成。此學者終身所得之前後本末也。

　　論曰:禮家專主禮樂之功,而不知禮樂之本出於仁義。先儒曰:"古之成材也易,今之成材也難。"其説蓋出於禮家,而非聖賢所以論禮樂之旨也。夫子曰:"禮云禮云,玉帛云乎哉? 樂云樂云,鐘鼓云乎哉?"孟子曰:"仁之實,事親是也;義之實,從兄是也;禮之實,節文斯二者是也;樂之實,樂斯二者,樂則生矣。"信能居仁由義，和順積而英華發焉，則《詩》、禮、樂之教，自在其中矣，尚何有於古之易而今之難？況《詩》、禮、樂皆有本有末：仁義之實，其本也；名物度數、聲容節奏，其末也。聖人之教人，皆專以其本而不取其末。學者苟得其理，則其末者雖未必與古人合，然亦不遠矣。

【徵】興，止訓“起”，包咸之陋也。朱子以“起其好善惡惡之心”解之，是理學者流所見。不越是非二者，可謂不知《詩》已，可謂不知學已。興，如“興於仁”“興於孝弟”之“興”，皆謂有所鼓舞而振興於衆也。先王之教，《詩》、《書》、禮、樂，《書》爲學者本業，何者？《書》道政事，學而爲士，不學則民。仕以從政，故子路曰：“何必讀《書》，然後爲學？”而其所載，皆先王大訓，奉以爲萬世法。其言正大，其義閎深，必以《詩》與禮樂爲輔。博學無方，而後可以睹先王之心，故《易·大傳》曰：“《書》不盡言，言不盡意。”然則聖人之意，其不可見乎？是孔子所以屢言《詩》與禮樂而不及《書》之故也；“興於《詩》”云者，《詩》之爲言，人情世態，莫所不包，瑣細纖悉，婉而不直。其言初不可必以爲訓，又不可必以爲戒，而人各以其意取義，義類無常，展轉不窮。又以諷詠發之，使人不知覺，故必學《詩》而後有所鼓舞，觸類以長。意見益廣，新知紛生，乃能有所振起於衆人之中，斐然成章。過此以往，庶可以成其材德也；“立於禮”云者，凡上自朝廷宗廟，下至鄉黨朋友，外則聘會軍旅蒐狩，內則閨門之中，以至言語容貌之間，器服制度之際。先王皆立之禮，以爲德之則，執而守之。習之之久，人皆有以立於道而不可移奪也；“成於樂”云者，樂亦德之則矣。禮以制之，樂以養之，禮以其敬，樂以其和，故樂者自驩欣悦豫之心導之者也。禮尚有所操，必有所知，至於樂之鼓動以養之，則有不知其然者焉。養之則樂，樂則油然以生，養之於其不知不覺之間，莫周焉。故人之成於道，必於是焉。故興者，興於

道也；立者，立於道也；成者，成於道也。言人之學道，《詩》禮與樂
所以教者，其殊如此也。朱子曰：“禮以恭敬辭遜爲本，而有節文度
數之詳，可以固人肌膚之會、筋骸之束。”是亦宋儒所見主獨善，不
知道德之分，故言禮者專在曲禮，而遺經禮也。又曰：“蕩滌其邪
穢，消融其查滓。”是其變化氣質之説已。殊不知古之成於道者，大
者大成，小者小成，皆各以其材成焉。豈必變化其氣質哉？學者
察諸。

子曰：“民可使由之，不可使知之。”

【古義】此言治民之道，當爲之建學設教，使其自由吾陶冶之中。若欲使
彼知恩之出于己，則不可矣。孟子曰：“霸者之民，驩虞如也；王者
之民，皞皞如也。殺之而不怨，利之而不庸，民日遷善而不知爲之
者。”蓋可使由，而不可使知，王者之心也；欲使知之，霸者之心也。
此王霸之所以分歟？

【徵】人之知，有至焉，有不至焉，雖聖人不能强之。故能使民由其教，而
不能使民知其所以教也，自然之勢矣。至其俊秀，則使學以知之，
亦唯禮樂不言，以行與事示之而已。故其知之也，自知之也，故曰：
“默而識之。”又曰：“不憤不啟，不悱不發。舉一隅，不以三隅反，則
不復也。”自孟子以雄辯聒之人，而後斯義亡焉。後世儒者之師專
務講説，説之益詳，而其惑益深，皆不自知之故也。夫人之性殊，知
愚不得而一之矣。苟以使知爲教，則天下有不被其化者，可謂小
已。仁齋先生昧乎“可”字之義，曰：“不使彼知恩之出于己。”可謂
坦坦聖言，忽生疙瘩。

子曰：“好勇疾貧，亂也。人而不仁，疾之已甚，亂也。”

【古義】好勇善矣，然而不安分，則必自作亂；惡不仁之人，可矣，然而過
甚，則激而致亂。善惡雖殊，然其生亂則一，皆不可不戒。

【徵】好勇疾貧者，己爲亂也；人而不仁，疾之已甚者，使人爲亂也。雖己不爲亂，猶之己爲亂，故均之曰"亂也"，則聖人之思遠矣哉！後儒短見，豈能及之乎？

子曰："**如有周公之才之美，使驕且吝，其餘不足觀也已**。"朱氏曰："才美，謂智能技藝之美。驕，矜夸。吝，鄙嗇也。"

【古義】此專戒驕吝之害也。蓋驕則有自滿之意，吝則無爲人之意；驕則德不進，吝則道不弘。如是之人，雖有他美，而不足觀之。觀其曰"有周公之才之美""不足觀也"，則聖人惡驕吝之甚，可見矣。

【徵】驕且吝，無德者也。苟無其德，則才美豈足觀哉？蓋驕則失君子，吝則失小人，故驕且吝，所以失人心也。治天下，以得人心爲先，故孔子云爾。傳稱"周公吐哺"，與此章之義正相發耳。宋儒不知聖人之道者，先王安天下之道，故不達此章之義，徒以"氣盈""氣歉"爲説，可謂不知類已。孔安國曰："周公者，周公旦。"蓋孔子時，周猶有周公，漢儒精細如此。

子曰："**三年學不至於穀，不易得也**。"穀，禄也。

【古義】志小者，其得則小；志大者，其成必大。爲學之久而志不至於禄，必不爲汩汩於流俗而終其身，聖人所以嘉尚之也。

【徵】三年，讀，謂學三年也；"學不至於穀"句，"學"屬上者，非也。至者，謂學而成材也。穀，禄也。不曰"禄"而曰"穀"，如"邦有道，穀"，皆謂禄之薄者，蓋廩俸也。學三年，而其所學未成可禄之才，是志大而學博者也，故曰："不易得也。"《學記》曰："君子知至學之難易，而知其美惡。"可以徵已。孔安國訓"穀"爲"善"，朱子"至"爲"志"，皆非。

子曰："**篤信好學，守死善道**。篤信而好學，則學必成；守死而善道，則道必達。**危邦不入，亂邦不居。天下有道則見，無道則隱**。危者，將亂之兆，亂則臣弑君，子弑父。危邦不入，擇其地也；亂邦不居，避其害也。亂重於危，故危邦，在外者不可入也。若亂邦，則仕者猶不可居，況在外未仕者乎？ **邦有道，貧且賤焉，恥也；邦無道，富且貴焉，恥也。**治世而貧賤，則無可行之道；亂世而富貴，則無自守之節，皆可恥之甚也。"

【古義】此章與首篇"君子不重則不威"章同例，蓋門人綴輯夫子平日格言以爲一章，而傳誦之也。夫學者，所以求造夫道也，故好學以致知，善道以無闕，則終身之事業備矣。而出處隱見之分，富貴貧賤之道，則道之淺深、德之大小繫焉，故君子尤重之。

【徵】"篤信好學，守死善道"，古言一也；"危邦不入，亂邦不居"，古言二也；"天下有道則見，無道則隱"，古言三也。孔子引古言者三，以証邦有道之貧賤，邦無道之富貴，皆可恥也。"守死善道"者，守死於善與道也。雖非先王之道，亦有善者，故曰"善道"。邢疏"如謂道之善者然"，道豈有不善？朱註以"善其道"解之，是如《莊子》"庖丁善刀"之"善"，六經未之有，故皆不可從矣。本言"篤信好學，則能守死於善與道"，而孔子引之，唯取下句。朱子連不入不居、見與隱，皆爲篤信好學之效，非也。世雖非篤信好學之人，亦有能不入不居、見與隱者，豈可拘乎？故曰：古言而孔子引之，唯取下句耳；守死者，謂守死而弗去也。從善與道則死，否則生，於是乎君子守死而弗去也。仁齋先生以爲"終身"之義，可謂不知字義已；危邦者，將亡之邦也。何註："危者，將亂之兆。"非也。"亂邦，謂臣弑君，子弑父。"豈翅是哉？朱註："亂邦未危，而刑政紀綱紊矣。"亦豈翅是哉？蓋二者皆亂邦也。朱子乃不取何義者，必據胡氏輩《春秋》之義，而謂臣弑君，子弑父，人皆得討，不當輒去。然其勢有不得討者，豈可一槩論哉？朱子曰："天下舉一世而言。"是矣。朱子又以篤信與好學，分屬守死與善道，是自其家伎倆，古書所無，不可從矣。

子曰：“不在其位，不謀其政。”

【古義】人各有其分，而不能自盡，必好越位犯官，干預其政，故夫子言此
　　　以爲戒。○輔氏廣曰：“不在其位而謀其政，不義而不可爲也；問而
　　　不以告，不仁而不可爲也。”

【徵】“不在其位，不謀其政”，謀者，有所營爲也。營爲其施設之方，非在
　　　其位者所不爲，亦所不能也。是必有其事焉，不啻論其理也。辟如
　　　登浮屠，愈高則所見愈廣矣，故不在其位而謀其政也，必有昧乎事
　　　而誤焉者也。且身不任而輒言之，非所以敬天也。自宋而後儒者，
　　　昧乎此章之義，故經濟之説盛，而天下愈不可治，悲哉！

子曰：“《師摯》之始，《關雎》之亂，洋洋乎盈耳哉！”師摯，魯樂師，名摯也。始，
指末適齊之前。《關雎》，説見前。亂，樂之卒章也。洋洋，美盛意。言今則人去樂湮，洋洋
之音不可復聞矣。夫子之歎，其思深矣。

【古義】《關雎》，成周之雅樂，其詩言后妃之德，其聲樂而不淫，哀而不
　　　傷。乃三百篇之首篇，而合于中和之德，使聽者自得性情之正，樂
　　　之最至美者也。而師摯，魯之妙工，當其初年爲夫子奏之，故夫子
　　　歎之如此。

【徵】鄭玄曰：“師摯，魯大師之名。始，猶首也。周道衰微，鄭衛之音作，
　　　正樂廢而失節。魯大師摯識《關雎》之聲，而首理其亂者。洋洋盈
　　　耳，聽而美之。”殊爲不通。朱註：“亂，樂之卒章也。”以師摯之始爲
　　　在官之初。按：始、初義殊，朱子混之，誤矣。且孔子之美其在官之
　　　初，則豈末年耄廢邪？其以亂爲樂之卒章者，以賦卒有亂也。殊不
　　　知亂可歌而賦不可歌，亂乃賦卒章已，安得爲樂之卒章乎？按《詩
　　　大序》，《關雎》《麟趾》《鵲巢》《騶虞》，是謂四始。説者不知古文辭，
　　　或以爲《關雎》《鹿鳴》《文王》《清廟》，或以爲《大明》《四牡》《嘉魚》
　　　《鳴雁》，皆非矣。《史記》曰：“《關雎》之亂，以爲風始。”《益稷》曰：

"予欲聞六律、五聲、八音,在治忽。"《史記》作"來始滑"。《漢書》:"《房中歌》曰:'七始華始,肅倡和聲。'"是始與亂,皆樂中名目。今樂有亂聲,可以見已。蓋言師摯之奏四始也,其《關雎》之亂最盛美也。鄭朱胥失之。

子曰:"狂而不直,狂者,意高而無檢束之謂。**侗而不愿,**侗,無知貌。愿,謹厚也。**悾悾而不信,**悾悾,無能貌。**吾不知之矣。**'吾不知之'者,甚絕之之辭。"

【古義】此言意高者不事矜飾,宜直矣;無知者有所畏憚,宜愿矣;無能者不解作爲,宜信矣。而今皆不然,則是棄才也。雖聖人不知所以教之,人其可不知所恥哉?

【徵】孔安國曰:"狂者進取,宜直;侗,未成器之人,宜謹愿。"包咸曰:"悾悾,愨也,宜可信。"朱註:"侗,無知貌。悾悾,無能貌。"《書·顧命》:"在後之侗,敬迓天威,嗣守文武大訓。"孔安國訓"稚"。揚子《法言》:"倥侗顓蒙。"《莊子》:"侗乎其無識。"皆童蒙之義。故註:"未成器之人。"朱子訓"無知",亦是矣。而"悾悾"訓"無能",是其意謂侗悾似無差別,故以無知與無能二之,可謂無據矣。悾悾,愨也。愨謂愿樸無文,《禮器》:"七介以相見也,不然則已愨。"《檀弓》:"殷既封而弔,周反哭而弔。孔子曰:'殷已愨,吾從周。'"朱子以愨爲美德,故不從包說。殊不知愨是一鄙野人,故與狂、侗並言。狂者有大志而不拘常度,若多詐則一妄男子,不可得而教之矣。童蒙無知,而不謹愿;鄙野無文,而不信師,皆不可得而教之矣。"吾不知之矣者",謂不可教也。孔子以教人自任,故曰:"不知之矣。"孔安國曰:"言皆與常度反,我不知之。"朱註:"不知之者,甚絕之之辭。"皆非矣。是皆性劣者,其何罪而孔子絕之哉? 朱子引蘇氏之言,誠確論也。然不言其以教人自任,亦失之矣。又按《博雅》曰:"悾悾,誠也。"亦與訓愨同義。

子曰："學如不及,猶恐失之。"

【古義】言爲學者,其用心當若追亡者之恐不能及,而竟失之也。夫人不知學則已,苟知學之爲美,而懈怠不勤,則是無勇也。故非智不進,非勇不成,學者其可不知所務哉?

【徵】"學如不及,猶恐失之",何晏曰:"學自外入,至熟乃可長久。如不及,猶恐失之。"是非學也,習也。朱子曰:"言人之爲學,既如有所不及矣,而其心猶竦然惟恐其或失之。"是以誠意正心爲學也;失云者,謂失時與人也。"日月逝矣,歲不我與",豈不惜乎? 良晤一散,邈如河山,豈不惜乎?

子曰："巍巍乎! 舜禹之有天下也,而不與焉。"巍巍,高大之貌。而、如,古通用。舜禹皆受禪而有天下,然其德最盛,雖見與猶不與也,故不稱堯舜,而特言舜禹。舊解以爲,"不與"猶曰"不相關",此蓋出于老莊蔑棄天下之意,而非聖人之旨,故改之。

【古義】此言舜禹之有天下,皆自以其功德隆盛而致,雖堯與之舜,舜與之禹,然而猶不與也。蓋以其功德之大,度越尋常,而不可謂之與也。"子禽問於子貢曰:'夫子至於是邦也,必聞其政。求之與,抑與之與?'子貢曰:'夫子溫良恭儉讓以得之。'"又明不可謂之與也。

【徵】何晏曰:"美舜禹也,言己不與求天下而得之。巍巍,高大之稱。"是帶"求"字而"與"字之義始見,可謂謬矣。朱子曰:"不與猶言不相關,言其不以位爲樂也。"是本《孟子》,乃其意謂聖人之心渾然天理,故不以位爲樂。果其說之是乎? 聖人皆爾,何特舜禹哉? 且以心而論聖人,非孔門之意焉。且不與、不相關殊義:不與云者,謂忘己之有天下也;不相關云者,謂己自己,天下自天下,不相關涉也。仁齋先生"而"訓"如",與讀上聲,曰:"雖見與,猶不與也。"是本孟子,然殊不成文義。蓋舜禹之所以不與有天下者,以堯故也。舜禹皆續堯而成堯之道,故忘己之有天下,而猶謂堯之天下焉,是其所

以巍巍然高大也。堯舜禹禪讓之義，自孟子而不明，故此章及下
章，註家皆失之。

子曰：“大哉！堯之爲君也。巍巍乎！唯天爲大，唯堯則之。蕩蕩乎！
民無能名焉。朱氏曰：“則，猶準也。蕩蕩，廣遠之稱也。言物之高大，莫有過於天者，
而獨堯之德能與之準。故其德之廣遠，亦如天之不可以言語形容也。”巍巍乎其有成功
也，煥乎其有文章。朱氏曰：“成功，事業也。煥，光明之貌。文章，禮樂法度也。堯之
德不可名，其可見者此爾。””

【古義】言民涵育於堯之德化，而不知其德化之所以然，猶人在於天地之
　　中，而不知天地之所以爲大也，故曰：“民無能名焉。”唯其所見者，
　　功業文章，巍然煥然而已。達巷黨人，徒見孔子之大，而其所稱謂
　　纔在於“博學而無所成名”，是以益知孔子之德之大矣，是堯、孔之
　　所以爲大聖也。

【徵】巍巍乎，稱堯也，非稱天也。“唯天爲大，唯堯則之”，故曰：“巍巍
　　乎。”朱註：“言物之高大，莫有過於天者，而獨堯之德能與之準。”是
　　“高”“大”二字貼“巍巍乎”，非矣。巍巍本以山言之，豈可以贊天
　　邪？孔安國曰：“則，法也，美堯能法天而行化。”朱子曰：“則，猶準
　　也。”是其意謂人君皆法天，而堯大聖人也，不可以法天言。故引
　　《易》“與天地準”，而言堯與天齊也。理學者流以渾然天理立説，以
　　爲聖人胸中別有天，故諱言法天耳。其究歸於佛氏“三界唯一心”，
　　豈古聖人敬天畏天之意乎？《堯典》所載唯有“欽若昊天”，是堯則
　　天之事也。又曰：“欽明文思。”夫在天曰文，在地曰理。文者天之
　　道也，謂禮樂也，堯思所以安天下萬世，非禮樂不可也。禮樂俟其
　　人而後興，堯雖生知，不能獨作，故舉舜而讓焉，是所謂“文思”也。
　　故《書》頌舜而曰“文明”，禹而曰“文命敷于四海”，是禮樂俟舜而
　　興，俟禹而洽。舜而曰“協于帝”，禹而曰“承于帝”，帝皆謂堯也。

舜、禹皆成堯之道，故孔子曰：“有天下也而不與焉。”堯之思，苟舜育禹，故孔子曰：“大哉！堯之爲君也。”稱其大者獨堯而已矣，是之謂“則天”；“蕩蕩乎民無能名焉”，朱註：“其德之廣遠，亦如天之不可以言語形容也。”非矣，乃謂“允恭克讓”也。其見於《堯典》者，咨四岳而用鯀，恭也；登庸虞舜，讓也。不自賢，不自能，民唯見舜禹之功，故曰：“民無能名焉。”“巍巍乎其有成功也，焕乎其有文章”，上有“也”字，下無“也”字。言其所以有成功者，乃以文章也。文章者，禮樂也。苟非禮樂，則成功不能若是其巍巍也，是堯之思也。且禮樂之功，不期然而然，亦民之所以無能名也。朱註：“謂其可見者此爾。”非矣。尹氏以功業文章並言，亦非矣。夫成功禹已，文章舜已，使堯無文思，何稱堯哉？蓋自開闢以來至於堯而後道立矣。伏羲、神農、黃帝之所以爲聖也，其所爲不過於利用、厚生之事已。及堯時，利用厚生之道大備，而正德未興也。堯之思，其在茲乎？正德之教，至於禮樂而極焉。繹《舜典》之文，其昉茲乎？堯之有文思，故不與之子而傳之賢，以使成其思焉。舜纘堯之思而其功未成，故又不與之子而傳之賢，以使成堯之思焉。至禹而成，則傳之子。故堯、舜所以官天下者，以道爲己任也，故道至堯、舜而立焉。仲尼之所祖述，刪《書》斷自唐虞，而二典三謨，總命之曰《夏書》，皆爲是故也。殷因夏禮，周因殷禮。三代聖人，皆不外堯之思，是又堯之所以獨稱其大邪？

舜有臣五人而天下治。五人，禹、稷、契、皋陶、伯益。**武王曰：“予有亂臣十人。”**亂，治也。十人，謂周公旦、召公奭、太公望、畢公、榮公、太顛、閎夭、散宜生、南宮适。其一人，蓋邑姜也。**孔子曰：“才難，不其然乎？唐虞之際，於斯爲盛，有婦人焉，九人而已。”**才難，蓋古語，而孔子然之。古者人才之盛，唯唐虞交會之際爲最，其後降自夏商，獨周爲盛。雖有亂臣十人之稱，然其間有婦人，則亦不能正十人，故孔子嘆才之難也。**三分天下有其二，以服事殷。周之德其可謂至德也已矣**。三分天下有其二，先儒謂有荊、梁、雍、豫、徐、揚六州，而唯青、兗、冀三州屬紂。周之德，通文王及武王未伐商之前而言。蓋武王初年，專承文王之心服事殷，而未敢有誅伐之心。及其惡稔虐極，不得已而後伐之。然非其本心，故曰："至德也。"''

【古義】此言堯舜文武之道德事業，萬世之法程也。蓋夫子博稽於古先聖王，而獨稱唐虞與周，其亦"祖述堯舜、憲章文武"之意歟？夫唐虞之德，如天之高遠，不可名狀；文武之心，猶天之至公，不容少私。不然夫子奚以與堯舜併論，而祖述憲章之哉？且其寄心于五臣十亂，則雖聖人之治，亦必資賢佐以成其功，可從而知矣。○按：三分天下有其二，《春秋傳》云："文王率商之叛國以事紂。"然孟子曰："文王百年而崩，猶未洽於天下。武王、周公繼之，然後大行。"則知文王之時，恐未至於有天下三分之二也。且上文引武王之言，而繼之曰"周之德"，則其通文武二王而言明矣。諸儒專斥文王而不兼武王者，蓋臆說也。

【徵】舜有臣五人，孔安國曰："禹、稷、契、皋陶、伯益。"武王曰："予有亂臣十人。"馬融曰："亂，治也。治官者十人，謂周公旦、召公奭、太公望、畢公、榮公、太顛、閎夭、散宜生、南宮适，其一人謂文母。"朱註："劉敞以爲子無臣母之義，蓋邑姜也。九人治外，邑姜治內。或曰：'亂'本作'乿'，古治字也。"按："亂，治也"，《釋詁》文。《虞書》"九德"，亦有"亂而敬"，作"乿"之說，未可從矣。但清汙爲汙，轉去聲，豈亂本上聲，訓治轉去聲邪？馬融謂治官者十人，朱子謂治內治外，皆非矣。蓋謂戡亂之才，故下文曰："才難。""唐虞之際，於斯爲盛。"孔安國曰："唐者，堯號，虞者，舜號。際者，堯舜交會之間。"斯此也。言堯舜交會之間比於周，周最盛多賢才。然尚有一婦人，其餘九人而已，人才難得，豈不然乎？朱子曰："言周室人才之多，惟唐虞之際，乃盛於此。降自夏商，皆不能及。然猶但有此數人爾，是才之難得也。"按：孔子之言，本以人數爲説，則不容言五人盛於十人焉。且朱子翻顚作解，謂爲"盛於斯"，未見文例，不可從矣。孔安國添"比"字"最"字，亦未是。蓋言唐虞之際，至此而後爲盛也；"三分天下有其二，以服事殷"，《左傳》曰："文王率商之畔國以事紂。"朱註："蓋天下歸文王者六州，荆、梁、雍、豫、徐、揚也，惟青、兖、冀尚屬紂耳。"此説本於鄭玄，亦以意言爾，豈可的指某某邪？周之德，包咸、朱子皆謂指文王，仁齋先生獨以爲通指武王未克商以前。朱子曰："孔子因武王之言而及文王之德，且與泰伯皆以'至德'稱之，其旨微矣。"是後世儒者，不知前聖後聖，其揆一也。誤解孟子"性之身之"，孔子"《武》未盡善"，强生優劣耳。孔子不曰"文王之德"而曰"周之德"，豈外武王哉？仁齋先生爲是。然"三分天下有其二，以服事殷"，文王以此終其身，是自文王之事。武王別有克商之事，則古來不以此稱武王，故此章以爲稱文王，亦可矣。武王繼其志，述其事，則言文王而武王自在其中，豈可生差別乎？且必謂通指武王未克商之前，則克商之後，豈非至德邪？是仁齋先生特爲未圓矣。蓋泰伯者讓也，周之德恭也，《堯典》贊堯以"允恭克讓"，是德雖多乎，唯恭與讓爲最盛。泰伯、文王極恭讓之至，故稱"至德"，豈有意於君臣之義哉？湯武之事，亦唐虞官天下之心也。儒者滔滔，悲哉！按：《左傳》叔孫穆子亦曰："武王有亂十人。"無"臣"字。予聞諸先大夫，吾邦明經家講《論語》者，皆除"臣"字不讀。蓋文母不可爲臣，故"臣"爲衍文。

子曰："禹，吾無間然矣。朱氏曰："間，罅隙也，謂指其罅隙而非議之也。"**菲飲食而致孝乎鬼神，**菲，薄也。致孝乎鬼神，謂享祀豐潔。**惡衣服而致美乎黻冕，**黻，蔽膝也，以韋爲之。冕，冠也，謂損其常服以盛朝服。**卑宮室而盡力乎溝洫。**溝洫，田

間水道，以正疆界、備旱潦者也。禹，吾無間然矣。"

【古義】儉，德之所以聚也，禮由此而興焉，民賴此而庇焉。禹薄於自奉而慎祭祀，敦朝禮，勤民事，此其所以能致數百年之太平也，豈可間然哉？

【徵】"禹，吾無間然矣"，孔安國曰："孔子推禹功德之盛美，言己不能復間廁其間。"非矣。孔子之於古聖人，深尊而敬之，豈望間廁其間哉？且以間廁解，未見文例也。朱子曰："間，罅隙也，謂指其罅隙而非議之也。"是與"閔子騫"章字義相同，爲是。"菲飲食而致孝乎鬼神"，馬融曰："菲，薄也。致孝鬼神，祭祀豐潔。""惡衣服而致美乎黻冕"，孔安國曰："損其常服，以盛祭服。"楊龜山曰："所致飾者，宗廟朝廷之禮。"是以黻冕爲朝服，皆通。然致美乎黻冕者，奉古聖人之道也。《書》曰："予欲觀古人之象：日月星辰、山龍華蟲，作會；宗彝藻火、粉米黼黻，絺繡。以五采彰施于五色作服，汝明。"是也。"卑宮室"，《考工記》曰："殷人堂崇三尺，周人堂崇一筵。"鄭玄註："周堂高九尺，殷三尺，則夏一尺矣。"相參之數，禹卑宮室，謂此一尺之堂與？大氐此章孔子贊禹，所主在恭儉，恭儉帝王之盛德故也。而致孝乎鬼神，言敬祖先也；致美乎黻冕，言敬聖人也；盡力乎溝洫，言敬民也。敬此三者，則先王之道盡矣，此孔子所以無間然也。後世儒者不知先王之道，故於此章之言，有所未悉其底蘊，學者察諸；溝洫，包咸曰："方里爲井，井間有溝，溝廣深四尺；十里爲成，成間有洫，洫廣深八尺。"邢昺曰："案《考工記》：'匠人爲溝洫，耜廣五寸，二耜爲耦。一耦之伐，廣尺深尺，謂之畎；田首倍之，廣二尺，深二尺，謂之遂；九夫爲井，井間廣四尺，深四尺，謂之溝；方十里爲成，成間廣八尺，深八尺，謂之洫；方百里爲同，同間廣二尋，深二仞，謂之澮。'鄭註云：'此畿內采地之制。九夫爲井，井者方一里，九夫所治之田也。采地制井田，異於鄉遂及公邑。三夫爲屋，屋具也。一井之中，三屋九夫。三三相具，以出賦稅，其治溝也；方十里爲成，成中容一甸。甸方八里，出田稅，緣邊一里治洫；方百里爲同，同中容四都六十四成。方八十里出田稅，緣邊十里治澮。’是溝洫之法也。”以今尺求之：五寸爲三寸六分，一尺爲七寸二分，二尺爲一尺四寸四分，四尺爲二尺八寸八分，八尺爲五尺七寸六分，二尋爲一丈一尺五寸二分；一里爲三百步，則二百四十丈，爲今百七十二丈八尺，乃四町四十八間也。十里爲今千七百二十八丈，乃一里十二町也。百里爲今萬七千二百八十丈，乃十三里十二町也。八里爲今千三百八十二丈四尺，乃一里二町二十四間也。八十里爲今萬三千八百二十四丈，乃十里二十四町也。

卷五

子罕第九凡三十章

子罕言利，與命，與仁。罕者，希也。

【古義】言利則害義，然利國利民之事，則不可不言焉。命之理微矣，遽語之則必忽人事之近；仁之德大矣，驟告之則必生輕忽之心。故皆罕言之也，夫子之謹教而尊德也如此。或曰：《論語》諸章，言及於仁者甚多矣。今稱罕言者，何也？蓋觀《詩》《書》、執禮，皆夫子所雅言，而今存者鮮，則其嘗刪去者亦多矣。至於言仁，則門人弟子謹錄而備記之，可知也。

【微】子罕言利，絕句。與命與仁，蓋孔子言利，則必與命俱，必與仁俱。其單言利者，幾希也。舊註："利、命、仁，皆孔子所罕言。"是八字一句，中間不絕，失於辭矣。且聖人之道，安民之道也，而敬天為本。故孔子曰："不知命，無以為君子。"又曰："君子去仁，惡乎成名？"是命與仁，君子所以為君子，孔子豈罕言之哉？何晏以來諸儒，不得於辭而強為之解，不可從矣。至於程、朱，謂命為天道賦物之理，仁為本心之德，以成其罕言之義。是自其家學，古時所無也。夫聖人安民之道，天下莫利焉。舜三事，利用、厚生居其二。《易·大傳》曰："以美利利天下，不言所利，大矣哉！"而孔子罕言者何？蓋聖人智大思深，能知真利之所在，於是為天下後世建之道，俾由此以行之。後王後賢，遵道而行，不必求利，而利在其中。若或以求利爲心，凡人心躁智短，所見皆小利耳。其心以爲利，而不知害從之矣，故孔子曰："君子喻於義，小人喻於利。"又曰："放於利而行，多怨。"又曰："無見小利。"《大學》曰："不以利爲利，以義爲利。"夫心躁則不知命，知短則不知仁。舍命與仁，唯利是視，所以蹈禍。故孔子與命與仁，立之防也。原思、琴張之徒，熟視而深識之，所錄如此章，豈後世所能及哉？世有以此章與《孟子·梁惠王》首章並按。嚴於義利之辨者，甚乃至以《大學》"以義爲利"，謂戰國術士唊人以利之言，妄哉！如孟子時，百家競興，以功利立説，故孟子應聘初謁之日，以此一言杜絶管商之流，以明唐虞三代之德。要之爭宗門之言，是孟子所以爲儒家者流之祖，非復孔氏之舊也。《大學》之言，果唊人以利乎？則孟子亦何曰"安富尊榮"？安富尊榮，非利而何？夫天下熙熙，爲利而來，凡人之大情也。人之爲道而遠人，豈足以爲道乎？道而不利民，亦豈足以爲道乎？孔子所以罕言之者，所爭在所見大小，而非聖人之惡利也。且所謂義者，先王之古義也。後世儒者不知道，又不知義，而謂道者當行之理。義者，心之制事之宜，是其所謂道義，皆取諸其臆，不過其所創天理人欲之説耳，是其源。佛老之習，淪於骨髓，視聖人若達磨、惠能，乃曰"唯見義理所在"，而利害非所問焉。其究必至於離世絶物，槁死於山林，而後充其蚯蚓之操，悲哉。是又讀此章者所當識也。

達巷黨人曰："大哉孔子！博學而無所成名。"鄭氏曰："達巷者，黨名也，五百家爲黨。此黨之人見孔子博學道，無一名之聞于世，而歎其廣大也。"**子聞之，謂門弟子曰："吾何執？執御乎？執射乎？吾執御矣。"**執，專執也。射、御皆一藝，而御最卑。其言執御者，蓋反言以見道無可執也。

【古義】道無成體，德無成名，故知道者雖極天下之博，而不敢自有其道，知其無窮也。蓋得於内者愈深，則其形於外者，愈泯然無蹤。凡聳人之觀聽，滕人之口説者，皆有所未至也。夫子稱堯曰："蕩蕩乎！民無能名焉。"亦夫子自道也。達巷黨人所稱夫子者，惟止於博學無所成名之間，而至於聖人之所以爲聖人者，則不知形容，亦宜矣。

【徵】鄭玄曰："達巷者，黨名。"後註家因之。然曰巷，曰黨，達巷豈黨名乎？如儀封人，封人是官名，其人以官行，故不著姓名。黨人豈官名？亦豈與《春秋》人微者一例乎？且其人能知孔子，豈容没姓名？蓋疑達巷是姓，黨人是名。《春秋》蔡桓侯名封人，鄭語字子人，齊懿公名商人，又有賓媚人，魯有公冉務人，陳有公孫他人，臧孫氏有漆雕馬人，《列子》有伯昏瞀人，可以例焉。"大哉孔子！博學而無所成名。"其人能知孔子而贊之也。何註："美孔子博學道藝，不成一名而已。"得之，尹彥明曰："見孔子之大，意其所學者博，而惜其不以一善得名於世，蓋慕聖人而不知者也。"可謂臆見已。果爾，何曰大哉？大氐宋儒以知聖人自負，而不與人知聖人，必欲見貶意。此見一生，其心不平，其失於辭者，不亦宜乎？且當時所謂博學，豈後世胸藏二酉之謂乎？止謂博學道藝，故孔子承之以射御。韓愈未出，儒者尚不失古，孰謂朱子勝何晏乎？執御、執射，如"執禮""執經"之"執"，謂以一藝自名而教人者也。後世昧古言，何、朱皆不識其義，故不穩。"執禮"見《戴記》，"執經"見《開元禮》。孔子於六藝而取乎射御，於射御而又取乎御。蓋禮樂道之大者，君子之事，故謙不敢當。書數，府史胥徒所先，故君子不任，是其所以取乎射御也。而《射義》曰："射者，射爲諸侯也。"是以諸侯君臣，盡志於射，以習禮樂。《曲禮》曰："問大夫之子，長曰：'能御矣。'幼曰：'未能御也。'"《少儀》曰："問國君之子長幼，長則曰：'能從社稷之事矣。'幼則曰：'能御，未能御。'"是古者以御爲子弟之職，孔子亦自言執御，以爲子弟之師耳。

子曰："麻冕，禮也；今也純，儉，吾從衆。麻冕，緇布冠也。純，絲也。緇布冠以三十升布爲之，升八十縷，則其經二千四百縷。細密難成，不如用絲之儉。拜下，禮也；今拜乎上，泰也。雖違衆，吾從下。臣與君行禮，當拜於堂下，君辭之，乃升成拜。泰，驕慢也。"

【古義】此章門人記之，以明聖人處事之權衡也。蓋麻冕從衆而違禮，拜下違衆而從禮，其一從一違，皆道之所在，而聖人之行變化無方，不拘一偏如此，學者所宜潛心也。

論曰：先儒曰："事之無害於義者，從俗可也。"可謂謬矣。夫事苟無害於義，則俗即是道，外俗更無所謂道者，故曰："君子之道，造端於夫婦。"故堯舜授禪，從衆心也，湯武放伐，順衆心也。衆心之所歸，俗之所成也，故惟見其合於義與否可矣，何必外俗而求道哉？若夫外俗而求道者，實異端之流，而非聖人之道也。

【徵】"吾從衆""吾從下"，是孔子深知先王之禮也。蓋禮雖先王所定，然亦有有義者、有無義者。其無義者，則先王一時從俗者，故今又從俗改之，不爲違禮；若其有義者，則不得不謹守之也。故君子曰："先王制禮，而不敢過也。""先王制禮，不敢不至焉。"仁齋解此章，以爲聖人處事之權衡，禮豈事之倫哉？其人之不知禮也；又譏程子"事之無害於義者，從俗可也"，而曰："事苟無害於義，則俗即是道，外俗更無所謂道。"是其人又不知道也。道者，古聖人之所建，豈謂世俗所爲即道可乎？亦佛氏法身徧法界之見耳。且所謂從衆者，本謂從儉也，儉謂節用也。《禮器》曰："昔先王之制禮也，因其財物而致其義焉爾。"是先王制禮定其度數時，既以財爲之節，然世久時移，而古之儉亦有今變爲奢者，如麻冕是也。故孔子從衆，爲深得於禮，不違先王之心。後儒不知以禮論之，而唯理是言，可謂亂道已。“拜下，禮也”，王肅註：“臣之與君行禮者，下拜然後成禮。”按邢昺疏：“成”字上脫一“升”字。疏云：“案《燕禮》，君燕卿大夫之禮也。其禮云：‘公坐取大夫所媵觶，興以酬賓。賓降西階下，再拜稽首。公命小臣辭，賓升成拜。’鄭註：‘升成拜，復再拜稽首也。先時君辭之，於禮若未成然。’又《覲禮》：‘天子賜侯氏以車服，諸公奉篋服，加命書于其上。升自西階東面，大史是右。侯氏升，西面立，大史述命。侯氏降兩階之間，北面再拜稽首，升成拜。’皆是臣之與君行禮。下拜然後升成禮也。”朱註：“臣與君行禮，當拜於堂下。君辭之，乃升成拜。”非矣。蓋禮，君若不辭之，則再拜稽首於下而已；君辭之，則既再拜稽首於下，又升而再拜稽首於上。朱註曰：“當拜於堂下。”則似謂君辭之，則不拜於下，止拜於上而已。然本文不言其爲何禮，則亦不可識其爲何禮已。後世僅於燕禮而得其一二，故王肅援以解之。今學者固執其說，而謂孔子語君臣之禮，亦鑿矣。

子絕四：毋意，毋必，毋固，毋我。 毋、無通。意者，心有所計較也。必，期必也。固，執滯也。我，私己也。

【古義】此言聖人道全德宏，混融無跡也。無意者，事皆自道出，而無計較之私也；無必者，行其所當行，止其所當止也；無固者，唯善是從，無所凝滯；無我者，善與人同，舍己從人。蓋聖人之心，猶天地之變化，莫知其所以然也。

【徵】“毋意，毋必，毋固，毋我”，朱註：“毋，《史記》作‘無’，是也。”此朱子每執毋禁止辭，故云爾。殊不知古書毋、無通用，本無差別也。按孟子曰：“大而化之，之謂聖。”此章乃語化境也。不啻孔子，凡妙一藝者，皆有化境。孔子之化，其可得見者乃在禮，故曰：“動容周旋中禮，盛德之至。”是此章之義也。事至則以禮應之，若初不經意，故曰：“毋意。”變則禮從而變，前無期待，後無固滯，故曰：“毋必，毋固。”唯有先王之禮而已，無復有孔子，故曰：“毋我。”“何有於我哉”，可併証矣。大氐一部《論語》，可爲後世心學之祖者，唯此耳。然當孔子時，豈有心學哉？子思贊孔子曰：“優優大哉！禮儀三百，威儀三千。”鄉黨形容孔子，唯禮耳。夫孔子之智，豈門人之所能測哉？故當時之觀孔子，皆在禮也。故毋意、必、固、我，以孔子行禮解之，而後爲不失琴張意焉。後世儒者不知孔子之道即古聖人之道，古聖人之道唯禮盡之。其解《論語》，皆以義理。義理無憑，猖狂自恣，豈不謬乎！且動容周旋中禮，盛德之至者，雖非聖人亦能之，故此章所言，非贊孔子之至者。孔子之所以爲孔子，乃以其聖德已，學者察諸。朱子解“意”爲“私意”，猶如其解“格物”，私字重，意字輕，可謂妄已。解“我”爲“私己”，私意、私己何別？仁齋又以“意”爲“計較”，夫聖人亦人耳，豈無計較乎？又解“無固”曰：“唯善是從，無所凝滯。”解“無我”曰：“善與人同，舍己從人。”是無固、無我何別？皆專尚知見，而不識聖人之道爲禮，故殊致不通耳。何晏解“毋意”曰：“以道爲度，故不任意。”猶之可矣。“毋必”曰：“用之則行，舍之則藏，故無專必。”“毋固”曰：“無可無不可，故無固行。”可謂憒憒已。“毋我”曰：“述古而不自作，處群萃而不自異，唯道是從，故不有其身。”此其書實不出一手，故四句三意叢然，而第一句猶爲近古。

子畏於匡，朱氏曰：“畏者，有戒心之謂。匡，地名。《史記》云：‘陽虎嘗暴於匡，夫子貌似陽虎，故匡人圍之。’”**曰：“文王既没，文不在兹乎？** 文者，謂先王之遺文，道之所寓也。兹，此也，孔子自謂。**天之將喪斯文也，後死者不得與於斯文也**；孔氏曰：“文王既没，故孔子自謂後死者，言天將喪斯文，不當使我知之。今已使我知之，則未欲喪之也。”**天之未喪斯文也，匡人其如予何？** 馬氏曰：“天既未欲喪此文，則匡人其奈我何，言必不能違天害己也。”

【古義】天道福善殃淫，是謂天有必然之理；禍福無不自己求之，是謂人有自取之道。智者信之，昏者疑焉。夫子嘗曰："桓魋其如予何？"此曰："匡人其如予何？"此非好爲自矜，亦非姑爲自解也。蓋知天之至，達命之極，自信之如此。夫由文王至於孔子，其間生幾多聖賢，然而斯文之傳，不在他人，而獨在孔子，則天之生孔子，其意爲如何哉？其愛護保全、扶翼佑助之，固宜無所不至矣。天之視聽，自我民視聽，其理驗之於人事可矣。圍於陳蔡，畏於匡，聖人之遇厄也，亦屢矣。然卒不能加害，則天之佑聖人，豈不信然？

【徵】"文王既沒，文不在茲乎"，文者，道之別名，謂禮樂也。朱註："道之顯者謂之文。"猶之可矣。"不曰道而曰文，亦謙辭。"夫道之顯者，豈容謙乎？是其意貴隱賤顯，貴精賤粗，依然老莊之遺，故有此言耳。仁齋曰："先王之遺文，道之所寓也。"殊不知承"文王既沒"之文，文王之文，豈遺文之義乎？孔安國曰："文王既沒，故孔子自謂後死者。"非也，此孔子對其先輩自謂耳，並生同學而後死，是謂之後死者。上距文王五百年，豈得謂後死者乎？大氐此章之意，所重在文王之道，天未欲喪文王之道。孔子被害，則文王之道喪，故知匡人不能害我也。解者多歸重孔子，大失孔子語氣，不可不察。

太宰問於子貢曰："夫子聖者與？何其多能也？"孔氏曰："太宰，官名。或吳或宋，未可知也。"太宰見其多能，以爲聖人也。**子貢曰："固天縱之將聖，又多能也。"**朱氏曰："縱，猶肆也，言不爲限量也。將，殆也，謙若不敢知之辭。"**子聞之，曰："太宰知我乎！吾少也賤，故多能鄙事。君子多乎哉？不多也。"**言："太宰能知我事乎？我由少賤故多能，而所能者鄙事耳。然若君子之學，豈在於多哉？亦不必多也。"**牢曰："子云：'吾不試，故藝。'"**鄭氏曰："牢，孔子弟子，子牢也。試，用也。言孔子自云：'我不見用，故多技藝。'"○吳氏曰："弟子記夫子此言之時，子牢因言昔之所聞有如此者，其意相近，故并記之。"

【古義】君子固有多能者，若周公之多材多藝是也。然論其所以爲君子
　　者，則不在於此，何者？道德，實也。多能，其餘事也。故古者有其
　　才，且自好之，則爲其事；如無其才，又非其好，則不必爲焉，不繫於
　　學之得失故也。蓋一則專，多則岐，專則成，岐則敗。夫子所以戒
　　其多能者，欲學者當專務力於道德，而不可馳心於多能也。

【徵】“夫子聖者與？何其多能也？”何註：“疑孔子多能於小藝。”是其意
　　謂太宰疑世稱孔子爲聖人，故曰：“夫子世所謂聖人歟？果其言之
　　是乎，何其多能也？”此解與“太宰知我乎”相應。孔子聞其譏己，而
　　謂：“太宰可謂善知我也。”然“君子多乎”以下，殊不相應，故不可從
　　矣。朱註：“太宰蓋以多能爲聖。”此解得之。然“太宰知我乎”，知
　　去聲，言：“太宰豈以我爲智者，故多能邪？是不然也，吾賤故多
　　能。”多能非君子所貴焉。太宰以聖，孔子以智，此太宰以智爲聖，
　　故孔子承之以智，不復深辨已。“固天縱之將聖，又多能也”，固、又
　　相喚，文法爲爾。縱，束之反。作者之謂聖，孔子雖聰明睿知，文武
　　之道未墜地，故未能制作，猶如天束之然。然天若或縱之，必將當
　　制作之任。朱註：“將，殆也，謙若不敢知之辭。”非矣。“吾不試故
　　藝”，言由間暇故得兼習藝。觀“牢曰”，則上論爲琴張所錄。

子曰：“吾有知乎哉？無知也。有鄙夫問於我，空空如也。我叩其兩端
而竭焉。”空空，無知識之意。叩，發動也。叩兩端而竭者，言終始本末無所不盡也。夫
子謙言己無知識，但其告人，雖至愚，不敢不盡耳。

【古義】聖人仁天下之心，固無窮矣。推其心，蓋思一夫不入於善，猶己
　　拒之而不誨，故鄙夫之空空，猶竭盡其所知，不敢有所隱，仁之至
　　也。而夫子以生知之聖，亦曰“吾有知乎哉？無知也”者，何也？蓋
　　物外無道，道外無物。無內外，無隱見，故實知道者不自有其知，以
　　其無有可有者也；不實知道者自有其知，以其猶有可有者也，故曰：

"吾有知乎哉？無知也。"大哉！

　　　論曰：舊註載程子曰："聖人之道，必降而自卑，不如此則人不親；賢人之言，則引而自高，不如此則道不尊。"愚以爲非也。苟如其説，則聖賢之待人，皆以僞而不以誠也，豈謂之無意乎？豈謂之直道乎？蓋聖人之心，猶天地之大，人在於其中，而不知其大也，非降而自卑；賢者之行，猶泰山喬嶽，自守其高耳，非引而自高也。此賢者之所以不及乎聖人也。

【徵】"吾有知乎哉，無知也"，知去聲。何註："知者，知意之知也。知者言未必盡，今我誠盡。"孔曰："有鄙夫來問於我，其意空空然。我則發事之終始兩端以語之，竭盡所知，不爲有愛。"可謂善解古文辭已。蓋孔子平日答門弟子之問，"不憤不啟，不悱不發，舉一隅不以三隅反，則不復也"。門弟子或以夫子爲隱，故孔子又有此言。大氐自智者，多愛惜其所知，不欲輕告諸人。孔子自言："我豈有自智之心，而惜其所知哉？鄙夫問於我，則竭兩端，門人則否，教誨之道也。吾有知乎哉？無知也。"如朱子解，豈難事哉？何晏何故作此迂曲解？當知是古來相傳之説，古時之言蓋有之。宋儒不識古文辭，又蔑視漢儒，故弗察耳。"空空"，與"倥倥"同。《博雅》："倥倥，誠也。"

子曰："鳳鳥不至，河不出圖，吾已矣夫！"鳳，靈鳥，舜時來儀，文王時鳴於岐山；河圖，舊相傳伏羲時河中龍馬負圖出。皆聖人之瑞也。已，止也。

【古義】邢氏曰："此章言孔子傷時無明君也。聖人受命，則鳳鳥至，河出圖。今天無此瑞，則時無聖人也，故歎曰：'吾已矣夫！'傷不得見也。"○有君而無臣時有矣，有臣而無君時有矣。若使孔子遇堯舜之君，其能爲唐虞之治，猶俯地而拾芥耳。奈其時當衰季而無是君何？夫子言之者，蓋感慨之極，不能自已也。

論曰：或曰：聖人不言祥瑞，此言鳳鳥、河圖者，何也？曰：此非説祥瑞也，假鳳鳥、河圖，以歎時無明主也。蓋聖人與人而不以立異，同世而不敢驚聽。凡事之無大得失者，皆從舊套，而不敢爲紛紛之説，以汩人之聽聞。鳳鳥、河圖，古來相傳以爲聖人御世之瑞，故聖人假之，以寓其歎焉耳。

【徵】“鳳鳥不至，河不出圖，吾已矣夫！”邢昺曰：“傷時無明君也。”得之。孔子又曰：“聖人，吾不得而見之矣。”亦此意。蓋鳳鳥、河圖，制作之瑞，聖王出則孔子得當制作之任，而盡其所學；聖王不出，孔子不能竭其才，所以嘆也。衹制作必在革命之世，故孔子不欲顯言之，乃以鳳鳥、河圖言之耳。後世儒者昧乎“聖”字之義，故不知此意。又歐陽脩破祥瑞之説，其言辯而如可觀。殊不知聖人以神道設教，豈凡人所能識哉？宋儒出而古先聖王之道壞矣，其禍殆甚於佛老，悲哉！

子見齊衰者、冕衣裳者與瞽者，見之，雖少，必作；過之，必趨。齊衰，喪服。冕，冠也。冕而衣裳，貴者之盛服也。瞽，無目也。作，起也。趨，疾行也。或曰：少，當作“坐”。○范氏曰：“聖人之心，哀有喪，尊有爵，矜不成人。其作與趨，蓋有不期然而然者。”

【古義】此言聖人之仁，無物不至，無時不然。下“師冕見”章倣此。

【徵】“子見齊衰者”，句。“冕衣裳者與瞽者見之”，句。何本“見之”屬下句，非也。有喪者多不來見人，故以見諸它處爲辭。不言斬衰者，以輕包重也。冕衣裳，盛服者也。古註曰：“大夫之服。”此固然。然此非貴爵矣，彼盛服來見，故起敬。不爾，何言冕衣裳乎？若必以大夫之服而起敬，則孔子亦嘗爲大夫，雖大夫以燕服來見，何必起敬？彼盛服則吾起敬，禮當然也；瞽者，謂師也。古者教人以禮樂，詔禮者謂之“執禮者”，詔樂者爲“瞽者”，殷學曰瞽宗，可以見爾。故瞽者，爲人師者也，故又謂之師，孔子所以起敬是已。後世不知古，徒以爲瞎子之稱。故舊註：“恤不成人。”非也。恤而起敬，果何謂乎？少去聲，雖年少者，必起敬。朱註或曰：“‘少’當作‘坐’，是必欲以‘坐’對‘作’。”可謂昧乎古文辭。蓋見齊衰者，以見諸它處爲辭，故曰“過之，必趨”；“冕衣裳者與瞽者”見之，以來見爲辭，故曰“雖少，必作”。是互文見意，其實不拘。非識古文辭，亦不能讀已。

顏淵喟然歎曰：喟，歎聲。顏子喜得夫子之善誘，而學問有所成就，非歎高堅前後也。**“仰之彌高，鑽之彌堅。瞻之在前，忽焉在後。**鑽，穿也。仰之彌高，不可及也；鑽之彌堅，不可入也；在前、在後，不可執之也。此顏子自叙其未受夫子之教之前，徒見道之至高至堅，恍惚變現，無所摸擬，而未得道之實處也。**夫子循循然善誘人，博我以文，約我以禮，欲罷不能。既竭吾才，**循循，有次序貌。誘，進也。博文，以廣知也；約禮，以脩行也；顏子於是得領夫子之教，自言向無所摸擬者，始有所據，而不能自已也。**如有所立卓爾。雖欲從之，末由也已。**卓，立貌。有所立卓爾，猶參前倚衡之意。末，無也。顏子於是見道甚明，而後知夫子之道從容平易，若易及而實不可以力到也。”

【古義】此顏子自叙其終身學問之履歷也。高堅、前後，言其初徒視道高遠，而未得其實也；博文、約禮，言受夫子之教，而學問始就平實也；“欲罷不能”以下，言其所自得也。凡天下之人，資稟聰敏者，必游心高遠，用力艱深，而不知道本在日用常行之間，平平蕩蕩，甚至近也。其卒也必爲異端虛無寂滅之流，唯顏子資稟聰明，又能擇乎中庸，是以得領夫子之善誘，而弗畔乎道，此其所以卒造於亞聖之地也。

【徵】“顏淵喟然歎”，雖無上事，載在《論語》，歎孔子之不可及也。宋儒謂歎道體，是所歎止在高堅、前後，殊不知包盡一章矣。仁齋謂“喜得夫子之善誘，而學問有所成就”，是所歎止在後文，殊不知“雖欲從之，末由也已”，亦謂不可及也。則高堅、前後，亦謂不可及，何別乎？且“道體”二字，古所無也。宋儒專尚知見，故有此言，殊不知“用之則行，舍之則藏”，孔子即道，道即孔子。故孔門本無道體之説，志道者求諸孔子，孔子亦曰：“吾道一以貫之。”揚雄曰：“顏子潛心孔子。”爲得之矣。仁齋昧乎“嘆”字，嘆是嘆息，豈容以喜解之乎？朱子曰：“仰彌高，不可及；鑽彌堅，不可入。”見其高而仰之，雖仰不見其絶頂，故曰：“彌高。”用力而求入，堅而不可入，謂閫奧之不可到也；“瞻之在前，忽焉在後”，朱註：“恍忽不可爲象。”本何註。然此道體之説，終墮佛老。仁齋曰：“不可執之也，猶是道體之見。”殊不知二句謂夫子所爲，出己意外也，故合四句，皆謂孔子之不可及而不易窺已。是潛心夫子，不如遵夫子之教，故次曰：“夫子循循然善誘人，博我以文，約我以禮。”博我者，博我知見也。約我者，納我於道也。“文”本合指《詩》《書》六藝，則禮在其中。此與“禮”對言，則禮特謂守諸己者。其實文非外禮而言之也；“欲罷不能，既竭吾才”，即孔子所謂“默而識之，學而不厭，何有於我哉”同意。祇此二句，可見顏子隣孔子也；“如有所立卓爾”，見孔子之所立也。何註、朱註，皆得之。仁齋以爲見道甚明，依舊道體之見已；“雖欲從之，末由也已”，言孔子之終不可及也，是顏子深知孔子之所立也。如侯氏、胡氏，以“格物致知”“知古今，達事變”釋“博文”，皆宋儒不知學也。仁齋以“高妙平實”爲説，亦子思以後之説也。要皆非顏子時意，學者察諸。又徒潛心孔子，雖顏子亦不能。學孔子，必遵孔子之教，而後見其所立，則後世學者欲學聖人，而不遵聖人之教法，徒以其心學之，安能得之乎？

子疾病，子路使門人爲臣。孔子嘗爲魯大夫，故子路欲使弟子爲家臣，而治其喪。**病間，曰：“久矣哉，由之行詐也！無臣而爲有臣。吾誰欺？欺天乎？少**

差曰間。言臣之有無，皆人之所知。今無臣而爲有臣，非欺人，是欺天也，甚言其罪之大

也。**且予與其死於臣之手也，無寧死於二三子之手乎！且予縱不得大**

葬，予死於道路乎？無寧，寧也。馬氏曰："就使我不得以君臣禮葬，有二三子在，我寧

當委棄？"言其自安之意，以明不願得非禮之葬也。"

【古義】此言聖人之心，至誠明白：一言之微，一事之細，俯仰天地，無所

　　　愧怍。素其位而行，不願其外，死生患難，無入而不自得也。但其

　　　言平易和緩，無迹可尋，可見其道愈高而其德愈大也。

【徵】"子路使門人爲臣"，鄭玄曰："子路欲使弟子行其臣之禮。"欲字可

　　　刪。蓋子路既使爲臣，孔子病間而悟之，故曰："久矣哉。"何註："子

　　　路久有是心，非今日也。"非矣。按後世學者尚義，自無此過。古之

　　　學者尚禮，子路亦以禮大夫有臣，而欲孔子之葬備大夫之禮耳。其

　　　過在泥禮而未達，豈可深咎乎？此不特子路，其它門人皆有是惑，

　　　故孔子深責之，所以喻之也。後世儒者由此輕視子路，亦坐不知古

　　　學耳。又按：是時子路猶在焉，則孔子不以此時卒也。以此觀之，

　　　曾子"啓手足"，亦未必曾子以此時卒也，而宋儒謂《論語》記曾子臨

　　　終之言，未深思耳。

子貢曰："有美玉於斯，韞匵而藏諸？求善賈而沽諸？"韞，藏。匵，匱也。子

貢以孔子有道不仕，故設此二端以問之也。**子曰："沽之哉！沽之哉！我待賈者**

也。"朱氏曰："言固當賣之，但當待賈，而不當求之耳。"

【古義】范氏曰："君子未嘗不欲仕也，又惡不由其道。士之待禮，猶玉之

　　　待賈也。若伊尹之耕於野，伯夷、太公之居於海濱，世無成湯文王，

　　　則終焉而已。必不枉道以從人，衒玉而求售也。"

　　　論曰：范氏之論當矣，然後世道微德衰，其爲士者皆知獨善其

　　　身之爲義，而不知兼仁天下之爲德爲最大也。子曰："隱居以求其

　　　志，行義以達其道。"《記》曰："儒有席上之珍以待聘。"皆待賈之謂，

而學者之本分也。若夫韞匵而藏者，乃異端之流，狷介之士所好，而非儒者之道也。

【徵】善賈者，賈人之善者也。賈音古，何註蓋亦爾。自邢昺以爲善價，而朱子因之，音嫁。殊不知善琴、善笛及良農、良工一類語，當謂賈人，未聞貴價謂之善價，可謂謬矣。"求良賈"謂求先容之人也，"待賈"亦待人之先容也，甚當。求價、待價，語殊未穩，且鄙俚甚，豈君子之言乎？且聘禮執玉，必有賈人從之。是玉難識，故必待賈人，古之道也。按蔡邕《石經》："沽諸？沽之哉！"皆作"賈"，可見賈發平聲即沽已。

子欲居九夷。九夷，未詳其種。徐、淮二夷見經傳，若我日東，《後漢書》已立傳，及扶桑、朝鮮等名皆見于史傳。夫子所謂九夷者，恐當指此類。**或曰："陋，如之何？"**夷狄之地，無文飾之僞，故或人以爲陋也。**子曰："君子居之，何陋之有？"**言彼九夷之地，嘗有君子而居，則必是不若或人之所稱。彼所謂陋者，反是忠實之所致，必不凡陋也。○按《禮》載孔子之言曰："小連大連善居喪，東夷之子也。"又古稱東方有君子之國，則夫子之語，蓋據其實而稱之。舊解以爲君子所居則化，非也。如此則夫子有自居君子之位之嫌也。

【古義】論曰：夫子嘗曰："夷狄之有君，不如諸夏之亡也。"由此見之，夫子寄心於九夷久矣。此章及浮海之歎，皆非偶設也。夫天之所覆，地之所載，鈞是人也。苟有禮義，則夷即華也；無禮義，則雖華不免爲夷。舜生於東夷，文王生於西夷，無嫌其爲夷也。九夷雖遠，固不外乎天地，亦皆有秉彝之性，況朴則必忠，華則多僞，宜夫子之欲居之也。吾太祖開國元年，實丁周惠王十七年，到今君臣相傳，綿綿不絕，尊之如天，敬之如神，實中國之所不及。夫子之欲去華而居夷，亦有由也。今去聖人既二千有餘歲，吾日東國人不問有學無學，皆能尊吾夫子之號，而宗吾夫子之道，則豈可不謂聖人之道包乎四海而不棄，又能先知千歲之後乎哉？

【徵】“子欲居九夷”，馬融曰：“九夷，東方之夷有九種。”邢昺引《東夷傳》：“畎夷、于夷、方夷、黃夷、白夷、赤夷、玄夷、風夷、陽夷。”又：“玄菟、樂浪、高麗、滿飾、鳧臾、索家、東屠、倭人、天鄙。”仁齋因之，又疑爲日本，此自諛言，不容辨說。竊疑九夷必是一夷，猶如大湖名五湖。不爾，欲居九夷，何其言之漫也？且此必孔子經過其地，因欲居之。不爾，當“欲適九夷”，而曰“欲居”，其非遥望者審矣。贛榆有孔望山，相傳孔子適郯登此，乃東夷地，恐是即九夷。“君子居之，何陋之有”，馬融曰：“君子所居則化。”文意極是。仁齋乃謂東方有君子國，故曰“君子居之”，而不容孔子自稱君子，以濟其諛。殊不知“何陋之有”，語意不相承，適見其不識文辭已。且君子，士大夫通稱，孔子未嘗避之，但“得見君子者，斯可矣”指人君耳。若夫吾邦之美，外此有在，何必傅會《論語》，妄作無稽之言乎？夫配祖於天，以神道設教，刑政爵賞，降自廟社，三代皆爾。是吾邦之道，即夏商古道也，今儒者所傳，獨詳周道。遽見其與周殊，而謂非中華聖人之道，亦不深思耳。自百家競起，孟子好辯，而後學者不識三代聖人之古道，悲哉！

子曰：“吾自衛反魯，然後樂正，《雅》《頌》各得其所。”

【古義】魯哀公十一年冬，孔子自衛反魯，是時《周禮》在魯，然《詩》《樂》頗殘缺失次。孔子周流四方，參互考訂，以知其說。晚知道終不行，故歸而正之。門人記此，以見教之所由始也。

　　論曰：德隆則人尊，人尊則言傳。夫《雅》《頌》之叙，雖非孔子，或亦可能之，然在孔子則傳，在他人則否。《詩》《書》之行，至于與天地並立而不墜焉，則夫子之功，豈不偉乎？然《詩》《書》《易》之名，初見於魯《論》，而孟子獨言作《春秋》。其定《書》、傳《禮記》、繫《易》之說，未有明據。蓋司馬遷輩以著述見聖人，而未知夫子之道猶日月之繫天，而不關刪述之功，故叨云云耳。夫夫子未開教之前，猶水之在於地中，其一開教之後，附託有人，傳傳相續，猶泉源之經疏鑿之功，流派混混，不舍晝夜，放於四海也，豈待著述之功哉？

【徵】“樂正，《雅》《頌》各得其所”，《詩》《風》《雅》《頌》，唯《雅》《頌》播諸樂，《風》唯“二南”與《頌》同。《豳風》有《雅》《頌》，其它皆徒歌。此言《雅》《頌》，則“南”、《豳》在其中矣，故此章主樂言之。蓋先是《雅》《頌》之聲或混，孔子正之，而後各得其所也。朱註不識此義，《詩》樂並言，非也。鄭玄曰：“反魯，哀公十一年冬，是時道衰樂廢。孔子來還，乃正之，故《雅》《頌》各得其所。”此蓋古來相傳之説，後儒不識，妄作新解，豈不謬乎？仁齋論此章而謂：《雅》《頌》之叙，它人或能之，然在孔子則傳，在他人則否，德隆則言傳。司馬遷輩，以著述視聖人，而未知夫子之道猶日月之繫天，而不關刪述之功。此誠奇論，然其人好奇而昧乎事，要之理學之歸耳。殊不知孔子之前，六經無書，書唯《書》耳，故謂之《書》。《詩》存諷詠，禮樂皆在人，故子貢曰：“文武之道，未墜於地，在人。賢者識其大者，不賢者識其小者。”孔子周流四方，訪求具至，然後門弟子傳其書。故《戴記》云：“士喪禮於是乎書。”可以見已。然其在人者，非孔子孰識其真？故《中庸》曰：“苟不至德，至道不凝。”故雖有堯、舜、禹、湯、文、武，微孔子，其道泯滅弗傳。所以傳者，以孔子也。後儒不察，妄謂孔子之前亦有六經，孔子刪述而已。又孔子而後，諸子紛然著作，皆倣孔子，而其書汗牛充棟。藉是仁齋輩輕視著作者，不識孔子之世，徒以今世視之故也。且其人獨尊《論語》而輕六經，坐是不欲獨以刪述稱孔子，可謂強已。

子曰：“出則事公卿，入則事父兄，喪事不敢不勉，不爲酒困，何有於我

哉?"此言出事入事，即子弟之職。喪事，人倫之本，最不可不勉；不爲酒困，又不足爲難，皆夫人之所能，此外別無可稱；"何德有於我哉"，說又見第七篇。

【古義】其智愈大，則自處愈卑，而其言愈謙，實知道之無窮也。於是益見夫子之所以爲大也。

【徵】"出則事公卿，入則事父兄"，古註無解。朱子以爲孔子自謙之言，此不知而妄爲之解者也；"出則事公卿，入則事父兄"，與"邇之事父，遠之事君"語勢正同。朱子乃以爲與"入則孝，出則弟"同義，果爾，何無"孝""弟"之字？且公卿連言，乃王國之辭。若在魯，則公是君，卿是臣，豈容連言？蓋《論語》之書，門弟子以意記之，故有有序者，有無序者。如"三子言志"章，序其事甚詳，其它有所爲之言及如此章，省略無序，是本出門弟子一時筆。故千載之下，難識其所由者極多矣。如此章，孔子贊禮，勸人學禮之言也，出則事公卿以之，入則事父兄以之。禮之在喪，品節甚詳，由之而行，自然不敢不勉；獻酬之禮，終日百拜，自然不爲酒困。皆無容我力，禮之力也，故曰："何有於我哉?"

子在川上曰："逝者如斯夫！不舍晝夜。"逝，往也，謂日進而不已。舍，止也。

【古義】此言君子之德，日新而不息，猶川流之混混不已也。

論曰：孟子解夫子稱水之意曰："原泉混混，不舍晝夜，盈科而後進，放乎四海，有本者如是。"所謂"本者"何？仁義禮智有於其身，而終身用之不竭，猶川流之不舍晝夜，日新而無窮。故曰："日新之謂盛德。"夫子取水之意蓋如此。或曰：孔子之稱水，其旨微矣，孟子特因門人之病而藥之，非也。孟子取喻流水，不一而足，蓋其常言，而述夫子之旨云爾，豈皆因門人之病而發之邪？

【徵】"逝者如斯夫！不舍晝夜"，何註："包曰：逝，往也，言凡往也者如川之流。"邢昺疏："孔子感嘆時事，既往不可追復也。"漢至六朝，詩賦所援，皆止斯義無復異說。蓋孔子嘆年歲之不可返，以勉人及時用力；或於學，或於事親，或於拮据國家皆爾。至於宋儒，始以道體解之，殊失"逝"字義。是其人刓性理，談精微，欲於《論語》中見斯意而不可得矣，故穿鑿爲之爾。且其意謂嘆年歲之不可返者，常人之情也，君子無入而不自得焉，則不當有此嘆也。吁！聖人亦人耳，豈遠人乎？且固執《中庸》之言乎，則聖人之喪親，豈自得乎？故曰：彼一時也，此一時也，《中庸》乃言道之無不可行耳。夫宋儒道體之說，乃據《易》"乾健"及《中庸》"至誠無息"，而引"誠者，天之道也"以成其說是已。夫"健"以釋"乾"耳，豈可以盡於天乎？健特天之一德也，假使天唯以健爲其德，則天之德亦小矣哉！《中庸》之誠，性之德也，性禀諸天，故曰"天之道也"，本非以誠爲天之德矣。至誠無息，亦謂習以成性則無息已。子思之意，在語學問之道而不論天道也。宋儒之學，理、氣耳，貴理而賤氣，氣有生滅而理無生滅。是其道體之說，豈不佛老之遺乎？又謂氣有形而理無形，故以道之粲然者，皆爲氣之所使，而欲執一無色相者以御之。是其道體之說所以興，亦豈不佛老之遺乎？至於仁齋引《孟子》以求勝宋儒，亦豈識"逝"字乎？

子曰："吾未見好德如好色者也。"

【古義】學而至於好德，則其學已實矣，然無真好者，夫子之所以歎也。其苟好德如好色，則學之也真，得之也實，始不負聖賢之言矣。

【徵】"吾未見好德如好色者也"，天下豈果無好德之人乎？子謂南容"尚德哉！若人"，可以見已。故此有所爲之言，朱註引《史記》爲是，但好德者，好有德之人也。後儒不識古言，謝氏曰："好好色，惡惡臭，誠也。好德如好色，斯誠好德矣，然民鮮能之。""鮮能"字本諸《中庸》，分明失之。古來好色之君不好賢，好賢之君不好色，二者每每相反，自然之符也，故孔子云爾。大氐孔子之言，多爲人君言之者焉，後世窮措大之解，遂失之爾。

子曰："譬如爲山，未成一簣，止，吾止也。譬如平地，雖覆一簣，進，吾往也。"簣，土籠也。

【古義】朱氏曰："言山成而但少一簣，其止者吾自止耳。平地而方覆一簣，其進者吾自往耳。蓋學者自強不息，則積少成多。中道而止，則前功盡棄。其止其往，皆在我，而不在人也。"○天下之事，進退之差雖小，而成壞之跡甚大。纔進則雖未遽成，然成之機已著；纔退則雖未驟壞，然壞之端已萌。其進其止，皆在己而已耳，可不自勉哉！

【徵】"譬如爲山"，蓋孔子解《書》之言。《詩》、《書》、禮、樂，先王四術，孔子當有解《詩》《書》之言。其自言亦多稱引古語，觀顏淵、仲弓"請事斯語"，可以見已。故曰："非先王之法言，不敢道也。"人多不知此意，此下五章以類錄之。

子曰："語之而不惰者，其回也與！"惰，懈怠也。

【古義】夫子之言一也，聞之而有惰有不惰，正在於信道之篤與否耳。今讀夫子之語，乍作乍輟、若存若亡者，非惟志倦氣餒之所致，實信道不篤故也。苟心之悅道，猶口之悅芻豢，則何有於惰？

【徵】無説。

子謂顏淵，曰："惜乎！吾見其進也，未見其止也。"朱氏曰："顏子既死，而夫子惜之，言其方進而未已也。"

【古義】人之於學，其止多而其進少。若顏子之方進而不已，非全智仁勇之德者則不能。大哉！

【徵】無説。

子曰："苗而不秀者有矣夫！秀而不實者有矣夫！"穀之始生曰苗，吐華曰秀，成穀曰實。

【古義】此以穀譬學，猶周《詩》所謂比者，勉人之及時而進脩，以期其成
　　　也。言穀必期於實，不然則雖至苗而秀，不如莠稗也。況乎未苗以
　　　爲既秀，未秀以爲既實者，學者之通患也，可不戒乎？

【徵】無説。

子曰："後生可畏，焉知來者之不如今也？四十、五十而無聞焉，斯亦不
足畏也已。"言後生雖年少，然自強不止，則其勢不可禦焉，豈容謂將來之賢者不如今乎？
然不能自勉，至於老而無聞，則亦不足畏。言此以警人，使及時自勉也。

【古義】此戒人方年富力強之間，當夙興夜寐，惕厲勤勉，苟悠悠歲月，至
　　　於老大，則徒自悔焉，而不可及。故爲學者苟不及時而勤，則猶草
　　　木當發生之時而欠灌培之功，雖未遽枯槁，然幹瘦枝瘁，終不能暢
　　　茂焉。此學者之所當深慮也。

【徵】"四十曰強，仕"，五十而爵，故四十、五十，德立名彰之時也。

子曰："法語之言，能無從乎？改之爲貴。法語，禮法之語，人不能不從，然不改
焉則無益，故改之爲貴。巽與之言，能無説乎？繹之爲貴。巽與，遜順而與也。
巽言順人之意而導之，故莫不説懌，然不尋繹之，則莫知其意之所在，故繹之爲貴。説而
不繹，從而不改，吾末如之何也已矣。言非遂週成，而無可復望也。"末如之何也
已矣"者，舍之之辭，所以甚警學者也。"

【古義】不從法語，不説巽與者，不可與言者，而固不足論矣。其或雖從
　　　且説，而不知改繹焉，則與夫不從不説者同其歸，可不戒乎？

【徵】"法語之言"，先王之法言也。謂之"語"者，如"樂語""合語"之
　　　"語"。巽與，未詳。

子曰："主忠信，毋友不如己者，過則勿憚改。"

【古義】重出。

【徵】無説。

子曰："三軍可奪帥也，匹夫不可奪志也。"

【古義】此言人之不可無志也。夫三軍雖衆，人心不一，則其帥可奪而取之；匹夫雖微，苟守其志，則不可得而奪也。志之可尚也如此。○黄氏榦曰："共姜一婦人也，而以死自誓其志之不可奪如此。況志於仁志於道，可得而奪乎？"

【徵】"三軍可奪帥也，匹夫不可奪志也"，此爲人君而言之，欲其不侮匹夫、匹婦焉。後儒不知，誤謂欲學者之立其志，儱侗哉！

子曰："衣敝縕袍，與衣狐貉者立，而不恥者，其由也與？縕，枲著也。縕袍，衣之賤者。狐貉，裘之貴者。言子路之志如此，則能不以貧富動其心，可知矣。'不忮不求，何用不臧？'忮，害。求，貪。臧，善也。言能不忮不求，則何爲不善乎？此《衛風·雄雉》之詩，孔子引之，以美子路也。"子路終身誦之。子曰："是道也，何足以臧？"夫子恐子路或有其善，故言："是道當然也，何足以爲善？"

【古義】輔氏廣曰："忮者，嫉人之有，而欲害之也；求者，恥己之無，而欲取之也。是皆爲事物之所累者也。能於事物一無所累焉，則何往而不善哉？然義理無窮，此特一事之善，若遽自以爲喜，則不復求進於道。蓋喜心生於自足，而怠心生於自喜，故夫子又言此以警之。"

【徵】"不忮不求"，當别爲一章。子路誦此詩，而孔子抑之，是别事已。孔子之於子路，或稱或抑，所以成材也，故聯而記之，俾學者知孔子教育英材之意。朱子不知，而謂孔子引《詩》而美子路，非也；"是道也"，指《詩》而言，猶云"此詩未足以爲臧也"，與"下未之思也"同例。蓋《詩》《書》、禮、樂，皆先王之道也，故一言片句，皆稱爲道，古言爲爾。自老氏説大道，而後儒者特拈"道"字尊大之，其意非不美矣，然古言終微。如"三年無改父之道"，"道"字學者難其解，亦坐不識古言故也。

子曰："歲寒，然後知松栢之後彫也。"

【古義】此言君子之在平世，或與小人無異。惟臨利害，遇事變，然後君子之所守可見也。由是觀之，君子之在亂世，不待賢者而後知之。唯方其在平世，自能知其爲君子，而後謂之明也。

【徵】何晏曰：“大寒之歲，衆木皆死，然後知松栢小彫傷。平歲則衆木亦有不死者，故須歲寒而後別之。”新註無解，故特標之。世主多悦小人之易使，而謂君子不必勝人，故孔子有此言。

子曰：“知者不惑，仁者不憂，勇者不懼。”

【古義】此贊智、仁、勇之爲達德也。知者達理，故不惑；仁者心寬，故不憂；勇者善斷，故不懼。此三者，道德之全體，而學問之要領也。

　　論曰：《中庸》曰：“智、仁、勇三者，天下之達德也。”可見外此更無可成德達材者也。故聖人舉此三者，而使學者由此而行之。蓋本於知，全於仁，決於勇，固爲學之次第，成德之全體，始終本末盡矣。先儒專以《大學》篇爲古人爲學之次第，而《論》《孟》次之者，誤矣。

【徵】“知者不惑，仁者不憂，勇者不懼”，此孔子稱成德之人也。朱註以爲“學之序”，蓋本諸《中庸》，然《中庸》言“達德”，與此不同。達德者，謂德之通衆人皆有之者，非謂知者、仁者、勇者也。或以此知者在先、仁者在次爲説，是據安仁、利仁，而固執仁者優知者耳。殊不知德各以性殊，知者、仁者，亦隨其性以成德已。夫仁、知皆大德，故有時乎知在仁上，或可固執乎？如管仲，固孔子許其仁，然非桓公知而任之，安能成其仁？桓公爲管仲君，是知之德亦大矣，豈必亞仁？大氐宋儒不知孔子之道爲先王治天下之道，故其論仁知，亦不知從治天下上起見，所以鑿也；知者所見明，是以不爲物眩惑，故曰：“不惑。”朱註：“明足以燭理。”仁齋曰：“達理。”理學哉！夫言理則更有事，有人情，有時勢，豈理之所能盡乎？“仁者不憂”，朱註：

“理足以勝私。”是其渾然天理之説耳。仁齋曰：“仁者心寛，故不憂。”可謂不識其解已。夫仁者，有長人安民之德者也，故仁人以安民爲心。以安民爲心者，事天者也。事天者樂天，故不憂，是義本諸《孟子》，誠孔門傳授之説也。後儒不知仁爲安民之德，而安民本於敬天，故於“仁者不憂”，不得其解耳；“勇者不懼”，無須乎解，仁齋曰：“善斷故不懼。”一端哉！

子曰：“可與共學，未可與適道；可與適道，未可與立；可與立，未可與權。”可與者，許其人之辭。未可與者，難其事之辭。程子曰：“可與共學，知所以求之也；可與適道，知所往也；可與立者，篤志固執而不變也。權，稱錘也，所以稱物而知輕重者也。可與權，謂能權輕重使合義也。”

【古義】楊氏曰：“知爲己，則可與共學矣。學足以明善，然後可與適道。信道篤，然後可與立。知時措之宜，然後可與權。”

　　論曰：漢儒以“經”對“權”，謂“反經合道爲權”，非也。“權”字當以“禮”字對，不可以“經”字對。孟子曰：“男女授受不親，禮也；嫂溺援之以手者，權也。”蓋禮有一定之則，而權制其宜者也。故孟子以“權”對“禮”而言，不對“經”而言。漢儒蓋以湯武放伐爲權，故謂“反經合道”，殊不知經即道也。既反經，焉能合道？天下之所同然之謂道，制一時之宜之謂權。湯武之放伐，蓋順天下之心而行之，誅一夫紂矣，非弒君也。乃仁之至，義之盡，而非制一時之宜者也，故當謂之道，而不可謂之權也。先儒又謂：“權非聖人不可用。”尤非也。夫權，學問之至要，道之不可無權也，猶臨敵之將應變制勝，操舟之工隨風轉柁。若否，則必覆師而致溺矣。故謂權不可輒用，則可矣；謂非聖人不可用，則不可也。《孟子》曰：“執中無權，猶執一也。”言學之不可無權也。

【徵】“可與共學”，謂信道者也；“未可與適道”，謂雖信道，其志止一經一

藝者也；“可與適道者”，謂其志大而求至於先王之道者也。立，如
“三十而立”，謂學之成也。權，如“四十曰强，發謀出慮”，謂成而能
用之也。如程子“篤志固執而不變”，楊氏“知時措之宜”，皆不知倫
之言耳。宋儒以權爲聖人之大用，仁齋先生譏之，是矣。又引《孟
子》，譏漢儒反經合道，而謂權當以禮對，亦是矣。祇如謂經即道
也，殊未然。蓋經者，以持緯言，是道之大綱處，如“爲天下國家有
九經”是也。至於以湯、武放伐爲道者，則大不然矣，何者？湯、武，
聖人也。聖人者，道之所出也。孔子曰：“畏聖人之言。”言猶畏之，
況其所爲乎？故孔子而上，無論聖人者。夫湯武者，開國之君也，
開國之君，配諸天。舉一代之人，尊而奉之，孰敢間之？戰國時諸
子興，而後有非薄聖人者，是天下之罪人也。孟子生其時，欲以口
舌勝之，遂有“誅一夫紂”之説，湯、武豈孟子所私哉？孟子不自揣，
妄謂我道之祖，務欲分疏其爲聖人，是其過也爾。後世有論湯武放
伐者，昉孟子也。故漢儒以爲權，仁齋以爲道，皆僭妄已。

“唐棣之華，偏其反而。豈不爾思？室是遠而。”何氏曰：“逸詩也。唐棣，移
也，華反而後合。”朱氏曰：“偏，《晉書》作‘翩’，言華之搖動也。而，語助也。”愚按：《角弓》
之詩，又有“翩其反矣”之句，則從《晉書》爲是。上兩句無意義，但以起下句之辭耳。**子
曰：“未之思也，夫何遠之有？”**夫子借《詩》之言而反之曰：“道甚近，其以爲遠者，未
之思也。”

【古義】夫子嘗曰：“仁遠乎哉？我欲仁，斯仁至矣。”又曰：“人之爲道而
　　　遠人，不可以爲道。”皆言道之甚近也。蓋道外無人，人外無道。聖
　　　人之設教也，因人以立教，而不立教以驅人，亦何遠之有？第不知
　　　道者，自以爲高爲美，爲若升天然，故視道甚遠，而人益難入，憫哉！

【徵】“唐棣之華”，朱子別爲一章，引《晉書》“偏”作“翩”，爲是。“子曰”
　　　以下，孔子解《詩》之言。古之解《詩》，豈解其辭哉？《詩》辭豈難解

哉？觀此章，則於古人學《詩》之方，思過半矣。

鄉黨第十

【古義】此門人記夫子之言動，以狀一生之行者也。其一言一動，固雖不
　　足以盡聖人之德，然即此可以觀其動容周旋，從容中道之妙，猶昆
　　蟲草木之微，雖不足以觀天地之化，然即此可以識造化發育之功
　　也。○尹氏曰：甚矣，孔門諸子之嗜學也！於聖人之容色言動，無
　　不謹書而備録之，以貽後世。今讀其書，即其事，宛然如聖人之在
　　目也。雖然，聖人豈拘拘而爲之者哉？蓋盛德之至，動容周旋，自
　　中乎禮耳。

孔子於鄉黨，恂恂如也，似不能言者。恂恂，朱氏曰：“信實之貌。”鄉黨，長老之所
居，故夫子敬之，見其不以賢知敖人也。**其在宗廟朝廷，便便言，唯謹爾。**便便，辨
也。古者大事必謀之於廟，朝廷亦政事之所出，故必正言而極論之，但謹而不放爾。**朝，
與下大夫言，侃侃如也；與上大夫言，誾誾如也。**《說文》曰：“侃侃，剛直也。”
“誾誾，和悦而諍也。”

【古義】右記孔子在鄉黨、宗廟、朝廷言語之不同，以見聖人盛德之至，隨
　　處變化，各當其可也。

【徵】“恂恂如”，王肅曰：“溫恭貌。”莫以尚焉。朱註：“信實之貌。”此以
　　心言，不如以外貌之勝。且觀《大學》“恂”“慄”連言，則訓“恭”爲
　　是。朱註：“宗廟禮法之所在，朝廷政事之所出。”本諸邢疏。今人
　　多以祭祀釋禮法，豈翅祭祀乎？如下文聘禮，亦行之於廟，他邦之
　　賓，皆接於廟。凡禮多行諸廟者，且祭祀豈尚言語乎？皆不知禮之
　　失也。孔安國曰：“侃侃，和樂之貌。誾誾，中正之貌，亦莫以尚
　　焉。”朱註：“侃侃，剛直也。誾誾，和悦而諍也。”“誾誾”之解，與“中

正”或同。至於以侃侃爲剛直，蓋未解其意。何則？下大夫，孔子儕輩也，故和樂；上大夫爲卿，當禀事，故中正而無所阿也。上大夫而和悦，下大夫而剛直，大似勢利之人，孔子豈然乎？又如：“閔子誾誾”“冉有、子貢侃侃”，閔子齒尊，且中正可以見德行也；冉有、子貢齒卑，齒卑者儕輩自伍。獨推尊者使先生言，故和樂耳。舊註亦極是。

君在，踧踖如也，與與如也。君在，謂在位之時，在朝在廟燕見皆然。踧踖，恭敬之貌。與與，威儀中適之貌。**君召使擯，色勃如也，足躩如也。**擯，君所使出接賓者。《周禮》：上公九介，侯伯七介，子男五介，各隨其命數。主國之君曰擯，用命數之半，下於賓，以示謙也。勃，變色貌。躩，盤辟貌。皆敬君命故也。**揖所與立，左右手，衣前後，襜如也。**鄭氏曰：“揖左人左其手，右人右其手。一俛一仰，衣前後襜如也。”襜，整貌。**趨進，翼如也。**翼，如鳥舒翼，謂張拱端好。**賓退，必復命曰：“賓不顧矣。”**舒君敬也。

【古義】右記孔子侍君，及爲君擯相之容，皆禮文之至末者。聖人動容周旋，無不中禮，於此可知矣。

【徵】邢昺曰：“云‘揖左人左其手，揖右人右其手’者，謂傳擯時也。案：諸侯自相爲賓之禮，凡賓主各有副，賓副曰介，主副曰擯。若諸侯自行，則介各從其命數。至主國大門外，主人及擯出門相接。若主君是公，則擯者五人，侯伯則擯者四人，子男則擯者二人。所以不隨命數者，謙也，故並用强半之數也。賓若是公，來至門外，直當闑西，去門九十步而下車，當軹北嚮而立。鄭註《考工記》云：‘軹，轂末也。’其侯伯，立當前疾胡下，子男立當衡。註：‘衡謂車軛。’其君當軫，而九介立在君之北，邐迤西北，並東嚮而列。主公出直闑東南，西嚮立。擯在主人之南，邐迤東南立，並西嚮也。使末擯與末介相對，中間傍相去三丈六尺。列擯介既竟，則主君就擯求辭。所

以須求辭者，不敢自許人求諸己，恐爲他事而至，故就求辭，自謙之
道也。求辭之法，主人先傳求辭之言與上擯，上擯以至次擯，次擯
繼傳以至末擯，末擯傳與賓末介，末介以次繼傳，上至於賓。賓答
辭隨其來意，又從上介而傳下至末介，末介又傳與末擯，末擯傳相
次而上，至於主人。傳辭既竟，而後進迎賓至門。知擯介朝位如此
者，《大行人職》文。又知傳辭拜迎賓前至門者，《司儀職》文；其傳
辭，《司儀》之交擯也；其列擯介傳辭委曲，約《聘禮》文。若諸侯使
卿大夫相聘，其介與主位，則《大行人》云：‘卿大夫之禮，各下其君
二等。’鄭註云：‘介與朝位是也。’主君待之擯數如待其君。其有異
者，主君至大門而不出限，南面而立也。若公之使，亦直闑西，北
嚮，七介而去門七十步。侯伯之使列五介，而去門五十步。子男之
使三介，而去門三十步。上擯出闒外闑東南西嚮，陳介西北東面邐
迤，如君自相見也，而末介、末擯相對，亦相去三丈六尺。陳擯介
竟，則不傳命，而上擯進至末擯間，南揖賓，賓亦進至末介間。上擯
與賓相去，亦三丈六尺，而上擯揖而請事，入告君。君在限內後，乃
相與入也。知者，約《聘禮》文。不傳辭，《司儀》及《聘禮》謂之旅
擯。君自來，所以必傳命者，《聘義》云：‘君子於其所尊，弗敢質，敬
之至也。’又若天子春夏受朝宗，則無迎法，受享則有之，故《大行
人》云：‘廟中將幣三享。’鄭云：‘朝先享，不言朝者，朝正禮，不嫌有
等也。’若秋冬覲遇，一受之於廟，則亦無迎法，故《郊特牲》云：‘覲
禮，天子不下堂而見諸侯。’明冬遇依秋也。以爲擯之禮依次傳命，
故揖左人左其手，揖右人右其手。一俛一仰，使衣前後襜如也。”右
邢疏之文如此。但曰“侯伯立前疾胡下”者，裁《大行人職》與鄭註
之文。《大行人職》曰：“立當前疾。”鄭註曰：“前疾，謂駟馬車轅前
胡下垂在地者。”賈公彥疏曰：“謂若《輈人》‘輈深四尺七寸，軾前曲

中’是也。”按《輈人職》曰：“凡揉輈，欲其孫而無弧深。”弧音胡，木弓也。又曰：“輈欲弧而無折。”此謂輈之曲處似弓者爲弧，鄭註：“胡，即弧也。”是邢昺不善裁之失已。邢疏又曰：“‘其君當軫’，‘軫’即‘軹’之誤也。”《大行人職》鄭註曰：“王立當軫歟？”則賓豈得當軫乎？邢又曰：“所以須求辭者，不敢自許人求諸己，恐爲他事而至，故就求辭，自謙之道也。”非也。《聘禮》鄭註曰：“既知其所爲來之事，復請之者，賓來當與主君爲禮，爲其謙不敢斥尊者，啓發以進之。”可以見已。邢又曰：“不傳辭，《司儀》及《聘禮》謂之‘旅擯’。”按《聘禮》無“旅擯”之文，《司儀職》有“交擯”，有“旅擯”。“旅擯”，鄭註曰：“旅，讀爲‘鴻臚’之‘臚’，臚陳之也。陳擯位，不傳辭也。”交擯，鄭註曰：“各陳九介，使傳辭也。”是邢昺時理學未興，故猶引禮釋之，然其說粗鹵，已不及賈公彥輩也。程朱出而禮樂掃地，故今學者徒讀新註，至此等章，茫然不識其所言之意矣。又按：介擯之間所以相去三丈六尺者，《聘禮》註曰：“門容二轍參个，旁加各一步也。”賈疏曰：“轍廣八尺，參个三八二十四，門容二丈四。云‘傍加各一步也’者，此無正文，但人之進退周旋，不過再舉足一步，故門傍各空一步。丈二添二丈四尺，爲三丈六尺。”今按：周一尺直今曲尺七寸二分，則二丈四尺爲一丈七尺二寸八分，三丈六尺爲二丈五尺九寸二分。

　　“賓不顧矣”，是《聘禮》之文也。古人之言，皆有方言，可以見已。邢疏曰：“案《聘禮》：‘行聘享私覿禮畢，賓出，公再拜送，賓不顧。’”鄭註曰：“公既拜，客趨辟，君命上擯送賓出，反告‘賓不顧矣’，於此君可以反路寢矣。”朱註曰：“紓君敬也。”可謂不知禮已。學者熟三禮而後《論語》可得而言焉。不然，其不任臆自恣者幾希矣。

入公門，鞠躬如也，如不容。 鞠躬，曲身也。如不容，敬之至也。 **立不中門，行**

不履閾。君門中央有闑，兩旁有棖，棖闑之中，君出入處。閾，門限也，履閾則不敬。**過位，色勃如也，足躩如也，其言似不足者**。邢氏曰："過位，過君之空位也，謂門屏之間。人君寧立之處，君雖不在，人臣過之，宜敬也。"言似不足，不敢肆也。**攝齊升堂，鞠躬如也，屏氣似不息者**。攝，摳也。齊，衣下縫也。朱氏曰："禮：將升堂，兩手摳衣，使去地尺，恐躡之而傾跌失容也。"息，鼻息出入者也。近至尊，氣容肅也。**出，降一等，逞顏色，怡怡如也。沒階，趨，翼如也。復其位，踧踖如也**。等，階級也。逞，放也。出下階一級，則漸遠所尊，故解其顏色。怡怡，和悅也。沒階，下盡階也。趨，走就位也。復位，復堂下班列之位也。踧踖，不忘敬也。

【古義】右記孔子在朝進退之容。

【徵】"入公門鞠躬如也，如不容"，《聘禮記》曰："執圭入門，鞠躬焉如恐失之。"與此相類。彼以聘執圭言之，故曰"如恐失之"，此則泛言之，故"如不容"。孔安國曰"斂身"，盡之矣；曰"鞠躬如也"，可見形容之言。後世《儀註》以鞠躬爲拜揖一類，贊唱曰："鞠躬，拜，興。"可謂謬已。大氐後世之禮，多不與古同者，如拜稽首、稽顙，自《周禮》鄭玄註既失，蓋秦以後之禮已。予徵諸《荀子》，乃得古拜禮，併及此焉；"立不中門"，邢昺曰："中門，謂棖闑之中央。君門中央有闑，兩旁有棖，棖謂之門楗。棖闑之中，是尊者所立處，故人臣不得當之而立也。"按《玉藻》曰："閏月則闔門左扉，立于其中。"是立者尊右，坐者尊左故也。《曲禮》曰："爲人子者，立不中門。"註："不敢當其尊，是以私門言之。"邢據此等之文已。衹"棖爲門楗，楗者行馬也"，爲誤。《爾雅》曰："橛謂之闑。""棖謂之楔。"《方言》曰："棖，隨也。"註："棖柱令相隨也。"則今之貼方也。字書：闌爲門梱，閫爲門楔，橜爲門梱，皆非矣。棖者，門兩旁長木。闑者，門中央短木。《儀禮》註疏有東闑、西闑，蓋闑所以止扇，扇有二，故闑亦有二。註疏猶多可采，其說當是。又按《曲禮》曰："大夫士出入君門，由闑右,不踐閾。"《玉藻》曰:"賓入,不中門,不履閾。"是不唯立不中門,凡出入皆然。《玉藻》又曰:"君入門,介拂闑。大夫中棖與闑之間,士介拂棖。"是謂君朝它邦時,大夫從君後,君中門,故大夫亦中門也;"行不履閾",邢疏曰:"一則自高,二則不淨,並爲不敬。"過位,包咸曰:"過君之空位。"邢疏曰:"謂門屏之間,人君宁立之處。"按《曲禮》曰:"天子當宁而立,諸公東面,諸侯西面,曰'朝'。"孔疏《爾雅》云:"門屏之間,謂之宁。"郭註云:"人君視朝所宁立處。"李巡云:"正門內兩塾間曰宁,謂天子受朝於路門外,而宁立以待諸侯之至,故云'當宁而立'也。"然路門外有屏者,即"樹塞門"是也。《爾雅》云:"正門謂之應門。"又云:"屏謂之樹。"李巡云:"垣當門自蔽,名曰樹。"郭云:"小墻當門中。"今案李、郭二註,以推驗禮文:諸侯內屏在路門之內,天子外屏在路門之外,而近應門者也,是邢疏以路門內言之。按《聘禮記》曰:"下階,發氣怡焉,再三舉足又趨。"註引《論語》"升堂,鞠躬如"以下。蓋《聘礼記》之"發氣",乃以嚮升堂時屛氣也;"復其位",孔安國曰:"來時所過位也。"蓋"復"訓"踐",踐君之空位,故踧踖不寧。朱註以爲己之位,是泥其字耳,殊不知古文辭不若是拘拘也。就己之位踧踖,殊爲無意謂。陸氏曰:"'趨'下本無'進'字。俗本有之,誤。"蓋没階趨者退也,豈得謂之進乎?

執圭,鞠躬如也,如不勝。上如揖,下如授。勃如戰色,足蹜蹜如有循。圭,諸侯之命圭。聘問鄰國,則使大夫執以通信,還則納之於君。如不勝,如重不能舉,慎之至也。上下,言上下堂之際。鄭氏曰:上如揖,謂授玉時宜敬,故如揖也。下如授,謂既授玉而降,猶如授玉,不敢忘禮。戰色,戰而色懼也。蹜蹜,舉足促狹也。有循,言行不離地,如緣物也。**享禮,有容色。**鄭氏曰:享,獻也。聘禮,既聘而享,用圭璧,有庭實,有容色,不復戰栗也。**私覿,愉愉如也。**鄭氏曰:覿,見也。既享,乃以私禮見之。愉愉,顏色之和。

【古義】右記孔子爲君聘於鄰國之禮也。黃氏榦曰：“此章言出使有三節：執圭禮之正也，享禮則稍輕，私覿則又輕矣，故其容節之不同也如此。”○按：孔子聘問鄰國之事，雖不載經傳，然當時門人親見而直記之，則《鄉黨》一篇尤可信據也。

【徵】“執圭，鞠躬如也”，是諸侯聘之事，使大夫執圭以通信，其禮先聘，次享，次私覿。聘者，致命授圭。聘于夫人以璋無幣，故曰“圭璋特達”；享者，束帛加璧。庭實，虎豹之皮。享于夫人以琮；覿者，奉束錦，執馬。君醴賓，有籩豆脯醢。此三者皆一日行之。聘享公事，覿私事，故曰“私覿”。爲人臣者無外交，但由使而見，古有此禮也。次君送賓饔餼，次問，次面。問者，賓以其君命致束帛、四皮于主國之卿，公事也；面者，賓自致儷皮、四馬，私事也。次饋，夫人送之如饔餼。次壹食再饗，主君烹大牢以飲賓也。次主國大夫饗賓，次還玉，謂還其圭璧璋琮也。次公館賓，主君詣賓館訪之也，然後賓行。其詳見于《聘禮》。今學者唯讀《論語註》，而不知其顚末，故略言之爾。《聘禮記》曰：“上介執圭，如重，授賓。賓入門皇，升堂讓。將授，志趨。授如爭承，下如送。君還，而後退。下階，發氣怡焉。再三舉足，又趨。及門，正焉。”又曰：“執圭，入門，鞠躬焉，如恐失之。及享，發氣焉，盈容。眾介北面，蹜焉。私覿，愉愉焉。出，如舒雁。”又曰：“皇，且行。入門主敬，升堂主愼。”皆與《論語》互相發。但“入門皇”，註：“皇，自莊盛也。”非矣，與下文“入門主敬”及《論語》“鞠躬”不合。“皇”當是“惶”，古字通用；“升堂讓”，註謂“舉手平衡也”，非矣。此經所謂“至于階三讓，公升二等”，是也；“將授志趨”，註：“志猶念也。念趨，謂審行步也。”疏以“徐趨”解之，即《曲禮》所謂：“執主器，操幣圭璧，則尚左手。行不舉足，車輪曳踵。”又所謂："執玉不趨,堂上接武,堂下布武。"又《玉藻》所謂:"圈豚行,不舉足,齊如流","執龜玉,舉前曳踵,踖踖如也",是也;"授如爭承",註:"爭,爭鬭之爭。重,失隊也。"疏謂:"就東楹授玉於主君時,如與人爭接取物,恐失墜也。""下如送",疏謂:"聘享每訖,君實不送,而賓之敬如君送。"非矣,"授如爭"絶句,"承下如送"絶句。既授圭不敢放手,其狀如爭物然也。"承下如送"者,既放手而猶以手承于下,君旋則隨旋,其狀如送然也。"君還則退",還音旋,如周還、折還之還。君轉身畢而後退,皆爲重玉恐其失墜故也。鄭註引《論語》此文,其意以"升堂讓"爲"上如揖",以"下如送"爲"下如揖",故《論語》鄭註曰:"上如揖,授玉宜敬。下如授,不敢忘禮。"邢疏曰:"既授玉而降,雖不執玉,猶如授時,不敢忘禮也。"皆非矣。凡升堂、下堂,禮皆以升、下言之。其以上、下言之者,未之有也,且下文別有下階,則其誤可知已。朱註:"謂執圭平衡,手與心齊。高不過揖,卑不過授也。"得之。衹徒言高卑,而不言所以高卑,則似執圭時或有高卑,爲粗已。夫執圭時高時卑,可謂不敬。按《曲禮》:執天子之器則上衡,是如揖也;執國君之器則平衡,是如授也。"發氣焉盈容",即《論語》"有容色"也。"私覿,愉愉焉",以其有醴賓之事也。今學者徒以聘享覿禮有輕重解之,粗也。夫私覿亦禮也,非與其君有素也。其所以愉愉者,爲其不執玉,又有醴故也。享亦執璧,以其非命圭,故發氣焉盈容,是其鞠躬、容色、愉愉之差,皆以玉也。又按何註:"享用圭璧。"非也,享用璧而已矣。又按何註:"享,獻也。"是《釋詁》之文。蓋圭璋璧琮,它日皆還之,衹束帛、四皮則不還,故古者以"獻"訓之。學者多疑,故詳爾。又按:享,諸儒皆"許兩反",則聘享"壹食再饗",其在當時言之者何以別之?因考《易》:亨,虛庚反,訓通。"公用亨于天子""王用亨于岐山",皆訓通，殊不成意義。蓋此皆"聘享"之"享"，古作亨，故曰："亨者，嘉之會也。""嘉會，足以合禮。""觀其會通，行其典禮。"皆聘享之享也。五禮：吉凶軍賓嘉，聘享在五禮爲賓，然如《左傳》子貢論執玉高卑，而曰："嘉事不體，何以能久？"是或稱賓禮爲嘉，故曰："嘉會。"兩國之所以合禮，故曰："足以合禮。"聘享以通萬國，故訓"通"。其音當依《易》"虛庚反"，食饗之饗"許兩反"，然後二者音不相混，在古當爾。其在文，古"虛庚反"者作"亨"，"許兩反"者作"享"。後世"許兩反"者作"饗"，而"虛庚反"者借"享"，遂致併誤其音爾，學者審諸。又按此章孔子言禮也，非記孔子之事也，朱子爲是。仁齋先生乃不信《春秋》經傳，固據此篇記孔子之行，而謂孔子必有聘鄰國之事，可謂執拗已。下文曰："君子不以紺緅飾。"其非皆孔子之事者，豈不章章乎？邢昺陋儒，以君子爲孔子，仁齋又以爲衍文。夫不信六經而信《論語》，猶之可矣。至於《論語》不與己合者，則斥爲衍文。是《論語》亦不足信，而唯己是信，豈不橫乎？仁齋又曰："聖人之一身，動容周旋，自中於禮。故門人審視熟察，則倣矜式傳以爲禮。若前篇所記：'食於有喪者之側。未嘗飽。'及此篇所記，今多見于《禮記》，皆爲是也。蓋自孔子發之，非盡舉古禮而行之也，其以爲雜記曲禮者，不深考耳。"此仁齋先有此見，橫其胸中，種種強詞，由此而出。夫禮者，古聖人之所作，孔子學之。故曰："問禮於老聃。"《中庸》曰："優優大哉！禮儀三百，威儀三千，待其人而後行。"語先王之道也。"故曰：苟不至德，至道不凝。"語孔子也。夫孔子學古聖人之道以成其德，是以先王之道即孔子之行，孔子之行即先王之道，故曰："吾無行而不與二三子者，是丘也。"何則？其所言與其所行一也。故門弟子作《論語》，既記孔子之所行，又記孔子之所嘗言，無復差別者，爲是故也。則所謂"雜記曲禮"者，庸何傷乎？仁齋乃固執《論語》爲孔子語録，《鄉黨》一篇，必記孔子之行者，獨何心哉？其説至於"色斯舉矣"而一窮焉，至於"邦君之妻"而再窮焉。且所謂"動容周旋中禮"者，何謂也？謂中於先王之禮也。中也者，喻諸射，發於此而中於彼也。其心所不知覺，而自然合於禮，故曰："盛德之至。"若以爲非先王之禮，則亦當如宋儒之説，以天理節文解之，而後其義始通矣。是其人譏宋儒，而終不能出於宋儒之範圍，吾謂之理學者流，豈不然乎？

君子不以紺緅飾，邢氏曰："君子，謂孔子。"或曰衍文。紺，深青，揚赤色。緅，《考工記》曰："染緅者，三入而成。又再染以黑，則爲緅，如雀頭色也。"飾，緣也。蔡氏清曰："齋服用紺飾，喪服用緅飾，此謂不以齋服、喪服之飾飾常服也。"**紅紫不以爲褻服。**紅紫，間色不正。褻服，私居服也。褻猶不衣，則不以爲朝祭之服可知。**當暑，袗絺綌，必表而出之。**邢氏曰："袗，單也。葛精曰絺，麤曰綌。"朱氏曰："表而出之，謂先著裏衣表絺綌，而出之於外，欲其不見體也。"**緇衣，羔裘；素衣，麑裘；黃衣，狐裘。**緇，黑色。羔裘，黑羊裘也。麑鹿子，色白。《玉藻》曰："羔裘，緇衣以裼之。"邢氏曰："中衣外裘，皆相稱也。"緇衣羔裘之上，必用布衣爲裼。緇衣羔裘，諸侯君臣日視朝之服也；素衣麑裘，視朔之服，卿大夫亦然，或受外國聘享；黃衣狐裘，則大蜡息民之祭服也。**褻裘長，短右袂。**孔氏曰："私家裘長主温，短右袂便作事。"**必有寢衣，長一身有半。**程子曰："此錯簡，當在'齊，必有明衣，布'之下。"朱氏曰："齊主於敬，不可解衣而寢，又不可著明衣而寢，故別有寢衣，其半蓋以覆足。"**狐貉之厚以居。**狐貉，毛深而温，在家主温，故厚爲之。**去喪，無所不佩。**邢氏曰："去，除也。"居喪無飾，故不佩。除喪，則備佩所宜佩也。**非帷裳，必殺之。**朱氏曰："朝祭之服，裳用正幅如帷，要有襞積，而旁無殺縫。其餘若深衣，要半下，齊倍要，則無襞積而有殺縫矣。"**羔裘玄冠不以弔。**羔裘，朝服。玄冠，祭服。用之于吉，故不以弔。**吉月，必朝服而朝。**吉月，月朔也。朱氏曰："孔子在魯，致仕時如此。"

【古義】右記孔子衣服之制。蓋聖人之一身，動容周旋，自中於禮，故門人審視熟察，則傚矜式，傳以爲禮。若前篇所記"食有喪者之側，未嘗飽”，及此篇所記，今多見于《禮記》，皆爲是也。蓋自孔子發之，非盡舉古禮而行之也，其以爲“雜記曲禮”者，不深考耳。《禮記》諸篇與此篇事同者，當以此意看。

【徵】“君子不以紺緅飾”，孔安國曰：“一入曰緅。飾者，不以爲領袖緣也。”朱註脱“袖”字，粗鹵矣。邢疏引《考工記》云：“三入爲纁，五入爲緅，七入爲緇。”註云：“染纁者三入而成，又再染以黑則爲緅。緅，今禮俗文作‘爵’，言如爵頭色也。又復再染以黑，乃成緇矣。”《爾雅》曰：“一染謂之縓，再染謂之竀，三染謂之纁。”今孔氏云“一入曰緅”者，未知出何書。按：觀於下文“齋必變食，居必遷坐”，則齋之所用，它不用之，所以重齋也。

　　“紅紫不以爲褻服”，王肅曰：“皆不正，褻尚不衣，正服無所施。”朱註因之，然當孔子之時，朝祭之服皆有先王之禮，故不須言。褻服獨宜若從俗然，故云爾，此本文所以止言褻服而義自足也。王、朱及於朝祭之服，可謂不知孔子之時爾。夫朝祭服一依禮，何得謂是正色是間色，而以己意取舍之爲哉？且《玉藻》：“玄冠紫緌，自魯桓公始也。”註：“蓋僭宋王者之後服也。”此間色亦非不用已。

　　“當暑，袗絺綌，必表而出之”，孔安國曰：“暑則單服，絺綌葛也。必表而出之，加上衣。”按《曲禮》曰：“袗絺綌不入公門。”註：“袗，單也。爲其形褻。”此與《論語》正同，故“表”謂加上衣，“出之”謂絺綌之末見于外，猶如衣裳之相稱然。《玉藻》疏載皇氏之説：“中衣之上加葛，葛上加朝服。”可以見已。朱註：“先著裡衣，表絺綌而出之於外，欲其不見體。”引《詩》“蒙彼縐絺”，可謂不知禮矣。所引“君子偕老”，婦人之詩也。它如《碩人》詩“衣錦褧衣”，《丰》詩“裳錦褧裳”，皆豈君子之服乎？

　　“緇衣，羔裘；素衣，麑裘；黃衣，狐裘”，孔安國曰：“服皆中外之色相稱也。”邢疏謂“中衣外裘”，非也。蓋中指裘，外指衣，何則？《玉藻》曰：“君衣狐白裘，錦衣以裼之；君子狐青裘豹褎，玄綃衣以裼之。麑裘青犴褎，絞衣以裼之。羔裘豹飾，緇衣以裼之。狐裘，黃衣以裼之。”是取其色稱者，爲裼故也。《郊特牲》曰：“丹朱中衣。”而古外衣無朱，可見中衣不拘已。邢又曰：“緇衣羔裘，朝服也”，而引《士冠禮》“主人玄冠、朝服、緇帶、素韠”，爲是；“素衣麑裘，視朔之服也”，而引鄭玄《論語註》；“黃衣狐裘，大蜡息民之祭服也”，而引《郊特牲》：“黃衣黃冠而祭，息田夫也。”爲是。又按《玉藻》孔穎達《正義》載皇氏之説云：“先加明衣，次加中衣。冬則次加袍繭，夏則不袍繭，用葛也，次加祭服；若朝服布衣，亦先以明衣親身，次加中衣。冬則次加裘，裘上加裼衣，裼衣之上加朝服。夏則中衣之上，不用裘而加葛，葛上加朝服。”《論語》邢疏又引之。按：明衣，齋時所用，豈祭朝用之乎？《司服職》云：“祀昊天大裘。”則祭服無裘者亦非矣。裼衣上加朝衣，亦經傳所無，不可從矣。

　　“必有寢衣”，孔安國曰：“今之被也。”程子以爲當在“明衣，布”之下，觀“必有”字，則程子爲是。

　　“狐貉之厚以居”，鄭曰：“在家以接賓客。”朱註：“狐貉毛深溫厚，私居取其適體。”仁齋乃曰：“狐貉毛深而溫，在家主溫，故厚爲之。”豈謂以爲褥邪？則倭人不識“居”字也。

　　“去喪無所不佩”，孔安國曰：“去，除也。非喪，則備佩所宜佩也。”朱註：“觿礪之屬，亦皆佩也。”此據本文“無所不”，孔安國“備”字，而遂及觿礪之屬耳。然《玉藻》曰：“古之君子必佩玉，右徵角，左宮羽，趨以《采齊》，行以《肆夏》，周還中規，折還中矩，進則揖之，退則揚之，然後玉鏘鳴也。故君子在車則聞鸞和之聲，行則鳴佩玉，是以非辟之心無自入也。”“凡帶必有佩玉，唯喪否。”“君子無故，玉不去身，君子於玉比德焉。”是“喪所不佩”者，主玉以其有聲似樂也，則“無所不佩”，亦謂朝祭及見賓客皆佩耳。如觿礪，乃子弟事父母之禮，豈君子所必佩乎？《升庵文集》引王逸曰：“行清潔者佩芳，德光明者佩玉，能解結者佩觿，能決疑者佩玦，故孔子無所不佩。”是亦自旁人言之，豈孔子自謂乎？

　　“羔裘玄冠不以弔”，孔安國曰：“喪主素，吉主玄，吉凶異服。”可謂善解已。朱註：“弔必變服，所以哀死。”非也。豈禮所無，而孔子爲哀其死故然乎？宋儒不問禮，動求諸心，妄哉！

　　“吉月必朝服而朝”，孔安國曰：“吉月，月朔也。朝服，皮弁服。”邢疏曰：“《士冠禮》云：‘皮弁服：素積、緇帶、素韠。’鄭註：‘此與君視朔之服也。皮弁者，以白鹿皮爲冠，象上古也。積猶辟也，以素爲裳，辟蹙其要中。皮弁之衣用布亦十五升，其色象焉。’”按《玉藻》：“天子皮弁以日視朝。”故亦謂之朝服也。邢疏曰：“魯自文公不行視朔之禮，孔子恐其禮廢，故每於月朔，必衣此視朔之服而朝於君，所謂‘我愛其禮’也。”可謂善解已。朱註曰：“孔子在魯致仕時如此。”臆説哉！

齊，必有明衣，布。齊必沐浴，浴竟即著明衣，所以明潔其體也。以布爲之，朱氏曰：“此下脱前章寢衣一簡。”**齊必變食，居必遷坐。**變食，謂不飲酒，不茹葷。遷坐，易常處也。

【古義】右記孔子謹齊之事。齊所以交神也，不可不致潔焉。

【徵】“齊必變食，居必遷坐”，孔安國曰：“改常饌，易常處。”朱子曰：“謂不飲酒，不茹葷。”其説本於《莊子》。《莊子》古書，可以徵已，然齋之變食，不唯此耳。《膳夫職》曰：“以樂侑食，膳夫授祭，品嘗食，王乃食。卒食，以樂徹于造。王齋，日三舉。”《玉府職》曰：“王齋則共食玉。”鄭司農云：“王齋，當食玉屑。”《曲禮》曰：“齋者，不樂不弔。”

陸氏："樂音洛。"按此曰："王齋，日三舉。"則天子之齋，日三大牢。又有供玉屑之事，但不奏樂、不飲酒、不茹葷爲異耳。群下之齋未聞也，然亦當盛饌，此所謂變食也。朱子唯以不茹葷、不飲酒解之，可謂昧乎古已。但《曲禮》之"不樂"，陸氏"音洛"者，乃據三舉之文，誤以爲舉樂故也。《祭統》曰："耳不聽樂。"故《記》曰："齋者不樂。"言不敢散其志也，可以見已。《大行人職》："食禮九舉。"註："鄭司農曰：'舉，舉樂也。'鄭玄曰：'九舉，舉牲體九飯也。'"賈疏曰："先鄭云'舉，舉樂也'者，按襄二十六年《左氏傳》云：'將刑爲之不舉，不舉則徹樂。'後鄭易之以爲'舉牲體'者，但此《經》'食禮九舉'，與'饗禮九獻'相連，故以食禮九舉爲舉牲體。其實舉中可以兼樂，以其彼《傳》亦因舉食而言也。"此賈公彥亦不知鄭玄之意。蓋禮舉牲體者多奏樂，是舉牲、奏樂多相仍也，故《左傳》云爾。然諸經之文，舉自舉，奏自奏，如《膳夫職》亦唯曰"以樂侑食"，而不曰"舉"。又《大司樂職》曰："王大食，三侑，皆令奏鐘鼓。"亦不曰"舉"。可以見已。且以舉爲舉樂，則《曲禮》《祭統》不與《膳夫職》合，於是知漢儒精禮，後世不能及焉；"居必遷坐"，居者，燕居也。燕居必不沿齋時之坐，所以重齋也。所以不言"齋遷坐"者，齋以立爲主故也。又按所謂"葷"者，世多以五辛當之，非矣。五辛之名，出于浮屠，爾後醫家、道家亦有之，亦傚浮屠者已。《玉藻》曰："膳於君，有葷、桃、茢，於大夫去茢，於士去葷。"鄭註云："膳，美食也。葷、桃、茢，辟凶邪也。大夫用葷、桃，士桃而已。葷，薑及辛菜也。茢，葵莖也。'葷'，或作'焄'。"《士相見禮》之記："膳葷，請退可也。"註："膳葷謂食之葷辛物，蒽薤之屬。古文'葷'作'薰'。"此葷辟惡之物，凡芬芳之類，皆謂之葷，故或作"焄"，豈惡其穢乎？《檀弓》曰："喪有疾，食肉飲酒，必有草木之滋焉，以爲薑桂之謂也。"

註：“增以香味，爲其疾不嗜食。”《通雅》引此以爲“葷”，是矣。所以齋不茹葷不飲酒者，以其芬芳奪人意故也。何註連下“不多食”，爲皆齋之事，而曰：“姜辛而不臭，故不去。”非也。後人又據何註“臭”字，而疑齋忌臭穢，故不茹葷，殊不知臭字在古爲五臭總稱，“其臭如蘭”可以見已。

食不厭精，膾不厭細。 食，飯也。精，鑿也。牛羊與魚之腥，聶而切之爲膾。食精能養人，膾麤必害人。不厭，言以是爲善，非謂必欲若此也。**食饐而餲，魚餒而肉敗，不食。** 饐，飯傷熱濕也。餲，味變也。魚爛曰餒。**色惡，不食。臭惡，不食。** 未敗而色臭變也。**失飪，不食。** 飪，烹調生熟之節也。**不時，不食。** 五穀不成，果實未熟之類。以上五件皆足以傷人，故不食。**割不正，不食。** 割肉不方正者不食，造次不離於正也。**不得其醬，不食。** 饒氏魯曰：“古之制飲食者，使人食其物，則用其醬。不是氣味相宜，必是相制，不得之則必有害，故不食也。”**肉雖多，不使勝食氣，惟酒無量，不及亂。** 食以穀爲主，故不使肉勝食氣；酒以爲人合歡，故以醉爲度，而不使血氣亂也。**沽酒市脯不食。** 沽、市，皆買也，恐不精潔或傷人也。**不撤薑食，不多食。** 按《本草》：薑性辛溫，開胃益脾，能通心肺，食中之要藥也。故每食必設，但不多食耳。或曰：薑性辛辣，能制魚肉毒，故必設。其謂通神明者，蓋依孔子附會之耳也。

【古義】右記孔子飲食之節。蓋身者道之所在，養身即所以脩道也，欲脩道而先輕其身，非知道者也。飲食，養身之大者，故聖人謹之。

【徵】“食饐而餲”，孔安國曰：“饐、餲，臭味變。”《釋器》曰：“食饐謂之餲。”是饐餲無別，未知本文何故加“而”字也。朱註：“饐，飯傷熱濕也。餲，味變也。”未知何據。“魚餒而肉敗”，肉謂牲肉，非謂魚之肉也。“不時”，鄭玄以爲“非朝夕日中時”，非矣，朱註爲是。《王制》曰：“五穀不時，果實未熟，不粥於市。”故君子不食也。《食醫職》曰：“食醫掌和王之六食、六飲、六膳、百羞、百醬、八珍之齊。凡食齊眂春時，羹齊眂夏時，醬齊眂秋時，飲齊眂冬時。凡和，春多酸，夏多苦，秋多辛，冬多醎，調以滑甘；凡會膳食之宜，牛宜稌，羊宜黍，豕宜稷，犬宜粱，雁宜麥，魚宜菰。凡君子之食恒放焉。”疏曰：“雖以王爲主，君子大夫已上亦依之。蓋天子敬天，故攝養其體，以共天職。君子大夫雖賤乎，其所以共天職乃不殊，故古有此禮。”《論語》“食饐”以下，亦當以是意觀之。

“不得其醬不食”，馬融曰：“魚膾非芥醬不食。”此舉一例其餘已。《內則》曰：“濡雞，醢醬實蓼；濡魚，卵醬實蓼；濡鼈，醢醬實蓼。”“魚膾芥醬，麋腥醢醬。”

“肉雖多不使勝食氣”，何晏無解。朱註以爲飯之氣，此甚似後世文辭。邢疏曰：“氣小食也。”是解氣爲餼。蓋邢昺時他古註尚存，而昺取其說耳。據其說，則食爲食饗之食，餼爲餼牢之餼，言肉雖多，不得過食餼之數也，古文辭當如此。《王制》曰：“庶羞不踰牲。”是其禮也。

“惟酒無量，不及亂”，按《燕禮》《大射禮》《鄉射禮》《鄉飲酒禮》，其終皆無筭爵，無筭樂，以至執燭。是古禮爲然，故《湛露》詩曰：“厭厭夜飲，不醉無歸。”《有駜》詩曰：“鼓咽咽，醉言舞，于胥樂兮！”“鼓咽咽，醉言歸，于胥樂兮！”《賓之初筵》曰：“賓之初筵，溫溫其恭。其未醉止，威儀反反。曰既醉止，威儀幡幡。舍其坐遷，屢舞僊僊。其未醉止，威儀抑抑。曰既醉止，威儀怭怭。是曰既醉，不知其秩。賓既醉止，載號載呶。亂我籩豆，屢舞僛僛。是曰既醉，不知其郵。側弁之俄，屢舞傞傞。既醉而出，並受其福。醉而不出，是謂伐德。飲酒孔嘉，維其令儀。”此以失威儀爲亂也。朱註引程子云云，真道學先生哉！豈謂以“獨飲”言邪？

“沽酒市脯不食”，《王制》曰：“衣服飲食，不粥於市。”此君子所以不食，先王之道爲爾。至於其所以然之故，則《葛覃》詩曰：“葛之

覃兮，施于中谷，維葉莫莫。是刈是濩，爲絺爲綌，服之無斁。"《采
蘋》詩曰："于以奠之，宗室牖下。誰其尸之，有齊季女。"《谷風》詩
曰："我有旨蓄，亦以御冬。"《七月》詩曰："八月載績。載玄載黄，我
朱孔陽，爲公子裳。"《斯干》詩曰："乃生女子，載寢之地。載衣之
裼，載弄之瓦。無非無儀，唯酒食是議。"《易·家人》曰："在中饋，
貞吉。"《周禮》：王后六宫皆事蠶織，王食各有其官。至於士庶，則
衣服出於宫，飲食出其厨，皆婦女之事也。此制壞而艷妻煽方處，
休其蠶績，不績其麻，市也婆娑，然後衣服飲食，有粥於市者，故先
王禁之，君子不食，恐犯先王之制也。朱子乃曰："恐不精潔，或傷
人也。"可謂不知而爲之解已。夫衣服飲食，不粥於市，先王之仁
也。"沽酒市脯不食"，知其解者，亦可以依於仁矣。不知其解者，
徒使人養其奢侈之心。噫！又按：沽，邢訓"賣"，是矣。"沽之哉"，
亦訓"賣"。朱子訓"買"，非矣。何則？賣酒不食，則不買也。買酒
不食，則人買酒飲我，豈可不飲乎？亦非禮意也。

　　"不撤薑食"，何註以爲蒙"齋"文，然齋豈飲酒？故朱註爲勝。
然朱子引《本草》"姜通神明"，鑿矣。仁齋先生以爲姜辟邪惡，食中
要品，故與不得其醬不食同。然食撤而獨留薑，豈其然？蓋孔子嗜
薑，如文王嗜昌歜、曾皙嗜羊棗，人之性所不免也。故孔子亦有所
嗜，然不多食，所以爲君子是而已矣。自後世儒者論尚苛刻，乃始
諱有所嗜，以爲欲也，豈人情乎？如子夕嗜芰，子木撤之，而柳宗元
作《非國語》，引"君子之齋，思其所嗜"之義，豈不然乎？故"不多
食"，連上爲是。何、朱皆不連上，作一切之解，果其說之是乎？則
當在"不得其醬不食"之下。

祭於公，不宿肉，助祭於公，所得胙肉，或自食，或頒賜，不俟經宿者，不留神惠也。**祭
肉不出三日，出三日不食之矣。**家之祭肉，則不過三日，皆自食，或以分賜。若出

三日,則雖祭肉不食之,恐傷人也。**食不語,寢不言**,食,食祭肉也。答述曰語,自言曰言。當食祭肉則不爲人答述,當齊則寢不自言,亦所以敬神也。**雖疏食菜羹瓜,祭必齊如也**。陸氏曰:"魯《論》'瓜'作'必'。"朱氏曰:"古人飲食,每種各出少許,置之豆間之地,以祭先代始爲飲食之人,不忘本也。"齊,嚴敬貌。孔子雖薄物必祭,其祭必敬,聖人之誠也。

【古義】右記孔子受胙,及雖微物必祭之誠意。

【徵】"祭肉不出三日,出三日不食之矣",此傳《論語》者以解上句,而後來傳寫,誤入正文。觀"矣"字可以見已。且但曰"祭肉",何以知其爲家祭肉乎? 蓋泛言之辭,故鄭玄曰:"自其家祭肉,過三日不食,是褻鬼神之餘。"其意謂自其家祭肉而外,以至鄉里所饋,皆不出三日,祇祭於公者較急耳。此所以援以解上句也,上曰"祭於公",而此但曰"祭肉",不復識別,其辭不相應,故知其爲註解也。朱子不知古文辭,其爲儱侗解亦宜。

"食不語,寢不言",邢疏:"答述曰語,直言曰言。"朱註因之。邢釋其義曰:"食不可語,語則口中可憎。"猶之可矣。"寢息宜靜,故不言也。"人皆然,何必君子已哉? 然若有事,雖臥豈不言乎? 當食而人與之言,豈容不答述乎? 朱註引范氏,作"主一無適"解,是聖人爲道遠人也。楊氏作"養生"解,窘哉! 皆不知而爲之解者也。蓋語者,誨言也,如"樂語""合語"之"語"。古者飲食之禮如養老,有乞言、合語,然當食之時不語,食訖乃語,所以尊道也。故君子平日亦依其禮,當食不誨言也;寢者,內寢。言者,言政事也,如"高宗三年不言""國有道,其言足以興;國無道,其默足以容",皆以言政事爲言。內寢不言政事,所以敬天職也。又如《雜記》曰:"三年之喪,言而不語,對而不問。"可見語非答述也。然是古言也,非孔子之時言也。琴張引古言,以見孔子行之已。

　　　　　“雖疏食菜羹瓜”，絕句。“祭必齊如也”，絕句。孔安國曰：
　　　“齊，嚴敬貌。三物雖薄，祭之必敬。”此“祭”字，非祭祖先也，祭上
　　　世始爲飲食者也。舉瓜，包它果已。《玉藻》曰：“瓜祭上環。”又曰：
　　　“唯水漿不祭，若祭爲已傑卑。”朱子從陸氏“瓜”作“必”，非矣。陸
　　　氏所見魯《論》，必寫誤耳。孔安國魯人，豈不讀魯《論》乎？蓋食必
　　　祭，古人之常，何必記？下文曰：“有盛饌，必變色而作。”此嫌於盛
　　　膳疏食，敬有降差，故記，其意專在“齊如也”耳。

席不正，不坐。謝氏曰：“聖人之心安於正，故於位之不正者，雖小不處。”**鄉人飲酒，**
杖者出，斯出矣。杖者，老人也，六十杖於鄉。未出不敢先，既出不敢後，其敬長如此。
鄉人儺，朝服而立於阼階。儺，所以驅逐疫鬼。雖近於戲，然古禮所沿，孔子本不欲
違俗。且鄉人行之，故朝服立于主人位，加敬於鄉人。《禮記》有安室神之說，蓋漢儒依孔
子而附會也。**問人於他邦，再拜而送之。**再拜而送之，非拜使者，敬所問之人也。
○宋楊簡嘗作書與人，書“楊某再拜”附之。僕既發，忽自思不親拜而書拜，是僞也。急呼
僕返，置書案上，設拜而後遣，暗合于孔子拜送使者之意。學者有若此忠信，而後可以言
學，不則高談性命無益。**康子饋藥，拜而受之，曰：“丘未達，不敢嘗。”**大夫之
賜，禮當嘗，其不嘗者，慎疾也。以實告者，不匿其情也。**厩焚。子退朝，曰：“傷人**
乎？不問馬。”厩，孔子家厩也。張氏栻曰：“仁民愛物固有間，方退朝初聞之時，惟恐人
之傷，故未暇及馬耳。”

【古義】右記孔子平生居家之雜儀。

【徵】“席不正，不坐”，是恐齋時之禮，或錯簡或脫字耳，何則？下文明言
　　　“君賜食，必正席先嘗之”，是亦有席不正之時也。且在宗廟朝廷，
　　　則豈有席不正者乎？燕居不容，豈必正其席乎？適他人而席不正
　　　不坐，則君子難爲人，豈有此事乎？故恐是齋時之禮耳。且《司儀
　　　職》曰：“凡行人之儀，不朝不夕，不正其主面，亦不背客。”則禮不正
　　　其席者，亦必有之。謝氏曰：“聖人心安於正。”可謂任其臆而語聖
　　　人已。

“鄉人飲酒，杖者出，斯出矣”，鄉飲酒之禮，所以明長幼之序也，故唯杖者是視。

“鄉人儺，朝服而立於阼階”，蓋古禮爲爾，故孔子行之，而其禮之義，不可得而知之矣。孔安國曰：“恐驚先祖。”《郊特牲》曰：“鄉人禓，孔子朝服立于阼，存室神也。”鄭註云：“禓，强鬼也。謂時儺索室，毆疫逐强鬼也。禓或爲獻，或爲難。”音曰：“禓，音傷。‘難’，或作‘儺’。”蓋本諸。朱註：“儺雖古禮而近於戲，亦必朝服而臨之者，無所不用其誠敬也。”妄哉！是其意謂先王之禮，有不合孔子之心者。宋儒持敬，乃不合其心爾。《雜記》曰：“子貢觀於蜡，孔子曰：‘賜也樂乎？’對曰：‘一國之人皆若狂，賜未知其樂也。’子曰：‘百日之蜡，一日之澤，非爾所知也。張而不弛，文武弗能也；弛而不張，文武弗爲也。一張一弛，文武之道也。’”苟識此義，則莫怪儺之近乎戲也。

“問人於他邦，再拜而送之”，問，遺也。聘禮有問，禮之重者也，故再拜而送之。朱註問無解，但謂：“如親見之敬也。”豈謂訪問邪？若徒如親見之敬已矣，則斯邦他邦何別？觀“他邦”之文，則爲聘禮之問者審矣。宋儒不知禮，故懜憧焉乎爾！

“康子饋藥，拜而受之曰：‘丘未達，不敢嘗。’”孔安國曰：“未知其故，故不敢嘗，禮也。”古人解古文辭可謂盡之矣。祇其辭簡奧，讀者未易解已。故，故實也，謂禮也。未知其故，故不敢嘗，是解孔子之言也。“禮也”者，言孔子所以言者禮也。《醫師職》曰：“醫師掌醫之政令，聚毒藥以共醫事。”是古之藥多毒藥，故鄭註曰：“藥之物，恒多毒。”《説命》曰：“藥弗瞑眩，其疾弗瘳。”《左氏傳》曰：“美疢不如惡石。”皆謂其毒也。故古者無饋藥之禮，以其毒也，慎之也，故《記》曰：“醫不三世，不服其藥。”《醫師職》又曰：“凡邦之有疾病者、疽瘍者造焉，則使醫分而治之。"豈毒而饋之乎？故饋毒於人而令死，古者謂之饋藥焉，是所以無饋藥之禮也。孔子時，禮失俗變，貴人聞疾，或饋之藥，時人亦必嘗之，依賜食之禮也，皆非禮也。康子饋藥，孔子以爲非禮，而卻之不恭也。不恭亦非禮也，故曰"丘未達"也，言必有是禮，然丘未之聞也，故時人雖嘗而不敢嘗焉。不斥其非禮，而謙以己之未學，既不傷其心，亦不踐非禮，故孔安國曰"禮也"，贊孔子也。宋儒不知之，而曰"禮也""謹疾也""直也"，豈不妄哉？且范氏曰："受而不飲。"是解嘗爲飲，可謂不知字已。如下文"君賜食，必正席先嘗之"，皆謂食其少許，如嘗試然，故曰"先也"。飲食有節，烏知君之賜不在我食時也？豈能食而盡之哉？故對使而先嘗少許，以示不虛君之賜，然後聚親戚，以共食之，以榮其賜。禮必有之矣，故曰"先嘗"。此嘗亦然，雖時人豈必服其藥乎？亦對其使而嘗少許，以示不虛其賜已。

　　"曰傷人乎？不問馬"，朱註："貴人賤畜。"是誠然也。且家人及鄰里救火者，必焦其額、爛其膚者有之矣，故曰："傷人乎？"救火者豈徒救廐，而不救馬乎？故不必問。然子張曰："陳文子有馬十乘。"數馬以稱富，則它人或有問馬而不問人者，故門人記之爾。

君賜食，必正席先嘗之。君賜腥，必熟而薦之。君賜生，必畜之。朱氏曰："食恐或餒餘，故不以薦。正席先嘗，如對君也。言先嘗，則餘當以頒賜矣。腥，生肉。熟而薦之祖考，榮君賜也。畜之者，仁君之惠，無故不敢殺也。"**侍食於君，君祭，先飯。**禮賜之食，而君客之，則命之祭而後祭。今祭而先飯，以似君之客已，故若爲君嘗食然。**疾，君視之，東首，加朝服，拖紳。**禮，寢當東首，然常時或隨意臥，故及君視疾東首也。紳，大帶也。病時不能著衣束帶，故加朝服於身，又引大帶於上也。**君命召，不俟駕行矣。**急趨君命，行出而駕車隨之。**入太廟，每事問。**此篇本係夫子平生之行事。故此一節，前雖嘗備記之，於是又錄之，非重出。

【古義】右記孔子受君賜，及事君之禮。

【徵】"君賜生，必畜之"，畜以爲牲也，何則？蒙上賜食之文，其非犬馬審矣。且謂之生者，對腥之言也，有牲曰祭，無牲曰薦。牲必舉牲體，非特殺不可矣，故賜腥而薦之，以其不可以祭也，故止薦之。邢疏："必畜養之，以待祭祀之用也。"得之。朱註："畜之者，仁君之惠。"孟子觳觫，佛氏慈悲，浹其肺腸哉！無故不殺者，謂非祭與賓客也。用牲者重禮也，戒非重禮而殺也，豈語其仁哉？

　　"侍食於君，君祭先飯"，《玉藻》曰："若賜之食而君客之，則命之祭，然後祭。"謂雖君以客禮待，然必命祭而後祭，否則不祭也。又曰："先飯辯嘗羞飲而俟。"辯音徧，此正與《論語》同。"先飯徧嘗羞飲"者，先飯也。"俟"者，俟君之祭畢也。雖先飯而少嘗之耳，必竢君之祭畢而食，而後食也。又曰："若有嘗羞者，則俟君之食，然後食，飯飲而俟。此謂別有嘗羞者，則己不敢嘗必俟君之食，然後食飯飲而俟者。"註曰："飯飲，利將食也。"疏曰："利喉以俟君也。蓋謂不敢越次恣食，必利喉以俟君之食也。"《少儀》曰："燕侍食於君子，則先飯而後已。"亦與《論語》同。已者，即《玉藻》之俟也。

　　"疾，君視之，東首"，包咸曰："夫子疾，處南牖之下東首。"是必古來相傳之說，何則？南牖之下，本文所無也。邢疏曰："病者常居北牖下，爲君來視，則暫時遷鄉南牖下。東首，令君得南面而視之。"是亦解包咸"南牖之下"耳，"東首"終無解。朱註曰："東首以受生氣也。"果其說之是乎？則雖君不視當爾，受生氣何關君視乎？按《玉藻》曰："君子之居，恒當戶。"註："鄉明。"又曰："寢恒東首。"註："首生氣。"是寢必東首者禮也。君來視之，故正其禮，非關疾也。而寢之所以必東首者，鄭玄解其義而曰："首生氣也。"未知其說當否。朱子剿以入《論語》註。以傅會疾欲生之意，可謂妄已。

蓋古人室制，戶在東南，"寢恒東首"者，亦與"居恒當戶"同義，皆取
鄉明也。所謂"首生氣"者，漢儒好言五行之失也。

　　"君命召，不俟駕行矣"，《玉藻》曰："凡君召，以三節：二節以
走，一節以趨。在官不俟屨，在外不俟車。"是也。

朋友死，無所歸，曰："於我殯。" 聖人之待朋友，與至親無異。**朋友之饋，雖車**
馬，非祭肉，不拜。 朋友有通財之義，故不拜。祭肉則拜者，尊神惠也。

【古義】右記孔子交朋友之義。

【徵】"朋友死無所歸"，謂朋自遠方來者也，斯邦之人，必有親戚也。古
人必歸葬其鄉，觀於《檀弓》曰："太公封於營丘，比及五世，皆反葬
於周。君子曰：'樂，樂其所自生。禮，不忘其本。古之人有言曰：
"狐死正丘首，仁也。"'"獨美太公者，以其既封營丘，不必歸葬可
也。季子葬其子于贏博間，亦以異於人表之也，故此不曰"葬"而曰
"殯"也。《檀弓》又曰："賓客至，無所館。夫子曰：'生於我乎館，死
於我乎殯。'"其爲它邦人者審矣。

　　"朋友之饋，雖車馬非祭肉不拜"，朱註："敬其祖考，同於己親
也。"非矣，敬神也，何則？雖妻祭必拜也，祭必唯祖考已哉！

寢不尸，居不容。 尸，謂偃臥似死人也。居，私居。寢不尸，惡其惰也。居不容，嫌矜持
大過也。

【古義】右記孔子平生之容。

【徵】"寢不尸，居不容"，包咸曰："偃臥四體，布展手足，似死人。"是不知
而爲之解者也。言在内寢坐，不必如尸也。《曲禮》曰："坐如尸。"鄭
註："視貌正。"正與"居不容"一類，故此連言耳。包咸以來，解寢爲
臥，古書固有之，然此臥之容。既曰"居不容"，居既不容，臥豈有容
乎？故知其誤也。"居不容"，孔安國曰："爲室家之敬難久。"可謂善解
已，勝朱註萬萬，何則？道不遠人，聖人之道，不强人以其所難久也。

且朱註曰："居,居家。"非也。"仲尼閒居",今文作"仲尼居","居"即"閒居"也,何必加"家"字? 且居家亦有祭祀賓客之事,豈不容乎?

見齊衰者,雖狎,必變。見冕者與瞽者,雖褻,必以貌。 狎,謂素親。褻,謂數相見。貌,禮貌也。此亦門人記之,以其于此篇,非重出。**凶服者式之,式負版者。** 式,車前橫木,有所敬則俯而憑之。負版,持邦國圖籍者。式此二者,哀有喪,重民數也。**有盛饌,必變色而作。** 孔氏曰:"作,起也,敬主人之厚禮也。" **迅雷風烈必變。** 迅,急疾也。烈,猛也。雷者,陰陽之氣激爲天之怒,風烈亦非常之變,故孔子必變容以敬之,蓋見事天之誠也。

【古義】右記孔子容貌之變。

【徵】"雖狎,必變",孔安國曰:"狎者,素親狎。""雖褻,必以貌",周氏曰:"褻,謂數相見。"是狎褻何別? 朱註:"褻謂燕見。"爲是。如"褻衣"之"褻",可以見已。

　　"式負版者",此註誤入正文。不爾,張公合三《論》時,註異文者,當時必朱墨別書,後世混之也。何則? 負版在凶服,豈別物乎? 何註:"孔安國曰:凶服,送死之衣物。負版者,持邦國之圖籍。"是負版以下,何晏不知而强爲之解也。凶服與吉服對,即喪服也。户籍曰版,出《周禮·小宰職》。然謂持版籍者爲負版,豈有之乎?《周禮》:"獻民數於王,王拜受之。"以民者,君之天也,君之職當然。爲下傚之,僭也,豈有之乎? 且途遇負版籍者,何以識而式之乎?

　　"迅雷風烈必變",《玉藻》曰:"若有疾風迅雷甚雨,則必變,雖夜必興,衣服冠而坐。"鄭玄曰:"敬天之怒。"朱註因之,然以雷爲天怒者,古未之聞也。《大象傳》曰:"洊雷,震,君子以恐懼脩省。"是君子象洊雷也,言其奮作也,非懼雷也。雷果天之怒乎?《易》曰:"雷驚百里,不喪匕鬯。"豈不爲抗天乎?《説卦》曰:"帝出乎震。"

《孔子間居》曰："地載神氣,神氣風霆,風霆流形,庶物露生。"皆言神之行也。君子所以敬者,值神之行也。夫天生萬物,上天之載,雷始發聲,天之仁也,豈可以爲怒乎?《月令》曰："先雷三日,奮木鐸以令兆民曰:'雷將發聲,有不戒其容止者,生子不備,必有凶灾。'"疏曰:"小人不畏天威,懈慢褻瀆,或至夫婦交接。君子制法,不可指斥言之,故曰:'有不戒其容止者。'"是其義也。

升車,必正立執綏。 綏,上車之索也。正立執綏,所以戒顛仆也。**車中,不内顧,不疾言,不親指。** 内顧,回視也。《禮》曰:"顧不過轂。"三者皆失容且惑人。

【古義】右記孔子升車之容。

【徵】"車中,不内顧,不疾言,不親指",《曲禮》曰:"國君不乘奇車,車上不廣欬,不妄指。立視五嶲,式視馬尾,顧不過轂。"與此正同。又曰:"登城不指,城上不呼。"頗相似也。

色斯舉矣,翔而後集。 言鳥見人之顏色,不善則飛去,回翔審視而後下止。吳氏澄曰:"下文'山梁雌雉'四字,當在'色斯舉矣'上。"**曰:"山梁雌雉,時哉時哉!"子路共之,三嗅而作。** 梁,橋也。時哉,言雉之舉集得其時也。共,與"衆星共之"之"共"同,向也。嗅,晁氏曰:"石經作'戛',謂雉鳴也。"吳氏曰:"'嗅'當作'狊'字,亦篆文之誤也。"此夫子見雉之色舉翔集,因指顧之,以示從者。子路共之,終鳴而作,亦有君子見幾而作之意。門人以其事深合于聖人之意,故詳記其本末云。

【古義】此一條與前所記不相類,似不可入于此篇,豈門人以夫子出遊之間觀物有感,而附記於此歟?

【徵】"色斯舉矣,翔而後集",逸《詩》也。"曰"以下,解《詩》之言,引孔子之事以解之。《韓詩外傳》多此類,不可疑矣;"共"訓"拱",爲是,"衆星共之",可以徵已。朱子訓"拱執",非矣。嗅,劉説爲是,《爾雅》可以徵已。舊註泥《鄉黨》必記孔子之行,又眼不識古書,故以爲有闕文,不學之失也。

卷六

先進第十一 凡二十五章

子曰："先進於禮樂，野人也。後進於禮樂，君子也。先進、後進，猶言前輩、後輩。野人，謂郊外之民。君子，謂賢士大夫也。此夫子據時人之意而述之也。如用之，則吾從先進。用之，謂用禮樂也。"

【古義】周末文勝，時人專知崇文，而不知尚實，故以先進之禮樂謂之野人，不知其本出於實；以後進之禮樂謂之君子，亦不知其既過於華。夫子之言，亦"與其不遜也，寧固"之意。蓋雖爲當時言之，然實萬世不易之定法也。

　　論曰：世道之升降雖細，所關甚大矣，故夫子於風俗變革，每深寄慨歎焉，學者所當詳之也。由是觀之，世所傳《逸禮》《戴記》等書，頗傷繁縟，且有與《論》《孟》不合者，謂之有先王之遺意則可，謂之先進之禮則未可也。

【徵】先進、後進，孔安國曰："謂仕先後輩也。"朱子刪"仕"字，非矣。蓋是進士之進，《王制》曰："命鄉論秀士，升之司徒，曰選士；司徒論選士之秀者而升之學，曰俊士；升於司徒者不征於鄉，升於學者不征於司徒，曰造士；大樂正論造士之秀者，以告于王而升諸司馬，曰進士。司馬辨論官材，論進士之賢者，以告于王而定其論。論定然後官之，任官然後爵之，位定然後禄之。"是士之由鄉黨升于官，謂之進，仕字豈可刪乎？"先進於禮樂，野人也；後進於禮樂，君子也。"
是時人或先輩之言，而孔子稱之。魯先輩如臧文仲，或有是言，朱
註爲是。何註："禮樂因世損益，後進與禮樂俱得時之中，斯君子
矣；先進有古風，斯野人也。將移風易俗，歸之淳素，先進猶近古
風，故從之。"非矣。所謂禮樂因世損益者，開國君制作禮樂時事，
今先進、後進，皆以周人言之。夫禮開國君所定，孰敢損益？雖孔
子亦謹奉之耳。《中庸》所言可見矣，而孔子欲以區區議論而移風
易俗，豈有此事乎？如告顏子四代禮樂，及《戴記》所載，頗有謂"殷
何如""周何如"者，乃以孔子時當制作之秋，故時或與門人私相論
者有之已。何晏不識其意，妄謂先進、後進，既已以己意肆損益《周
禮》，而孔子又以不得其位而欲移風易俗，妄之甚者也。故朱註爲
得之，但其引程子之言曰："周末文勝，故時人之言如此，不自知其
過於文也。"孔子既述時人之言，又自言其如此，蓋欲損過以就中
也。是睹本文野人、君子，而合諸《雍也篇》"質勝文則野，文勝質則
史，文質彬彬，然後君子"者，以爲是説。殊不知質謂質行，文謂禮
樂，凡言文質者皆爾。故彼以人之學禮樂成德者言之，此曰"於禮
樂"，曰"如用之"，則以人之爲禮樂言之。蓋世人徒以禮樂爲美觀，
而不知其義所在：務備其物，以侈其數，鮮麗其服飾，華美其器用，
玉帛交錯，鐘鼓鏗鏘，耀其視聽，以相夸示，謂爲君子。至於先進之
士，如晏子其國奢而示之以儉者，則賤以爲野人。故孔子曰"從先
進"，是與"林放問禮本"章，其義相發也。後世儒者不知古言，以文
質論之。大禮樂文也，文即中也，豈有所謂文質者乎？

子曰："從我於陳蔡者，皆不及門也。昔日弟子從孔子厄於陳蔡者，或仕或死亡，
皆不在門，故孔子憶當時相信之難得，而歎之也。德行：顏淵、閔子騫、冉伯牛、仲
弓。言語：宰我、子貢。政事：冉有、季路。文學：子游、子夏。弟子因孔子

之言，記此十人，而并目其所長，分爲四科．"

【古義】論曰：德行者，聖學之全體，兼言語、政事、文學三者，豈可作一科言之哉？而三者亦不本於德行，則言語雖可聞，徒辨而已矣；政事雖可見，徒法而已矣；文學雖可取，徒博而已矣，不足以爲學也。孟子稱冉牛、閔子、顏淵，則具體而微，而三子皆在德行科，則聖人之學者可知矣。後世之論學或異乎此，不知所謂學者，果何事哉？

【徵】不及門，鄭玄解："不及仕進之門。"殊爲不通。蓋仕乃後字之誤，謂十哲不及後進之門也。朱子解："不在孔子之門。""及"字不穩，不可從矣。蓋上章"後進"必有所指，如臧文仲輩，而時人稱爲君子也，孔子不取。又言"從我陳蔡者，皆不及其門"，然其人皆可用，故作《論語》者記顏淵以下以實之。不及門者，言後進君子皆既没，而顏淵輩生不同時，不及詣其門以受業也。

唐以十哲從祀，誠失考。後世乃躋四配而公之，次十哲而侯之。甚矣哉，後王之驕其貴也！僭矣哉，後儒之驕其聖也！以一人之見而泝乎千百歲之上，以黜陟之，傳其道，守其教，吾豈敢？神穆乎不言，而吾任意陟降之，神若或言乎，其謂之何？古者朝廷尚爵，鄉黨學校尚齒，未有外是二者而爲之序矣。以己意秩其德，亦佛氏菩薩、羅漢是傚已。孔子坐，門人侍，皆以齒，千載之下，孰能易之？夫子之神如在也。且"子雖齊聖，不先父食"，思孟之於十哲，子行也，神其享乎？今據《家語》：子路少孔子九歲，漆雕開十一歲，仲弓、冉求二十九歲，顏淵三十歲，子貢三十一歲，子游三十五歲，有若、原憲三十六歲，子羔四十歲，公西華四十二歲，子夏四十四歲，曾子四十六歲，子張四十八歲，子賤、澹臺滅明四十九歲，閔子五十歲。《史記》乃謂有若少孔子十三歲，閔子十五歲，澹臺滅明三十九歲，子游四十五歲。徵諸《論語》"顏淵、季路侍"，是顏子長季路。

"閔子侍側，誾誾如也；子路，行行如也；冉有、子貢，侃侃如也。""德行：顏淵、閔子騫"，是顏、閔齒在子路之上。"子路、曾晳、冉有、公西華侍坐""政事：冉有、季路"，其它或子路在先，或冉有在先，當是子路、曾晳、冉有三人同年也。諸子欲師事有若，年齒當尊。子游薦滅明，且曰："文學：子游、子夏。"是子游當長。"魯無君子者，斯焉取斯？"是子賤當卑。《檀弓》曰："有子與子游立。"是有子長子游。《仲尼燕居》曰："子張、子貢、言游侍，子貢越席而對。"是子張長子貢也。今妄意更定：顏子少孔子三十歲，當是十三歲字倒。顏路少孔子六歲，當是長孔子六歲。閔子亦字倒，從《史記》爲是。子路少九歲，脫二十字。有若，《史記》爲是。子張少四十八歲，誤二爲四。子游、滅明，《家語》爲是。《檀弓》載曾子責子夏曰"商女"，是齒當相若也。

子曰："回也，非助我者也，於吾言無所不説。"助我，若子夏之"起予"，因疑問而有相長也。

【古義】此聖人得顏子而深喜之辭。蓋顏子於夫子之道，神會妙契，不止若芻豢之悦口，而終日所言無所違逆，故夫子云然。○夫聖人之言，猶天地之大也，高者知其高，卑者知其卑。若子路、樊遲，猶或疑或不悦，況其他者乎？唯顏子之賢，爲能於夫子之言，無所不説。故凡讀《論語》者，於夫子之言，當反省其悦與否，以自驗其所造之淺深也。

【徵】人各有資質，雖聖人不能強之，故因其材而篤焉。及其成也，德以性殊，故有六德、九德之目，材以性殊，故有四科之目。苟不殊，何以官之？天地無棄物，明時無棄材，器使之謂也。故教之方，苟不因其材而篤焉，則與官人之道相反，豈古道哉？若"回也，非助我者也"，亦顏子爲人沈嘿，其性然。如孔子，則微生畝譏其爲佞，不然也。是其"於吾言無所不説",不與"非助我者也"相關已。後儒乃言大聰明故如愚,不知雖聖人亦性殊故也。

子曰:"孝哉,閔子騫!人不間於其父母昆弟之言。"間,離間也。

【古義】按《韓詩外傳》:閔子早喪母,父再娶生二子,其處於異母兄弟之間,宜間言之所易入也。而閔子誠孝惻怛,有孚於人者,故人亦不以異母兄弟之言,間之於閔子,孝之至也。

【徵】"孝哉,閔子騫",外人稱閔子之言也,而孔子誦之。"人不間於其父母昆弟之言","人"謂外人也。父母昆弟以爲孝,外人亦以爲孝,此所謂不非間也。大氐父母昆弟,内或相尤,外必向人稱其善,人之情爲然也,故人多不信其父母昆弟相稱美之言。唯閔子孝孚於邦,故外人稱其孝,而不非間其父母昆弟之言也。仁齋以"間"爲"讒",亦不知孔子之於弟子,不容稱其字也。

南容三復白圭,《詩·大雅》云:"白圭之玷,尚可磨也。斯言之玷,不可爲也。"南容一日三次反復此言,有意謹言者也。**孔子以其兄之子妻之。**

【古義】孔門賢者不爲不多,而孔子以南容之謹言,妻之以其兄之女,何哉?夫言者,君子之樞機,興戎出好,皆其所招,進德脩行,亦其所致。苟易其言,則雖聰明才辨超出於人,然難保其能脩身飭行,不陷於禍,此夫子之所以取於南容也。

【徵】南容三復白圭,《抑》詩也。不言《抑》而言"白圭",其所三復,唯一章已。

季康子問:"弟子孰爲好學?"孔子對曰:"有顏回者好學,不幸短命死矣,今也則亡。"

【古義】詳見前篇"哀公問"章。

【徵】哀公、康子問同而對有詳略,古之道也。《大戴禮·虞戴德》曰:"子曰:'丘於君,唯無言,言必盡,於他人則否。'"朱子曰:"必待其能問

乃告之，此教誨之道也。"此誠然。然孔子行古之道者也，古之道是
不問，一歸諸孔子，不知孔子者也。

顏淵死，顏路請子之車以爲之椁。孔氏曰："路，淵父也。家貧，欲請夫子之車，賣
以作椁。"**子曰："才不才，亦各言其子也。鯉也死，有棺而無椁。吾不徒
行以爲之椁，以吾從大夫之後，不可徒行也。"**鯉，孔子之子，伯魚也。孔子時已
致仕，尚從大夫之列，故言後。

【古義】顏路請車，想非請其必不可請者，而夫子之於顏子，奚惜一車？
　　　蓋喪可以稱家之有無，而朝廷威等不可少損，此夫子之所以不許其
　　　請也。顏路之請，夫子之不許，一毫無所顧慮。蓋師弟子間，其誠
　　　心質行如此，後世之所不見也。

【徵】無説。

顏淵死。子曰："噫！天喪予！天喪予！"噫，傷痛之聲。

【古義】此悼顏子死，而歎學之將絶，若天喪予也。

　　　論曰：自古王者之興，天必與之賢佐，聖賢之興，天亦必生之羽
　　　翼，兩者必有奇遇。夫發聖人之蘊，而萬世無窮者，顏子其人也。
　　　今而早死，夫子之發嘆也宜矣，嘗曰："文王既没，文不在兹乎！天
　　　之未喪斯文也，匡人其如予何？"顏子之死，實係于道之興廢，而非
　　　惟厥躬之不幸，故夫子同其歎，顏子亦大矣哉！

【徵】天喪予，朱註："悼道無傳。"宋儒哉！夫聖人之興，必有毗輔。苟無
　　　毗輔，雖聖人何能以一人爲乎？故顏子之死，天意可知，是所以傷
　　　也。不爾，子路之死，"天祝"之嘆，其謂之何？何必謂《公羊》皆
　　　妄乎？

顏淵死，子哭之慟。從者曰："子慟矣！"慟，哀過也。**曰："有慟乎？**哀傷之
至，不自知也。**非夫人之爲慟而誰爲？**夫人，謂顏淵。"

【古義】此夫子哭顏子，不自覺其慟，言其死可惜，哭之宜慟，非他人之

比也。

　　論曰：宜哀而哀，宜樂而樂，皆人情之所不能已，而雖聖人無以異于人，故人情者，聖人之所不廢也。苟中其節，則爲天下之達道；不中其節，則爲一人之私情。求之人情，而所不安者，聖人不爲也，故滅情與縱情，其爲罪也均矣。《大學》書曰："心不在焉，視而不見，聽而不聞，食而不知其味。"宋儒緣此，遂以聖人之心爲靜虛，爲無欲，爲明鏡止水，而不知聖人之心以仁愛爲體，禮義爲所，爲天下萬世人倫之至也。若以《大學》視之，則夫子哭顏子不自覺其慟，不免爲心不在焉，故予嘗以《大學》爲非孔氏之遺書者，爲此也。

【徵】無説。

顏淵死，門人欲厚葬之。子曰："不可。"喪具稱家之有無，貧而厚葬，非禮也。

門人厚葬之。子曰："回也視予猶父也，予不得視猶子也。非我也，夫二三子也。"此歎不得如葬鯉之得宜，以責門人也，言非我之所當爲，亦猶夫二三子也。蓋夫子自貶之辭。

【古義】以上五章，門人記之，以見顏子默契夫子之道，非他人比也。蓋喪具稱家之有無，禮與其奢也寧儉，君子之愛人以德，細人之愛人以財。門人徒知愛顏子，而不知所以愛顏子，惜哉！顏子門人，猶不免於厚葬之非，則後之行禮者，其可不監哉？

【徵】"非我也夫"，句絕。"二三子也"，句絕。《檀弓》曰："人豈有非之者哉？"非字正同，言二三子聞厚葬，必咎孔子之不能止也。二三子，指門人在它邦者也。蓋孔子自悔其不痛禁厚葬也。或疑聖人宜無悔，殊不知悔之者哀之深也，人情之常也。舊註謂："非我之罪也。"顏子門人之罪也，大失孔子口氣。

季路問事鬼神。子曰："未能事人，焉能事鬼？""敢問死。"曰："未知生，焉知死？"問事鬼神者，疑祭祀得饗與否也。夫子抑之，使專盡事人之道也。子路未達，故又問死，以爲人死而爲鬼，若死而無知，則祭祀無益。夫子又抑之，使專務知生之道也。生者，謂生存之道也。

【古義】此言能事人，則得事鬼。能知生，則得知死。其意蓋若曰：務事人而勿諂鬼神，盡生存之道，而勿求死之理也。夫子抑之深矣。蓋仁者務用力於人道之所宜，而智者不求知其所難知。苟用力於人道之宜，而又能盡生存之道，則人倫立矣，家道成矣，於學問之道盡矣。何謂生存之道？凡人上有父母，下有妻子，而身之成敗，家之存亡，事固百端，能識其不可不務，而戒謹恐懼，勿敢荒廢，則謂之知生也。

　　論曰：夫子於鬼神之理，未嘗明説，及乎答樊遲、子路，略露其意，而於死生之説，終未嘗之言。蓋非不言之，本非所以爲教，故不言也。此夫子之所以度越群聖，而爲萬世生民之宗師也。記禮之書，屢載夫子論鬼神之言，《繫詞》又曰：“原始反終，故知死生之説。”可知皆非聖人之言也。

【徵】事鬼神之道，孔子何嘗不言？嘗曰：“生事之以禮，死葬之以禮，祭之以禮。”是也。至於子路問事鬼神，孔子所以不告者，蓋子路之心在知鬼神，故曰：“未能事人，焉能事鬼？”所以抑之也。子路果問死，孔子曰：“未知生，焉知死？”蓋死者不可言者也。夫人之知，有至焉，有不至焉。孔子未死，子路未死，假使孔子言之，不能俾子路信，子路亦不能信，是無益之事也，故孔子不言焉。然人之知，有至焉，有不至焉。它日宰我問之，則言之。《易·大傳》又曰：“原始反終，故知死生之説。精氣爲物，游魂爲變，是故知鬼神之情狀。”且聖人不知鬼神，不知死，則安能制作？故曰：“未知生，焉知死？”言知生則知至焉。宋儒紛紛欲以理明之，其説終歸無鬼矣，務騰口舌之失也。仁齋輩又因此而疑《繫辭》，詆三代聖人，可不謂妄乎？且其言曰："鬼神非所以爲教也。"夫聖人以神道設教，鬼神豈非所以爲教乎？蓋其人亦以騰口舌爲教，故有此言，陋矣哉！

閔子侍側，誾誾如也。子路，行行如也。冉有、子貢，侃侃如也。子樂。行行，剛强之貌。子樂者，樂得英才而教育之。**"若由也，不得其死然。"**子路剛强，無含蓄氣象，故有不得其死之理。○洪氏曰："《漢書》引此句上有'曰'字。"

【古義】誾誾，和也。行行，剛也。侃侃，直也。夫子之於門弟子，道並行而不相悖，各因其材而成之，於是可見矣。但如子路之行行，非聖門中和之氣象，故因以戒之。○夫子嘗有"才難"之歎，蓋朝廷之治、學問之傳，必得藉英才以振其頹綱、尋其墮緒，而四子之賢皆任道之器、有待之材，有慰乎夫子欲反唐虞三代之盛之意，故樂焉。

【徵】"不得其死然"，邢昺曰："然猶焉也。"得之。"羿、奡不得其死然"，可以徵已。

魯人爲長府。長府，藏名，藏貨財曰府。**閔子騫曰："仍舊貫，如之何？何必改作？"**仍，因也。貫，事也。改作府藏，意必有可已而不已者，故閔子以是諷之。**子曰："夫人不言，言必有中。"**夫子蓋善其不欲勞民改作也。

【古義】言貴乎中，而不貴乎華，其中者不妄發，妄發則不必中。改作長府，不見經傳，未必不由閔子一言之助也。夫言激而發露者，能竦人之聽，然必有弊；溫而含蓄者，雖未遽竦人之聽，然人不能不服。故言不患不激，而患不溫。閔子之氣象，可想見矣。

【徵】"貫，事也"，《釋詁》文。《史》《漢》謂舊例爲"故事"，舊貫亦謂"舊例"也。魯人爲長府，其詳不可知矣。蓋財貨之入，有倍常年，而府不能容也，故魯人別作長府。舊例必別有錯置，而不必作府，故閔子云爾。其後蓋有灾，而人皆悔作長府，故孔子曰："有中。"後人解爲"中理"，非也。如《左傳》載子貢懸斷魯定、邾隱之死亡，而仲尼曰："賜不幸言而中。"是也，皆謂其言有驗也。如"射中正鵠"，亦發於此而中於彼也；如“動容周旋中禮”，亦暗合於先王之禮也；如“言中倫，行中慮，身中清，廢中權”，亦古聖人之道，有倫，有慮，有清，有權，而其所爲暗合也；如“刑罰中”，亦謂古典也。理在我，思而得之，豈得謂中乎？是皆坐不知古言已。

子曰：“由之瑟，奚爲於丘之門？”子路氣質勇剛，不足乎中和，故其發於聲音者亦如此。蓋惡其不類聖門之氣象。**門人不敬子路。子曰：“由也升堂矣，未入於室也。”**門人以夫子之言，遂不敬子路，故夫子以此解之，言不可以此忽之也。升堂未入室，喻子路之學雖造高明正大之地，然未入從容自得之域也。

【古義】夫子論人，每因瑕索美，就有過而求無過，故編者並記此，以示夫子之意。夫聲音之失微矣，然夫子遽聞而深警之，則遊於聖人之門者，可以想見其氣象也。

【徵】“由之瑟，奚爲於丘之門”，《家語》云：“子路鼓瑟，有北鄙殺伐之聲。”《中庸》以北方之强爲子路之强，可想其爲人矣。子曰“由也升堂矣”，於是乎益知後世變化氣質之説妄已。“升堂入室”，蓋古言，朱註：“已造乎正大高明之域，特未深入精微之奧耳，未可以一事之失而遽忽之也。”假使變化氣質，果爲聖門之學，則豈足以爲一事之失乎？且正大高明，精微之奧，徒以虛字形容之，而未詳言其何所指焉。仁齋懲理學，而惡精微之奧，代以從容自得之域。“善人不入於室”，豈從容自得之謂乎？是皆不知而爲之解者也。蓋身通六藝，而其材足以爲大夫，是升堂者也；通禮樂之原，而知古聖人之心，是入室者也。夫身通六藝，德以性殊，雖殊乎，皆足以長民。苟能長民，則謂之升堂，不亦宜乎？仁齋又曰：“聲音之失微矣。”既曰：“氣質勇剛，不足乎中和。”則豈特聲音之失乎？可見逐文爲解者其言支已。

子貢問：“師與商也孰賢？”子曰：“師也過，商也不及。”朱氏曰：“子張才高意廣，而好爲苟難，故常過中。子夏篤信謹守，而規模狹隘，故常不及。”曰：“**然則師愈與？**”愈，猶勝也。子曰：“**過猶不及。**”人皆以過爲優，不及爲劣，故夫子告之如此。蓋人以中行爲至，二子之行，雖有過、不及，然其失中行則一也。

【古義】此以師、商二子其品相等，而其才相反，故子貢爲問，而夫子答之如此。《中庸》曰：“道之不行也，我知之矣：知者過之，愚者不及也。道之不明也，我知之矣：賢者過之，不肖者不及也。”人徒知不及之爲不及，而未知過之爲患也。若二子失於過與不及，亦局於其氣質之偏，而學問之功不有以勝之也。

【徵】“師也過，商也不及”，如“堂堂乎張也”“可者與之，其不可者拒之”，可以見已。朱子曰：“道以中庸爲至”，中庸豈以名道乎？

季氏富於周公，而求也爲之聚歛而附益之。周公，王室至親，位百官上，其富宜矣。今季氏以魯國之卿，富過於周公，而冉求又爲季氏宰，爲之急賦歛以益其富也。此不言季氏富於魯公，而言富於周公者，蓋記者微意也。子曰：“**非吾徒也。小子鳴鼓而攻之，可也。**”小子鳴鼓而攻之，使門人聲其罪，以責之也。

【古義】孟子曰：“無政事，則財用不足。”夫國家之所以足財用者，亦爲民而已。冉有以政事所稱，其爲季氏聚歛而附益，處置調度，當有其方，未必如後世貪吏所爲。然季氏富於周公，則爲冉有者，宜爲之散粟施財，以救其民爲急，而反附益之，此夫子之所以深責之也。夫損下以益上，適所以損夫上也。冉有之意，本在於爲季氏，而不知所以爲季氏，不亦可惜乎？

【徵】“季氏富於周公”，不言魯公而言周公者，以全魯言之也。當是時，三桓四分公室，而季氏有其二，則魯公豈足言乎？魯自宣公稅歛，而季氏之二，適與周公之富相當，而又大夫不具官，則季氏之富，過於周公全魯之時矣。或曰：“周公非旦也，謂東西二周公也，以諸侯之卿，而富過於天子之卿。”亦通。“季氏”至“附益之”十七字，亦孔

子之言，故曰“求也”。“子曰”在中，古文辭宜若是乎爾。朱註貶冉
有至矣。仁齋先生曰：“冉有以政事所稱，其爲季氏聚歛而附益，處
置調度，當有其方，未必如後世貪吏所爲。然季氏富於周公，則爲
冉有者，宜爲之散粟施財，以救其民爲急，而反附益之，此夫子之所
以深責之也。夫損下以益上，適所以損夫上也。冉有之意，本在於
爲季氏，而不知所以爲季氏，不亦可惜乎？”可謂善解《論語》已，然
猶有言焉。蓋唐宋以後，世無政事之才矣。世之言政事者，知而無
不言；爲宰相者，知而無不爲。殊不知政事有先後之序，緩急之施
也。子曰：“齊一變，至於魯。魯一變，至於道。”子路曰：“衛君待子
而爲政，子將奚先？”可以見古之道已。當是時，冉有之所先，未可
知矣。然必別有所先，而未暇及賦税也，而孔子以此爲急，則冉有
可謂過已，其實豈有聚歛附益之心乎？然孔子曰：“虎兕出於柙，龜
玉毀於櫝中，是誰之過與？”是所以歸罪於冉有也。歸罪於冉有者，
所以警季氏也，首以“富於周公”起端，可以見已。

柴也愚，柴，孔子弟子，姓高，字子羔。朱氏曰：“愚者，知不足而厚有餘。”**參也魯**，魯，鈍
也。**師也辟**，朱氏曰：“辟，便辟也，謂習於容止，少誠實也。”**由也喭**。朱氏曰：“喭，粗
俗也。傳稱喭者，謂俗論也。”○吳氏曰：“此章之首脱‘子曰’二字。”今從之。

【古義】此責備賢者之意，學者不可以夫子之言少四子也。輔氏廣曰：
　　“愚者知不明，魯者才不敏，便辟則遺其內，粗俗則略乎外，皆生質
　　之偏也。夫子所以言之者，欲使四子自覺其偏，而歸於中耳。凡聰
　　明者，所見雖快，所造則淺，方涉其藩，而自謂入其奧者多矣。曾子
　　魯鈍，初苦其難入，而不敢有易心，故其造反深矣。”

【徵】“師也辟”，馬融曰：“子張才過人，失在邪辟文過。”朱子曰：“辟，便
　　辟也，謂習於容止少誠實也。”是皆未得其解者也，何則？邪辟、便
　　辟，豈子張而若是乎？果爾，孔子何曰“師也過”乎？趙岐註《孟子》

曰："琴張,顓孫子張也。其爲人蹌踔譎詭,《論語》曰:'師也辟。'故不能純善而稱狂。"《學記》曰:"燕朋逆其師,燕辟廢其學。"《樂記》曰:"齊音敖辟喬志。"蹌踔,一足行貌。譎詭,謂不拘常度也。以此合觀,則子張有好敖之失也。"由也喭",鄭玄曰:"子路之行,失於畔喭。"邢昺曰:"舊註作'吅喭',字書:'吅喭,失容也。'言子路性行剛强,常吅喭失於禮容也。"今本"吅"作"畔",王弼云:"剛猛也。"朱註乃云"粗俗",本諸諺俗語也,則鄙俚之義也。子路升堂,豈容以鄙俚品之乎? 且况喭、諺字殊乎? 大氏此章,與"賜也達,由也果,求也藝"者殊焉。彼稱諸外,故揚其善。此稱諸內,故言其失,以使自知之,或使朋友傳之耳。程子曰:"曾子卒傳其道。"此何所據? 韓愈《原道》,何足爲據?

子曰:"回也其庶乎,屢空。庶,近也,言近道也。空,匱也。言其近道乎,不然何能屢至於空匱,而不改其樂也。賜不受命,而貨殖焉,億則屢中。命,言天命也。殖,生也。貨殖,謂貨財自生也。子貢雖不務求富,然其才自能致富,故曰:"不受命也。"億,意度也。中,謂中理也。言其才識,亦能料事而多中也。"

【古義】人之於貧富,有義而已矣。苟合於義,則可以富,可以貧。然亦有命,非超于貧富之表者,則不能泰然自安焉。夫莫之致而至者,命也。苟有所致而至者,雖義而非命也。若子貢之貨殖,固非世之豐財者比,然不免有所致而至,故可謂之不受命,而不可謂無義也。是子貢之所以不及顏子也。

【徵】"回也其庶乎""顏氏之子,其殆庶幾乎",言其必受命而興也。《左傳》諸書,可以徵已。孔子告以四代禮樂,亦可以徵已。顏子不幸短命而死,孔子之言不驗,故魏晉間王弼、何晏更其訓,而謂"庶幾聖道",失於古言,非矣。是孔子語其常已,雖不驗而猶驗矣,且以"賜不受命"並言,可以見已。有必興之德而屢空,此不欲小用其才故也。世儒多謂顏子樂於陋巷，有孔子在，殊不知"孔子知其不可爲而爲之"者也。顏子則異於此焉，顏子不欲小用其才，即伊、吕之志也；"賜不受命，而貨殖焉"，喜用其才也；"億則屢中"，喜用其智也。喜用其才智者，不及顏子也。顏子雖屢至匱乏，而必將興；子貢則用其才於治生，雖不受命而不至乏絕，是其所以殊也。孔門唯顏子、子貢以聰明稱，故孔子嘗以"孰愈"問之。此章亦並言者，其故爲爾；殖，升庵以爲與"腫"通，引《考工記》《説文》《毛詩註》《韓文》，然《中庸》曰："貨財殖焉。"則其説非矣。

子張問善人之道，善人之道者，謂善人之所道也。**子曰："不踐迹，亦不入於室。"**不踐迹，不欲循古之成法也。不入於室，不求入道之精微也。善人之所道如此。

【古義】善人者，行善而不倦，其德有足稱焉者，故舉世仰慕焉。子張好聞，故以善人之道爲問，夫子言："善人之所道，惟欲其自善，而不好踐古之成法，亦不求入道之蘊奧。"以是爲道，是其所以止爲善人，而其德不足法也。蓋雖以善人之資，然不由學焉，則其卒也必不免於自私用智。此蓋論善人之道云爾，非論善人也。

【徵】世人不識"善"字，是後世佛氏言"善"，而人狃其説。一聽善則輒作佛氏之解，故朱子謂善人"質美而未學者也""欲仁而未志於學者也"。仁齋曰："行善而不倦，其德有足稱焉者，故舉世仰慕焉。"皆爲未識善人之解。孔安國曰："善人不但循追舊迹而已，亦少能創業，然亦不入於聖人之奥室。"此漢時猶不失古言矣。蓋孔子嘗以聖人並言，可見豪傑之士如管仲輩是也，故孔安國以創業言之。踐迹，如"王者之迹"。"王迹"，蓋先王禮樂有所以統理天下者存焉，是王者已行之舊迹，故謂之迹。如"王者之迹熄而《詩》亡"，言禮樂征伐不自天子出也。如"大王肇基王迹"，言至大王而始踐古先聖王經營天下之迹也。如管仲爲仁於天下，不循聖人之迹，變化縱

横，或似能入聖人之閫奧，故孔子斷以不入室耳。如管仲輩，亦有
其道，故子張以"善人之道"爲問。如孟子"可欲之謂善"，亦謂其爲
天下之人所好也。五霸假仁，故置諸信之下。大氐後世説古書，皆
作窮措大解，可笑之甚。

子曰："論篤是與，君子者乎？ 色莊者乎？"

【古義】朱氏曰："言但以其言論篤實而與之，則未知其爲君子者乎？ 爲
色莊者乎？ 言不可以言貌取人也。"○袁氏黄曰："人知浮言不可
信，乃不知論篤亦不可信，此夫子警切之詞。"

【徵】"論篤"未得其解，何註謂："口無擇言。"朱註："言論篤實。"豈其然？
按諸史籍，多稱評論之至者爲篤論，意者論篤必謂時人之論也；是
者，是非之是。與，平聲。言以時論爲是歟？ 豈知其爲君子者爲色
莊者乎？ 與答子貢問"鄉人皆好之"同意。古註以爲善人之事，
失之。

子路問："聞斯行諸？"子曰："有父兄在，如之何其聞斯行之？"冉有問：
"聞斯行諸？"子曰："聞斯行之。"凡爲子弟者，當務體父兄之心，而謙卑遜順，不可
自專。子路性剛，故戒之；若冉有之資，則失之於弱。故從其所問，而不抑之也。**公西華**
曰："由也問：'聞斯行諸？'子曰：'有父兄在。'求也問：'聞斯行諸？'子
曰：'聞斯行之。'赤也惑，敢問。"子曰："求也退，故進之；由也兼人，故退
之。"兼，猶兼食、兼道之"兼"，謂加倍於人也。

【古義】此言聖人之教人，或進或退，各有其權，猶天地之道，陽舒陰慘，
各當其時，萬物自生成長育於大化之中也。由、求之問，未必同時，
亦未必互問，但問同而答異，故子華偶見而疑之。非其能問，則聖
人造就二子之意，孰能識之？ 後世爲人之師者，大類欲以己性之所
能，而施之于天下之材，亦異乎夫子之道矣。故不知爲師之道而爲
人之師，則必賊夫人之子，可不謹哉？

【徵】子曰："求也退,故進之;由也兼人,故退之。"《大戴禮·虞戴德》: "子曰:'昔商老彭及仲傀,政之教大夫,官之教士,技之教庶人。揚 則抑,抑則揚,綴以德行,不任以言。'"孔子蓋以是道也。

子畏於匡,顏淵後,子曰:"吾以女爲死矣。"曰:"子在,回何敢死?"朱氏 曰:"後,謂相失在後。何敢死,謂不赴鬭而必死也。"

【古義】觀此言,足見夫子若不幸遇難,顏子必敢死而不顧身。夫子愛護 之厚,顏子契合之深,俱在於道,而非恩義兼盡而已也。

【徵】"子畏於匡,顏淵後",孔安國曰:"言與孔子相失,故在後。"朱註因 之。然此不徒相失而已,蓋顏子故後以護孔子。蓋鬭也,故及其 至也,子曰:"吾以女爲死矣。"顏子曰:"子在,回何敢死?"包咸曰: "言夫子在,己無所敢死。"是徒解文句耳。蓋顏子不言其鬭以護夫 子,而曰:"夫子無恙,回不敢鬭。"一以無伐其勞,一以安夫子之心, 藹然君子之言也,故記焉;曰"死"者,皆謂犯死也,如《史》"殊死戰" 也。朱子不知古言,懜懂哉!且顏子方其後之時,豈知子在乎? 故 知是與孔子相見之言也。且所謂夫子不幸而遇難,必捐生以赴之 矣,是豈待遇難之後乎? 亦豈翅顏子哉? 餘子皆能之。上告天子, 下告方伯,胡氏動作其《春秋》之解,何必然?

季子然問:"仲由、冉求可謂大臣與?"子然,季氏子弟。自多其家得臣二子,故問 之。**子曰:"吾以子爲異之問,曾由與求之問。**異,非常也。曾,猶乃也。輕二 子,以抑季然也。**所謂大臣者,以道事君,不可則止。**以道事君,謂能格君心之 非,而非道不敢陳也。止,即致爲臣而去。**今由與求也,可謂具臣矣。**具臣,謂備臣 數而已。"曰:"然則從之者與?"言然則二子,可從君之所欲耶? **子曰:"弒父與 君,亦不從也。"**言小事雖未必不從,然大義所在,亦決不從也。

【古義】朱氏曰:"二子雖不足於大臣之道,然君臣之義,則聞之熟矣。弒 逆大故,必不從之。蓋深許二子以死難不可奪之節,而又以陰折季氏不臣之心也。”〇觀夫子論大臣，以人品而不以位。道伸矣，雖位在一命，不失爲大臣；道屈矣，雖位在三公，不免爲具臣。揚雄以大臣許魯兩生，則知雖韋帶之士，苟有其器，則亦可以爲大臣也。

【徵】“吾以子爲異之問”，異之問，異問也，與“子亦有異聞乎”之“異”同矣。朱子訓“非常”，非矣。

子路使子羔爲費宰，子曰：“賊夫人之子。”賊，害也。言子羔質美而學不足，遽使之爲政，適足以害之。**子路曰：“有民人焉，有社稷焉，何必讀書，然後爲學？”**言費之邑，有民人，有社稷，可以爲政，此即學也，豈特以讀書爲學哉？**子曰：“是故惡夫佞者。”**佞者，變亂是非，使人迷惑。子路之言似有理，而實足賊人，故夫子深斥之也。

【古義】范氏曰：“古者學而後入政，未聞以政學者也。蓋道之本在於脩身，而後及於治人。其説具於方冊，讀而知之，然後能行，何可以不讀書也？子路乃欲使子羔以政爲學，失先後本末之序矣。不知其過而以口給禦人，故夫子惡其佞也。”

　　論曰：夫書所以載前脩之嘉言懿行也，故不讀書，則昧於得失之迹，而無應今日之務。蓋依舊則易爲新，學古則能制今。不多畜前言往行，而能治國安民者，未之有也。但讀書之法有正有俗，有善有不善，學者不可不察焉。

【徵】“夫人之子”，少之之辭。子羔長曾子六歲，齒甚卑而學未成，故云爾；“何必讀書然後爲學”，“書”謂《尚書》。孟子“盡信《書》”，《易·大傳》“《書》不盡言”，皆謂《尚書》。莊子曰：“《書》道政事。”故子路云爾。後世以爲黄卷都名，不識古言也。

子路、曾晳、冉有、公西華侍坐。晳，曾參父，名點。**子曰：“以吾一日長乎爾，毋吾以也。**言我雖年少長於女，然女勿以我長而難言，蓋誘之盡言，以觀其志也。**居則曰：‘不吾知也。’如或知爾，則何以哉？”**言女居常則言：“人不知我。”如有用女者，則何以爲治？**子路率爾而對曰：“千乘之國，攝乎大國之間，加之以**

師旅，因之以饑饉。由也爲之，比及三年，可使有勇，且知方也。"夫子哂之。攝，管束也。二千五百人爲師，五百人爲旅。因，仍也。穀不熟曰饑，菜不熟曰饉。方，義方也。哂，微笑也。**"求，爾何如?"對曰："方六七十，如五六十，求也爲之，比及三年，可使足民。如其禮樂，以俟君子。"**"求，爾何如"，孔子問也。足，富足也。冉求承子路之言而言："若諸侯之國，則吾不能，得方六七十或五六十里之地而治之，自能富足其民。若禮樂，固非己所能，當待有德君子以任其責焉。"夫子於冉求之言無貶詞者，蓋許之也。下倣此。**"赤，爾何如?"對曰："非曰能之，願學焉。宗廟之事，如會同，端章甫，願爲小相焉。"**赤又承冉有之言，而言"非曰能之，願學焉"者，將述下事，先叙謙辭也。宗廟之事，謂祭祀。諸侯時見曰會，衆頻曰同。端，玄端服。章甫，禮冠。相，贊君之禮者，有大相，有小相。**"點，爾何如?"鼓瑟希，鏗爾，舍瑟而作，對曰："異乎三子者之撰。"子曰："何傷乎? 亦各言其志也。"**希，間歇也。鏗爾，投瑟之聲。舍，置。作，起也。撰，具也，猶言素蘊。**曰："暮春者，春服既成，冠者五六人，童子六七人，浴乎沂，風乎舞雩，詠而歸。"夫子喟然歎曰："吾與點也。"**暮春，季春，今之三月也。曾點言志，蓋適當暮春時也。春服，單袷之衣。禮二十而冠，未冠曰童。沂，水名，在魯城南。朱氏曰："《地志》以爲有溫泉焉，理或然也。風，乘涼也。舞雩，祭天禱雨之處，有壇墠樹木也。詠，歌也。"點蓋深厭周末之膠擾，而有慕治古之淳風，故其所言有唐虞三代之民含哺鼓腹、各遂其性氣象，故夫子喟然歎曰："吾與點也。"蓋有合於夫子願見唐虞三代之盛之意也。**三子者出，曾晳後。曾晳曰："夫三子者之言何如?"子曰："亦各言其志也已矣。"曰："夫子何哂由也?"**三子同對，而夫子特哂子路，故曾點疑而問也。**曰："爲國以禮，其言不讓，是故哂之。"**治國以禮，而子路之對無遜讓之辭，故夫子哂其不相稱。**"唯求則非邦也與?""安見方六七十如五六十而非邦也者?"**此以下亦夫子之言，明所以不哂二子之意。言冉有志於治國，而其辭謙讓，不敢斥言邦，故不哂之也。**"唯赤則非邦也與?""宗廟會同，非諸侯而何? 赤也爲之小，孰能爲之大?"**公西華不敢斥言諸侯，且願爲小相，皆其言之謙也。"孰能爲之大"，言無能出其右者，亦許之之詞。

【古義】程子曰："古之學者，優柔厭飫，有先後之序。"如子路、冉有、公西赤言志如此，夫子許之亦以此，自是實事。後之學者好高，如人游心千里之外，然自身卻只在此。

論曰：聖人之學，有用之學也。苟於經濟之務有所不足，則讀書雖多，辨理雖明，不足爲貴也。三子之言，自後世觀之，固似規規于事爲之末，而不要其極者，然所志所言皆其實事，而非後世騖空文、遺實用者比，乃有用之實材也。若夫點之言志，悠然自得，從容暇豫，實有“鑿井而飲，耕田而食，帝力何有於我”之氣象。夫子嘗曰：“老者安之，朋友信之，少者懷之。”《禮記》載夫子之語亦曰：“三代之英，丘未之逮也，而有志焉。”若點者，蓋雖非中行之事，而亦與夫放浪物外者固不同矣。暗有合於聖人之意，故夫子不覺發歎而深與之。

【微】“以吾一日長乎爾”，乎爾，語助辭。朱註以“汝”解“爾”，失古言也。孔安國曰：“言我問女，女無以我長故難對。”是豈以汝解乎？“如或知爾”，爾，汝也；勇且知方，何註：“方，義方。”朱註：“方，向也。”何註爲勝。“義方”出《左傳》，謂爲人下之道，各有所守，不可轉易，如方隅然。方主於義，故曰“義方”，《易》曰：“義以方外。”是也。“鼓瑟希”，孔安國曰：“思所以對，故音希。”古人之解，可謂善得其態已。朱子不用之，希訓“間歇”，主一無適鋼於中耳。孔安國又曰：“鏗者，投瑟之聲。”朱子弗取，亦謂不敬邪？“三子者之撰”，孔安國曰：“撰，具也，爲政之具。”《易》韓康伯解：“數也。”仁齋曰：“猶言素蘊。”非矣。蓋古言，猶言三子者之道也。孟子曰：“奕，小數也。”孔安國《孝經傳》曰：“廢此二義，則萬世不協，父子相怨，其數然也。”又曰：“孝者德之本，數之所由生也。”是安國、韓康伯所謂數者，可以見已，亦當時之言也。按：曾點“浴沂”之答，微言也。後世《詩》學不明，故儒者不識微言，尠得其解者。按：曾點有志於禮樂之治，見于《家語》，是必有所傳授矣。孟子稱點"狂者"，其言曰"古之人，古之人"。其志極大，有志於制作禮樂，陶冶天下，何也？所謂古者，豈非三代之盛時乎？古之人，豈非文武、周公乎？大者豈非治天下乎？外此而語大，非老莊則理學也。然制作禮樂者，天子之事，革命之秋也，故君子諱言之。顏子問"爲邦"，可以見已。且公西華謙于禮樂，而曾點承其後，則不容言禮樂。且其意小三子志諸侯之治也，而難言之，故不言志，而言己今之時也，是微言耳。夫子識其意所在，故深嘆之也。觀其"鼓瑟希"，則久已思所以對也。投瑟鏗爾，原思備錄其英氣勃勃，不可遏者狀也。"暮春者，春服既成"數語，高朗爽快，超然高視，狂者之象也。大氐孔門諸子穎利不可當，觀子貢答爲衛君之問者，豈尋常之人哉？然朱子"人欲淨盡""天理流行"，固其家學。仁齋乃言："有唐虞三代之民，含哺鼓腹，各遂其生氣象。"則老莊之見矣。蓋曾點所志，乃伊呂之事。方其未出，則釣渭耕莘，若欲終其身者也，待明王興而出。出則道大行於天下，制作禮樂，以陶冶天下焉。是其志安可言哉？且孔子其人也，故不言其志，而言己今之時，則志自可知耳。比諸南容，則曾點大穎利。南容所言，亦曾點之志，但露其機，故孔子所以不對也。曾點穎悟，以不言而言之，所以深與之也。又觀於季氏之喪，曾點倚其門而歌，此必其喪不中禮，與無喪者同已，故曾點之歌，所以諷刺之也。此皆狂者之事，其作用與尋常迥異焉。或曰：果若子言，孔子使言志，而曾點不言，是宜若不衹孔子之命然。曰：諸子之於孔子，猶如家人父子，豈後世尊師道者比哉？觀於子路"有是哉？子之迂也"及"有民人焉，有社稷焉"，可以見已。不啻此也，觀於堯、舜、禹、皋陶吁嗟咈俞于一堂上者，則師弟子之際可知也已，古之道也。

顏淵第十二 凡二十四章

顏淵問仁。子曰："克己復禮爲仁。此夫子以仁天下之道告之也。克，勝也。己者，對人之稱。復，反復也。克己者，猶舍己從人之意，言不有己也。克己則汎愛衆，復禮則有節文，故能汎愛人而亦能有節文，則仁斯行矣。一日克己復禮，天下歸仁焉。爲仁由己，而由人乎哉？一日，謂志初興起之日也。言能一日克其己而反復行禮，則天下歸其仁，沛然不可禦也。末復言"我欲仁斯仁至矣"之意，以決之。"顏淵曰："請問其目。"子曰："非禮勿視，非禮勿聽，非禮勿言，非禮勿動。"顏淵曰："回雖不敏，請事斯語矣。"目，條目也，若六言六蔽、五美四惡之類也。朱氏曰："事，如事事之事。"顏子既得聞大綱，故復問其條目，蓋欲兼其詳而盡之也。故夫子舉此四者告之，言能如此，則仁爲己有而不失焉，即《易》所謂"君子以非禮不履"之意。於是顏子速契其旨，又自知其力有以勝之，故直以爲己任而不疑也。

【古義】顏子王佐之材，故以仁天下之道而告之，實與損益四代之禮樂，以答爲邦之問者相表裏焉。蓋仁之爲德，慈愛惻怛之心，內外遠近無所不至，在家則行于家，在邦則行于邦，在天下則行于天下。雍裕和穆之風，浹乎肌膚，淪乎骨髓，若堯之"光被四表，格于上下"，舜之"百揆時叙，四門穆穆"是也。蓋克己仁之本，復禮仁之地，非克己則無以得仁，非復禮則無以存仁。《中庸》曰："齊明盛服，非禮不動，所以脩身也。"脩身，即所以存仁也。孔子曰："脩己以安百姓，堯舜其猶病諸！"脩身之功，其大矣哉！

【徵】克己復禮者，納身於禮。爲仁者行安民之道也，非謂克己復禮即仁也。欲行安民之道，必先納身於禮，而後可得而行也。"脩己以安人"，及《中庸》"爲天下國家有九經，首脩身"，《射義》曰："射者仁之道也，求正諸己，己正而後發。發而不中，則不怨勝己者，反求諸己而已矣。”皆是意。古昔聖賢相告戒，皆不過此意，而顏子於爲仁之方，不待教而知之，故孔子以此告之；“一日克己復禮，天下歸仁”，言苟不脩其身，則雖行仁政，民不歸其仁。是顏子才大，故以行仁政於天下言之，故曰：“天下歸仁。”門人問仁，唯於顏子、子張，孔子以天下言之，二子才大故也。“爲仁由己，而由人乎哉”，言雖行仁於彼，而行之在己，故不脩身不可以行仁也。觀“由”字，則“克己復禮”所以行仁而非仁，審矣。《左傳》曰：“克己復禮，仁也。”古書之言，有若是者，孔子特加“爲”字，可以見已。馬融曰：“克己，約身。”此古來相傳之說，不可易矣。訓“己”爲“身”，與下文“由己”相應；約身，如“約我以禮”。觀於下文非禮勿視、聽、言、動，則復禮之外更無復克己者，章章乎明哉！宋儒析以爲二，可謂謬已。勝私欲而復天理，浮屠之遺習，與斷無明證真如何別乎？且訓“己”爲私欲，未知何據，又不與“由己”相應。凡言禮者，皆先王之禮也，豈容以天理解之乎？如仁齋以“舍己從人”解克己，亦强已，舍己豈得謂克己乎？朱註：“復，反也。”本諸孔安國。然至於以復初爲說，亦老氏之意，不可從矣。孔安國之意，如“反身”“湯武反之”之“反”。蓋禮在外，反之於己而踐之，猶之可矣。然“言可復也”，復訓踐，故不如訓踐之之勝。如克敵、戰克，克固訓“勝”，然如“高明柔克，沈潛剛克”“飲酒温克”“子克家”，豈容訓勝乎？克家者，謂治家而家莫有不可制者也。克己者，治己而己莫有不可制者也，故馬融訓“約身”，莫以尚焉，謂檢束其身也。非禮者，謂似禮而非禮者也。孟子所謂“非禮之禮，非義之義”，可以見已。朱子外先王之禮，而別以天理之節文爲禮。仁齋亦取諸其臆，皆可謂非禮已，學者察諸。仁齋又曰：“能汎愛人而亦能有節文，則仁斯行矣。”淺矣哉子弟之行，豈可引乎？

仲弓問仁，子曰：“**出門如見大賓，使民如承大祭**。出門，所謂出則事公卿也。如承大祭，即民不可慢之意。言以禮存心，則仁爲己之有也。**己所不欲，勿施於人**。此言求仁之要也。**在邦無怨，在家無怨**。此言得仁之效也，《詩》所謂：“自西自東，自南自北，無思不服。”即此意。”**仲弓曰：“雍雖不敏，請事斯語矣。”**仲弓亦直受夫子之言，而不敢疑，故門人錄之，以與顏子儷矣。

【古義】仲弓之材，亞於顏子，故夫子亦以仁天下之道告之。如見大賓，如承大祭，執事而敬也；己所不欲，勿施於人，行恕之方也。既敬且恕，則仁斯行矣，所以在邦無怨，在家無怨也。

　　論曰：孔門諸子，於仁之義，知之熟矣，然於爲仁之方，則或未也。故弟子之所問，夫子之所答，皆其爲仁之方，而一無論仁之義者。譬諸種花，仁則花也，爲仁之方則其灌漑培植之法也。凡弟子之所問，夫子之所答，皆其灌漑培植之法，而未嘗有言形狀色芳者也。後儒專從《論語》字面求仁之理，是以灌漑培植之法，想像花之形狀色芳也。故其於仁，或流于虛靜，或陷于把捉，蓋以此也。及孟子時道衰學廢，天下之人非惟不得其方，亦且併與其名義而不知之。故孟子爲之，諄諄然指示之曰：“惻隱之心，仁之端也；羞惡之心，義之端也。”又曰：“人皆有所不忍，達之於其所忍，仁也；人皆有所不爲，達之於其所爲，義也。”故欲求爲仁之方者，當本之《論語》，而欲明其義者，參之《孟子》可矣。

【徵】“出門如見大賓”，言政莫非王事也。“使民如承大祭”，言民莫非天民也。二句言敬。“己所不欲，勿施於人”，恕也。敬行仁之本，恕行仁之要。在邦，謂在邦之人，卿大夫是也；在家，謂在家之人，鄉人是也。《君奭》曰：“在家不知。”可以見已。二句行仁之效。或以在邦、在家爲仲弓在邦、在家，非矣。“克己復禮”與此章皆古語，故皆曰：“請事斯語。”孔子非先王之法言不敢道者，可以見焉。按：仲

弓南面之器,故孔子所告,諸侯之仁也;"如見大賓""如承大祭",與
"克己復禮"同,而彼舉其全,此提其要。至於"己所不欲,勿施於
人",則顏子不須告;"天下歸仁",與在邦、在家無怨,其言效者亦有
廣狹之異,此仲弓之所以不及顏子歟? 然如朱子以乾道、坤道解
之,鑿矣。又有以"敬以直內,義以方外"傅會此章者,《易》語臣之
道,而此語君道,且義恕不同,皆妄言已。

司馬牛問仁,司馬牛,孔子弟子,《史記》曰:"名犁。"**子曰:"仁者,其言也訒。"**訒,
難也。仁者德全于內,故言不易于外。蓋牛之爲人,多言而躁,故夫子告之以此。**曰:"其
言也訒,斯謂之仁矣乎?"子曰:"爲之難,言之得無訒乎?"**牛意仁道至大,
不但如夫子所言,故再問之,而夫子又告之以此,言仁者專務力行,而不以易爲之,故其言不
得無訒。苟易其言,則無由以入德矣。

【古義】夫子每答門弟子問仁,必舉仁者之行而告之,何也? 蓋仁無形
也,泛論仁之體,不若就仁者之行而諭之之明而易知也。故或舉仁
者之心而告之,或就仁者之行而言之,如此章是也。○朱氏曰:"牛
之爲人如此,若不告之以其病之所切,而泛然以爲仁之大概語之,
則以彼之躁,必不能深思以去其病,而終無自以入德矣,故其告之
如此。"

【徵】孔子答司馬牛,以"仁者,其言也訒",邢昺引《史記》:"司馬牛多言
而躁。"故孔子答之以此,是誠聖人善誘也。朱子曰:"仁者心常存,
故事不苟。事不苟,故其言自有不得而易者。"是自其心學之説,不
可從矣。假使其心常存不放,苟無安民之德,安得謂之仁者乎? 仁
齋曰:"仁者專務力行,而不以易爲之。"亦未免窮措大之見矣。蓋
仁者,安民長人之德也,仁人者以此爲心者也。民與人亦衆哉,爲
此則害彼,施彼則此怨,人與人相因,時與事相推。我謂是足以利
民而爲之,而害生於吾所不知者,不尟焉,故仁人之爲仁,每難之。

佞者則否，取其可言而言之，不復問其所爲何如。故其言每可聽，而害乎道，此巧言所以鮮仁也，而爲之難，言之訒，以此。

司馬牛問君子，子曰："君子不憂不懼。"不憂不懼，非仁且勇者不能，此所以爲君子也。**曰："不憂不懼，斯謂之君子矣乎？"子曰："內省不疚，夫何憂何懼？"**疚，病也。言反觀於己，心無所病，則胸中洒然，理直氣強，何憂懼之有？

【古義】晁氏曰："不憂不懼，由乎德全而無疵，故無入而不自得，非實有憂懼而強排遣之也。"朱氏曰："有憂懼者，內有所慊也。自省其內而無所病，則心廣體胖，何憂懼之有？"

【徵】君子不憂不懼，仁齋曰："非仁且勇者不能。"　是本諸"仁者不憂，勇者不懼"，可謂奪席之雄已。然孔子曰："內省不疚，夫何憂何懼？"此孔子言而孔子解之，此外復何言？舍此而作解，此豈欲勝孔子而上之邪？夫君子，成德之稱也，德成於己，故內省不疚。其意或謂仁者、勇者皆成德之稱，皆君子也，則孔子何遺知者？

司馬牛憂曰："人皆有兄弟，我獨亡。"按《左氏傳》：宋有司馬牛，杜預以爲桓魋之弟，今據此章，牛實無兄弟明矣。《左氏》所稱，別是一人也。《家語》謂孔門司馬牛即是也，蓋依《左氏》而誤也。**子夏曰："商聞之矣，死生有命，富貴在天。**莫之爲而爲者，天也。莫之致而至者，命也。言死生存亡、富貴利達，皆天之所爲，命之所至，非人力之所能遷，何爲妄憂？**君子敬而無失，與人恭而有禮，四海之內皆兄弟也。君子何患乎無兄弟也。**敬，以事而言。君子敬其事而無失，接人恭而有禮，則人必親我，天下之人，皆吾兄弟也，何以無兄弟爲患？"

【古義】天命不可不順受，人事不可不自盡，故知命者，自盡其在己者，而無有一毫期望之心，又無有一毫怨悔之意。若子夏之言，可謂達天知命矣。

【徵】"人皆有兄弟，我獨亡"，是司馬牛憂桓魋之將爲亂，出於孔安國，古來相傳之説也。仁齋乃曰："司馬牛實無兄弟。"是其人不學《詩》，故不知言語之道也。有兄弟而曰無，言語之道爲爾，且子夏曰：“死生有命，富貴在天。”若俾牛實無兄弟，是言何所關涉也？且憂者，憂未然也。甚哉，仁齋之不識字也！死生有命，言其不可辭也；富貴在天，言其不可求也。朱子曰：“命禀於有生之初。”泥矣。凡言命者，以其來至爲言者也。孔子曰：“道之將行也與，命也；道之將廢也與，命也。”是豈禀於有生之初哉？如“天命之謂性”則語性，故謂之禀於有生之初可也。謂命必禀於有生之初者，其究必至於廢學違道，不可不辨。敬而無失，無過失也。朱子以不間斷解無失，以有節文解有禮，是自其家學，不可從矣。

子張問明。子曰：“浸潤之譖，膚受之愬，不行焉，可謂明也已矣。齊氏曰：“水之潤物，其浸以漸，故游揚以誣善者，曰‘浸潤之譖’；膚受芒刺，痛癢立見，故激以切己利害，曰‘膚受之愬’也。”譖，毀人之行也。愬，愬己之冤也。**浸潤之譖，膚受之愬，不行焉，可謂遠也已矣。**夫子以二者不行，最難其人，故兼遠而言之。”

【古義】朱氏曰：“毀人者漸漬而不驟，則聽者不覺其入，而信之深矣；愬冤者急迫而切身，則聽者不及致詳，而發之暴矣。二者難察而能察之，則可見其心之明，而不蔽于近矣。”

【徵】“浸潤之譖，膚受之愬”，鄭玄曰：“譖人之言，如水之浸潤，漸以成之。”馬融曰：“膚受之愬，皮膚外語，非其內實。”朱註：“謂肌膚所受，利害切身。”然古言皆以淺爲膚，馬融得之。邢昺曰：“愬亦譖也，變其文耳。”朱註：“譖，毀人之行也。愬，愬己之冤也。”蓋愬己之冤者，必兼譖人。譖人者，不必皆愬己之冤，朱註得之。明者，爲人上之德也，故古言明者以爲人上者言之，此章是也。朱子以爲因子張之失而告之，此自後世明理之説興，而人昧古言，故或疑此章之無味耳。大氐人君喜察察之明者，必疑其大臣而不任，以近習爲其耳目，古今通弊也。故孔子以不蔽於近臣爲人君之明，可謂萬世之至言已。浸潤之譖，譖之巧者也。膚受之愬，恃寵者也。受冤之淺，輒愬諸君，狎恩所使也。近臣不狎恩，不得用其譖，人君之明也。《中庸》曰："敬大臣則不眩。"正與此相表裡。蓋不敬大臣，則下伺上意，結交近臣，明之所以蔽也。既曰明又曰遠者，《書》曰："視遠惟明。"子張蓋問《書》於孔子也。夫所以不能視遠者，蔽於近故也。大臣得其人，則九牧而萬國，如綱舉而目張，如以臂使指也，不然而欲燭萬里之外，豈可得乎？庸君則疑大臣而任近習，遠之所以不燭也。是視遠之道，亦在不蔽於近耳。

子貢問政，子曰："足食，足兵，民信之矣。"民有恒產，則非心不生；武備克脩，則民心不搖；教民以信，則國本固矣。**子貢曰："必不得已而去，於斯三者何先？"曰："去兵。"**言兵者保國之要，不可去，然食足而信孚，則無兵而可守。故兵可去，而食與信不可去也。**子貢曰："必不得已而去，於斯二者何先？"曰："去食。自古皆有死，民無信不立。"**言食者，人之天。無食則死，然死者人之所必有，無信則人道不立，故食可去而信不可去也。

【古義】張氏栻曰："生則有死，人之常理，至於無信，則欺詐相奪，無復人理，是重於死也。夫食與兵，固爲急務，然信爲之本，無信則雖有粟，而誰與食？雖有兵，而誰與用哉？"○程子曰："孔門弟子，善問直窮到底。如此章者，非子貢不能問，非聖人不能答也。"

【徵】"足食，足兵，民信之矣"，是子貢爲邊邑宰而問政，故孔子告以此。"民信之"者，言民信其爲民之父母不疑也。是非由足食足兵而信之，然非足食足兵，則民亦不信之，故足食足兵在前耳。"民無信不立"者，上無信則民不立也。爲民之父母，仁也。上仁而民信之，是信之在民，故曰："民無信不立。"其實信者上之所爲也。孔安國曰："治邦不可失信。"得之矣。不立者，民心動搖無所措其身也。朱子曰："以民德而言，則信本人之所固有。"是不得其解而動爲五常之

　　説經生哉！仁齋曰："教民以信。"講師哉！

棘子成曰："君子質而已矣，何以文爲？"棘子成，衞大夫，疾時人文勝，故爲此言。

子貢曰："惜乎，夫子之説君子也！駟不及舌。言子成之所以論君子者，失之一偏，而不能無害。夫君子之言，爲世模楷，不可不謹焉，而其舌一動，則雖駟馬不能追，此可惜也。**文猶質也，質猶文也，虎豹之鞟猶犬羊之鞟。**皮去毛曰鞟。言文質兩者不可相無，而文貴質賤，君子小人之所以分者，在文而不在質。譬如虎豹之鞟，與犬羊之鞟，無以異也。**若盡去文而獨存質，則君子小人何所分哉？"**

【古義】夫君子之所以爲君子者，文而已矣。而所謂文者，謂文質適均之
　　文，非對質之文也，所謂"郁郁乎文哉"是也。禮儀三百，威儀三千，
　　貴賤尊卑，各有等威，謂之文。非文質彬彬，則不可以謂之文也。
　　若盡去其文，而獨存其質，則與野人無異，豈足主張風教，維持世道
　　哉？此子貢所以惜子成之言也。

【徵】"惜乎，夫子之説君子也"，九字一句。朱註謂："子成之言，乃君子
　　之意。"是析爲二句，非矣。"文猶質也，質猶文也"，言文質之不可
　　相無也；"虎豹之鞟，猶犬羊之鞟"，言文之可貴也。言苟以鞟，則虎
　　豹猶犬羊也，上下意殊。何註："今使文質同者，何以別虎豹與犬羊
　　邪？"是作一意相承。"文猶質也，質猶文也"，子成之意；而"虎豹之
　　鞟，猶犬羊之鞟"，子貢之意也。然子成分明貴質，故何註非矣。朱
　　子曰："棘子成矯當時之弊，固失之過，而子貢矯子成之弊，又無本
　　末輕重之差，胥失之矣。"是朱子不知言語之道，吹毛求疵。仁齋
　　曰："夫君子之所以爲君子者，文而已矣。而所謂文者，謂文質適均
　　之文，非對質之文也，所謂'郁郁乎文哉'是也。禮儀三百，威儀三
　　千，貴賤尊卑，各有等威，謂之文。非文質彬彬，則不可謂之文也。
　　若盡去文，而獨存其質，則與野人無異，豈足主張風教，維持世道
　　哉？"是與其平生議論大殊，豈欲殊朱子爲其病根邪？夫質者，質行

也，謂孝弟忠信也；文者，謂禮樂也，如"質勝文則野，文勝質則史，文質彬彬，然後君子"及此章，皆以質行禮樂對言。孝弟忠信者，君子、野人皆不可無，而禮樂則君子之所獨，其義甚明矣。夫文一而已，皆對質言之，豈有所謂"文質適均之文"者哉？後儒昧乎古言，乃欲就禮樂上分文質，是古書所無，妄之甚者也。仁齋又踵其誤而謂此爲"文質適均之文"，彼爲"對質之文"。其人嘗譏宋儒有"理之命""氣之命"，而今又傚其尤者，何哉？至於"主張風教，維持世道"之言，最可笑之甚。夫文者禮樂也，禮樂者先王之道也，先王之道，治人之道也。君子治人者也，野人治於人者也，故君子之所以爲君子者，文而已矣。徒以主張風教，維持世道，則孔子何曰"文王既没，文不在茲乎"？《中庸》何曰"文王之所以爲文也"乎？

哀公問於有若曰："年饑，用不足，如之何？"用，謂國用。有若對曰："盍徹乎？"鄭氏曰："周法什一而稅，謂之徹。徹，通也，爲天下之通法。"愚按：周禮鄉遂用貢法，都鄙用助法，皆一夫授田百畝。蓋通貢助二法而用之，其實皆什一也，故謂之徹。有若以爲一行徹法，則上下均足，不至饑乏。曰："二，吾猶不足，如之何其徹也？"魯自宣公初稅畝，又每畝十取其二，故曰二。哀公因有若之言，又言其不能徹之意。對曰："百姓足，君孰與不足？ 百姓不足，君孰與足？"君以民立，無民則無君，故百姓足則君自足，百姓不足則君亦不足。有若深言君民一體之意，以止公之厚斂。

【古義】《詩》云："經始靈臺，經之營之。庶民攻之，不日成之。經始勿亟，庶民子來。"是謂君民一體，有若所謂"百姓足君，孰與不足"是也。○楊氏曰："仁政必自經界始，經界正而後井地均，穀禄平而軍國之需，皆量是以爲出焉，故一徹而百度舉矣，上下寧憂不足乎？以二猶不足而教之徹，疑若迂矣。然什一天下之中正，多則桀，寡則貉，不可改也。後世不究其本，而唯末之圖，故征斂無藝，費出無經，而上下困矣。又惡知盍徹之當務，而不爲迂乎？"

【徵】“年饑，用不足”，哀公之意，言其所以自供不足也，有若以爲所以振
　　濟民不足也。是“用”字，哀公以其好用言之，而有若以國用視之，
　　故曰：“盍徹乎？”魯自宣公稅畝，則民習於二者久矣。今值年饑而
　　復徹，則民不困於饑也。及其曰“二，吾猶不足”，而有若悟哀公之
　　意，故言君民一體之義以喻之，爲其國君而忘民故也。不爾，問答
　　不相應，豈不誠迂乎？舊註皆不得其解矣，古註：“周法什一而税，
　　謂之徹。徹，通也，爲天下之通法。”貢助豈不爲天下之通法乎？仁
　　齋曰：“通貢助二法而用之，故謂之徹，亦非命名之義。蓋夏貢殷
　　助，周兼用二法，而皆通耕均收，故謂之徹耳。”夏貢殷助，不必皆通
　　耕均收，而周創通耕均收之制，是周制所以益詳也。楊氏之言，朱
　　註收之，雖非有若“盍徹”之意，所謂“一徹而百度舉矣”者，亦至論
　　也。蓋周禮壞而徹廢，何則？量入以爲出，什一之税，僅足以行周
　　官之制度耳。

子張問崇德辨惑，子曰：“主忠信，徙義，崇德也。 主忠信，則崇德之基立矣。
徙義，則崇德之功速矣。**愛之欲其生，惡之欲其死。既欲其生，又欲其死，是
惑也。** 死生之命由天，非人之所能短長也，而常人之情，愛人之甚，欲其常生，及其惡之
也，亦欲其死，此非惑乎？苟辨之，則凡似此之類，皆不肯爲。‘**誠不以富，亦祇以
異。**’此《詩·小雅·我行其野》之詞也。程子曰：“此錯簡，當在第十六篇‘齊景公有馬千
駟’之上，因此下文亦有齊景公字而誤也。””

【古義】非崇德則無以得學問之實，非辨惑則無以見學問之功，皆學者之
　　切務也。

【徵】崇德，俾德崇也。《易》曰：“忠信，所以進德也。”“主”之云者，以此
　　而學也。古之學，《詩》、《書》、禮、樂。“《詩》《書》，義之府也；禮樂，
　　德之則也。”《戴記》曰：“忠信之人，可以學禮。”此曰徙義，皆加之以
　　學，是“主”字之義也。《學而》曰：“過則勿憚改。”亦徙義也。“愛之

欲其生，惡之欲其死”，人之情也，非惑。《詩》曰：“君子萬年。”又
曰：“投畀豺虎。”可以見已。宋儒以欲生欲死爲惑，是佛老之見耳，
又昧乎惑字之義矣。惑者，無定見而爲人眩惑也。善人當愛，不善
人當惡，是其人之善不善素定。然嚮所愛之人，今則惡之，是我無
定見，而爲物眩惑，故孔子極言愛惡之至以明之。愛之甚，欲其生；
惡之甚，欲其死，是愛惡豈可遽變乎？可見其爲物眩惑，是孔子之
意也。後儒昧乎辭而不得其解，以陷於佛老，悲哉！“誠不以富”二
句，程子以爲當在第十六篇“齊景公有馬千駟”之上，今從之。

齊景公問政於孔子。景公，名杵臼。**孔子對曰：“君君，臣臣，父父，子子。”**
爲政以彝倫得叙爲本。當是之時，齊國君臣父子皆失其道，故夫子於此告之。**公曰：“善
哉！信如君不君，臣不臣，父不父，子不子，雖有粟，吾得而食諸？”**言必至
危亡，不得享其禄。

【古義】朱氏曰：“景公善孔子之言而不能用，其後果以繼嗣不定，啓陳氏
　　　　弒君簒國之禍。”○爲政之本，在於君臣父子各得其所而不紊。苟
　　　　不求其本，而唯末之圖，則施爲雖當，條令雖明，豈足以善其國乎？
　　　　蓋夫子爲景公問政而對，故其責成專在君上。惜乎景公知善夫子
　　　　之言，而不知反求于其身，此齊之所以卒于亂也。若後之人君讀
　　　　此，而不知反求於其身，則又一齊景公也。

【徵】無説。

子曰：“片言可以折獄者，其由也與？”片，孔氏曰：“猶偏也。”片言，半言。折，
斷也。

【古義】此言子路之爲人，氣質明決，能得聽人之片言，以斷其誠僞，可見
　　　　其有政事之才也。故曰：“由也果，於從政乎何有？”

【徵】“片言可以折獄”，蓋古語也，孔子誦以美子路。片言者，聽訟者之
　　　　片言也，朱註得之。古註：“謂不具兩造。”豈有聽訟而不待兩造者

乎？可謂謬矣。

子路無宿諾。朱氏曰：“宿，留也，猶宿怨之宿。急於踐言，不留其諾也。”記者因夫子之
言而類記之。○古本或以此別爲一章，至於邢氏連合上章。今又別爲一章，以復其舊云。

【古義】子路忠信剛果，急於踐言，而不慢人之約，小者如此，大者可知。

【徵】“子路無宿諾”，古註：“宿，猶豫也。”如豫約來年，是也。事不可豫
知，故無豫諾，欲不爽諾也。朱註：“宿，留也。迫急之甚。”是自宋
儒之見耳。此因“唯恐有聞”而生此解，然學問之事，自不與己諾
同也。

子曰：“聽訟，吾猶人也，必也使無訟乎？”

【古義】此言治民者，皆以聽訟爲能，而不知使民無訟之爲至。故門人記
之，以明正其本，清其源，則自無訟也。○陳氏櫟曰：“聽訟者，決民
之爭。無訟者，躬行化民，而民自不爭。無訟之可聽，非禁之使然，
默化潛孚，若使之耳。”

【徵】“聽訟，吾猶人也”，聖人之不貴聰明也；“必也使無訟乎”，言若必欲
見我之材，則使民無訟，是或可能，若聽訟則非我所長也。蓋世貴
才謂，以善聽訟誇其能者有之，然人之情僞萬端，訟之不易聽，必欲
於此見其長，則其害有不可勝道者，故孔子云爾。學者多昧“必也”
二字之解。

子張問政，子曰：“居之無倦，行之以忠。”朱氏曰：“居謂存諸心，行謂發於事。”

【古義】不願乎其外，則自無倦；視之猶己事，則必以忠。無倦則見功速
矣，以忠則事必成矣，此二者爲政之至要也。

【徵】王肅曰：“言爲政之道，居之於身，無得解倦。行之於民，必以忠
信。”似小失矣。居者，如“居仁”之“居”。身居於政也，謂視政如其
家事也。是以心言之，忠者盡己之心。委曲詳悉，是以事言之。

子曰：“博學於文，約之以禮，亦可以弗畔矣夫！”

【古義】重出，例見前篇。

【徵】無説。

子曰："君子成人之美，不成人之惡，小人反是。"成者，謂成全其事也。

【古義】君子之心，善善長而惡惡短，故人之有美名也，褒稱揄揚，以欲成
　　全其事；其有惡名也，分疏恕宥，使其不終爲惡人。舜之隱惡而揚
　　善，其事亦相類。小人之心，刻薄而忌善，人有美名，則發摘隱伏，
　　以沮壞其事。有惡聲，則文致羅織，以證成其罪。君子、小人用心
　　不同，每每如此。

【徵】仁齋先生曰："君子之心，善善長而惡惡短，故人之有美名也，褒稱
　　揄揚，以欲成全其事；其有惡名也，分疏恕宥，使其不終爲惡人。"有
　　味哉，其言之！學者忽觀此章，必欲沮壞其惡。是見一生，所見無
　　善，天下之人皆惡人，則其人一生以沮壞人事爲務。是聖人之心
　　哉！朱子之解或有是弊，學者察諸。

季康子問政於孔子，孔子對曰："政者，正也。子帥以正，孰敢不正？"

【古義】君者，本也；民者，末也。表正則影直，源清則流澄，故曰："其身
　　正，不令而行；其身不正，雖令不從。"《記》曰："堯舜帥天下以仁，而
　　民從之；桀紂帥天下以暴，而民從之。其所令反其所好，而民不
　　從。"大凡聖賢之論，政反其本皆如此，通下二章皆此意云。

【徵】無説。

季康子患盜，問於孔子。孔子對曰："苟子之不欲，雖賞之不竊。"

【古義】治民之方，在德不在術。凡民之非心，皆上之所使，苟爲上者帥
　　之以廉恥，則民皆感化。雖賞之使爲盜，而民亦知恥而不竊，又何
　　患盜？康子徒意弭盜之有術，而不知反其本。夫子正其本而告之，
　　其意切矣。

【徵】"苟子之不欲""公綽之不欲"，皆謂廉也。猶言無欲，古言爲爾。不

知者乃謂不欲與無欲殊矣,故詳諸。

季康子問政於孔子曰:"如殺無道,以就有道,何如?"就,成也。**孔子對曰:"子爲政,焉用殺? 子欲善而民善矣。**言子爲執政,安用刑殺? 子欲善,則民皆善。**君子之德風,小人之德草,草上之風,必偃。**上,一作"尚",加也。偃,仆也。**亦欲康子先自正也。"**

【古義】善善、惡惡,二者固不可無,然善善則不用惡惡,而惡者自善矣。若夫不善善,而徒欲必去惡,則惡者不可勝去,而善者亦不得成矣。康子蓋欲殺惡人以成善人,而不知成善人,則惡人自化,故曰:"子欲善而民善矣。"末又設譬,以言民之易化,而感孚甚速也。

【徵】"君子之德風,小人之德草",君子在上之稱,小人謂民,古書每然。德字,如"民德歸厚"之"德",謂自然有若是者也。如其它三達德、六德、九德,雖與是不同,亦當由此轉觀,庶可以識古言已。

子張問:"士何如,斯可謂之達矣?"達者,謂内有其實,名譽自達也。**子曰:"何哉,爾所謂達者?"**夫子疑子張所謂達者,未必達之本意,故反詰之,將以發其病而藥之。**子張對曰:"在邦必聞,在家必聞。"**子張之所言達者,如此也。**子曰:"是聞也,非達也。**聞者,謂致飾乎外,以致名聞也。**夫達也者,質直而好義,察言而觀色,慮以下人。在邦必達,在家必達。**質直好義,則不事矯飾;察言觀色,則不自滿假;慮以下人,則不敢自高。此皆脩己自謙,不求人知之事。然能如此,則德脩于己,而人必信之,聲名自達于四方也。**夫聞也者,色取仁而行違,居之不疑。在邦必聞,在家必聞。**善顏色,以取於仁,而行實違其本心,又自以爲是,而無所忌憚,故名譽雖著聞於時,而實德則病矣。"

【古義】夫聞達之辨明,而後學者之志定矣。聞者虛于中而聲于外,不務于實而務于名;達者足于此而通于彼,自脩於中而不求人知,乃誠僞之所在,而君子小人之所以分也。凡後世所謂達者,皆聞也而非達也,學者宜審擇焉。

【徵】聞、達之分，聞者主名之聞於世而言之也，達者主我道之行於世而言之也。質直，不事矯飾也。朱子以忠信解之，似而非矣。好義，不苟阿也。察言而觀色，察人之言，觀人之色也。慮以下人，慮者謂用心委曲也。皆有遜志柔順意，雖不矯飾、不苟阿，而亦必柔順謙卑，乃達之道也。辟如風乎，巽以入，是以達於宇内而莫之能遏焉。如亢簡絶物，雖質直好義乎，不能達也。色取仁者，唯顔色學仁者也。取者，謂取之於仁者也。行違者，謂行與顔色違也。仁齋謂"行實違其本心"，非也。蓋其意謂色取仁者，亦非有意於爲不善矣。但其學仁而不得其道，故唯以善顔色，而其所行非仁，乃有違其初心，是亦善得孔子言之之意矣。然是與"靜言庸違"義同，則不得於辭者已。居之不疑，是又色取仁者之所以聞也。久假而不歸，有似其有也。

樊遲從遊於舞雩之下，曰："敢問崇德、脩慝、辨惑。"慝，隱惡也。脩者，治而去之。**子曰："善哉問！**遲當從遊之際，忽發切身之問，故夫子善其問。**先事後得，非崇德與？**先勞於事，而後得其報，則其德日進，以極高明矣。**攻其惡，無攻人之惡，非脩慝與？**專於治己之惡，而無意攻人之惡，則視其惡分明，而無所匿矣。**一朝之忿，忘其身，以及其親，非惑與？**此惑之甚易知者，而人情之所或不免。若辨其爲惑，則其他似此之類，皆得能辨之。"

【古義】此雖因樊遲之病而告之，然聖人之言，實萬世之典則，學者之懿範，人人所當佩服者也。而視前所告子張者，其言切其旨屬，蓋由樊遲之所問，益切於爲己也。學者其可不深味之哉？

【徵】"樊遲從遊於舞雩之下"，門人詳録是者，何謂也？樊遲聞夫子之教而謹録焉。書其地者，謹之道也。且古者侍於君子，未見顔色而言，謂之瞽。見顔色者，見顔色之愉也。樊遲從遊於舞雩之下，見夫子之暇而愉也，故問其所欲問，尊師之道也。且古者君子，惡舉人之過，而欲聞其過，惡舉人之過也。弟子有問於稠人之中，則師或不斥其過焉，故弟子欲聞其過者，必於無人之處焉，如舞雩之下是也。非不欲暴己之過也，恐君子之難言之也，學之道也。夫子善其問，朱子曰："善其切於爲己。"是或然矣。然以樊遲之難問，故夫子獎與之，亦善誘之道也。樊遲錄而地焉，後君子從而弗削焉，其諸以是乎？"崇德、脩慝、辨惑"，蓋古書之文也。先事後得，朱子曰："猶言先難後獲也。"孔安國曰："先勞於事，然後得報。"爲是。朱子以得爲效，辨見于上。大氏古人所謂學，在應事接物之際，而非如後世動求諸心者，故謂之事，可以見已。以得其報爲心，則必有作輟，德之所以不崇也。攻其惡，無攻人之惡，唯其心之所嚮而慝可見也。惑者，知爲物奪也。一事輕而身與親重，凡人所見之常皆然。然有時乎一朝之忿，忘其身以及其親者，非知爲物奪邪？

樊遲問仁，子曰："愛人。"問知，子曰："知人。"樊遲未達，遲於仁則既達其理矣，但疑知之德，不止知人也。**子曰："舉直錯諸枉，能使枉者直。"**此言知人之德甚廣也。**樊遲退，見子夏曰："鄉也吾見於夫子而問知，子曰：'舉直錯諸枉，能使枉者直。'何謂也？"**此專疑夫子論知之語而問之。**子夏曰："富哉言乎！**富，盛也。言夫子論知之一言，甚富盛無所不該也。**舜有天下，選於衆，舉皋陶，不仁者遠矣。湯有天下，選於衆，舉伊尹，不仁者遠矣。**皋陶，舜時爲士官。伊尹，湯相。朱氏曰："不仁者遠，言人皆化而爲善。不見有不仁者，若其遠去爾，所謂使枉者直也。""**

【古義】此章"知人"以下，專言知之德甚大也。樊遲之所疑，夫子之所答，子夏之所述，皆在於知矣。遲初非疑仁知之相悖，夫子亦非兼仁知而言也。夫子嘗答哀公，又曰："舉直錯諸枉，則民服。"意哀公徒知舉錯得當，則人心服焉，而不知一言之中，亦自有舜湯治天下之盛，如此其大也。由是觀之，則凡聖人之言，皆隨觀者之淺深，而爲之廣狹如此，學者其可不盡心哉？

【徵】樊遲問仁，子曰："愛人。"謂仁人也。蓋仁爲安民之德，然徒以安民
爲仁，則小子欲爲仁而不可得焉，故告以仁者之愛人也。知人，亦
謂知者也。知者之事，豈止知人哉？然徒求於廣遠，則非所以便於
學者焉，故告以知者之知人也。然孔子所謂愛人，亦謂能成其愛
也，則安之也。知人，亦謂能成其知，則用之也。後儒泥孟子，而以
惻隱視仁，以是非視知，動求諸心，故言愛而不及安之，言知而不及
用之。愛不能成其愛，知不能成其知，以貽有體無用之誚者，乃坐
溺乎流而昧乎源，是以不識古言，失於孔子之心也，學者察諸。

"舉直錯諸枉"，蓋古語，言積材之道者也。直者，材之良者也；
枉者，材之不良者也。謂舉直而措之乎枉之上，枉者爲直者所壓而
自直也。以木材之良不良喻人材焉，不爾，曲直豈足語皋陶、伊尹
乎？且衆枉豈可悉廢乎？"不仁者遠矣"，朱子曰："言人皆化而爲
仁，不見有不仁者。若其遠去爾，所謂使枉者直也。"得之。但樊遲
未達，朱註以爲疑仁知之相悖。仁齋先生曰："知人以下，專言知
之，德甚大也。樊遲之所疑，夫子之所答，子夏之所述，皆在於知
矣。遲初非疑仁知之相悖，夫子亦非兼仁知而言也。"爲是。如朱
子"富哉"之解，失於巧矣。樊遲蓋疑人之不可悉知也，猶如仲弓
"焉知賢才而舉之"也。"能使枉者直"，樊遲未之信，所以問子夏
也，子夏引舜湯之事以證之已。大氐後人以知人爲知人之賢不賢，
殊不知聖人之意，唯言知賢人也。唯賢人爲難知焉，非知者不能知
之矣，故以知人爲知者之事，學者思諸。

子貢問友，子曰："忠告而善道之，不可則止，無自辱焉。"

【古義】此言交友之道，在於能盡其心而告之，又善其說以道之。然其人
不可，則暫止不言，亦俟其自悟。若數而無節，則返致嫌厭，勿自取

辱可也。○朱氏曰："與之處而不告其過,非忠也。要使誠意交通,
在未言之前,則言出而人信矣,不信誠之不至也。"

【徵】"忠告而善道之,不可則止",仁齋先生曰："其人不可,則暫止不言,
俟其自悟。"有味乎其言之矣。人多以爲交於是乎可絕矣,小人哉!

曾子曰:"君子以文會友,以友輔仁。"

【古義】言君子不徒會友,其會之也,必取講磨之益,無友不如己者。其
友之也,必取輔仁之人,此君子之所以日新其德也。

【徵】"以文會友",古者宴會,皆用禮樂,文者禮樂也。友直、友諒、友多
聞,所以輔仁也。不言輔德而言輔仁,是道也者,先王之道也,而學
者依於仁。

卷七

子路第十三 凡三十章

子路問政，子曰："先之勞之。"治民，在於先脩其身；使民，在於躬勤其事。請益，曰："無倦。"爲政之道，"先之勞之"，二言盡之矣，故及其請益，以"無倦"告之。胡氏炳文曰："子張堂堂，子路行行，皆易銳於始而怠於終，故答其問政，皆以無倦告之。子張少誠心，故又加之以忠。"

【古義】道在邇而事在易，故知道者不求諸遠，而必求諸邇。不求諸難，而必求諸易，知其要在此而不可易也。以身先之，則民勸矣，否則事廢；以身勞之，則效速矣，否則功不成。若夫子之言，可謂邇且易也。然勤而不倦焉，則治必定，功必成矣。其要唯在堪煩積久，不求近效。若求近效，則怠心必生，前功盡廢，故及子路請益，唯曰："無倦。"真藥石也哉！

【徵】文武之政，在於方策，豈待問乎？故諸人問政，皆非爲其異日從政而預問之也，其人方從政而問其所當務也。故孔子答之，亦非泛言從政之道也，皆隨其人其時及其所治之土各殊焉。故讀者當據其文義，以觀孔子所以答之之意可也。如"先之勞之"，極難讀耳。孔安國曰："先導之以德，使民信之，然後勞之。"《易》曰："説以使民，民忘其勞。"其意極美，然先之勞之，二者對言，而安國一之，且用功全在先之，爲不穩矣。朱子謂："以身先之""以身勞之"，似矣，但加

“以身”二字，義始通矣。且謂勤爲勞，似非古義矣。蓋政必有所先之，謂勿邊也，則民不驚矣。勞，去聲，政必有所勞之，如“勞來”之“勞”，則民不怨矣。蓋子路勇於義，如以身先之，以身勞之，皆其所素能，則孔子未必以此告之也。大氐勇於義之人，以己視民，心有發政不以漸，而邊責其從己者，故曰：“先之。”又必有以義責民而不恤其勞苦者，故曰：“勞之。”“無倦”云者，亦非謂從事先勞而不倦也，亦如答子張“居之無倦”焉。

仲弓爲季氏宰，問政，子曰：“先有司，有司，屬吏也。宰，衆職所視傚，故躬先率作，則下無廢職。**赦小過，**過，失誤也。赦之則人得舒展，而衆心悅。**舉賢才。**舉賢才，則人有所勸，而政治明。”曰：“焉知賢才而舉之？”曰：“舉爾所知。爾所不知，人其舍諸？”仲弓謙言：“吾明不足以知人之賢否，所交亦不廣，安知賢才而舉之？”夫子言：“且舉爾所知者。苟實好賢而欲舉之，則爾所不知者，亦將有人以舉之，而自無遺賢矣。”

【古義】此三者爲政之大要也。夫上者，下之綱也，綱不舉，則目自弛。上無所倡，則下必怠，故以先有司先之；過誤不宥，則刑罰濫，而衆心畔，故赦小過次之。賢才，國家之所倚賴。苟不舉之，則家猶不可治，況國乎，況天下乎？故欲治天下者，當與天下之人共治之；欲治一國者，當與一國之人共治之；欲治一家者，當與一家之人共治之。仲弓知專求於己，而不知與人共焉。苟不與人共，則季氏小邑，猶不可治，況天下乎？此所以舉賢才而終之也。

　　論曰：夫以無人材爲憂者，庸主之通患也。天下之廣，不患無人材。不在於上，必在於下；不在於朝，必在於野。苟好賢甚，則群賢彙征，如拔茅茹，豈有無人材之患乎？嗚呼！若夫子之言，意直心廣，足以牢籠天下之人材，尚何無人材之爲患哉？郭隗説燕昭王，意近之。

【徵】“先有司”，王肅曰：“言爲政當先任有司，而後責其事。”朱子因之。仁齋曰：“宰，衆職所視效，故躬先率作，則下無廢職。”大非聖賢相傳之意。“元首叢脞哉”，見于《書》。凡爲人上者，所重在委任其下矣，亡論其庸駑。後世有意於治者，皆喜用己才智，而不任人才，是萬世通弊焉。其病蓋在小矣，觀於下文“焉知賢才而舉之”，則雖仲弓亦有未免此病者，故先有司，從古註爲是。夫宰誠衆職所視效也，衆職所視效，則以德率之，是古今通義也。仁齋乃曰“率作”，又曰：“上無所倡，則下必怠。”此賈人之家，其老奴率群奴之事耳，鄙哉！

子路曰：“衛君待子而爲政，子將奚先？”衛君，謂出公輒。子曰：“必也①正名乎！”名者，實之表。名一違，則其實畢差，故政以正名爲先。子路曰：“有是哉？子之迂也。奚其正？”迂，猶遠也，言非今日之急務。子曰：“野哉，由也！君子於其所不知，蓋闕如也。”責子路不能闕疑。蓋君子以知爲知，不知爲不知，而不質言之。名不正，則言不順；言不順，則事不成；事不成，則禮樂不興；禮樂不興，則刑罰不中；刑罰不中，則民無所措手足。此言名不正之弊也。事不成，猶曰不成事體。蓋百事順成，而後禮樂可興。若事不成，則禮樂不興而政治乖繆，刑罰不中。故君子名之必可言也，言之必可行也。君子於其言，無所苟而已矣。此言名之不可不正也。於其言，猶云於其名稱也。”

【古義】爲政固多術矣，然在衛國，則莫急於正名。若名一不正，則下五者流弊自至，百不可爲。方是時，衛世子蒯聵，恥其母南子之淫亂，欲殺之，不果而出奔。靈公欲立公子郢，郢辭，公卒，乃立蒯聵之子輒，以拒蒯聵。輒乃仇其父而禰其祖，名之不正，孰甚焉？孔子正名之言，在是時，實爲急務。

　　論曰：冉有曰：“夫子爲衛君乎？”子貢曰：“諾，吾將問之。”入

---

　① 底本無“也”，疑闕，當补。

曰：“伯夷、叔齊，何人也？”曰：“古之賢人也。”出曰：“夫子不爲也。”
而觀此章，則夫子亦非不爲輒者，蓋子貢之言語，其常也。佛肸弗
擾之召，夫子皆欲往，此聖人不棄物之仁也。向使輒誠心以待之，
虛己以委之，則夫子豈不可助之乎？正名之舉，亦豈有難爲者乎？
胡氏以爲夫子爲政，必將告諸天王，請于方伯，命公子郢而立之。
其論正矣，而非人情，不可從也。《中庸》曰：“君子不動而敬，不言
而信，不賞而民勸，不怒而民威於鈇鉞。”蓋聖人神化之妙，不可以
言議意測之也。

【徵】“必也正名乎”，言必使我爲政，則正名爲先也。“有是哉？子之迂
也”，蓋時人有以孔子爲迂者，子路始以爲不然，今聞孔子之言，而
謂誠有如時人之言者也。“禮樂不興”，聖人之治，必用禮樂，孔子
嘗曰：“魯衛之政，兄弟也。”衛此時禮樂尚在，而廢墜不舉，猶如魯
耳，使孔子爲政必興之，而自正名始。苟不正名，禮樂不可興，故謂
子路“野哉”者，爲禮樂故也。蓋“名不正，言不順，事不成”者，它人
或能言之，而“禮樂不興，刑罰不中”，非孔子不能言之也。出公仇
其父，禰其祖。父而名以仇，祖而名以禰，名不正也。告廟以子自
稱，如昭穆何？告鄰國以子，人孰識之？以孫則内外異稱，拒其父。
命國中興師，將以何號令？皆言不順也。於是乎祭祀賓旅，朝聘軍
旅，事皆廢，事不成也。先王禮樂，孝莫尚焉，孝道不立，禮樂不可
得而興也。先王之禮樂，爲民立防。隄防不立，放辟邪侈之行生
焉，非嚴刑則不可得而治焉。故刑罰不中，民無所措其手足也，此
勢之所至，豈不然乎？宋儒不知禮樂，徒以序和爲説，可謂空言已。

樊遲請學稼，子曰：“吾不如老農。”請學爲圃，曰：“吾不如老圃。”種之曰
稼，斂之曰穡。圃，種菜之處。**樊遲出，子曰：“小人哉！樊須也。**小人，謂細民。
上好禮，則民莫敢不敬；禮以別上下，辨貴賤，故民敬。**上好義，則民莫敢不**

服；義以制可否，明取舍，故民服。**上好信，則民莫敢不用情。**情，猶實也。信以剷虛僞，黜浮飾，故民用情實。**夫如是，則四方之民襁負其子而至矣，焉用稼？**襁，織縷爲之，廣八寸，長丈二，以約小兒於背。"

【古義】禮、義、信三者，大人之事也。蓋上好之，則下亦以類而應，速於桴鼓，疾於置郵，可以鼓舞萬民，可以風動四方，第患好之不篤耳。若夫勞心細務，而不知道以維持天下者，乃世俗之所務，而非聖門之所謂學也。夫子不面責其非，而必待其出而言者，蓋面責其非，則彼固不得不從，然或恐拂其意，而聽信之不篤。彼若聞夫子窃議己之非，則羞惡之心生於内，而悔悟親切，自改之也必矣。是亦夫子之仁也。

論曰：聖門之學，經世之學也。古之聖賢，隱於漁釣者有矣，隱於版築者有矣，若稼圃之事，固士之所不羞爲者。然在孔孟，則鄙樊遲稼圃之問，斥陳相並耕之説，專以繼往聖、開來學爲教，濟天下、立綱常爲道。若版築漁釣之事，固不得已之事也。可知遯世爲高者，非知孔孟之心者也。

【徵】孔子多能鄙事，方其不仕家居，而家人有以稼圃粜者，孔子或指授其一二，必有常人不及者。故樊遲請學之，其失亦如漢文不問蒼生問鬼神焉，孔子所以不答也。然其意則如包咸之説，曰："禮義與信，足以成德，何用學稼以教民乎？"觀於四方之民襁負其子而至矣，則包咸得之。昔在唐虞，后稷勤稼穡，孔子何以謂之小人也？蓋唐虞立民極，則壤定賦，立萬世之法，非稷益不能焉。如春秋時所乏君子之人，而樊遲乃不君子是學，而學細民之事，豈不謬乎？且稼穡瑣事，人皆諳練，豈如上古時哉？若夫窮陬之民，或昧其事，苟擇其人任之，何必躬教之也？大氐後世精藝殖者，多爲其君殖利已，其志卑，不知君子之道故也。仁齋引古聖賢隱於漁釣版築，而以樊遲爲遯世自高者。吁！遯世爲高者，豈學稼圃哉？孔子曰："四方之民襁負其子而至矣。"何問答之不相值也？"上好義則民服"，措置當故也。"用情"云者，謂不匿其情也。情，如軍情、病情之情。民之所以難治者，以其情不可識也。其情所以不可識者，以疑其上也。所以疑其上者，以上無信也。故曰："上好信，則民莫敢不用情。"又孔子多不面斥其非，待其出而言者，師嚴而友親，故使朋友傳其言，禮爲爾。

子曰："誦《詩》三百，授之以政，不達；使於四方，不能專對。雖多，亦奚以爲？"專，獨也，言政大事也。使難事也，讀《詩》而有得，則達於政，而能使事也。

【古義】《詩》之用廣矣，可以興，可以觀，可以群，可以怨。可以興，則足興好善惡不善之心；可以觀，則足察人情識事變；可以群，則溫厚和平之心生；可以怨，則乖戾褊急之心消。好善惡不善，則爲政之本立矣；察人情，識事變，則爲政之用備矣；溫厚和平之心生，則得盡其言；乖戾褊急之心消，則與物不忤，故可以達於政，可以奉使獨對也。○程子曰："窮經，將以致用也。"世之誦《詩》者，果能從政而專對乎？然則其所學者，章句之末耳，此學者之大患也。

【徵】專對，何晏曰："專猶獨也。""雖多，亦奚以爲"，以訓用，言其無所用《詩》也。孔子曰："不學《詩》，無以言。"故不能專對，不善學詩者也。《聘禮記》曰："辭無常。"鄭玄註："大夫使，受命不受辭。"是使四方，所以貴能專對也。朱子曰："《詩》本人情，該物理，可以驗風俗之盛衰，見政治之得失。其言溫厚和平，長於風諭，故誦之者，必達於政而能言也。"可謂善解已。然朱子之解《詩》以義理，故此曰"本人情"，言主人情而教義理，是其所以下"本"字也。其意謂非義理不可以爲教，故不能離義理而解《詩》矣，是不知《詩》者也。夫《詩》悉人情，豈有義理之可言乎？然古所以謂"《詩》《書》義之府"

者,何也?古之所謂義者,殊於朱子所謂義焉。蓋《書》者聖賢格言,《詩》則否,其言無可以爲教者焉。然悉人情,莫善於《詩》,故《書》正而《詩》變,非《詩》則何以善用《書》之義乎?故所以謂"《詩》《書》義之府"者,合《詩》《書》而言之也。如《書》道政事,然必學《詩》,而後《書》之義神明變化,故孔子謂達於政者亦於此焉。大氐《詩》之爲言,零零碎碎,繁繁雜雜。凡天下之事莫不言者,唯《詩》耳;凡天下之理莫不知者,亦唯《詩》耳。是豈理學者流所能知哉?故朱子所謂該物理者,亦唯指草木鳥獸耳。如驗風俗之盛衰,見政治之得失,豈不可乎?然亦終異於知《詩》者所驗見已。至於其言溫厚和平者,則大不然矣。如"人之無良,我以爲兄""人而無禮,胡不遄死""取彼譖人,投畀豺虎。豺虎不食,投畀有北""讒人罔極,搆我二人""知我如此,不如無生"類,豈溫厚和平哉?是朱子見《經解》"其爲人也溫柔敦厚,《詩》教也",而爲此言耳。殊不知《經解》之言,語學《詩》而成德者已,非謂《詩》也。學《詩》者之溫柔敦厚,爲悉性情故也。如長於風諭,豈啻《詩》乎?亦在用之者焉。是朱子之所不知也,學者察諸。

子曰:"其身正,不令而行;其身不正,雖令不從"。

【古義】此聖賢治人之常法,不如此而能治人者,未之有也。蓋先王之治,詳于德而略于法,知法之不足恃也。孟子曰:"人有恒言,皆曰:'天下國家。'天下之本在國,國之本在家,家之本在身。"故能脩其本,則末自從之,天下無難爲者。故聖人論治平之道,其言每皆甚易而近者,蓋爲此也。

【徵】古書所謂身,皆謂己也,對人、對事而言。如"其身正,不令而行",對人者也。"禮樂得於身",對事者也。身心似相對,唯《大學》耳,然實不然也。宋儒動以身心相對立工夫,浮屠之學也,學者察諸。

又凡言正邪者，以先王之道言之者也。取諸其臆以爲正，何以能合先王之道也？孟子以規矩準繩爲喻，取正於先王也。此章之言，亦"苟非其人，道不虛行"之意。若使無道乎，則其身雖正，亦不可行矣。何則？孔子之時，先王之道雖亡乎猶在，故特言此以責人君已。後儒不知先王之道也，徒睹此等之言，動求諸己。內聖外王之說，所以興也，學者察諸。

子曰："魯衛之政，兄弟也。"

【古義】魯，周公之後；衛，康叔之後。本兄弟之國，而是時二國雖衰亂之甚，然猶有二公之遺風，故曰："兄弟也。"亦"魯一變至於道"之意。其在當時，誰謂齊晉之強，不如魯衛之弱？然魯後齊晉而亡，衛之子孫至漢猶在，則王澤之遠，亦不可誣也。聖人之言，可信也夫！

【徵】"魯衛之政，兄弟也"，仁齋先生曰："亦'魯一變至於道'之意。"可謂善解《論語》已。蓋孔子去魯，而居衛之日獨多，門人亦多衛人。而衛多君子，豈不然乎？予竊疑《大學》亦衛人作，故其書動引《康誥》以及《淇奧》也。

子謂衛公子荆："善居室。公子荆，衛大夫。始有，曰：'苟合矣。'少有，曰：'苟完矣。'富有，曰：'苟美矣。'合，聚也。完，備也。朱氏曰："言其循序而有節，不以欲速盡美累其心。""

【古義】此夫子稱公子荆，以示居室之道也。○朱氏曰："常人居室，不極其華麗，則牆傾壁倒，全不理會。子荆自合而完而美，循循有序，而又皆曰苟而已。初不以此累其心，故聖人稱之。"

【徵】"善居室"，居者，如居貨之居；室者，如《左傳》"奪其室"之"室"，蓋謂家財也。凡百器財服玩車馬奴僕，合名爲室。何註無解，邢疏猶曰："善居室者，言居家理也。"朱子曰："常人居室，不極其華麗，則牆傾壁倒，全不理會。"可謂不知古言已。有者，謂貯有之也，如有國家、有天下之有。始有者，有之始基也；少有者，有之稍備也；富有者，有之富完也。始有者未合，故曰："苟合之矣。"少有者合而未完，故曰："苟完之矣。"富有者完而未美，故曰："苟美之矣。"美者，謂有文采也。孔子之所善在不遽，而不在不欲。朱子以不欲爲解，大氐後儒義利之辨太過耳。

子適衛，冉有僕。僕，御車也。**子曰："庶矣哉！"**庶，衆也。**冉有曰："既庶矣，又何加焉？"曰："富之。"**民不至匱乏，則老幼得其養，而民生遂。**曰："既富矣，又何加焉？"曰："教之。"**民知孝弟之義，則上下得其所，而民心正。

【古義】此見聖人仁天下之心也。夫子適衛，見其庶而嘆之，蓋有悦其國無殄戾，生齒繁殖，故及冉有之問，而欲富之而教之也。人之生也既庶矣，而不富之，則民無恒產，因無恒心，故加之以富；既富矣，而不教之，則父不父、子不子、兄不兄、弟不弟，違於禽獸幾希，故加之以教。夫庶矣，而不知富之，則是以草芥視之也；富矣而不知教之，則是以禽獸畜之也。豈聖人仁天下之心哉？

【徵】胡氏曰："三代之教，天下公卿躬行於上，言行政事皆可師法。"豈非哉？亦不知其事已。朱子曰："必立學校，明禮義以教之。"豈非哉？亦謂餼廪生員講解義理已。殊不知學校行禮之所，明禮義亦以禮樂明之。是宋儒所不知也，況仁齋乎？學者察諸。

子曰："苟有用我者，朞月而已可也，三年有成。"朞月，謂周一歲之月也。許氏謙曰："朞月而可，謂興衰撥亂，綱紀粗立；三年有成，謂治定功成，治道大備。"

【古義】此蓋夫子爲門人釋其疑也。當時佛肸之召，夫子嘗欲往；公山弗狃之召，夫子又欲往。門人多疑之，故言此以明其意，當與後篇"吾其爲東周乎"章參看。

【徵】"朞月而已可也"，已訓既。世多以而已爲耳，非矣。蓋先王之政，有月令焉，可見未周朞則施設猶有未周者也。古者居官，皆三年一考，可見三年而必成也。但所謂三年者再朞耳，再朞而成，豈不速乎？世儒不知出於此，故其解皆空言耳。

子曰："'善人爲邦百年，亦可以勝殘去殺矣。'爲邦百年，言相繼而久也。勝殘，化殘暴之人，使不爲惡也。去殺，不用刑殺也。誠哉！是言也。古有此言，孔子善之。"

【古義】夫子言"勝殘去殺"，乃非以善人仁厚之至，而百年相繼之久則不能，非可旦夕奏其效也，故曰："誠哉！是言也。"是非卑善人而遲其化，蓋門人記之，以起下章之意。

【徵】"'善人爲邦百年，亦可以勝殘去殺矣。'誠哉！是言也。"孔安國曰："古有此言，孔子信之。"是矣。然孔子必有所指，豈謂楚先君邪？善人不踐迹，則不用禮樂之教，故其化遲耳。

子曰："如有王者，必世而後仁。"世者，指其世而言。

【古義】此承上章之意而言。謂之必世，則非子孫相繼之比；謂之仁，則亦非止勝殘去殺而已。蓋王道以仁爲本，一夫不得其所，非仁也；一物不得其所，非仁也。上自朝廷，及於海隅之遠，歡欣愉悦，合爲一體。百官都俞吁咨於上，黎民相愛相安於下，融如溢如，莫不自涵濡於王澤之中，是仁之至，王道之成也。

【徵】"如有王者，必世而後仁"，孔安國曰："三十年曰世。"是古來相傳之説也。仁齋先生疑之而曰："世者指其世而言。"果其説之是乎？"後"字衍矣，可謂好奇已。仁者，謂禮樂之化洽也。程子曰："周自文武至於成王，而後禮樂興。"非矣。文王之所以爲文，語禮樂也，豈待成王也？然古亦曰"周公制作禮樂"者，語其備也。故古稱文、武、周公皆聖人者，以作者也。善人與王者之分，在踐迹與不踐已。

子曰："苟正其身矣，於從政乎何有？不能正其身，如正人何？"饒氏魯曰："從政與爲政不同，爲政是人君事，從政是大夫事。夫子此言，蓋爲大夫而發。"

【古義】此又言治人之常道，故編《論語》者，不厭其屢見而數出也。

【徵】饒氏魯曰：“從政與爲政不同，爲政是人君事，從政是大夫事。”非矣。爲政者，謂秉政也，《左氏春秋》可徵。

冉子退朝，冉有時爲季氏宰。朝，季氏之私朝。**子曰：“何晏也？”**晏，晚也。**對曰：“有政。”子曰：“其事也。如有政，雖不吾以，吾其與聞之。”**以，用也。古者大夫雖致仕，國有大政，必與聞之。

【古義】在君爲政，在臣爲事。是時季氏專魯，其於國政，蓋有不與同列議於公朝，而獨與家臣謀于私室者，故夫子爲不知者，而曰：“其事也。”當時非惟季氏恬然不知其僭而已，雖冉有與聞夫子之教，亦矇然不以爲非。夫子知其漸不可長，故特顯白言之，不獨警季氏，教冉有，亦欲使此義不晦於天下萬世，蓋《春秋》之意云。

【徵】馬融曰：“政者有所改更匡正，事者凡行常事。”是古來相傳之説，不可易矣。朱註曰：“政，國政。事，家事。”非矣。如“千乘之國，敬事而信”，豈家事哉？按：司馬典邦政，則爵賞、刑罰、田獵、出師之類，凡大事皆謂之政也。

定公問：“一言而可以興邦，有諸？”孔子對曰：“言不可以若是其幾也。朱氏曰：“幾，期也。言一言之間未可以如此，而期必其效。”**人之言曰：‘爲君難，爲臣不易。’**當時有此言也。**如知爲君之難也，不幾乎一言而興邦乎？**夫子言：“若因此惕然警省，則豈不可以期必興邦乎？”**”曰：“一言而喪邦，有諸？”孔子對曰：“言不可以若是其幾也。人之言曰：‘予無樂乎爲君，唯其言而莫予違也。’**言他無所樂，惟樂此耳。**如其善而莫之違也，不亦善乎？如不善而莫之違也，不幾乎一言而喪邦乎？”**

【古義】謝氏曰：“知爲君之難，則必敬謹以持之。惟其言而莫予違，則讒諂面諛之人至矣。邦未必遽興喪也，而興喪之端分於此。然非識微之君子，何足以知之？”○愚謂：爲君難之戒，專在守成之君，爲切矣。若創業之君，本起自寒微，備嘗艱難，不須深戒。第守成之君，素藉祖宗之業，生長安富之中，優游暇豫，不知自戒，故此言專戒守成之君也。凡人主之憂，最在於不得聞善言。臣之於君，亦直言難進，諛言易入。故古之明君，必自導其臣，而使得盡其言；若不然，則雖有剛直之臣，而不得盡其能，況樂其言而莫予違也？則嘉謀在前而不知，敗亡在後而不覺，一言而喪邦，不其然乎？

【徵】"言不可以若是其幾也"，朱子引《詩》訓"期"，是矣。何註訓"近"，不通矣。觀孔子是言，則知後人喜簡、喜易、喜要、喜徑直，皆非聖人之意也。孔子答爲政爲仁之問，人人而殊焉。後人則或性善，或性惡，或格物，或致良知，或中庸，皆執一説以欲盡乎聖人之道，難矣哉！蓋亦不知一貫之義耳。夫一可以言盡，則孔子豈謂之一乎？不思之甚。

葉公問政，子曰："近者説，遠者來。"

【古義】近則其釁易見，故實惠及民，則近者説；至誠能感物，故誠意積久，則遠者來。夫爲政以得人心爲本，故夫子欲葉公以此驗民情，而自考其得失也。

【徵】近者説，則遠者來。葉公唯務來遠，而不知使近者説，故孔子以此語之。後人不知古言，故無"則"字，則爲對説，非矣。邢昺疏尚不失古義。

子夏爲莒父宰，問政，莒父，魯邑名。**子曰："無欲速，無見小利。欲速，則不達；見小利，則大事不成。"**

【古義】張氏栻曰："欲速則期于成，而所爲必苟，故反不達；見小利則徇目前，而忘久遠之謀，故反害大事。"胡氏寅曰："聖人之言，雖救子夏之失，然天下後世皆可以爲法。兩漢以來爲政者，皆未免欲速、見小利之病也。"

【徵】見小利、欲速，小人之心也。聖人知大而思遠，故人以爲迂矣，然聖人之所以爲聖人是已。孔子之言，雖藥子夏之病，然後人之過每於此。

葉公語孔子曰："吾黨有直躬者，其父攘羊，而子證之。"直躬，直身而行者。有因而盜曰攘。**孔子曰："吾黨之直者異於是：父爲子隱，子爲父隱。——直在其中矣。"**

【古義】隱非直也，然父子相隱，人情之至也。人情之至，即道也，故謂之直。苟於道有合，則無往而不得，故曰："直在其中矣。"入大廟，每事問，曰："是禮也。"亦此類也。

　　論曰：舊註謂："父子相隱，天理人情之至。"非也。此以人情天理，岐而爲二。夫人情者，天下古今之所同然，五常百行，皆由是而出，豈外人情而別有所謂天理者哉？苟於人情不合，則藉令能爲天下之所難爲，實豺狼之心，不可行也。但在禮以節之，義以裁之耳。後世儒者喜説"公"字，其弊至於賊道，何者？是是而非非，不別親疎貴賤，謂之公。今夫父爲子隱，子爲父隱，非直也，不可謂之公也。然夫子取之者，父子相隱，人之至情，禮之所存，而義之所在也。故聖人説禮而不説理，説義而不説公。若夫外人情、離恩愛而求道者，實異端之所尚，而非天下之達道也。

【徵】葉公曰"吾黨有直躬者"，孔子唯曰"吾黨之直者"而無"躬"字。可見直躬者，欲暴己之直者已。朱子曰："父子相隱，天理人情之至也。"仁齋先生非之而曰："人情者，天下古今之所同然，五常百行，由是而出，豈外人情而別有所謂天理者哉？"是執拗之説耳。天理誠宋儒家言，然欲富，欲貴，欲安佚，欲聲色，皆人情之所同，豈道乎？要之道自道，人情自人情，豈容混乎？至道固不悖人情，人情豈皆合道乎？理學家率推一以廢萬，其言如可聽也，其實皆一偏之説耳。予嘗以仁齋先生爲理學者流，爲是故。夫孔子曰："學則不固。"惡執一而廢萬也,故曰:"父爲子隱,子爲父隱,直在其中矣。"
可見非命之爲直也。如"樂在其中"本非可樂之事也;"餒在其中",
本非致餒之道也;"禄在其中",本非得禄之道也。父子主孝不主
直,君子求道不求禄,安命不求樂,然不可謂直者非君子所尚也,不
可謂君子欲貧也,不可謂君子求憂也。故孔子云爾。直躬,《吕氏
春秋》以爲人姓名,非矣。

樊遲問仁,子曰:"居處恭,執事敬,與人忠。雖之夷狄,不可棄也。"之夷
狄,不可棄,勉其固守而勿失也。

【古義】恭則不敢肆,敬則不敢慢,與人忠則不敢忽人之事,此所以求仁
也。蓋仁者,實德也,由規矩則得,不由規矩則不得。故夫子以君
子脩身之常法告之,於求仁之方至爲深切。

【微】"樊遲問仁",問行仁政也。"居處恭,執事敬,與人忠",猶如以"敬
恕告仲弓"也,非孔子謂之仁矣。言行仁政先脩其身也,亦"爲天下
國家有九經,首脩身"意。後世"仁"之訓詁不明,如此章,皆作鶻突
解。居處謂居之於己也,執事謂行事也。恭主容,敬主事,是矣;恭
見於外,敬主乎中,非矣。事者天職也,故敬。朱子創持敬,而不知
敬之爲敬天,故誤耳。夫恭敬皆在心,恭敬皆見於外,豈容析乎?
"雖之夷狄,不可棄也",非謂夷狄不棄我也。謂行仁政者,雖之夷
狄,必由此道也。言此以使樊遲不疑焉,但不可猶不能也。舍此而
仁政不可行,故不能棄也。以爲勿棄之義者,過也。

**子貢問曰:"何如斯可謂之士矣?"子曰:"行己有耻,使於四方,不辱君
命,可謂士矣。"**其志有所不爲,而其材足以有爲,則所以爲士者備矣。曰:"敢問其
次?"曰:"宗族稱孝焉,鄉黨稱弟焉。"宗族鄉黨之間,俱稱其孝弟,則其行之善可
見矣。曰:"敢問其次?"曰:"言必信,行必果,硜硜然小人哉! 抑亦可以
爲次矣。"朱氏曰:"果,必行也。硜,小石之堅確者。謂之小人者,蓋以其識量拘泥,而所

見甚小也。"曰:"今之從政者何如?"子貢又問:"若今之從政者,於士何如?"子曰:"噫! 斗筲之人,何足算也?"噫,心不平聲。斗,量名,容十升。筲,竹器,容斗二升,量之小者。算,數也。毀其無一善之見於世也。

【古義】子貢以行己有恥,不辱君命,難其人;以爲以此爲士,則自此以下者,不足爲士。然則人或有棄材,故再問其次,至於今之從政者如何。蓋舉其所不滿意者,而質之夫子也。孔門之學者不敢自是己意,輕可否人也如此。

　　論曰:孝弟,實德也;忠信,實心也。故聖門之教,必以孝弟爲本,忠信爲主。而今以此爲士之次者,何哉? 蓋聖門之學,有用之實學也。苟德之不弘,材之不宏,則設令孝弟可稱,忠信可取,然徒善其身而已,不足以及人,故爲士之次也。

【徵】"行己",以己之所爲言之。"使於四方,不辱君命",以奉使爲士重務也,不唯以子貢能言故告之也。它如"士而懷居""見危授命",可以見已。子貢之問每下,"子貢方人",蓋知者也。知者知人,其意謂今之從政者,不必皆棄材。夫子必有所用之,故問也。大氐世主之用人,皆喜其才諝,而其以爲有才者,皆小才也。孔子所答,至於"言必信,行必果",雖謂之小人,亦取其行而不取其才也。如今之從政者,乃小才也。小人而有才,可賤之至,故曰"斗筲之人",言其近利也。朱註:"如魯三家之屬。"可謂不曉語意,且魯三家爲政者也,非從政者也。

子曰:"不得中行而與之,必也狂狷乎! 狂者進取,狷者有所不爲也。"行,道也。進取,進而取道也。朱氏曰:"狂者志極高而行不掩,狷者知未及而守有餘。"

【古義】任道之重,非中道之士,則不能。然既不可得,則必欲得狂狷之士而教之。蓋狂者志意高邁,欲直入于聖域,可與進道之量,而次于中道者也;若狷者,行潔節苦,雖一毫不義之事不敢爲,又可與守

道之器，而次于狂者也。此夫子之所以取之也。若夫庸常之才，委
靡不振，不堪任此道之重也。

【徵】"不得中行而與之"，包咸曰："中行，行能得其中者。"得之。朱子
"行"訓"道"，據《孟子》，然《孟子》"中道"亦謂"中行"，當以《論語》
爲正。夫道一而已矣，豈別有所謂中道乎？且是謂其人耳。

子曰："南人有言曰：'人而無恒，不可以作巫醫。'善夫！"南人，南國之人。
恒，常也。無恒，謂有始而無卒也。巫爲人祈禱，醫爲人療病，若其心無恒，則無爲人之實，
故雖巫醫之賤役，猶不可爲之。夫子所以善其言也。**"不恒其德，或承之羞"，**此
《易·恒卦》九三爻辭。承，進也。此又言自受其羞也。**子曰："不占而已矣。"**張氏栻
曰："不占，謂理之必然，不待占決而可知也。"

【古義】常久不易之謂恒，有始有卒之謂恒。其事雖易，而守之甚難，若
反此，則百事不足恃焉。故雖巫醫之賤役，猶不可爲，況爲聖人之
道者，其可不自恒其德乎？

【徵】"人而無恒，不可以作巫醫"，鄭玄曰："言巫醫不能治無恒之人。"
《緇衣》有之曰："子曰：'南人有言曰："人而無恒，不可以爲卜筮。"
古之遺言與？龜筮猶不能知也，而況於人乎？'《詩》云：'我龜既厭，
不我告猶。'"故知鄭玄之解，古來相傳之説已。作巫醫者，謂爲其
人卜筮且醫疾也，非謂以其人爲巫醫之人也。何則？無恒之人，不
能守卜筮之占，亦不能守醫人之言，故云爾。正與"得見有恒者，斯
可矣"同義，主人君而言之。蓋朱子不識古文辭，疑"作"字耳。且
古書不可以三字相連，以字不可屬下，如"可以人而不如鳥乎"，可
以見已。"'不恒其德，或承之羞'，子曰：'不占而已矣。'"此孔子解
《易》，當別作一章。人欲爲某事而占之吉，則務爲之不已，久之功
成而後占驗焉。此所以用占筮也。若或中止而不爲，則雖占得吉，
果何益之有？故曰："不占而已矣。"故《易》者，成務之道也。楊氏、

張氏皆未得其解。

子曰："君子和而不同，小人同而不和。"君子心和，故與物不忤；從義，故不得必同。小人反之。

【古義】君子之事，仁義而已矣。和則不失物，不同則不失己。此可以見仁之成德，而義自在其中矣。○朱氏曰："君子之和，乃以其同寅協恭，而無乖爭忌克之意；其不同者，乃以其守正循理，而無阿諛黨比之風，小人反是。此二者外相似，而内實相反。乃君子小人情狀之隱微，自古至今如出一軌。如韓、富、范公上前議論不同，或至失色，至卒未嘗失和氣。王、吕、章、曾、蔡氏父子兄弟同惡相濟，而其隙無不至，亦可以驗聖言之不可易矣。"

【徵】《晏子春秋》及《左傳》曰："景公至自畋，晏子侍於遄臺，梁丘據造焉。公曰：'維據與我和夫！'晏子曰：'據亦同也，焉得爲和？'公曰：'和與同異乎？'對曰：'異。和如羹焉：水火醯醢鹽梅，以烹魚肉，燀之以薪，宰夫和之，齊之以味，濟其不及，以洩其過。君子食之，以平其心。君臣亦然：君所謂可，而有否焉，臣獻其否，以成其可；君所謂否，而有可焉，臣獻其可，以去其否。是以政平而不干，民無爭心。故《詩》曰：'亦有和羹，既戒且平。鬷假無言，時靡有爭。'先王之濟五味、和五聲也，以平其心，成其政也。聲亦如味：一氣二體，三類四物，五聲六律七音，八風九歌，以相成也；清濁小大，短長疾徐，哀樂剛柔，遲速高下，出入周流，以相濟也。君子聽之，以平其心，心平德和。故《詩》曰：'德音不瑕。'今據不然：君所謂可，據亦曰可；君所謂否，據亦曰否。若以水濟水，誰能食之？若琴瑟之專一，誰能聽之？同之不可也如是。公曰：'善。'"此和同之義也。何晏曰："君子心和。"朱子曰："無乖戾之心。"皆徒求諸心而失其義焉。蓋古之君子學先王之道，譬諸規矩準繩，故能知其可否。苟不知可否之所在，其心雖和乎，烏能相成相濟如羹與樂乎？亦可謂之同已。

子貢問曰："鄉人皆好之，何如？"子曰："未可也。""鄉人皆惡之，何如？"子曰："未可也。不如鄉人之善者好之，其不善者惡之。"

【古義】輔氏廣曰："鄉人皆好，恐是同流合污之人；鄉人皆惡，恐是詭世戾俗之人。"故皆以爲未可。惟鄉人之善者，以其同乎己而好之，則有可好之實矣；不善者，以其異乎己而惡之，則無苟容之行矣。方可必其人之賢也。

【徵】無説。

子曰："君子易事而難説也，説之不以道，不説也。及其使人也，器之；器之，謂隨其材器而使之。末二句，乃解易事難悅之意。下文傚此。**小人難事而易説也，説之雖不以道，説也。及其使人也，求備焉。"**

【古義】輔氏廣曰："君子持己之道甚嚴，而待人之心甚恕；小人治己之方甚寬，而責人之意甚刻。君子説人之順理，小人説人之順己。君子貴重人材，隨才器而使之，而天下無不可用之人；小人輕視人才，故求全責備，而卒至無可用之人。"

【徵】無説。

子曰："君子泰而不驕，小人驕而不泰。"

【古義】君子守己儉，而不以能先人，故泰而不驕；小人恃其有，而不以約檢己，故驕而不泰。

【徵】驕與奢侈不同義。仁齋以"儉"解"不驕"，以"不以約檢己"解"驕"，未免倭訓讀字，抗志解古文，可謂不自揣之甚。

子曰："剛毅木訥，近仁。"木者，質樸。訥者，遲鈍。

【古義】爲仁在乎立誠，誠立則不敢欺人，故其質剛毅。木訥者，雖未至仁，而與色取而行違者異，故曰："近仁。"蓋巧言令色，外似而內實僞;剛毅木訥,外野而内可取。聖人所以辨仁、不仁者,於是可見矣。○胡氏炳文曰:"四者天資之近仁者也,加之以學,則不止於近矣。"

【徵】王肅曰:"剛無欲,毅果敢,木質樸,訥遲鈍。"楊氏曰:"剛毅則不屈於物欲,木訥則不至於外馳。"皆非矣。剛無欲,是據"棖也慾"章,殊不知其謂剛者,有時乎失其剛,以慾耳。豈謂無欲爲剛乎?訥,訥於言耳,豈遲鈍乎?剛毅木訥,蓋古之成言。剛毅之人,多是質樸而拙於言,故曰:"剛毅木訥。"猶如"巧言"必帶"令色"言之,而所重在"巧言"耳。近仁者,言易成仁也。如"知所先後,則近道矣",及"好學近乎知,力行近乎仁,知恥近乎勇",可以見已。蓋仁在力行,剛毅木訥之人,必能力行,故云爾。後儒析以爲四,而謂剛以何故近仁,毅以何故近仁,木與訥各以何故者,皆不識古言爾。

子路問曰:"何如斯可謂之士矣?"子曰:"切切偲偲,怡怡如也,可謂士矣。朋友切切偲偲,兄弟怡怡。"切切,懇到。偲偲,詳勉。皆相責之貌。怡怡,和順之貌。言士之行欲如此,然朋友有相責之義,兄弟有相友之道,故末復以其所重,分而言之。

【古義】此三者皆有忠愛之意,蓋士之行,雖不可以一盡,然以忠愛爲本。苟不足於兹,則其行必不能遠達,故夫子以此三者答子路之問,可謂親切矣。○黄氏榦曰:"所謂士者,涵泳於《詩》《書》禮義之澤,必有溫良和厚之氣,此士之正也。至於發强剛毅,則亦隨事而著見耳。子路負行行之氣,而不能以自克,則切偲怡怡之意常少,故夫子箴之。"

【徵】黄勉齋曰:"所謂士者,涵泳於《詩》《書》禮義之澤,必有溫良和厚之氣,此士之正也。至於發强剛毅,則亦隨事而著見耳。子路負行行之氣,而不能以自克,則切偲怡怡之意常少,故夫子箴之。"可謂善

解《論語》已。然其所以然之故，則聖人之教尚仁，仁者相生相長相
養相育之道也。學而成德，然後可以臨民，故仁必以脩身爲本；威
儀德之符也，故君子慎其容。衹士未可以臨民也，故以朋友兄弟言
之。由也喭，未免失其容焉，故特以此告之。不爾，子路問士而孔
子徒以此告之，豈不少乎？學者思諸。又按：《博雅》曰："切切，敬
也。"偲豈蒠邪？則切切、偲偲敬，而怡怡和也。馬融曰："切切、偲
偲，相切責之貌。"似逐字爲解矣。胡氏曰："切切，懇到也。偲偲，
詳勉也。"未知何所本自。

子曰："善人教民七年，亦可以即戎矣。"即，就也。戎，兵也。

【古義】教民，謂以善教之也，所謂脩其孝弟忠信是也。善人之道，本以慈
仁化導爲務，而不以刑殺威嚴爲心。然至七年之久，則民亦有所感
化，自能爲長上死，善之易入于人如此。孟子所謂得民心，即此意。

【徵】"善人教民七年"，七年言其久也。雖善人教民，非久則不可以即戎
也。後儒狃聞佛氏善男子善女人，而以善柔之人，其解皆謬哉！

子曰："以不教民戰，是謂棄之。"教，教民以戰陣之法也。

【古義】馬氏曰："用不習之民，使之攻戰，必破敗，是謂棄之。"○古者教
民之法，三時務農一時講武，耳目習于旌旗，手足練于干戈，自無敗
亡之禍。若不然，則與措之于死地無異矣。此蓋承上章，而言亦不
可以不講武也。君子重民命如此。

【徵】無説。

憲問第十四 凡四十七章○胡氏曰："此篇疑原憲所記。"

憲問恥，子曰："邦有道，穀；邦無道，穀，恥也。"憲，原思名。穀，祿也。言出而
不能有爲，處而不能有守，唯知食祿，是可恥也。

【古義】朱氏曰：“邦有道不能有爲，邦無道不能獨善，而但知食禄，皆可恥也。憲之狷介，其於邦無道穀之可恥，固知之矣；至於邦有道穀之可恥，則未必知也。故夫子因其問而並言之，以廣其志，使知所以自勉，而進於有爲也。”○愚謂士之於世，獨善其身易，兼善天下難。其於可恥之中，自知所輕重可也。

【徵】“邦有道，穀；邦無道，穀，恥也”，孔安國曰：“穀，禄也。邦有道，當食禄。君無道而在其朝食其禄，是恥辱。”古人善解古文辭者如是夫！後世儒者不知古文辭，且秦漢而後，人皆可以爲宰相。故士急功名，於是乎有朱子之説，豈孔子時之意哉？且曰“憲之狷介”，是果何所據？宋儒恣以己意品目古人，僭哉！但古言穀與禄殊：士曰穀，廩穀也；大夫以上曰禄，食土毛也。故《王制》曰：“論定然後官之，任官然後爵之，位定然後禄之。”爵非大夫不稱，是以知之。《論語》曰：“禄之去公室。”亦言魯侯不能以地與人也。然亦有通用者，不必拘焉。

“克伐怨欲不行焉，可以爲仁矣？”此亦原憲以其所希望而問也。馬氏曰：“克，好勝人。伐，自伐其功。怨，小忿。欲，貪欲。”憲蓋以四者自不行爲仁，故爲問。**子曰：“可以爲難矣，仁則吾不知也。”**言能制克伐怨欲，而使不行，則固人之所難爲矣。然至於以此爲仁，則吾不知也。蓋慈愛之德能及物，無一毫殘忍之心，而後可以謂之仁矣，豈止無克伐怨欲之謂哉？

【古義】論曰：心一也，仁則爲温和慈良，不仁則爲克伐怨欲，在其所存如何耳。故知德者務用力於仁，而不強事防閑，知德之可尊，而欲之不足惡也；不知德者徒惡欲之累其心，而專用力於克治，殊不知苟脩其德，則其欲自退。聽徒惡欲之累己，而強欲無之，則併其良知良能斬喪遏絶，不復得存，是不可不知也。若後世無欲主靜之説者，實虛無寂滅之學，而非孔門爲仁之旨矣。

【徵】"克伐怨欲不行焉,可以爲仁矣",此句之上,必有脱文。蓋時人舉
當時賢大夫如管仲者稱之,非門弟子問之,故曰"矣"而不曰"乎"。
克伐怨欲不行,謂不行於其國中也,何也? 仁則吾不知也。與"不
知其仁""焉得仁",語勢正同。誠使原思問仁,則孔子豈曰"仁則吾
不知也"乎? 且果如其説乎,則所謂不行云者,亦謂不行於其身邪?
古豈有是言哉? 人之不知文章,一至是極,吁! 然則克伐怨欲不行
於其國中,何以不得爲仁? 曰:未知其人有安民之德,故曰:"仁則
吾不知也。"

子曰:"**士而懷居,不足以爲士矣**。"居,謂居室。

【古義】居處富足,無所憂苦,乃世俗之所樂。然爲士者,當有經營四方
之志,而不可專求安逸之樂。苟於此戀戀不能棄去,則於義之所當
爲者,必畏避退縮,不能勇爲,豈足以爲士耶?

【徵】"士而懷居,不足以爲士矣",謂求安其居也。男子生而有四方之
志,故懸弧於門,禮也。朱註:"居謂意所便安處。"此其天理人欲之
説,豈不刻乎? 蓋使於四方,士之重務也。大夫亦使於四方,然其
在邦從政,是大夫之重務也,故孔子於士,多以使事言之。《春秋》
人微者,皆士也,可以見已。

子曰:"**邦有道,危言危行;邦無道,危行言孫**。"危,厲也。孫,順也。洪氏曰:
"危非矯激也,直道而已;孫非阿諛也,遠害而已。"

【古義】此言君子持身之法:其處有道,則當直言勵行,以明正道、範士
風;若處無道,則行固不可遜也。至于其言,則不可不稍收鋒刃,以
避其禍焉。君子固不當枉道,亦不當好盡言以取禍,唯有道者
能焉。

【徵】無説。

子曰:"有德者必有言,有言者不必有德;仁者必有勇,勇者不必有仁。"

【古義】此專言有德者必有言,仁者必有勇也。蓋有德者不貴乎言,宜無言矣,而必有之;仁者不專於勇,宜無勇矣,而必有之。若夫徒有言者,務飾於外,豈必有德哉?徒有勇者,血氣用事,豈必有仁哉?其大小輕重,斷而可知矣。

南宮适問於孔子曰:"羿善射,奡盪舟,俱不得其死然。适,即南容。孔氏曰:"羿,有窮國之君,篡夏后相之位,其臣寒浞殺之,因其室而生奡。奡多力,能陸地行舟,爲夏后少康所殺。皆不得以壽終。"适以此二子,比當時有權力者。禹稷躬稼而有天下。馬氏曰:"禹盡力於溝洫,稷播百穀,故曰'躬稼'。"禹及其身,稷及後世皆王天下,适以禹稷比當時有德而無名位者,意蓋在孔子。"夫子不答。南宮适出,子曰:"君子哉若人!尚德哉若人!"禹稷躬稼而有天下之言,在所當諱,故夫子不答,唯稱适有君子之行,又能尚德之人也。

【古義】尚權力而輕道德,世俗之常態,人皆不知其非也。今适生於魯卿僭亂之家,而其言如此,則其得於聖門者深矣。蓋有見權力之不可恃,而道德之效非有所求,而其流自遠也。

【徵】"君子哉若人!尚德哉若人",德者,有德之人也。君子必尚德,具詞者,所以深讚之也。

子曰:"君子而不仁者有矣夫,未有小人而仁者也。"君子之不仁,謂雖有愛人之心,而無愛人之實也。言雖有君子而不仁者,然小人而仁者決無之也。

【古義】此專爲小人假仁者而發也。夫仁,愛而已矣。君子固宜仁也,然一有害人倫、妨政事者,則不免爲不仁。孔子以臧文仲置六關,子產鑄刑書爲不仁是已。小人非不愛人也,然無利於己焉,則雖父子兄弟,猶不能全其恩,況他人乎?是君子之所以或不仁,而小人之必不仁也。

【徵】無説。

子曰:"愛之,能勿勞乎? 忠焉,能勿誨乎?"

【古義】真愛能勞,真忠能誨。愛矣而勿勞,則爲不慈;忠矣而勿誨,則爲不忠。然則父兄之於子弟,臣之事君,朋友之相交,可不自盡其心乎?

子曰:"爲命,裨諶草創之,命,辭命也。裨諶,鄭大夫。草創,謂造爲草藁也。世叔討論之,世叔,鄭大夫游吉也。討,尋究也。論,講論也。行人子羽脩飾之,行人,掌使之官。子羽,公孫揮也。脩飾,謂增損之。東里子產潤色之。東里,子產所居也。潤色,謂加以文采也。子產國相,故於其終又潤色之也。鄭國之辭命,雖出於三子,而至其成,則子產獨專其美也。"

【古義】此夫子美子產執鄭國之政,能用衆材,而且言賢材之有益於國也。當時詞命,雖不可悉見,然以此章見之,則其脩好興戎,成敗離合之機頓分,可謂重矣。叔向亦云:"子產有詞,諸侯賴之。"則可見詞命之所係甚大,而子產能用三子之長也。

　　論曰:古之稱良相者,不在專用己之善,而在能用人之善。蓋己之善有限,而天下之善無窮,故能用天下之善,而後能成天下之善也。按:《左傳》裨諶等三人,皆子產之所薦,而子產執鄭國之政四十餘年,國不受兵,應對諸侯,無有敗事,非能用人之善之效乎?

【徵】脩飾、潤色,其義不同。蓋裨諶作草,世叔討論而未定,經子羽之手而後定,於是乎文成矣,故曰:"脩飾。"子產之潤色,乃在文成之後也。"討論"二字,人或不知其解,多謂尋討也,非古義矣。蓋聲其罪曰討,故討論者,駁其非之謂也。

或問子產,子曰:"惠人也。"惠,愛也。問子西,曰:"彼哉! 彼哉!"馬氏曰:"子西,鄭大夫。或曰,楚令尹子西。彼哉彼哉,言無足稱。"問管仲,曰:"人也。奪伯氏駢邑三百,飯疏食,沒齒無怨言。"人,當作仁。按:《家語》載子路問:"管仲之爲人如何?"子曰:"仁也。"則人字本仁字之誤,明矣。而前篇"宰我問井有仁"章,又誤以人作仁，蓋人仁同音，故互相誤耳。孔氏曰："伯氏，齊大夫。駢邑，地名。齒，年也。伯氏食邑於駢邑三百家，管仲奪之，伯氏至飯疏食，没齒而無怨言。"夫子引之，以明管仲之仁也。

【古義】子産之事，見《論語》者三，見《孟子》者三，皆見其爲篤厚君子。至于管仲，則夫子稱其"器小"，孟子譏其"功烈之卑"，則視之子産，如有所弗及者，何哉？夫論醫則期其活人，論人則取其適用。若管仲之才之功，以王道律之，則固不免有器小、霸術之譏。然至於其利世澤民，有功於天下後世，則非子産之所能及也。蓋其才愈高，則其望愈重；其名愈盛，則其責愈深。是所以責備管仲，而不貶子産也。夫子論人物，或與或奪，皆學者之所宜潛玩也。

【徵】"問子西，曰：'彼哉！彼哉！'"按：郭忠恕《佩觿集》云："彼、佊，上甫委翻，彼此；下甫委、冰義二翻，《論語》：'子西佊哉！'"又《小補韻會》引《廣韻》云云，是必孔安國、王肅輩有之解。而今何、朱專行，他解遂泯，今按：從人爲優。

"問管仲，曰：'人也。奪伯氏駢邑三百，飯疏食，没齒無怨言。'"此問也。子曰："貧而無怨難，富而無驕易。"是孔子答也，何則？以貴賤爲心者，君子之事也，故《中庸》曰："居上不驕，爲下不倍。在上位不陵下，在下位不援上。"是矣。以貧富爲心者，小人之事也，故《坊記》云："小人貧斯約，富斯驕，約斯盜，驕斯亂。禮者，因人之情而爲之節文，以爲民坊者也。故聖人之制富貴也，使民富不足以驕，貧不至於約，故亂益亡。"是矣。故此章及子貢問"貧而樂，富而好禮"，皆言使民如此也。管仲能使伯氏貧而無怨，是治邦者之所難耳，故孔子云爾。不爾，孔子之答，未有徒舉其事而無斷者也。且何晏解"人也"而曰："猶《詩》言：'所謂伊人。'"是必古來相傳之説。且下章無解，是必連"無怨言"爲一章，而邢昺不知之，分屬上章，斷自"子曰"別爲一章耳。大氏貧而無怨，吾見其人；富而無驕，吾亦見其人。皆世所多有也，孔子何必以此教學者乎？仁齋先生曰："人，當作仁。"按《家語》載子路問管仲之爲人如何，子曰："仁也。"則人字本仁字之誤明矣。然如《家語》所云，亦《論語》"如其仁"之意，豈足以証此章哉？且使伯氏無怨言，以此爲仁，仁亦小矣哉！

子曰："**貧而無怨難，富而無驕易。**"此專爲貧而無怨者發。

【古義】富而無驕，其事則順，不矜於外者能之；貧而無怨，其境則逆，非內有所得者不能也。然此夫子就常人處貧富上論，若學者工夫，前告子貢者盡之矣。

子曰："**孟公綽爲趙魏老則優，**公綽，魯大夫。趙魏，晉卿之家。老，家臣之長。優，有餘也。**不可以爲滕、薛大夫。**"滕、薛，二國名。大夫，任國政者。"

【古義】此言人各有能，有不能。若能用其長而棄其短，則人各得盡其能，而天下無棄才也。公綽蓋廉靜寡欲，短於才者，而趙魏家大勢重，無諸侯之事；滕薛國小政繁，有會盟戰爭之事。故使公綽爲彼則可，而爲此則不可，此用人之權度也。

子路問成人，成人，謂有所成就之人。子曰："**若臧武仲之知，公綽之不欲，卞莊子之勇，冉求之藝，文之以禮樂，亦可以爲成人矣。**"武仲，魯大夫，名紇。莊子，魯卞邑大夫。言若四子之長，皆足以立世成名，而復以禮樂文之，則救偏補闕，足以當成人之名。曰："**今之成人者何必然？見利思義，見危授命，久要不忘平生之言，亦可以爲成人矣。**"此節胡氏以爲子路之語。今按：與前篇"有民人焉，有社稷焉，何必讀書"語意相類，故從之。授命，猶言致命也。久要，舊約也。平生之言，謂其非大故，而平生相諾之言也。子路以爲，若四子之長，皆極古今之美，遽難企及。苟節義忠信若此，則亦可以爲成人也。《論語》取之者，蓋以其言亦合理，而夫子許之也。

【古義】成人之名難矣，苟知廉、勇、藝，身實有之，若四子之長，而文之以禮樂，則可以爲成人矣。蓋無禮則慢易之心生矣，無樂則鄙詐之心作矣。殊能異材、獨步古今者，必氣滿意抗，揚己陵人，自傷其德，故非以禮樂文之，則不足以爲成人矣。舊註以謂兼四子之長，非也。是蓋聖人所不能，豈可望之於學者乎？

【徵】"若臧武仲之知，公綽之不欲，卞莊子之勇，冉求之藝，文之以禮樂，亦可以爲成人矣"，仁齋先生曰："若四子之長，皆足以立世成名，而復以禮樂文之，則救偏補闕，足以當成人之名。""舊註以謂兼四子之長，非也。是蓋聖人之所不能，豈可望之於學者乎？"可謂善解《論語》已。後世變化氣質之説興，而欲必兼四子之長焉。蓋古者二十而冠，曰成人，則成人猶言成器也。朱子求之太過，其學爲爾，但"救偏補闕"，是仁齋亦不識禮樂也。文之以禮樂，納諸先王之道也。《傳》曰："君子蓋禮樂云。"又曰："禮樂皆得，謂之德。"故非禮樂，不足以成其德。文之云者，非以丹青塗其樸之謂也，養之成器，而後煥然可觀也。是豈翅"救偏補闕"之謂乎？曰："今之成人者何必然"云云，是亦孔子之言也。若果使爲子路之言，則子路之自用也，《論語》豈載之哉？胡氏可謂謬已。祇可疑者，有"曰"字，語勢不甚相承耳。是子路又問，而孔子又答，記者刪子路之問，故致曰字碍目耳。以"今之成人"觀之，上文乃古之成材，足以爲大夫也。孔子時，大夫皆世爵，它人雖學以成材，然不得爲大夫，故今之成人以士言之。子張曰："見危致命，見得思義。"子貢問士，子曰："行己有恥，使於四方，不辱君命。"皆與此同。致命，即使於四方，不辱君命也。謂致君命於它邦也，授亦致也。或疑"授"字不順，然奉使授玉，亦於它邦之君，古言可見已。謂見危，則兵爭之世，有不測之難。方其時不辱君命，最可見其材已。致命，孔安國以"不愛其身"爲解，朱子因之。然解"命"爲"身命"，古未之有也。如"不幸短命"，亦短於禀命也。《洪範》"考終命"，亦終天命也，豈身命之謂乎？久要，孔安國曰：“舊約也。”是約、要古音相通，故以約訓要耳。
然舊約不忘平生之言，不成言。蓋在久約而不忘師友平生之言，言
其不濫也。曰“危”曰“約”，亦有衰世之感。

子問公叔文子於公明賈曰：“信乎，夫子不言不笑，不取乎？”公叔文子，衞
大夫公孫枝也。公明賈，亦衞人。文子蓋廉靜之士，故當時以三者稱之。**公明賈對曰：**
“以告者過也。夫子時然後言，人不厭其言；樂然後笑，人不厭其笑；義
然後取，人不厭其取。”厭者，苦其多而惡之之謂。**子曰：“其然？**許賈之言也。
豈其然乎？深不然其言也。**”**

【古義】朱氏曰：“此言也，非禮義充溢於中，得時措之宜者不能。文子雖
　　　賢，疑未及此，但君子與人爲善，不欲正言其非也，故曰：‘其然，豈
　　　其然乎？’蓋疑之也。”

【徵】時然後言，《學記》：“當其可，之謂時。”是其訓也。

子曰：“臧武仲以防求爲後於魯，雖曰不要君，吾不信也。”防，地名，武仲所
封邑也。要，有挾而求也。武仲得罪奔邾，如防使請立後而避邑也。

【古義】直道者，聖人之所深與也，而其跡似直，而其心實不直者，是枉曲
　　　之大甚者，聖人之所以譏之也。○范氏曰：“要君者無上，罪之大者
　　　也。武仲之邑受之於君，得罪出奔，則立後在君，非己所得專也。
　　　而據邑以請，由其好知而不好學也。”

【徵】“求爲後於魯”，爲猶立也。仁齋解此章，以不直非之，是豈直不直
　　　之謂乎？可謂不知倫已。要，孔安國《孝經傳》曰：“約勒也。”可謂
　　　善詁已。

子曰：“晉文公譎而不正，齊桓公正而不譎。”晉文公，名重耳。譎，詭也。齊桓
公，名小白。

【古義】此專爲齊桓公而發之。世皆以桓、文並稱，而不知有彼善於此
　　　者，故曰：“正而不譎。”蓋桓、文之事，莫大於會盟。會盟，莫大於葵

丘、踐土。而葵丘之會，定太子以安王室；踐土之會，挾天子以令諸侯。有公私義利之別，其他行事可推知也。

　　論曰：知人固難矣，論人亦不易。蓋知道明，而後能知人；能知人，而後能論人；能論人，而後是非邪正定矣。唯聖人之言，猶權衡尺度一懸，而輕重長短無所逃焉。《傳》曰："善善長，惡惡短。"若齊桓、晉文，自王道視之，固非純乎正者。然以二公論之，有彼善於此者，故聖人之於桓公，獨不沒其不譎之善，所以爲聖人之言也。若後世儒者之論人，可謂嚴而正矣。然纖惡不恕，片纇不掩，吹毛索疵，古今無全人，不恕之太甚也。聖人之言則不然，小過必赦，一善不沒，實天地之心也。

【徵】"晉文公譎而不正，齊桓公正而不譎"，正與譎，兵家之辭也。譎訓詭，爲是。鄭玄訓詐者，非矣。如琴張"蹠踔譎詭"，及五諫有"譎諫"，豈詐偽之謂哉？大氐奇變百出謂之譎，堂堂正正謂之正。奇變百出者，求勝於人者也；堂堂正正者，求不見勝者也。孔子所以云爾者，固褒桓而貶文矣，亦語軍旅之道也，豈必評二君之爲人如《通鑑綱目》哉？《穀梁傳》曰："交質子不及二霸。"趙鵬飛引之而曰："春秋之世，無五霸之説，孔子但稱桓、文。至于荀、孟而後，沿時俗之稱曰'五霸'，五霸非孔門之舊。"得之。

子路曰："桓公殺公子糾，召忽死之，管仲不死。"曰："未仁乎？"齊襄公立，無道。鮑叔牙曰："君使民慢，亂將作矣。"奉公子小白出奔莒。襄公從弟公孫無知殺襄公，管夷吾、召忽奉公子糾出奔魯。齊人殺無知，魯伐齊，納子糾。小白自莒先入，是爲桓公。乃殺子糾，召忽死之，管仲請囚，鮑叔受之，告於桓公而相之。子曰："桓公九合諸侯，不以兵車，管仲之力也。如其仁，如其仁。"九，《春秋傳》作"糾"，督也。當時諸侯會盟，有兵車之會，有衣裳之會。不以兵車，言不假威力也。如其仁，言誰如管仲之仁。

【古義】管仲不死於子糾之難，而遂事桓公而相之，子路疑于其不仁固

也。然管仲之於子糾，非挾貳心以徼功也，嘗射桓公中其鈎，其所
以爲子糾者，亦盡矣。及其事卒也，不避偷生之名，遂佐桓公以匡
天下，故夫子不論其當死與否，但舉九合之功以稱其仁。何者？ 其
能脩舉王法，輓回風俗，利澤恩惠遠被于天下後世，則其爲德甚大
矣，故曰："如其仁，如其仁。"蓋仁大德也，非慈愛之心頃刻不忘，則
固不可許。而濟世安民之功，能被于天下後世，則亦可以謂之仁
矣。故孟子以伯夷、伊尹、柳下惠君於百里之地，皆能朝諸侯、有天
下爲仁，是也。此所以雖高弟弟子，不許其仁，而反於仲許之歟！

子貢曰："管仲非仁者與？ 桓公殺公子糾，不能死，又相之。"子貢意，管仲之
不死既不可言，況亦相之，則能忍其所不能忍者也，故疑其非仁者。**子曰："管仲相桓
公，霸諸侯，一匡天下，民到于今受其賜。微管仲，吾其被髮左衽矣。**匡，
正也。尊周室，攘夷狄，皆所以正天下也。受賜者，謂不爲夷狄，而君臣父子之義尚存也。
微，無也。衽，衣衿也。被髮左衽，夷狄之俗也。**豈若匹夫匹婦之爲諒也，自經於
溝瀆而莫之知也。**諒，信也。言豈肯若庶人之爲小信，自經死於溝瀆中，而人莫知其
名也。"

【古義】天之生豪傑，豈偶然哉？ 其可無所自任，不愛其身乎？ 當春秋之
時，生民之塗炭極矣。得一管仲，斯民猶中國之民；不得一管仲，斯
民即夷狄之民。管仲豈可無乎？ 其不死，蓋有所抱負而然，故曰：
"豈若匹夫匹婦之諒也。"

論曰：按《管子》及《莊周》《荀卿》《韓非》《越絕》等書，皆以子
糾爲兄，桓公爲弟。然則桓公之於子糾，是以弟殺兄，不義之甚者
也。管仲亦不得免黨不義之罪，夫子何故深與其功，而不一論其不
死之非耶？ 蓋《春秋》之義，子以母貴，故於嫡庶之辨則甚嚴，而於
衆妾之子，亦不以兄弟之義論之。況管仲之於子糾，盡其心而已
矣：運窮力屈，遂因于魯，不避事讐之嫌，而成齊桓之業，是夫子之

所以不言其非也。

【徵】桓公、公子糾，孰兄孰弟，議論紛如。孔子之取管仲，以其仁而已矣。必以小白兄子糾弟者，不知道者也。蓋以子糾爲弟者，自薄昭始，其言出於一時諱避之爲，而後人弗之察已。子糾兄而小白弟，章章乎明哉！宋儒陋見，因孔子仁管仲，而固執薄昭之言，遂以罪王、魏，王、魏亦管仲耳。祇其人不及管仲，而太宗委任，亦不及桓公，未免有優劣焉。然管仲自擇其主，而王、魏高祖所命，則王、魏豈可罪哉？仁齋先生乃謂：“《春秋》之義，子以母貴，故嫡庶之辨甚嚴，而於衆妾之子，亦不以兄弟之義論之。”此皆强爲之説以求通者已。夫鄉人猶且序齒，推兄弟之序也，而謂衆妾之子無兄弟之義，可乎？孔子未嘗仁桓公，而唯仁管仲，則桓公之罪可知已。然使管仲不遇桓公，則濟世安民之功，豈能被天下後世哉？是管仲之不可尤也。且管仲之前無霸，霸自管仲始，豈非豪傑之士邪？且古之人，皆能量己之力以爲之，後儒皆言其可言耳。孔子曰：“爲之難，言之得無訒乎？”宜其不知聖人之心也。仁齋又以慈愛之心頃刻不忘爲仁，是孟子内外之説所囿，豈非心學邪？假使信能慈愛之心頃刻不忘，然若無安民長人之德，烏得爲仁乎？

公叔文子之臣大夫僎與文子同升諸公。僎，本文子之家臣，文子薦之，與己並爲大夫，同升在公朝。**子聞之，曰：“可以爲‘文’矣。”**文者，謚之至美者，言其行如此，則謚曰“文”，亦可以無媿矣。

【古義】文之爲謚，惟舜文之聖，足以當之。如文子之薦僎，纔一事之善耳。然其得美謚如此，則忘己薦賢之爲美德，從而可知矣。

【徵】洪氏曰：“家臣之賤，而引之使與己並，有三善焉：知人，一也；忘己，二也；事君，三也。”仁齋先生曰：“文之爲謚，惟舜文之聖，足以當之。如文子之薦僎，纔一事之善耳。然其得美謚如此，則忘己薦賢之爲美德，從而可知矣。"有味乎其言之也。洪氏規規計其三善，可謂陋已，果其言之是乎？如"不恥下問"，更有何善？夫文者，道之別名，故諡莫大於文焉。雖有它善，皆止己之善，而獨薦賢之益，莫有窮盡，故於諡法得稱文焉。

子言衛靈公之無道也，康子曰："夫如是，奚而不喪？"喪，亡也。孔子曰："仲叔圉治賓客，仲叔圉，即孔文子。祝鮀治宗廟，王孫賈治軍旅。夫如是，奚其喪？"

【古義】此見爲國者，在能用人之長，又能當其用也。苟各用其長，能當其才，則雖以三子之才，猶能存無道之國，況有德之人乎？雖以衛靈之無道，猶能保其國，況有道之君乎？後世用人者，或以一眚而棄人之長，或用之而不盡其能，此天下國家所以不免喪亡也。

子曰："其言之不怍，則爲之也難。"怍，慙也。

【古義】馬氏曰："人若內有其實，則其言之不慙。然則內積其實者，爲之也甚難。"○《繫詞》云："將叛者，其辭慙；中心疑者，其辭枝；誣善之人，其辭游；失其守者，其辭屈。"夫其言之不怍，非其行之無瑕者不能，豈不難乎？

【徵】"其言之不怍，則爲之也難"，邢疏曰："人若內有其實，則其言之不慙。然則內積其實者，爲之也甚難。"是泥"仁者爲之難"之言，然失於辭，不如朱註之勝矣。

陳成子弑簡公，成子，齊大夫，名恒。成，其諡。簡公，齊君，名壬。事在《春秋》哀公十四年。孔子沐浴而朝，告於哀公曰："陳恒弑其君，請討之。"是時孔子致仕居魯。沐浴齋戒以告君者，重其事而不敢忽也。公曰："告夫三子。"三子，三家也。孔子曰："以吾從大夫之後，不敢不告也。君曰'告夫三子'者！"孔子自言如此，意謂："吾禮當告君，不當告三子。君乃不能自謀其事，而使吾往三子告之何耶？"之三子告，不可。孔子曰："以吾從大夫之後，不敢不告也。"三子素有無君之志，故拒其謀，而夫子復以此應之。

【古義】弑君父之賊，人人得而誅之，古之法也。凡爲君爲臣者之所必討而不釋者也，豈可量其力之强弱哉？魯之於齊，言其近則爲隣國，言其親則爲同盟，而魯之君臣，坐縱其賊，耳如不聞，可謂無人心矣。故夫子雖在告老之列，猶不得已而告之。夫公義之在於人心一也，一人唱之，萬人隨和。哀公若聽夫子之言，而唱討賊之義，天下孰不應之？惜乎哀公不能舉其事，三子亦懷其私，而夫子之志終不得就。蓋臣弑其君，子弑其父，非惟其一身之惡，實風俗人心之所係，在一國則一國之恥也，在天下則天下之恥也。夫子自任萬世之道，故恐斯義之不明于天下，請正其罪，非徒疾陳恒之惡而已也。

【徵】《左氏》記孔子之言曰：“陳恒弑其君，民之不予者半，以魯之衆加齊之半，可克也。”程子曰：“此非孔子之言。誠若此言，是以力不以義也。”宋儒之論，每每如此。唯論其義而不問事之可爲與不可爲，真經生哉！果其言之是乎？假使孔子不從大夫之後，而未嘗見魯侯，則亦將操弑君之賊人得而討之以獨往，豈理乎？是固執“仁者先難而後獲”耳。殊不知獲者謂得報於己，豈不問成敗乎？蓋孔子請討陳恒，道固然，而聖人之作用，不可得而測矣。方是時，魯臣民尊信孔子，不啻君父，而陳恒之事，有志者所切齒，祇患無倡義者耳。若使哀公聽孔子之請，則魯之霸，可計日而待，而聖人之興，亦未必不在斯舉焉。此三家者之所恐也。仁齋論此章而曰：“非唯一身之惡，實風俗人心之所係。”又曰：“夫子自任萬世之道，故恐斯義之不明于天下。”此可以論文文山、方孝孺之徒耳，非所以論孔子矣，且此豈容以風俗言之邪？又其論“樊遲小人哉”，而曰：“營心細務，而不知道以維持天下者，乃世俗之所務，而非聖門之所謂學也。”夫道者所以平治天下也，所以陶冶天下也。經生輩平日以講說爲事，而謂聖人之道止是焉，故其言如此耳。按：朱註所引胡氏所謂“先發，後聞可也”，本在胡《傳》宋公、陳侯、蔡人、衞人伐鄭之事，引孔子此事，而繼之曰云云。詳其文，非謂孔子，而朱子剿其説載此，可謂謬矣。

子路問事君，子曰：“勿欺也，而犯之。”

【古義】孔氏曰：“事君之道，義不可欺，當能犯顏諫爭。”○事君之道，以不欺爲本，然不知犯之之義，則或至於阿其所好，故又曰“犯之”。

【徵】“勿欺也，而犯之”，人多以欺爲詐，亦有欺侮之意。子路行行，未免此失耳。孔安國曰：“事君之道，義不可欺，當能犯顏諫爭。”此以犯之爲勿欺之事。《孟子》曰：“責難於君謂之恭。”蓋古義也。後儒多爲勿欺與犯相反之説，非矣。

子曰：“君子上達，小人下達。” 上者，指道德仁義而言；下者，指流俗鄙賤之事而言。

【古義】此猶“君子喻義，小人喻利”之意。言君子小人各有所達，而君子之所達在道德，小人之所達在鄙事。在鄙事，故爲人之所賤；在道德，故爲人之所貴。皆其所自取，可不慎乎？

【徵】上達、下達，何註：“本爲上，末爲下。”不知何謂。邢昺謂：“君子達於德義，小人達於財利。”是以“喻於義，喻於利”作解。朱子因此而曰：“君子循天理，故日進高明；小人徇人欲，故日究汙下。”天理人欲，自其家言，然皆不穩。它如“下學而上達”者，與“下學”對，其義自見。因按《表記》曰：“事君不下達，不尚辭，非其人弗自。《小雅》曰：‘靖共爾位，正直是與。神之聽之，式穀以女。’”是蓋以事君言之。與上章相比，如“圭璋特達”之“達”，謂通於君也。何晏蓋言：“君子之通於君以德義，小人之通於君以財利也，小人謂民也。德者本也，財者末也。”是亦古來相傳之説。然攷諸《儀禮·昏禮》：“下達納采用鴈。”鄭註：“將欲與彼合昏姻，必先使媒氏下通其言。

女氏許之，乃後使人納其采擇之禮。"是謂內通爲下達也。蓋君子之通於君以禮，故曰"上達"；小人則無通於君之禮，故私通，謂之"下達"。何、邢、朱皆誤耳。大氐《論語》言禮者多矣，而後人不知之，解以義理，是古今學問之異也。

子曰："古之學者爲己，今之學者爲人。"古人之學，求之實矣，故其所學無不爲己之益，是爲己也；後世之人，專爲利名，而志道之心踈矣。然人或有資其學而用之，則隨其大小，爲人之助，是爲人也。然於己之身心則無益，豈足爲學乎？

【古義】爲己者必能成物，所謂誠者，非自成己而已也，所以成物也。若夫釣名于譽，誇多闘靡，而不知用力於己之身心者，既不能成己，焉能成物？或雖有爲人之益，然無爲己之功。其爲人也，亦郢書燕說，可鄙之甚。

【徵】"古之學者爲己，今之學者爲人"，孔安國曰："爲己，履而行之；爲人，徒能言之。"古人善解《論語》者如此夫。孔子之言，以語學也。學，謂學《詩》、《書》、禮、樂也。君子學《詩》、《書》、禮、樂，以成德於己，小人徒爲人言之。孔子所言，止此耳。至於宋儒以此爲心術，則其弊必不免於弁髦天下獨善其身者，深之失也，學者察諸。

蘧伯玉使人於孔子，蘧伯玉，衛大夫，名瑗。孔子與之坐而問焉，曰："夫子何爲？"夫子，指伯玉。朱氏曰："與之坐，敬其主，而及其使者。"對曰："夫子欲寡其過而未能也。"此言伯玉爲己之功，常如不及。使者出，子曰："使乎！使乎！"凡爲使者，必飾詞侈言舉其主之賢，而伯玉之使不稱其德，而以其心之所不足者而答，其主之賢愈足信。故夫子再言"使乎"，以重美之。

【古義】知道之無窮，而後識人之不能無過；有爲己之實心，而後知過之不能寡。故曰："過而不改，是謂過矣。"蓋言過之不可深咎，而至於不改，然後爲實過也。伯玉之使，不曰其"欲無過"，而曰"欲寡過"；不曰"能寡過"，而曰"未能"。蓋深有合乎聖人之心，宜乎夫子之深歎之也。

論曰：後世之學甚過緊密，務制斯心，欲一毫不容人指摘。殊不知人非木石，不能無過，但在能知其過，則速改以從善也。若欲强無過，則不至死灰其心，槁木其身，必至於把捉矜持，外飾内非。故曰：君子不貴乎無過，而貴乎能改過焉。

【徵】仁齋先生解"蘧伯玉使人於孔子"章而曰："知道之無窮，而後識人之不能無過；有爲己之實心，而後知過之不能寡。故曰：'過而不改，是謂過矣。'蓋言過之不可深咎，而至於不改，然後爲實過也。伯玉之使，不曰其'欲無過'，而曰'欲寡過'；不曰'能寡過'，而曰'未能'。蓋深有合乎聖人之心，宜乎夫子之深歎之也。"有味乎其言之！

子曰："不在其位，不謀其政。"

【古義】重出。

曾子曰："君子思不出其位。"朱氏曰："此艮卦之象辭也。曾子蓋嘗稱之，弟子因上章之語而類記之也。"

【古義】上章專爲謀政者言，此章泛言君子平日之所期。范氏曰："物各止其所，而天下之理得矣，故君子所思不出其位，而君臣上下大小，皆得其職也。"

【徵】"君子思不出其位"，是艮卦之象辭。然孔子思周公而至於夜夢之，故君子之道，不可執一以廢百焉。宋儒主一無適，原於此，執一以廢百者也。蓋此章必有所指，何則？後世多以官位並稱，而古者曰官爵而已矣。上位、下位，亦謂位列而已矣，非官位之謂也。凡謂之位者，皆謂其所立之位也，皆以行禮言之，故此章之言，亦必以祭言之。宗廟之中，思不出其位，語敬也。如"患無位"，亦謂朝廷之上，無己所立之位也。

子曰："君子恥其言而過其行。"邢氏曰："有言而行不副，君子所恥也。"

【古義】言顧行，行顧言，故言浮其實，君子所恥。嘗曰：“古者言之不出，

恥躬之不逮也。”君子之務實也如此。

【徵】“君子恥其言而過其行”，邢昺疏：“君子言行相顧，若言過其行，謂

有言而行不副，君子所恥也。”仁齋從之，然文法乖。朱註：“恥者，

不敢盡之意；過者，欲有餘之辭。”分作兩截，亦失而字。蓋謂君子

之所以過其行者，恥其所已言故也。

子曰：“君子道者三，我無能焉：仁者不憂，知者不惑，勇者不懼。”君子道

者，言君子由此而行之也。此三者，皆進學成德之要，與仁義禮智之目自異矣。責己以明

道之無窮，又以此勉人也。子貢曰：“夫子自道也。”道，言也。此記子貢之言，以明夫

子之實爲聖人。言夫子所謂“君子道者”非他，即夫子之所自有也。

【古義】此言君子成德之目，以勸勉學者也。其曰“我無能焉”者，雖若謙

辭，然本以道之愈無窮，而聖人之知益隆故也。子貢知之，故曰：

“夫子自道也。”猶曰：“夫子既聖也。”

【徵】“君子道者三”，言君子所道者有三也。蓋性之德，人人而殊，唯知、

仁、勇爲達德，故君子所皆由也，夫子自道也。仁齋曰：“猶曰：‘夫

子既聖也。’”爲是。朱子以爲謙辭，非是。

子貢方人，方，比也。言比方人物，而較其短長。子曰：“賜也，賢乎哉？ 夫我則

不暇。”賢乎哉，似襃之，而實所以深抑之也。夫子言：“我則自脩之不暇，而何暇方人？”

【古義】子貢方人，自是有才識者之常態，然好比方人物，則其自治必疎

矣。是以君子含容沈默，自治深切，不以比方人物爲事。蓋知自治

之難，而方人之無益也。

　　論曰：舊註曰：“比方人物而較其短長，雖亦窮理之事，然專務

爲此，則心馳于外，而所以自治者疎矣。”夫臧否人物，聖人固有之

矣。然其論之也，將以爲己之鑒戒，而非以比人爲學也。若不如

此，而徒論人物之短長，則益騖多言，而於道無分毫益。晦菴之學，

　　專主窮理，以論人物爲格物之一端，故遷就其説，而不自知其戾于
　　孔子之意也。

【徵】子貢方人，朱註：“比方人物而較其短長，雖亦窮理之事。然專務爲
　　此，則心馳於外，而所以自治者疎矣。”仁齋曰：“夫臧否人物，聖人
　　固有之矣。然其論之也，將以爲己之鑒戒，而非以比方人爲學矣。”
　　又曰：“子貢方人，自是有才識者之常態。”愚按：朱子“窮理”及“心
　　馳於外”，皆其家言。而方人者，知者之事，豈翅有才識者常態哉？
　　且聖人亦豈翅以爲鑒戒哉？亦將以用之也。其所以抑子貢者，其
　　自以爲賢知也，故曰：“賜也，賢乎哉？”世儒多昧乎聖人之道即王者
　　之道，動爲窮措大解，故其言皆無作用也。

子曰：“不患人之不己知，患其不能也。”

【古義】朱氏曰：“凡章旨同而文不異者，一言而重出也；文小異者，屢言
　　而各出也。此章凡四見，而文皆有異，則聖人於此一事，蓋屢言之。
　　其丁寧之意，亦可見矣。”

子曰：“不逆詐，不億不信，抑亦先覺者，是賢乎！” 逆，未至而迎之也。億，未見
而意之也。詐，謂人欺己。不信，謂人疑己。抑，語辭。言不逆不億，則可謂誠直也，而又
有先覺之明焉，則無爲人欺罔，可謂賢矣。

【古義】不逆詐，不億不信，唯誠直之人能之，然未爲至也。加之有先覺
　　之明，而無誣罔之失，則非明睿之君子不能，真賢者也。

【徵】“抑亦先覺者，是賢乎”，孔安國曰：“先覺人情者，是寧能爲賢乎？”
　　古人之解，不失於辭者如是。“不逆詐，不億不信”，蓋古語也。孔
　　子引此，以戒先覺以爲智者。孔門若宰我、子貢之流，有流于詐黠
　　之漸矣。聖人誠意待物，觀於堯之於鯀，必試而後正其罪。孔子必
　　以“視”“觀”“察”，故以先覺爲智者，非君子之道也。後儒昧乎辭，
　　亦不知“抑亦”字、“是”字，未穩已。

微生畝謂孔子曰："丘何爲是栖栖者與？無乃爲佞乎？"微生姓，畝名。栖栖，依依也。爲佞，謂務爲口給，以悦人。畝蓋以夫子誨人不倦，爲爲佞也。孔子曰："非敢爲佞也，疾固也。"固，執一而不通也。言我似以此栖栖于世者，疾夫遺世長往之士，以天下爲終不可爲，而堅執不返也。夫子雖不斥其非，然其警之亦深矣。

【古義】畝蓋有齒德而隱者，絶聖棄智之流，故以夫子爲爲佞。而夫子答之，意直義明，不少著形跡，豈非和氣充溢，觸處皆道邪？蓋聖人可仕則仕，可止則止，欲與天下共同斯善，而不敢爲過高之行，豈隱者執一而不通者所能知乎哉？○夫道通則行，固則滯。通則舉一而百順，固則執一而百廢。孔子曰："疾固也。"孟子曰："固哉！高叟之爲《詩》也。"蓋爲此也。推之學術，揆之政事，其是非得失，成敗通塞，皆自此而判，可不察乎？

【徵】微生畝不知何人，蓋亦鄉先生，於孔子爲先輩，何也？以其名孔子也，以孔子所答爲學問之事也。棲棲者，訪求弗已貌。孔子之訪求弗已，畝以爲欲博學以騰口舌，故曰："無乃爲佞乎？"疾固者，疾固執一説也。是孔子語所以訪求弗已，故云爾。凡"固"字，如"學則不固""固哉！高叟之爲《詩》也"，皆以學問言之。後儒不知之，爲一切之解，乃謂孔子欲行道以化固陋，非矣。"疾"字不必疾人，如"好勇疾貧""疾没世而名不稱焉"，皆自疾也。

子曰："驥不稱其力，稱其德也。"驥，善馬之名。德，謂調良也。

【古義】此章如《詩》六義之比。蓋馬之有驥，猶人之有君子也。驥非無力，而不以力稱；君子非無才，而不以才稱。然則有才而無德，其爲小人也必矣。

或曰："以德報怨，何如？"德，謂恩惠。子曰："何以報德？報，以得其當爲是。既以德報所怨者，則於其有德於我者，將以何報之乎？以直報怨，以德報德。是非邪正，各隨其實，不增不減曰直。以此待所怨者可矣，若於其有德于我者，必以德報之，不可忘焉。若此而後，兩者各得其當。"

【古義】以直報怨，猶秦人視越人之肥瘠，漠然無所用心也。以德報德，謂善則揚之，不善則藏之也。○朱氏曰："或人之言，可謂厚矣。然以聖人之言觀之，則見其出於有意之私，而怨德之報，皆不得其平也。必如夫子之言，然後二者之報各得其所。然怨有不讐，而德無不報，則又未嘗不厚也。"

論曰：以德報怨則害義，不可行也；以怨報德則賊仁，不可爲也。唯如夫子之言，而後仁義兼盡，各得其當。譬諸天地之化，賦與萬物，而物各得其所也。又曰：怨與讐自不同，如君父之讐不共戴天者，不在此限。

【徵】以德報怨，何晏曰："德，恩惠也。"朱註盡之矣。仁齋曰："以直報怨，猶秦人視越人之肥瘠，漠然無所用心也。以德報德，謂善則揚之，不善則藏之也。"妄哉！以直報怨者，當怨則怨，不當怨則不怨。當其怨之時，豈漠然無所用心乎？以德報德者，謂以恩惠報恩惠已，豈別有精微之解哉？如仁齋之言，則必在上之人而後可矣。且舜之於群下，豈皆有德於舜乎？

子曰："莫我知也夫！"此夫子自道，以嘆默契者之難。子貢曰："何爲其莫知子也？"子曰："不怨天，不尤人，下學而上達。知我者，其天乎？"下學者，習人事之近也；上達者，造道德之奧也。

【古義】朱氏曰："不得於天而不怨天，不合於人而不尤人，但知下學而上達。此但自言其反己自脩，循序漸進耳，無以甚異於人而致其知也。然深味其語意，則見其中自有人不及知，而天獨知之之妙。"

論曰：何謂天知之乎？曰：天無心，以人心爲心，直則悅，誠則信。理到之言，人不能不服，此天下之公是，而人心之所同然。以此自樂，故曰："知我者，其天乎？"斯理也，磨而不磷，揣而不毀。雖不赫著于當時，然千載之下，必有識之者矣。此聖人之所以自恃，而忻然樂以終其身也。

【徵】"莫我知也夫"，謂世主無知孔子者也。凡古書言人不知者，皆言在上之人不知也，故曰"不知"，則其不能用者可知已。仁齋乃曰："嘆默契者之難。"道學先生哉！"不怨天，不尤人，下學而上達"，是孔子自道也。其爲人也若是，故天命孔子以傳先王之道於後世，而不使行道於當世，是天之知孔子也。"下學而上達"者，下謂今，上謂古也，謂學先王之《詩》、《書》、禮、樂而達於先王之心也。達，如《中庸》"達天德"之"達"，是孔子知命之言。漢儒以來，知孔子之心者尠矣，務作奧妙之解，故此章之義皆失之矣。仁齋曰："天無心，以人心爲心，直則悦，誠則信。理到之言，人不能不服，此天下之公是，而人心之所同然。以此自樂，故曰：'知我者，其天乎？'斯理也，磨而不磷，摧而不毁。雖不赫著于當時，然千載之下，必有識之者矣。此聖人之所以自恃，而忻然樂以終其身也。"果若其言，則聖人亦唯子雲耳。且徒以公是以理到之言而論孔子之心，可謂陋已。且其不貴鬼神，故亦昧乎孔子稱天之意，孰謂仁齋先生非理學乎？

公伯寮愬子路於季孫，公伯寮，魯人。愬，譖也。**子服景伯以告，曰："夫子固有惑志於公伯寮，吾力猶能肆諸市朝。"** 子服氏，景謚，伯字，魯大夫子服何也。夫子指季孫，言其有疑於寮之言也。肆，陳尸也。言欲誅寮。**子曰："道之將行也與，命也；道之將廢也與，命也。公伯寮其如命何？"** 言道之行廢，皆繫於命，而非寮之所能爲也。

【古義】聖人之於事，有言命者，有不言命者。蓋於道之行廢，世之治亂，每必言命，爲其在天而不在人也；至于出處進退，利害取捨之際，則必言義而不言命，爲其由己而不由人也。夫衆人雖決於命，而不堪其憂苦，不知命也；賢者雖能委命，而不能安焉，又以其不真知命

也。唯聖人實貴貧賤，夷狄患難，無入而不自得。蓋知命之至，泰
然自安，亦靡所動于心。故曰：不知命，無以爲君子也。

【徵】肆諸市朝，邢疏引應劭曰："大夫已上於朝，士以下於市。"

子曰："賢者辟世，世者，舉一世而言。辟世者，天下無道則隱，蓋與世推移，不露形跡。
非有道之士，和而不流者不能，故稱"賢者"，不可斥長沮、桀溺之流而言也。其次辟地，
去亂國，適治邦，雖見機之速，然不如避世者之超然自得也，故曰"其次"。其次辟色，不
善之色，見於顏面則去，比辟地者則迫矣。其次辟言。不善之言，發於口則去，視辟色者
則亦著矣，故以此終之。"

【古義】君子之仕也，將以行其所學也。然苟有所不合，則不肯枉其志以
　　　取禍也，故曰："君子見幾而作，不俟終日。"辟世者，隱見關于天下；
　　　辟地者，出處系于一國；辟色者，禮貌衰而去；辟言者，有違言而去。
　　　皆雖不失身于亂世，而有大小遲速之異，故次第而言之。

子曰："作者七人矣。"作，起也。言起而隱去者，今七人矣。原文恐有七人之姓名，今
不可考。

【古義】此又上章之意。○輔氏廣曰："凡書所載，有當深索者，不深索
　　　之，則失之略；有不必過求者，過求之，則失之鑿。"所謂當深索者，
　　　義理是也；不必過求者，此處是也。

【徵】"作者七人矣"，作者之謂聖，述者之謂明。七人者，堯、舜、禹、湯、
　　　文、武、周公也。堯舜之前，雖有聖人，孔子不取焉。所以不取者，
　　　以其所作止利用厚生之事也。是孔子刪《書》斷自唐虞之意。曰
　　　"七人矣"而不斥其名者，人皆知之也。橫渠有是説，先後諸儒以介
　　　於辟世晨門之間，故以爲"見幾而作"之義。然見幾而作，謂之作
　　　者，古未之聞焉。

子路宿於石門，晨門曰："奚自？"石門，地名。晨門，掌晨啓門，蓋賢而隱者也。自，
從也，問其何所從來也。子路曰："自孔氏。"曰："是知其不可而爲之者與！"

晨門知世之不可爲而不爲，故以是譏孔子。

【古義】此知夫子之德，而未知夫子之道者也。人之不得不與人爲群，猶鳥獸之與鳥獸共群，人將去人而何適？故曰：“鳥獸不可共同群，吾非斯人之徒與而誰與？”蓋道有顯晦，而無可泯之理；世有升降，而無不可爲之時。夫子皇皇於斯世者，蓋又有可爲之理，而不忍坐視斯民之塗炭故也。其爲仁也亦大矣，晨門之徒何足以知之？

【徵】“是知其不可而爲之者與”，蓋知其不可而不爲者，不恭也。知其不可而爲之，孔子之所以爲至德也。晨門知之，以贊孔子，故錄之。舊註謂譏孔子也，非矣。人之譏孔子，《論語》豈載之哉？其載之者，必有斷焉。而是無斷焉，故知其爲贊孔子已。

子擊磬於衛，有荷蕢而過孔氏之門者，曰：“有心哉，擊磬乎？”磬，樂器；蕢，草器也。荷蕢者，聞磬之聲，知其有憂世之心而嘆之。**既而曰：“鄙哉，硜硜乎！莫己知也，斯已而已矣。深則厲，淺則揭。”**朱氏曰：“硜硜，石聲，亦專確之意。以衣涉水曰厲，攝衣涉水曰揭。此兩句，《衛風・匏有苦葉》之詩也，譏孔子人不知已而不止，不能適淺深之宜。”**子曰：“果哉！末之難矣。”**果哉，謂往而不返，歎其果於忘世也。末，無也。言苟不可其意，則不肯有爲於世，此亦無難爲者矣。

【古義】夫子憂世之心，不能一日忘于懷，故其心自發于磬，而荷蕢者聞而知之，則亦非凡人。但於聖人仁天下之心，則未之知也。蓋聖人視天下猶一身，視其陷溺，猶痒痾疾痛之切于我身，豈欲離世絕俗而獨善其身乎？世衰學廢，人不知大道之所在，故高視隱者，而難其所行。殊不知人之所難者，在於周旋人事，維持世道，使不至于禽獸。若夫絕世離俗，獨善其身，何難之有？

【徵】蕢，《説文》引《論語》作“臾”，庾也。庾蓋蕢所受，爲今一斗四升三合餘，故蕢又稱庾爾。“有心哉”，何晏曰：“有心，謂契契然。”邢昺引《小雅・大東》“契契寤歎”，毛萇云：“契，憂苦也。”朱子所以不取

者,嫌以憂苦視孔子也。殊不知聖人亦人耳,豈不憂苦乎？且聞磬
而識其有心於天下,非憂苦之聲而何？又按升庵曰:"何晏《註》曰:
'硜硜,猶碌碌也。'晉《范弘之傳》:'雖有硜硜之稱,而非大雅之
致。'一作'踁踁'。今何晏註無'碌碌'之解。"

子張曰:"《書》云:'高宗諒陰,三年不言。'何謂也？"高宗,商王武丁也。諒陰,
鄭氏讀作'諒闇',言天子居倚廬。不言,謂不論議政事也。**子曰:"何必高宗,古之
人皆然。君薨,百官總己以聽於冢宰三年。"**古者世淳民忠,其執親之喪,三年
悲哀,未嘗言家事,故曰:"古之人皆然。"諸侯死曰薨,豈殷之時,天子之死亦言薨,而夫子
仍稱之歟？總己,謂總攝己職。冢宰,大宰也。百官聽於冢宰,故君得三年不言也。

【古義】商道中衰,諒陰之禮,久廢不行,獨武丁能舉而行之,見衰戚之
深,能盡人子之道。宜乎其中興商道,而得稱高宗也！○按:三年
不言者,謂專委冢宰,不敢言事,非緘口而不言也。孔子曰:"予欲
無言。"子貢曰:"子若不言,則小子何述焉？"亦非曰欲緘口無言也,
蓋欲無與門人論道也。古文《書》云:"既免喪,其惟不言。"又曰:
"王言惟作命,不言臣下罔攸稟令。"出於後世之附會明矣。

【徵】"君薨,百官總己,以聽於冢宰三年",蓋殷天子久無三年之喪,高宗
特行之,故《喪服四制》曰:"載之《書》中而高之。"故孔子引諸侯之
禮,其禮弗傳故也。凡古書曰君者,諸侯也。《中庸》曰:"周公成文
武之德,追王大王、王季,上祀先公以天子之禮。斯禮也,達乎諸
侯、大夫及士庶人:父爲大夫,子爲士,葬以大夫,祭以士;父爲士,
子爲大夫,葬以士,祭以大夫。期之喪,達乎大夫;三年之喪,達乎
天子;父母之喪,無貴賤一也。"是三年之喪達乎天子,周公所定也。
蓋殷天子禮所以廢三年喪者,以節文不備故也。周公備其節文,而
後不可得而廢焉,故屬諸周公。如舊說,則武王、周公所以爲達孝
者,至於"祭以大夫"而止,"期之喪"已下,爲贅言。且殷世及,周立

孫，則昭穆之禮亦昉於周公，是《中庸》之外，它書不載也，可以見已。《檀弓》載此而引天子之禮，記者之不善也。世儒多謂諸書直記孔子之言，殊不知言也者不可筆者也，故諸書記孔子之言，皆脩辭者也。脩辭隨記者之意，故不同焉，不必皆異時之言也。諸書但《論語》《中庸》，其辭如精金美玉，可以爲據已。人或執《檀弓》文之美者也，是誠然。然其書後子思曰“商，女……”，亦異於《論語》諸子相字者也；曰“廢其祀，剟其人”，先王之禮豈有之哉？是吾於《檀弓》所以亦有不取者也。祇此章主意在“不言”，而不在“三年”，故孔子以“百官總己，聽於冢宰”以明之，學者其察諸。仁齋先生疑殷之時，“天子之死，亦曰薨歟”者，蓋未識君字耳。

子曰：“上好禮，則民易使也。”

【古義】上之於民，莫不欲其易使也，然每不得若其所欲者，蓋不得其道也。夫治國平天下，一以禮爲本，而後上下辨，而民志定。昔者先王之御民也，一號令之發，一政事之出，其應之猶水之就下，不敢後者，民能知上下之辨，而莫敢不敬故也。故治民之要，在禮而不在法。

　　論曰：夫子之教人，曰“德”、曰“學”、曰“禮”、曰“義”，必以好爲上，嘗曰：“上好禮，則民莫敢不敬；上好義，則民莫敢不服；上好信，則民莫敢不用情。”又曰：“吾未見好德如好色者也。”蓋好則熟，熟則驗，驗則其應無窮矣。漢唐以來，莫不置禮闈，設禮官，以講儀文度數之詳。然而徒爲虛器，不達於天下者，豈非纔供文具，而好之之心未至故乎！孟子曰：“上有好者，下必有甚焉者矣。”亦謂好之之益甚大也。

【徵】孔子每曰“好古”“好學”“好德”“好仁”“好禮”“好義”，而無“好知”之教，故知仁義禮智，孔子時所無也。蓋禮義者道也，道者古之道

也。學者學之也，德者有德之人也，仁者仁德也。觀其所好，而孔
子之心可知矣。

子路問君子，子曰："脩己以敬。"己者，對人之稱。脩己者，安民之本，以此治國平天下，亦無難爲者。敬者，無衆寡，無小大，無敢慢之謂。**曰："如斯而已乎？"曰："脩己以安人。"曰："如斯而已乎？"曰："脩己以安百姓。**百姓者，盡人之稱。蓋脩己以敬，則既盡矣。然以子路猶少之，故再三言之，以明其脩己之外，無復餘法也。**脩己以安百姓，堯舜其猶病諸！"**此極言脩己之效，而以"堯舜其猶病諸"，明其功之甚大而難及也。

【古義】脩己者，治人之本。仁以體之，禮以存之，而後可以脩己。敬者，治民之要；安者，功用之盛。皆無出于脩己之外。蓋推脩己之極功，則堯舜之盛，亦不過此。舜之恭己而正南面，子思所謂篤恭而天下平，皆此義也。

　　論曰：古人言敬者多矣，或就天道而言，或就祭祀而言，或就尊長而言，或就政事而言，皆有所敬而然。曰"脩己以敬"，曰"居敬而行簡"，皆以敬民事而言，未有無事而徒言敬者也。若後世之言敬者，異哉！

【徵】脩己以敬，不言所敬，敬天也。仁齋曰："敬民事。"君子豈無王事乎？要之民事、王事皆天職也，故敬天爲本。脩己以安人，脩己以安百姓，克己復禮爲仁，九經首脩身，一也。

原壤夷俟，原壤，魯人，孔子故舊。夷，踞；俟，待也。見孔子來，而蹲踞以待之也。**子曰："幼而不孫弟，長而無述焉，老而不死，是爲賊。"以杖叩其脛。**述，猶稱也。賊，害也。幼而不孫弟，不順上也。長而無述，無善狀也。老而不死，久偷生也，故曰"賊"也。孔子歷責其已往者，以警其將來也。

【古義】敗風俗，害人倫，惡之大者也。以聖人之盛德，於故舊之人，其責之猶無所恕如此。孟子曰："飽食煖衣，逸居而無教，則近於禽獸。"

　其原壤之倫乎！

【徵】原壤，孔子之故舊也。《檀弓》曰：“孔子之故人曰原壤，其母死，夫
　　子助之沐椁。原壤登木曰：‘久矣，予之不託於音也。’歌曰：‘貍首
　　之斑然，執女手之卷然。’夫子爲弗聞也者而過之，從者曰：‘子未可
　　以已乎？’夫子曰：‘丘聞之，親者毋失其爲親也，故者毋失其爲故
　　也。’”蓋孔子爲其人親治其母之椁，則知其在鄉黨爲故相親狎之人
　　也。孔子以杖叩其脛，亦以戲行之。苟非親狎，豈如此乎？亦可以
　　見君子愷悌之德已。原思記之具悉，爲是故也。今人遽見，以爲孔
　　子撻之，大非矣。

闕黨童子將命，闕黨，黨名。童子，未冠者之稱。將命，謂傳賓主之言。蓋童子初入門，
不待夫子之命，自進而將命也。**或問之曰：“益者與？”**將命，長者之職也。童子而行
之，故或疑其爲益者也。**子曰：“吾見其居於位也，見其與先生並行也，**禮，童子
當隅坐，父之齒隨行，兄之齒雁行。孔子言：吾見此童子，不循此禮。**非求益者也，欲
速成者也**。求益者，自卑以牧。今此童子如此，則欲速成者爾。”

【古義】此因上章而類記之，猶前篇“公冶長可妻”及“子華使於齊”章之
　　意。蓋原壤嚴以誨之也，童子寬以育之也。聖人之道，溫威並行，
　　而不拘于一如此，亦編者之微意也。

　　　論曰：夫子之於童子，豈無甚過寬乎？蓋聖人之教人也，以開
　　導誘掖爲務，而不以束縛覊紲爲事。譬諸種樹，屈幹蟠枝者，雖足
　　悅其觀，然不見其達材生於岑蔚間者，不煩人力，自有棟梁之材，所
　　謂如時雨化之者是也。夫子之於童子，欲長育其材，而不欲強成之
　　也。實造化涵育之功，不可以過寬目之也。

【徵】“闕黨”章，仁齋先生曰：“夫子之於童子，豈無甚過寬乎？蓋聖人之
　　教人也，以開導誘掖爲務，而不以束縛覊紲爲事。譬諸種樹，屈幹
　　蟠枝者，雖足悅其觀，然不見其達材生於岑蔚間者，不煩人力，自有

棟梁之材，所謂如時雨化之者是也。夫子之於童子，欲長育其材，
而不欲强成之也。實造化涵育之功，不可以過寬目之也。"有味乎
其言之，豈翅闕黨童子乎？孔門之教，皆使人自得之，而不强聒之，
故其於童子也，亦使之習與性成，是孔子之教也。又按《曲禮》曰：
"問士之子，長曰能典謁矣，幼曰未能典謁也。"童子將命，亦古之道
也。朱子謂："或人疑此童子學有進益，故孔子使之傳命，以寵異
之。"非也。或人在孔子之時，亦必知典謁爲童子之職，豈以此爲寵
異之乎？亦見其居於位也，見其與先生並行也，故疑其以益者，故
先生長者進而與之友，是所以問也。孔子曰："吾見其居於位也，見
其與先生並行也，非求益者也。"可見或人所以疑者，適足見其非益
者已。益者，即"益者三友"也。求益者，取於友也，非進益之義。
言其不知取於友之道，則其非益者，不言自明矣。宋儒不知古文
辭，故解非其解也。

卷八

衛靈公第十五 _{凡四十一章}

衛靈公問陳於孔子，陳，謂軍師行列之法。**孔子對曰：“俎豆之事，則嘗聞之矣；軍旅之事，未之學也。”明日遂行**。俎豆，禮器。軍旅之事，夫子非不知也，特非所以爲訓，故曰：“未之學也。”**在陳絶糧，從者病，莫能興**。孔子去衛適陳，糧絶，從者困病莫能興。**子路慍見，曰：“君子亦有窮乎？”子曰：“君子固窮。小人窮，斯濫矣。”**濫，溢也。言富貴在天，故君子固有時而窮，然不若小人窮則放溢爲非也。

【古義】或曰：在春秋戰國之時，軍旅之事，宜在所先，而俎豆之事，疑若不急者。殊不知國之所以爲國者，以有夫天叙天秩者，實維持之也。苟以禮讓爲國，則孝順和睦之風興，君民上下之情親，協力一心，尊君親上，其強孰禦焉？不然三綱淪，九法斁，人有離心，國誰與立？軍旅雖精，果何所用哉？故曰：“威天下不以兵革之利。”言王道易易也。靈公得夫子之大聖，而失其所問，惜哉！

【徵】“俎豆之事，則嘗聞之矣；軍旅之事，未之學也”，管仲九合諸侯，不以兵車，孔子深與之，其志可見耳。俎豆猶樽俎，謂衣冠之會。如“晏子折衝於樽俎”，曾子所謂“籩豆之事”，亦以朝聘會同言之。蓋以兵威服鄰國，不如以禮率之。方是時，文武之道未墜地而在人，子貢云爾，是豈後世儒者所謂道乎？亦言禮耳。以禮率之，諸侯欲不從之，豈可得乎？仁齋先生引“以禮讓爲國”，是其意謂孔子答靈

公，猶孟子説齊梁君耳。殊不知明日遂行，方是時必有事矣。不
爾，一言不合，孔子豈遽去哉？況俎豆之爲朝聘會同者彰彰乎？且
使孔子見用於當時，則必有事事焉，不然而曰"吾脩吾德，天下必率
服"，則宋襄、徐偃之類耳，可謂不知時務已。孔子而豈如是其拙
哉？或曰："軍旅之事，未之學也"，孔子果不知歟？將知之爲不知
歟？曰：孔子何不知也，何則？孔子見用，必爲卿矣。三卿出則將
三軍焉，是軍旅之事，君子所當學也。而孔子所以云爾者，恭也，對
君之詞也。《小戴記》："哀公問於孔子曰：'大禮何如？君子之言
禮，何其尊也？'孔子曰：'丘也小人，不足以知禮。'"《大戴記》："公
曰：'教他人則如何？'子曰：'否，丘則不能。'"凡此之類，不一而足。
知而曰不知，能而曰不能，皆禮也。何則？曰知曰能，未嘗有所窮
極者也。凡論孔子之事者，不求諸禮，皆失之矣。且先王之道在
人，雖孔子豈徧得天下之人，而悉學之乎？故君子知之而曰不知，
是其所矣。顏子告一而知十，孔子之知之，亦猶如是夫？故其於文
武之道，非學而盡之者亦審矣，故孔子曰："未之學也。"而謂孔子無
所不知者，它人之言耳。

　　"君子固窮"，古註："君子固亦有窮時。"得之。程子爲"固守其
窮"，失乎辭矣。且謂貧賤爲窮，後世之言也，乃道窮之謂已。不
爾，子路何曰："君子亦有窮乎？"蓋謂君子當知時務，豈有狼狽之時
乎？慍非怒孔子矣，拂鬱之至，發此言，故曰"慍見"，亦以孔子爲迂
也。遭難而拂鬱，方寸將亂，故告以"小人窮，斯濫矣"，何則？以孔
子爲迂，其究必至濫也。

子曰："賜也，女以予爲多學而識之者與？"子貢嘗務多識，而未知其要，故夫子問
以發之。對曰："然，非與？"子貢因夫子之言，而略悟其非也。曰："非也，予一以
貫之。"説見第四篇。

【古義】夫子之學，極其廣大，猶天地之包含萬物，而無所不在也，豈多學而識之者乎哉？蓋一與多學正相反：一則得，二三則失；一則成，二三則敗。故爲學者，不馳旁蹊，不求多岐，一而又一，至於至一之地焉，則五常百行、禮樂文章，合湊會歸，不須外求，斯之謂一以貫之。與夫多學而識之者，不啻霄壤矣。

【徵】宋儒謂："孔子告一貫，曾子以行，子貢以知。"非也。古之學，皆教之以事，而不言其理，欲學者之自得之也。習於事而自知之，曾子、子貢一也。分知、行者，宋儒家學耳。又以"一貫"爲孔門傳授心法者，傚顰浮屠拈華微笑者已。又謂唯二子得聞，而它人不與焉，豈其然？蓋孔子言"一以貫之"，而不謂"一"爲何矣，難以言明也。故非通六藝者，則固不可與聞是言，然如"吾無隱乎爾"，亦此意也。豈如後世以爲大小大事哉？又如以"然非與"爲方信而忽疑，亦謬矣。升庵曰："子貢非不知也，蓋辭讓而對，事師之禮也。鬻子對文王、武王、成王，皆曰'唯疑'，豈方唯而亦疑乎？對君之體也。大史公曰：'唯唯否否。'蓋古之對友亦如此，亦可以證矣。"

子曰："由，知德者鮮矣。"此亦夫子呼子路之名，而言知德之難，以歎學者之不能自勉也。

【古義】夫子嘗歎"好德不如好色"，凡事知其爲美，則必好之。人苟知德之爲美，如口之於芻豢，則夫誰不好？其不知好者，皆不知德故也。

　　　論曰：古人以德行爲學問，外德行，別無所謂學問者，故學問成則德自立、身自脩，而措之家國天下，亦無難焉。後世以德行爲德行，以學問爲學問，而不知以德行爲學問，故有志於脩身，則以力把捉；有意於經世，則以法維持。而其少有知者，亦專務依傚假借，而不免於德愈荒也。

【徵】"由知德者，鮮矣"，謂人多不知有德之人也。朱註："謂非己有之，不能知其意味之實也。"可謂不知古言已。夫知人，帝所難，故曰：
"鮮矣。"南容引羿、奡、禹、稷，孔子以"尚德"稱之，子路愠見之"不
知德"，可以見已。蓋有德之人，自天祐之，一時之厄，豈足憂哉？
所謂"知德"，豈翅知孔子爲有德之人乎？亦知有德之人天不棄
之也。

子曰："無爲而治者，其舜也與？夫何爲哉？恭己正南面而已矣。"無爲而
治者，言無所作爲，而自致治平也。恭己南面，人君之象。

【古義】此夫子贊舜之德，獨度越于羣聖人也。夫聖，堯舜爲盛，若堯"唯
天爲大，唯堯則之"，固不待贊焉；舜則納賓巡狩，封山濬川，亦多事
矣。然不見其有爲之迹，所謂"立之斯立，道之斯行，綏之斯來，動
之斯和"，是也。所以獨稱舜爲"無爲而治"也。

【徵】"無爲而治"，古來以得人言，故舜特以此稱之，如文王獨以"無憂"
稱已。仁齋乃引"立之斯立，道之斯行，綏之斯來，動之斯和"，是凡
聖人皆爾，豈特舜而已哉？是其意謂得人而無爲，以此稱舜，非其
至焉者。殊不知堯蕩蕩之大，以允恭克讓，而允恭克讓，所以得人
也。皋陶之謨，安民知人，盡萬古帝王之道，而安民非知人則不得。
故虞廷賡歌，專言任下意，而《虞書》以此終焉。故萬古治天下之
道，以此爲至焉者，而舜之爲大聖，豈出此外邪？"恭己正南面"，亦
惟形容其無所爲耳。正南面者，南面也，如"正墻面"，及《司儀職》
"不正其主面"之"正"，古言也。猶謂正面南，正面墻，不正面其
主也。

子張問行，子張憂事多沮滯，不如己意，故問行。**子曰："言忠信，行篤敬，雖蠻
貊之邦，行矣；言不忠信，行不篤敬，雖州里，行乎哉？**篤，厚也。蠻，南蠻；
貊，北狄，無禮義之國。二千五百家爲州。州里，謂己之鄉里。**立則見其參於前也，
在輿則見其倚於衡也，夫然後行。"**此勉爲忠信篤敬之無間斷也。朱氏曰："參，讀

如‘毋往參焉’之‘參’，言與我相參也。衡，軛也。言其於忠信篤敬，念念不忘，隨其所在，常若有見。雖欲頃刻離之，而不可得，然後蠻貊可行也。”**子張書諸紳。**紳，大帶之垂者，書之欲其不忘也。

【古義】學問之要，在乎專與熟：不專則無功，不熟則無驗。凡有志於道者，孰不知忠信篤敬之爲美？然未見其功驗如此者，不專不熟故也。其必用志之專，用力之熟，而後見其參于前，倚于衡，而其行沛然，孰能禦焉？子張問行，又猶問達之意，皆學問之難事，故夫子之所答，丁寧反復，不厭其言之繁，學者不可不熟察而深體焉。

　　論曰：忠信，學問之本；篤敬，學問之地；始終，全體盡之矣。後世儒者，以爲忠信篤敬，是日用常行之務，非窮遠極高之論，而別立一般宗旨。殊不知道者實理也，學者實務也，豈外忠信篤敬，而別有所謂高遠者哉？故知道者，其言近而實，故用之而愈不竭；不知道者，其言遠而虛，故無益於日用。離忠信篤敬而言道者，非知道者也；但要忠信者，必流於硜硜；務篤敬者，必陷於把捉。此亦學者之所當慮也。

【徵】篤與敬別，非篤其敬也。大氐丁寧懇到之意，接人爲忠，在己爲篤。仁齋先生以忠信篤敬爲學問之道，豈學問之道乎？君子之道所以行也，故子張問行，而孔子告之以此。後儒皆謂學作聖人，是自孔子所不言，故外孔子而別立宗旨耳。孔子所謂“學而不厭”者，謂誦習《詩》、《書》、禮、樂以終其身也，豈忠信篤敬之謂乎哉？假使其人果能忠信篤敬，不學先王之道，亦鄉人耳。仁齋之言，亦宋儒鞭辟近裡著之遺耳；“立則見其參於前也，在輿則見其倚於衡也”，此二句，古語也，言不相離也。參，韓愈《筆解》：“古驂字。”得之。前，《周禮·大行人職》曰：“立當前疾。”鄭玄以“轅前”解之。倚，輢也。《詩·衛風》：“猗重較兮。”孔穎達以“倚此重較之車”解之，非矣。

《考工記・輿人》鄭註："較兩輢上出式者，是輢兩邊植木。較橫輢上，輢兩而較一。"《衞風》"猗"即"輢"。重，平聲。君子有金錫圭璧之美，加之以寬綽，如輢上加較，故曰："猗重較兮。"驂之於輈前，輈之於衡，皆不相離之喩也。"立"與"在輿"，互文耳，蓋主安車言之，故在輿言坐耳。車中立則見驂與前之不相離也，坐則見輈與衡之不相離也，是兩"見"字無意，但以不相離爲義。孔子引此以謂己與人不相離，然後道行也，而其所以不相離之道，則忠信篤敬焉。如"輗軏"之喩然，此孔子之意也。如朱子解，一如禪子提撕話頭，古豈有之哉？可笑之甚。

子曰："直哉！史魚。邦有道，如矢；邦無道，如矢。史，官名。魚，衞大夫，名鰌。如矢，言直也。君子哉！蘧伯玉。邦有道，則仕；邦無道，則可卷而懷之。伯玉出處，合於聖人之道，故曰"君子"。卷，收也。懷，藏也。"

【古義】此言二子皆衞賢臣，而其行自不同也。若子魚，能伸而不能屈，知正己而不知成物，惟可謂之直；伯玉因時屈伸，卷舒隨宜，可以成己，可以成物，故謂之君子也。

【徵】楊氏曰："若史魚之如矢，則雖欲卷而懷之，有不可得也。"是固爾，然孔子所以稱伯玉云爾者，謂其有道也。卷其道而懷之也，是正與"用舍行藏"同意。古人以矢諭直，故《大司寇職》曰："以兩造禁民訟，入束矢於朝，然後聽之。"《大東》詩曰："周道如砥，其直如矢。"《噬嗑》曰："得金矢。"可以見已。

子曰："可與言而不與之言，失人；不可與言而與之言，失言。知者不失人，亦不失言。"

【古義】失人，則善不周矣；失言，則道必潰矣。

【徵】"知者不失人，亦不失言"，或曰："不失人，仁也；不失言，知也。聖人言知，必有仁在。"然不失人者，知者之事也，非仁也。知者利仁，豈全不相關乎?

子曰:"**志士仁人,無求生以害仁,有殺身以成仁。**"志士,有志之士。仁人,則成德之人也。求生,謂求生路也。

【古義】志士,其志有所不爲;仁人,其德足以成物。其德雖不同,而其於仁也一也。生乎以之,死乎以之,君子違仁,惡乎成名? 志士之所期,仁人之所立,大矣哉!

【徵】"志士仁人,無求生以害仁,有殺身以成仁",謂龍逢、比干之徒也。仁齋先生引"君子去仁,惡乎成名",可謂善解已。孔子嘗曰:"造次必於是,顛沛必於是。"至於此則死生必於是,究言之也。蓋先王之道,安民之道也,志士志於此焉,仁人成德於此焉。朱子曰:"理當死而求生,則於其心有不安矣,是害其心之德也。當死而死,則心安而德全矣。"是其心學之説,吁亦小矣哉! 豈得以爲仁乎? 程子曰:"殺身以成仁者,只是成就一箇是而已。"是宋儒汩没是非海裡也。成就一箇,是豈可以爲仁哉? 夫成就一箇,是以爲仁,則召忽仁矣。而孔子不仁召忽而仁管仲,其妄可知已。如"天下無不是底父母",宋儒以爲至言。夫使舜以瞽瞍爲是,豈足以爲舜乎? 孝子之心是則是,不是則不是,未嘗以親之不是爲是矣。雖以爲不是,其無怨怒之心,是孝子也。宋儒汩没是非海裡,故終不能離是非以言之,悲哉!

子貢問爲仁,子曰:"**工欲善其事,必先利其器。居是邦也,事其大夫之賢者,友其士之仁者。**"爲,猶助也,猶"爲衛君"之"爲"。大夫從政,故以其才而言;士未與政,故以其德而言。

【古義】工不利其器,則其事不善;人無賢師友,則其德不成。薰陶漸磨之益,可謂甚大,所謂"魯無君子者,斯焉取斯"是也。曾子亦曰:"以友輔仁。"蓋言不可不以賢友爲助也。

【徵】"子貢問爲仁"，"爲仁"如"克己復禮爲仁"，謂行仁政也。程子曰：
　　"非問仁也，故孔子告之以爲仁之資而已。"仁齋又因"資"字而訓
　　"爲"爲助。夫"爲衛君"之"爲"訓助者，明其爲去聲也，豈異義乎？
　　可謂倭人哉！蓋子貢多智，有自用之失，故告之欲行仁政，必須人
　　才也。事其大夫之賢者，友其士之仁者，據子貢之今日而言之耳。
　　子賤爲單父宰，所父事者三人，所兄事者五人，所友者十一人，豈不
　　然乎？且先王安民之道，仁盡之矣，然有勇智忠和種種之德者，仁
　　必待衆德而後成焉。故先王之道，仁盡之矣，而未嘗言仁盡之者，
　　爲是故。故王者之治天下，必須人才而後治。又按：孔子少許仁，
　　則仁者宜若少，而此曰"其士之仁者"，是仁者亦易得也。蓋"事其
　　大夫之賢者，友其士之仁者"，亦古語，而孔子稱之耳。

顏淵問爲邦，爲者，創爲之謂，創造紀綱法度也。《周禮》："冢宰掌邦治，以佐王均邦
國。"是也。與問治國自異也。**子曰："行夏之時**，時，謂春夏秋冬。周以斗柄初昏建子
之月爲歲首，殷以建丑之月爲歲首，夏以建寅之月爲歲首。然春者，蠢蠢然物自發生，故唯
夏之正，爲得天時之正也。**乘殷之輅**，殷輅，木輅也。儉素渾堅，而等威易辨，是以質爲
尚。**服周之冕**，冕，禮冠。周冕華而有飾，蓋其爲物，小而加於衆體之上，故以文爲尚。
樂則《韶》舞。《韶》，舜之樂，取其盡善盡美。上文既損益三代之禮而論之，故此特舉舜
之樂而示之。顏子王佐之材，故以治天下之法告之也。**放鄭聲，遠佞人。鄭聲淫，
佞人殆**。鄭聲，鄭國之音。佞人，辨給之人。淫聲能蕩人志，佞人能危人國，故放而
遠之。"

【古義】治天下以仁爲本，而夫子告顏子，特以四代之禮樂者，何哉？蓋
　　因其問爲邦，故折衷四代之制以示之，此其所以異也。夫法必有
　　弊，道則無弊，先王之制，雖因時勢順民心而立之，然及其久也，不
　　能無弊。夫子於是就四代之制，各舉其一事，以示其梗槩。蓋行夏
　　之時，取其正也；乘殷之輅，貴其質也；服周之冕，從其文也；樂則

《韶》舞者，尚美善之極也；“放鄭聲，遠佞人”者，防害治之本也。所謂萬世不易之常道，兼文質，存法戒，治天下之道盡矣。

【徵】制作禮樂，革命之事，君子諱言之，故顏子止問爲邦。而孔顏之時，革命之秋也。且顏子用舍行藏，與孔子同，若天縱之，亦聖人矣。故孔子以制作禮樂告之，後儒必曰亞聖，亦浮屠補處菩薩之見耳。此章，先儒以爲萬代不易之制，豈知此正以孔顏之時言之耳。若果有所謂萬代不易之制者，則堯、舜、禹、湯、文、武、周公，皆非聖人焉。且孔子所告，豈容行之於今世哉？豈在其爲萬世不易之制哉？世儒之不知禮樂，一至斯極邪？夏時、殷輅、周冕，禮也；韶，樂也。聖人之治天下，禮樂盡焉。鄭聲害乎樂，佞人害乎禮。佞人，有口才者，朱註：“卑諂辨給之人。”謬矣。聖人之立禮也，使天下之人固守之，而變亂法制者，必口才之人也，故遠之。後儒之不知先王禮樂之意者，皆以己之所見而變亂先王之教法，要之不免佞人之歸哉！吾所以不取孟子以下者，爲是故。《國風》徒歌也，故存鄭衛。鄭聲者，被之於聲樂，故放之。世有鄭聲，則民不好樂，所以放也。升庵説：“水溢於平曰淫水，雨過於節曰淫雨，聲濫於樂曰淫聲。”《考工記》曰：“善坊者水淫。”《左傳》曰：“歲在星紀而淫於玄枵。”後世解《鄭風》皆爲淫詩，謬矣，此説爲是。大氐聲樂可娛之甚，謂之淫已。

子曰：“人無遠慮，必有近憂。”

【古義】慮不及久遠之外，則憂心起於至近之地，家國天下，莫不皆然。此言甚近，然從之則吉，違之必凶，神明所不如，蓍蔡所不及，其可不謹畏佩服也哉？○宋李文靖公治居第，廳事前僅容旋馬，或言其太隘，公笑曰：“居第當傳子孫，此爲宰輔廳事誠隘，爲太祝奉禮廳事則已寬矣。”此亦可謂遠慮之一事矣。

【徵】"人無遠慮，必有近憂"，大矣哉，此言！可以盡聖人之道已。聖人智大思深，故其道深遠焉。當世之人，豈不尊孔子哉？其所以不能用孔子者，皆以爲迂耳；後世諸儒，豈乏聰明哉？其所以不能知聖人之道者，皆爲見近耳。

子曰："已矣乎！吾未見好德如好色者也。"

【古義】重出之義見前。

【徵】"已矣乎！吾未見好德如好色者也"，此主人君言之。不爾，豈有"已矣乎"三字哉？是嘆世無用孔子者也。

子曰："臧文仲其竊位者與？知柳下惠之賢而不與立也。"柳下惠，魯大夫展獲，字禽。食邑柳下，謐曰惠。與立，謂與之並立于朝。

【古義】薦賢舉能，居位者之任也。若不知其賢而不舉之，則固不稱其職，況知而不舉之，則猶盜竊非其有者，而陰自有之，故曰："竊位。"甚言其罪之大也。後之在位者，宜監於此。

【徵】孔子以臧文仲爲竊位者，其譏之者至矣，是乃"孔叔文子可以爲文"意。皋陶之謨，以"安民知人"盡乎萬古治天下之道，而安民非知人則不可得矣。樊遲問知，孔子以"知人"答之，唯知人可以盡知之道焉，故蔽賢者，聖人所惡也。孟子曰："不祥之實，蔽賢者當之。"是亦孔門傳授之説，可以見已。

子曰："躬自厚而薄責於人，則遠怨矣。"

【古義】自治厚而責人薄者，仁者之用心，何往而有怨哉？小人反此。蓋遠怨者，德之符；多怨者，釁之招。故君子謹焉。○昔宋呂祖謙性太褊急，適讀《論語》至此，大自感悟，後來一向寬厚和易也。可謂善讀《論語》者矣。

【徵】"躬自厚而薄責於人，則遠怨矣"，孔安國曰："責己厚，責人薄，所以遠怨咎。"是補一"責"字，亦古來相傳之説也。仁齋曰："自治厚而責人薄。"是其意以爲無"責"字,故易以"治",然亦豈有治哉? 亦不知古文辭之失已。

子曰:"不曰'如之何,如之何'者,吾末如之何也已矣。"朱氏曰:"'如之何,如之何'者,熟思而審處之詞也。不如是而妄行,雖聖人亦無如之何矣。"

【古義】慮事欲審,操心欲危。苟不如此,則其非妄,則必不智也。

【徵】"如之何,如之何",問辭,是孔子之貴問也。大氐古書"之"字無意義,如之何、如何,一也。朱子曰:"熟思而審處之辭。"豈亦泥"之"字邪?

子曰:"群居終日,言不及義,好行小慧,難矣哉!"小慧,私智也。難矣哉,言其難以入德也。

【古義】此言燕朋之害也。群居終日,則徒曠時日,本無肄業之務;言不及義,則游談無根;好行小慧,則機心日熟。放辟邪侈,無所不至,乃衆惡之所由而生,可不戒乎?

【徵】方其群居也,雖終日言,其言不及先王之義。觀其行事,則好行小惠,自以爲此足以收人心。是似仁而非仁,然亦以此而頗有聞望,故自以爲足,不復學道,故曰:"難矣哉!"是必指當時卿大夫言之。慧、惠音同,故誤爾。舊註:"可謂盡小人之情態。"然是不足言矣,聖人豈有是言哉? 且慧豈可以行言乎? 按:《韓非·説林》"惠子"作"慧子",《文選·安陸王碑》"振平慧以字小人",又"慧露霑吳,仁風扇越",可以見已。

子曰:"君子義以爲質,禮以行之,孫以出之,信以成之。君子哉!"

【古義】義者,制事之本,故以爲質幹。然發强剛毅之氣多,而寬裕温柔之意少,故行之必以節文,出之必以退遜,成之必在誠實,而後爲君子也。

論曰:聖門以仁、義並稱,而仁爲大焉,而此曰"義以爲質"者,

何也？蓋義者聖人之大用，萬事之所以得其理，而人道之別於禽獸
也。有時而重於仁，故曰：“義以爲上。”又曰：“義之與比。”若夫佛
老之徒，所以差道者，不知義之至重故也。

【徵】“君子義以爲質”，君子，指卿大夫，而以朝聘之事言之。蓋朝聘之
事，當時卿大夫重務也。仁者，君道也；義者，臣道也。故語政則言
仁。朝聘奉君命以行，臣之事也，故曰：“義以爲質。”質，體質也。
鄭玄曰：“謂操行。”失之矣。君子朝聘之事，皆以義爲其體質；而朝
聘有禮，故禮以行之；言辭不可以不遜順，故孫以出之。鄭玄曰：
“孫以出之，謂言語。”得之矣。如“出辭氣”，凡曰“出”，皆言語也。
朝聘之事貴信，故信以成之。能行此四者，雖無君子之德，亦可以
爲君子，故曰：“君子哉！”此與稱子賤、蘧伯玉，語勢自殊。行之、出
之、成之，三“之”字明有所指，而後儒以爲行義、出義、成義，可謂不
識文辭已。朱子又以“孫”爲退孫，“信”爲誠實，皆非矣。仁齋曰：
“聖門以仁、義並稱，而仁爲大焉，而此曰‘義以爲質’者，何也？蓋
義者聖人之大用，萬事之所以得其理，而人道之別於禽獸也。有時
而重於仁，故曰：‘義以爲上。’又曰：‘義之與比。’”殊不知仁、義並
稱，昉自孟子。而孔門至子思，禮、義並稱矣。夫禮義皆先王之道
也，後儒不知義爲先王之古義，自取諸其臆爲義，謬矣哉！且所謂
義爲“聖人之大用”者，果何所本自？

子曰：“君子病無能焉，不病人之不己知也。”

【古義】此聖門之家法，學者之所當務也。

【徵】“君子病無能焉”，能，謂才能也。包咸曰：“君子之人，但病無聖人
之道。”是嫌才能之爲小，故爲是解。後儒多以爲“鮮能”之能，亦皆
有是意。殊不知賜之達、由之果、求之藝，皆能也。《大禹謨》曰：
“天下莫與汝爭能。”豈小哉？《周官》曰：“推賢讓能。”又曰：“舉能

其官。"是官人以能，古之道也。學以成德，各有其能，所以仕而行其義也。道學先生之徒，其意多貴德而賤能，欲人人爲聖人，豈有是理？其究至於以有體無用見誚者，宜哉！夫人各有其性，故雖以一技一藝聞於世，亦孔子之所取也。

子曰："君子疾没世而名不稱焉。"

【古義】張氏栻曰："此勉人及時進脩也。有是實則有是名，名者所以命其實也。終其身而無實之可名，君子疾之，非疾其無名也，疾其無實也。"

【徵】"疾没世而名不稱焉"，没世，終身也。荀子曰："末世窮年。"末世即没世也。孔子又曰："四十、五十而無聞焉，斯亦不足畏也已。"主後生以言之。然大器晚成，人之資質亦多品，又有少壯放逸至中年悔悟者，故孔子亦有此言耳。

子曰："君子求諸己，小人求諸人。"

【古義】此亦孔子之家法。《中庸》云："射有似乎君子，失諸正鵠，反求諸其身。"孟子曰："愛人不親，反其仁；治人不治，反其智；禮人不答，反其敬。"古之君子，其自脩如此，故德日脩而家邦無怨。○楊氏曰："君子雖不病人之不己知，然亦疾没世而名不稱也。雖疾没世而名不稱，然所以求者，亦反諸己而已。三者文不相蒙，而義實相足，亦記言者之意。"

【徵】君子求諸己，所以能成其德也。如孔子聞滄浪之歌，則曰："自取之也。"可以見已。

子曰："君子矜而不爭，群而不黨。" 莊以持己曰矜，和以處衆曰群。

【古義】君子道德自持，非立異以爲高，故矜而不爭，物我一視，非苟同以徇俗，故群而不黨；小人惟知有己而已，豈能不爭？惟知有勢利而已，豈能不黨？

【徵】“矜而不爭，群而不黨”，朱子曰：“莊以持己曰矜，然無乖戾之心，故不爭；和以處衆曰群，然無阿比之意，故不黨。”可謂善解已。仁齋乃曰：“君子道德自持，非立異以爲高，故矜而不爭，物我一視，非苟同以徇俗，故群而不黨。”吁！道德自持，物我一視，道學先生哉！大氐君子者在上之名，士大夫通稱，方孔子時，豈有是意哉？是其欲刪朱註別成一家者，豈非立異以爲高哉？悲哉！蓋君子守禮，禮貴讓，故矜而不爭；君子居仁，仁者長人之德，故群而不黨。

子曰：“君子不以言舉人，不以人廢言。”

【古義】以言舉人，則恐得小人；以人廢言，則恐遺善言。不以言舉人，智也；不以人廢言，仁也。

【徵】“不以言舉人，不以人廢言”，雖有德者必有言，然有言者不必有德也。君子之恥其言而過其行，亦以此；舜之好問而好察邇言，亦以此。聖人之言，何其如合符契也。

子貢問曰：“有一言而可以終身行之者乎？”子曰：“其恕乎！己所不欲，勿施於人。”夫子既以恕答子貢，而又以行恕之要告之。

【古義】夫人之惡易見，而人之憂難察，處己則寬，而待人必刻，此人之通患也。故以恕爲心，則不深咎人，而能宥過救難，其效有不可勝言者矣。故曰：“可以終身行之。”子貢嘗聞一貫之旨，而未知其方，故問：“有一言而可以終身行之者乎？”而夫子答之曰：“其恕乎！”猶曾子答門人曰“夫子之道，忠恕而已矣”之意。

【徵】“己所不欲，勿施於人。”此解入正文也，何則？孔子何必解恕字乎？恕在孔子時，豈待解乎？仁齋乃曰：“夫子既以恕答子貢，而又以行恕之要告之。”豈有是哉？孔子告子貢曰：“能近取譬，可謂仁之方也已。”又告仲弓曰：“己所不欲，勿施於人。”與此正同，皆恕也。孔

子或以彼，或以此，豈拘哉？仁齋之意，以後二句未盡恕之義，故以
爲行恕之要，豈非泥乎？

子曰：“**吾之於人也，誰毀誰譽？如有所譽者，其有所試矣**。言吾之於人，初
無愛憎，何所毀譽？但所稱譽者，乃有所試而然，不虛譽而已。**斯民也，三代之所以
直道而行也**。斯民者，今此之人也。言三代之盛，直道行于天下，而美刺褒貶，無所諱
避者，亦斯民而已。是吾之所以於當世之人，不輕絕之也。”

【古義】此言古今之人不甚相遠也。蓋道無古今之異，故人亦無古今之
別。今斯民，即三代之時所以直道而行之民，其性初無以異也。而
不識道者，必以不善視當世之人，其至於經天下，則必欲盡變一世
之人，而徑爲三代之士，豈有斯理乎哉？堯舜帥天下以仁，而民從
之；桀紂帥天下以暴，而民從之。湯武不易其民，而天下自治，亦何
深嫉之。故曰：“天下有道，丘不與易也。”

【徵】“吾之於人也，誰毀誰譽”，人謂鄉人，故下曰“斯民也”。言鄉黨之
間，孔子無所毀譽，待民之道爲爾。“如有所譽者，其有所試矣”，
試，用也，如“吾不試”“試而爲士”之試。言至於豪傑之士終當舉用
者，則孔子迺有所譽，所以鼓舞人才而獎成之也，教之道也。凡教
人之道，在獎借其善，使其驩忻踊躍，奮進弗已。後儒不知之，以訶
責爲尚，謬矣；“斯民也，三代之所以直道而行也”，釋“誰毀誰譽”
意。道，謂禮樂也。蓋三代之於民，直其道而行禮樂莫所低昂，君
子之德風，豈假毀譽也？夫化民之道，在習以成俗，而欲以區區毀
譽維持之，難矣乎！此孔子之於鄉人，所以無所毀譽也。後世君子
不識此義，喜以清議，扇動民俗。如後漢黨錮諸賢，其弊有不可勝
道者矣。朱子曰：“毀者，稱人之惡而損其真；譽者，揚人之善而過
其實。夫子無是也。”是其意以謂道者當然之理，直其道而行，故是
非皆當。殊不知毀譽過當，人之情也，觀於《詩》《書》可見已。且毀

譽者,所以勸戒也,豈必銖量錙稱,以求其當哉?皆不識"試"字、"道"字、"民"字,可笑之甚。又如"柳下惠直道而事人",以臣道言之,故與此章化民之道自殊。仁齋先生以"美刺褒貶無所諱避"解"直道",則與"誰毀誰譽"相反,皆不知而爲之解者已。

子曰:"吾猶及史之闕文也。有馬者借人乘之,今亡矣夫!"

【古義】楊氏曰:"史闕文、馬借人,此二事孔子猶及見之。今亡矣夫,悼時之益偷也。"陳氏櫟曰:"疑以傳疑,物與人共,皆人心近古處。二事雖小,而人心之不古亦可見。"

【徵】"吾猶及史之闕文也",是"之"下"也"上有闕文。故註"闕文"二字,遂入正文。後人不察,爲之解者,皆鑿矣。

子曰:"巧言亂德。小不忍,則亂大謀。"

【古義】巧其言者,必依附名理,假託仁義,故其言似是,而實足以亂德也。大人量大,能忍小事,故能成大謀也。若於小事不能忍,則輕動遽發,必亂大謀。故君子崇正而醜巧,尚成而惡敗,亦唯道之所在。

【徵】"巧言亂德",亂德言也。巧言似德言,故曰"亂"。朱註:"聽之使人喪其所守。"不識古文辭。且德也者,不可亂者也。喪其所守,豈可以爲德哉?小不忍則亂大謀,聖人之不貴不忍也。自孟子爭仁內外,而不忍之心爲儒者大訓,非孔氏之舊。學者察諸。

子曰:"衆惡之必察焉,衆好之必察焉。"

【古義】衆之好惡雖公,然不能無雷同之説,而是非之實,非衆人之所能識。其事善而或以惡目之,其事惡而或以善稱之。特行之士,衆人必忌;鄉原之行,流俗所悦。故聖人不隨衆而好惡,必察其實焉。

【徵】民之所好好之,民之所惡惡之,仁也。衆惡之必察焉,衆好之必察焉,知也。聖人之言,不執一而廢百。

子曰：“人能弘道，非道弘人。”弘，大之也。

【古義】此聖人專責成於人也。蓋道雖大而無爲，人雖小而有知。苟力學脩德，則各隨其才，爲聖爲賢，而文章德業，足以被覆於天下也。蓋有堯舜之聖，則有唐虞之盛；有湯武之君，則有殷周之治。上自孔孟，下至群賢，各從其人，而文章德業，從而廣狹，皆人之所弘，而非道之所弘。此孔門之所以貴學問也。

【徵】“人能弘道”，道者，先王之道也。道不虛行，必存乎人。孔子所以云爾者，不容徒守道則已，必當盛大之，故曰：“非道弘人。”朱註以道體言，以性言，及“人外無道，道外無人”，皆混道、德一之，非古義矣。王肅曰：“才大者道隨大，才小者道隨小，故不能弘人。”可謂善得古意。言所傳者同爲先王之道，而子思不及孔子，孟子不及子思，是道之污隆，人之所爲也，非傳道者皆能極盛大焉。

子曰：“過而不改，是謂過矣。”

【古義】一心可以入堯舜之道，一心不可以入堯舜之道，在能改過與否焉耳。夫人不能無過，能改爲貴，過而不改，是謂過焉。故聖人之教，不貴無過，而貴能改焉。

【徵】無説。

子曰：“吾嘗終日不食，終夜不寢，以思，無益，不如學也。”

【古義】此聖人言學問之益，以示人也。蓋思而得之，不如學而得之之速且安焉。凡物必有成法，就此損益，則其長短高下，皆可一舉而定。何謂成法？聖賢之所行是也。若棄成法，徒爾思惟，則雖殫力焦思，勞而無成，故曰：“好知而不好學，則其蔽也蕩。”

【徵】“吾嘗終日不食，終夜不寢，以思，無益，不如學也”，學，學先王之道也。先王之道，堯舜至文武歷數千載，衆聖所積知巧爲之。孔子雖聖，以一人之知、一日之力，而豈能得之哉？故孔子云爾。後儒不知之,謂特垂語以教人爾,非也。

子曰:"君子謀道不謀食。耕也,餒在其中矣;學也,禄在其中矣。君子憂道不憂貧。"

【古義】謀道不謀食,君子之所務如此;憂道不憂貧,君子之本心亦如此。

　　蓋雖君子無食則不生,貧則不立,然而其所以不謀不憂,而自立於世者,以德不孤必有隣故也,故曰:"禄在其中矣。"然則何謀之有?亦何憂之有?

【徵】"謀道不謀食",謀者,謂營求之也。人多不知"謀"字,故詳之爾。

子曰:"知及之,仁不能守之,雖得之,必失之;言雖知爲君之難,而非德以守之,則必失其位。唐孔氏曰:"得位由知,守位在仁。"知及之,仁能守之,不莊以涖之,則民不敬;莊,嚴也。涖,臨也。包氏曰:"不莊以臨之,則民不敬從其上。"知及之,仁能守之,莊以涖之,動之不以禮,未善也。動之,動民也。"

【古義】此專言爲君之道,責成於上也。知爲君之難也,不幾乎一言而興邦乎? 所謂知及之也。聖人之大寶曰位,何以守之曰仁,所謂仁守之也。能盡此二者,則爲君之道得焉。然守身無度,則民慢而令不行,故不莊以涖之,民不敬也。禮以辨上下,定民志,故動之不以禮,則亦未善也。蓋雖知仁、莊、禮不可廢一,然知仁其本也歟!

【徵】知及之,仁齋曰:"言雖知爲君之難,而非德以守之,則必失其位。"仁守之,仁齋引"聖人之大寶曰位,何以守之曰仁",勝朱註萬萬。朱子以爲君子自脩之事,則下二節不可得而通矣。但"知及之"者,謂其知可以爲人上也。及者難辭,凡人之知,有及焉,有不及焉。雖有知慧,所見狹小,不可以爲人上。其知之大可以爲人上,是謂之知及之,何翅知爲君之難已哉? 仁者,仁政也。非仁政不足以守其位,而仁齋以德言之,亦失之。"不莊以涖之,則民不敬",包咸曰:"不嚴以臨之,則民不敬從其上。"盡矣。"動之以禮",朱註:"動

之，動民也，猶曰‘鼓舞而作興之’云爾。”得之矣。蓋禮者，先王治
天下之道莫善焉，非此不能化成天下矣。朱子曰：“禮謂義理之節
文。”非矣。仁齋曰：“禮以辨上下，定民志。”亦昧乎動字矣。

子曰：“君子不可小知而可大受也，小人不可大受而可小知也。”朱氏曰：
“知，我知之也；受，彼所受也。”

【古義】此言君子之所得，與小人不同也。君子於小事，雖未必見其能，
　　　然用之於大事，則綽綽其有餘裕矣。非若小人於小事，雖或有可取
　　　者，然委之以大事，則褊淺狹小，不能受容也。

【徵】朱子曰：“知，我知之也；受，彼所受也。”得之。凡曰可、不可者，皆
　　　以我言之，今“知”與“受”對一彼一我，似不穩矣。然有之，曰：“君
　　　子可逝也，不可陷也。”逝，彼之逝也。陷，我陷之也。故逝者，使逝
　　　也，大受者，使大受也。祇訓知爲觀，朱子失之。故此章非觀人之
　　　法矣，蓋用人之法也：大受者，大任之也；小知者，小用之也。君子
　　　務大者以成其德，其材足以大任，而不可小用之；小人無大者於內，
　　　然亦不無小長，故其材雖不足大任，而可小用之焉。我任之而曰
　　　“受”，彼之材能受之也，故受以彼言之；我用彼材而曰“知”，小人之
　　　難任也，非我知之則不可，故知以我言之。王肅以“君子之道”“小
　　　人之道”解之，老氏之遺也，且豈有所謂“小人之道”哉？

子曰：“民之於仁也，甚於水火。水火，吾見蹈而死者矣，未見蹈仁而死
者也。”蹈，踐也。蹈水火而死，謂赴水火而死。《家語》所謂“忠信可以蹈水火”，魯仲連所
謂“吾有蹈東海而死”是也。蹈仁而死，所謂“守死善道”之謂。比干及程嬰、杵臼之徒，可
以當之。言水火，人之所畏者，然人或有蹈而死者矣。而至於仁，則人之所以爲人之道，不
可須臾離焉。然人畏而莫之敢近，亦甚於水火，蓋怪之歎之也。

【古義】此聖人怪人常能爲其所難爲者，而於仁反畏憚怯縮不敢爲，而歎
　　　之也。蓋一旦感激而殺身者易，至於從容自得，殺身以成仁，則非
　　　至誠惻怛發於中者，則不能，所以曰：“未見蹈仁而死者也。”

【徵】王弼云：“民之遠於仁，甚於水火，見有蹈水火者，未嘗見蹈仁者
也。”仁齋用之。然詳語意，不若是焉。馬融曰：“水火及仁，皆民所
仰而生者，仁最爲甚。”得之。蓋言民之於仁政也，甚於水火，何故
也？水火吾見蹈而死者矣，未見蹈仁而死者也。宜哉！是孔子之
意已。仁而曰“蹈”，由“蹈水火”而來也。朱子以爲學者事，非也，
豈無殺身而成仁乎？民者，對君辭，故仁謂仁政也。

子曰：“當仁不讓於師。”

【古義】此言仁之不可不力行也。師者，道之所在，固每事不可不讓
焉。然於仁則不然者，蓋仁人道之本，而師者所受命也。苟如
此，則盡人道之本，而能受其命者也。其不讓之者，適所以深
讓之也。

【徵】“當仁不讓於師”，朱註引“仁以爲己任”，得之矣。仁道廣大，宜若
可讓然，故曰：“不讓於師。”而其所以不讓之故者，孔安國得之，曰：
“行仁急。”程子曰：“爲仁在己，無所與遜。”非矣。果爾，何唯於仁
乎？救民安民之事，不可得而緩之也。

子曰：“君子貞而不諒。”孔氏曰：“貞，正。諒，信也。”

【古義】馮氏椅曰：“歷萬變而不失其正者，貞也。諒則固守而不知變者
也，故曰：‘貞者，事之幹也。’‘豈若匹夫匹婦之爲諒也哉！’”

【徵】貞而不諒，孔安國曰：“貞，正。諒，信也。”朱註：“貞，正而固也。”皆
非矣。蓋貞者，謂存於内者之不變也，如“貞女”之貞，可以見已。
諒者，謂求信於人也，如“亮察”“亮鑒”，皆求信意。夫君子之爲信
也，存於内者不變也，非求見信於人而爲之，故曰：“貞而不諒。”如
《易》“貞者，事之幹”“貞固幹事”“利貞者性情”及“貞悔”，皆謂不變
也。唯《象傳》以正解貞，音近故也，其所謂正者，非它書正字之義。
後儒以正解貞，不知《易》者已。

子曰：“**事君，敬其事而後其食**。”朱氏曰：“後，與‘後獲’之後同。食，禄也。”

【古義】張氏栻曰：“事君者，主於敬其事而已。官有尊卑，位有輕重，而敬其事之心則一也。”劉氏摯曰：“君子小人之分，在義利而已。小人才非不足用，特心之所向，不在乎義。希賞之志，每在事先；奉事之心，每在賞後。”

【徵】“事君，敬其事而後其食”，《王制》曰：“論定然後官之，任官然後爵之，位定然後禄之。”是後其食者，古之禮也。焦氏《筆乘》載：“《蜀石經》‘後其食’，作‘後食其禄’。”

子曰：“**有教無類**。”類者，謂世類之美惡，若《春秋傳》所謂“世濟其美，世濟其惡”是也。

【古義】此言天下唯有教之可貴，而無類之可言。教法之功甚大，而世類之美惡在所不論。蓋人性本善，雖其類之不美者，然有學以充焉，則皆可以化而入于善矣。此孔子之所以爲萬世開學問也，至矣大哉！

【徵】有教無類，古者不世官，刑人不孥，爲是故。類，馬融解以“種類”，得之。

子曰：“**道不同，不相爲謀**。”道，猶言術業。

【古義】人各有術業，苟非己道而相爲謀焉，則非惟犯人之職，必敗其事，故聖人戒之。

【徵】“道不同，不相爲謀”，道謂道術也。道不同者，如射與御，及笙笛與琴瑟是也，非吾所素習，則不精其事。故不相爲謀，恐壞其事也。朱註：“如善惡邪正之類。”是不必然。

子曰：“**辭達而已矣**。”

【古義】辭以意明理盡爲本。所謂達也，若專用工於言詞之間，則意理皆病，何用辭爲？○陳氏曰：“達之一字，脩辭之法也。蘇軾與人論文，每以夫子此言爲主。”

【徵】“辭達而已矣”，《聘禮記》曰：“辭無常，孫而説。辭多則史，少則不達。辭苟足以達，義之至也。”按：凡言之成文謂之辭，而此謂辭命也。春秋時爲辭命者，率虚誇成俗，競以文飾相高，兩國之情，因以不達，故孔子云爾。後世不審字義，誤以爲言語之道皆然，以達爲達意，非也。夫言語之道不一，或簡或繁，或婉或直，何必取通快明暢爲善哉？故《左傳》載孔子曰：“志有之，言以足志，文以足言。不言誰知其志？言之無文，行而不遠。”夫聖人之道曰“文”，文者物相雜之名，豈言語之所能盡哉？故古之能言者文之，以其象於道也，以其所包者廣也，君子何用明暢備悉爲也？故孔子嘗曰：“默而識之。”爲道之不可以言語解故也。孟子而下，此道泯焉，務欲以言語盡乎道也，以聒爭於不知者之前焉。夫人不可以言喻也，況可以言服其心乎？故其言之明暢備悉，適足以爲一偏之説耳。故性善性惡，聚訟萬古。程朱性理，不過爲堅白之辨，悲哉！此未必不因誤解此章也。學者察諸。

師冕見，師，樂師，瞽者。冕，名。**及階，子曰：“階也。”及席，子曰：“席也。”皆坐，子告之曰：“某在斯，某在斯。”**歷舉在坐之人，以詔之。**師冕出，子張問曰：“與師言之道與？”**朱氏曰：“聖門學者，於聖人之一言一動，無不存心省察如此。”愚謂學者之於言動，又要如此，否則非學也。**子曰：“然，固相師之道也。”**相，導也。古者瞽必有相，凡於瞽者，皆不可不導焉。

【古義】聖人之心，即天地之心，至誠無妄，無往而非仁。前再記夫子待瞽者之禮，皆出於至誠懇惻之意，而非勉强而然。蓋瞽者人之所易欺，於是盡其誠，則無往而非誠也。於乎！聖人之心，于今猶見也，大矣哉！

【徵】相師之道也，馬融曰：“相，導也。”此字詁耳。其實師之有相，亦如會同之有相也。相師之道者，禮爲爾。

季氏第十六凡十四章

季氏將伐顓臾，冉有、季路見於孔子曰："季氏將有事於顓臾。"顓臾，伏羲之後，風姓之國。本魯之附庸，季氏欲伐而取之，時冉有、季路爲季氏臣。蓋二子心有不安者，故特來報夫子也。孔子曰："求！無乃爾是過與？冉求爲季氏聚斂，尤用事，故夫子獨責之。夫顓臾，昔者先王以爲東蒙主，且在邦域之中矣。是社稷之臣也，何以伐爲？"東蒙，山名。先王封顓臾于此山之下，使主其祭。已屬魯，在其城中，則爲社稷之臣，何以伐之？冉有曰："夫子欲之，吾二臣者皆不欲也。"夫子，指季孫。孔子曰："求！周任有言曰：'陳力就列，不能者止。'危而不持，顛而不扶，則將焉用彼相矣？周任，古之良史。陳，布也。列，位也。相，瞽者之相也。言二子不欲則當諫，諫而不聽則當去。且爾言過矣，虎兕出於柙，龜玉毀於櫝中，是誰之過與？兕，野牛也。柙，檻也。櫝，匱也。言在柙而逸，在櫝而毀，典守者不得辭其過。明二子又不得不任其責也。"冉有曰："今夫顓臾，固而近於費。今不取，後世必爲子孫憂。"固，謂城郭完固。費，季氏邑。冉有既言"吾二臣者皆不欲"，而又言其有可伐之狀，蓋見義不精，故疑信相半耳。孔子曰："求！君子疾夫舍曰欲之而必爲之辭。言君子好直，故疾夫舍其所貪欲，而託善作他辭。丘也聞有國有家者，不患寡而患不均，不患貧而患不安。此二句，據下文，當作"不患貧而患不均，不患寡而患不和，不患傾而患不安"。貧謂財乏，均謂各得其分，寡謂民少，和謂上下和睦，安謂堅固不危。蓋均無貧，和無寡，安無傾。季氏所患者，在於貧與寡與傾，殊不知各得其分，則無財乏之患；上下和睦，則無民少之患。堅固不危，則無傾覆之患。然是時遠人不服，邦分崩離析，則三患自至，何暇以伐顓臾爲？弗思焉耳。夫如是，故遠人不服，則脩文德以來之。既來之，則安之。文德，如禮樂法度之類。言內治脩，然後遠人服。若不服，則當脩文德以來之，不可即稱兵也。已來之，則安之，不復貪其土地人民也。今由與求也，相夫子，遠人不服，而不能來也；邦分崩離

析，而不能守也。遠人，謂顓臾。分崩離析，謂國勢分裂，民心乖離也。而謀動干
戈於邦内。吾恐季孫之憂，不在顓臾，而在蕭墻之内也。干，楯也。戈，戟
也。蕭，墻屏也。言不均、不和、不安，則内變將作。"

【古義】人皆視目前之小利，而不知後來之大害，天下之通患也。後世講
　　武者，豈不曰如是而能享其利乎？殊不知苟其内不均、不安、不和，
　　則敵未衂刃，而變生肘腋，不可復救焉。○洪氏慶善曰："二子仕於
　　季氏，凡季氏所欲爲，必以告於夫子，則因夫子之言而救止者，宜亦
　　多矣。伐顓臾之事，不見於經傳，其以夫子之言而止也與？"

【徵】"有國有家者，不患寡而患不均，不患貧而患不安。蓋均無貧，和無
　　寡，安無傾"，寡謂民少。不患寡而患不均者，不均則下怨，怨則雖
　　衆不如寡也；不患貧而患不安者，不安則雖富必傾也；均無貧者，均
　　則財雖不在我而在彼，合彼我則何貧之有？即有若"百姓足，君孰
　　與不足"意；和無寡者，上下和而力專，何寡之有？主意在"均"字，
　　均則和而安。寡與貧亦相因，而患地狹民寡者爲本。聖人之論治
　　亂安危之故，可謂如環無端已。仁齋乃曰："據下文，當作'不患貧
　　而患不均，不患寡而患不和，不患傾而患不安'。"不識古文辭而輒
　　欲改《論語》，真妄人哉！脩文德，出《書》，曰："帝乃誕敷文德，舞干
　　羽于兩階，七旬有苗格。"謂禮樂也。仁齋曰："如禮樂法度之類。"
　　法度豈容謂之德乎？

孔子曰："天下有道，則禮樂征伐自天子出；天下無道，則禮樂征伐自諸
侯出。自諸侯出，蓋十世希不失矣；齊桓公、晉文公，皆爲諸侯之盟主，然齊至悼
公，晉至惠公，皆十世國已微弱，政在大夫。自大夫出，五世希不失矣；陪臣執國
命，三世希不失矣。陪臣，家臣也。五世、三世，言其世數大約不過如此。天下有
道，則政不在大夫；君不失權，則大夫不得自專。天下有道，則庶人不議。政當
人心，則下無竊議。"

【古義】此章蓋記夫子所以作《春秋》之由也。禮樂征伐自諸侯出，世道之初變也；自大夫出，世道之再變也；陪臣執國命，變之極也。諸侯以爲可以此而制天下，大夫以爲可以此而專國政，陪臣以爲可以此而永執國命。殊不知上以惠下，下以奉上，而後上下叙而國安。若夫逆理愈甚，則其失之也愈益速也。《春秋》之作，欲遏亂臣賊子之欲，而挽之於治古之隆，故明其跡，以詔諸後世。其慮之也至深切也，人君至於庶人，不可不監焉。

　　論曰：或曰：自古諸子著書立言，論治天下之道，是以庶人議之也。彼皆非乎？答曰：非也。雖有其德，苟無其位，不敢作禮樂。天下之事，豈庶人之所可議乎？然天下有道，則學在上；天下無道，則學在下。學在上，故庶人不敢議焉，非抑而不議之也；學在下，故雖以庶人議天下之事，而不爲僭，其恐道之絶于天下也。故孔子曰："知我者，其惟《春秋》乎？罪我者，其惟《春秋》乎？"蓋不得已也。

【徵】十世、五世、三世，孔子豈睹已往之迹而言之乎？蓋王者之澤五百年而斬，霸則雖善不過二三百年，大夫則不過百年，陪臣擅諸侯之邦者，不及百年而亡，皆自然之數也。"陪臣"云者，以諸侯言之，故曰："執國命。"仁齋曰："雖有其德，苟無其位，不敢作禮樂。天下之事，豈庶人之所可議乎？"是其意謂庶人議政爲有罪矣，乃周屬秦始之法也。師曠曰："大夫規誨，士傳言，庶人謗。"是古之道也，所以不議者，特以其無可議也。且曰"不敢作禮樂"而已矣，豈曰"不議政"乎？且所謂庶人者謂民也，非謂君子也。君子不非其大夫，則不議政可知已，然是禮也，非法也。禮者君子所守也，法者上之所立也。犯法者有罪矣，不知禮者豈有罪乎？仁齋蓋不知禮法之分焉。

孔子曰:"禄之去公室五世矣,魯自文公薨,公子遂殺子赤,立宣公,而君失其政。歷成、襄、昭、定,凡五世。**政逮於大夫四世矣,**逮,及也。自季武子始專國政,歷悼、平、桓、子凡四世。**故夫三桓之子孫微矣。**孔氏曰:"三桓,謂仲孫、叔孫、季孫。三卿皆出桓公,故曰'三桓'也。仲孫氏改其氏,稱孟氏,至哀公皆衰。""

【古義】此與上章,皆門人錄之,以見夫子所以作《春秋》之由,非徒記當時之事而已。言非其有而有者必失,不宜大而大者必微,必然之理也。

【徵】"禄之去公室",鄭玄曰:"政在大夫,爵禄不從君出。"仁齋刪"爵禄"字,非矣。"政逮於大夫",謂大夫相及擅政也。

孔子曰:"益者三友,損者三友。友直,友諒,友多聞,益矣。直者,直言無隱。諒者,堅執不撓。多聞者,博古通今。言友直,則得聞其過;友諒,則己亦堅守;友多聞,則聞所未聞。**友便辟,友善柔,友便佞,損矣。**馬氏曰:"便辟,巧辟人之所忌,以求容媚。善柔,面柔也。"鄭氏曰:"便,辨也,謂佞而辨也。"言友便辟,則巧詐之心生;友善柔,則直言不聞;友便佞,則是非繆亂。"

【古義】人之於朋友,所關係甚大矣,所益在兹,所損亦在兹。益友常情之所憚,然友之則有益;損友常情之所悦,然友之必有損,可不慎乎?

【徵】友諒,諒、良同,如"子諒"之諒。友直則聞其過,友良則觀其材,友多聞則廣其知。便辟,馬融曰:"巧辟人之所忌,以求容媚。"善柔,馬融曰:"面柔也。"便佞,鄭玄曰:"便,辨也,謂佞而辨也。"古文辭必須古註而明矣。便辟當去聲,便佞,《説文》引《論語》作"諞佞"。

孔子曰:"益者三樂,損者三樂。邢氏曰:"言人心樂好損益之事,各有三種也。"**樂節禮樂,樂道人之善,樂多賢友,益矣。**何氏曰:"樂節禮樂者,凡所動作,皆得禮之節也。"所謂"禮樂不可須臾離身"是也。**樂驕樂,樂佚遊,樂宴樂,損矣。**驕樂,以驕爲樂。宴樂,以宴爲樂。"

【古義】人不能無好樂，但樂善則日益，樂不善則日損。故樂節禮樂，則身由規矩而進德之基立矣；樂道人之善，則守己之心除，而尚德之意篤矣；樂多賢友，則不敢自足，而成德之輔衆矣，故曰“益”也。樂驕樂，則無所恐懼，而傲日長矣；樂佚遊，則無所惕勵，而志必荒矣；樂宴樂，則有所貪戀，而志易溺矣，故曰“損”也。人不可不慎其所好樂焉。《大學》曰“有所好樂，則不得其正”者，非也。

【徵】“益者三樂，損者三樂”，樂皆音洛。陸氏音五教反，非古音。節禮樂，蓋禮樂皆有節，以節我身也。何晏曰：“動得禮樂之節。”得之矣。驕樂，孔安國曰：“恃尊貴以自恣。”佚遊，王肅曰：“出入不節。”宴樂，孔安國曰：“沈荒淫瀆。”朱註：“佚游則惰慢。”是失“游”字矣。沈荒淫瀆，謂湎酒色也。三友、三樂，朱子必欲相對，泥矣。

孔子曰：“侍於君子有三愆：愆，過也。**言未及之而言謂之躁**，躁，不安靜之謂。**言及之而不言謂之隱**，隱者，隱匿情實之謂。**未見顏色而言謂之瞽。**未見顏色所向而語者，猶若無目人也。**”**

【古義】此言卑幼侍尊長言語之節也。蓋人必有禮，得之則爲君子，失之則爲野人。而其於言語，最所當慎，況於侍君子之間乎？

【徵】“侍於君子有三愆”，弟子之禮也。事師、事父兄以此，事君則否。《曲禮》曰：“坐必安，執爾顏”，即“未見顏色而言，謂之瞽”也。又曰：“長者不及，毋僭言”，即“言未及之而言，謂之躁”也。又曰：“先生與之言則對，不與之言則趨而退”，即“言及之而不言，謂之隱”也。皆以先生長者言之，故知爲弟子之禮也。孔子曰：“軍旅之事，未之學也。”是言及之而不言也。《哀公問》有“孔子遂謂曰”者三，是言未及之而言也。孟子曰：“說大人則藐之，勿視其巍巍然。”是未必見顏色也，故知非事君之禮也。

孔子曰：“君子有三戒：少之時，血氣未定，戒之在色；及其壯也，血氣方剛，戒之在鬬；及其老也，血氣既衰，戒之在得。”得，貪得也。

【古義】此三者，學者終身之大戒也。夫人生血氣，不能不從時而變，則又當不可不從時而存警戒。蓋血氣在身，而戒之則在心，言其不可自任血氣也。

【徵】君子有三戒，雖聖人亦然。聖人非達磨，豈漠然若木石哉？故曰：“君子有三戒。”所以言君子者，通上下也。朱子曰：“以理勝之。”范氏曰：“養其志氣。”皆不知先王之道矣。《書》曰：“以禮制心。”是先王之教也。

孔子曰：“君子有三畏：畏天命，畏大人，畏聖人之言。畏，怖也。天命者，天之所命，吉凶禍福是也。大人者，德望隆重，爲一時師表者。聖言，則方策所載，典謨訓誥皆是也。**小人不知天命，而不畏也，狎大人，侮聖人之言。**侮，戲玩也。小人無知暴慢，故不知三者之可畏也。**”**

【古義】天有必然之理，人有自取之道。爲善，降之百祥；爲不善，降之百殃。大人位重德尊，人之所崇敬；聖人之言，猶神明不可欺，皆不可不嚴憚敬畏焉。君子畏之，以自愼其身；小人侮之，以自敗其身。蓋知天命而後實畏天命，知畏天命而後能保其身也，故曰：“不知命，無以爲君子也。”唯絕私智，黜私見，一味忠信，至正至直，然後可以知之。非作聰明、任學問者之所能及也。實進德之至，學問之極功也，所以君子三畏，首而言之也。

【徵】“君子有三畏”，畏與恐懼不同。恐懼者，恐懼於禍患之來也。畏者，威之轉音。如“明威”作“明畏”，可以見已，言在彼者之可畏也。故畏、敬二字意相近矣，如“子畏於匡”，亦可畏者在彼也。世人或不知之，故詳焉。何晏註：“大人即聖人。”按《易》曰：“利見大人。”“大人以繼明照于四方。”“大人虎變。”《文言》曰：“夫大人者，與天地合其德，與日月合其明，與四時合其序，與鬼神合其吉凶。"孟子曰："有大人者，正己而物正者也。"是皆兼位、德以言之，而重在德。孟子又曰："説大人則藐之。"《士相見禮》曰："凡與大人言，始視面，中視抱，卒視面。"《左傳》曰："大人之忠儉者，從而與之。"是皆以位言之。如此章，則重在德。觀於"小人狎大人"，則豈專以位乎？間或有群小無知狎其君上者，是其君上所使，彼阿其意爲之，故非小人皆然焉。蓋大人以當世言，聖人開國之君也，以往世言，故曰："聖人之言。"如聖人之法，乃國家之典也，孰不遵守者，故特曰"畏聖人之言"耳。大德之人，不必皆聖人，他日論定而後識其爲聖人矣。何晏即之，亦非矣。不啻何晏，後世諸儒皆不知聖人之義矣。古昔王者出征，告諸天，受命于廟，受成于學，還亦獻馘于學，凡大事皆然。是尊天，尊祖宗，尊聖人，先王之道爲爾。此不言父母宗廟者，不可以畏言，且雖非君子，亦知尊祖先也。後儒不知孔子之道即先王之道，故其論君子，不知歸諸先王之禮，豈孔子之意哉？"畏天命"，何晏曰："順吉逆凶，天之命也。"可謂盡已。仁齋言吉凶禍福，而不言順逆，故足爲君子之畏乎？且天命不啻吉凶禍福，天命我爲天子、爲諸侯、爲大夫、爲士，故天子、諸侯、大夫、士之所事，皆天職也。君子畏天命，故於其道也莫不盡心竭力已，仁齋之所不知也。朱子以"付畀"之重言之，然又曰"天所賦之正理"，雖微窺是意，然爲理所囿，悲哉！夫自思孟言知天，而後儒欲知天，或曰"天理"也，或曰"天無心"也，豈非不敬之甚邪？聖人尊天之至，唯曰"天知我"，而未嘗曰"知天"焉，思孟亦言知性之爲天畀，而未嘗論天爲何物焉。後儒狃見《莊》《列》等書，乃其心傲然而謂天不足敬矣，道之所以不明也。殊不知先王之道，敬天爲本，聖人千言萬語，皆莫不本於是者焉。《詩》、《書》、禮、樂，莫非敬天，孔子動言天，先

王之道如是矣，君子之道如是矣。假如湯武放伐，萬世之後不釋然
於學者之心者，此義不明故也。湯武奉天命而行之，亦奚疑哉？孟
子所以謂"一夫紂"者，以明民之所棄即天之所命也，非惡紂之惡
也。祇好辨之至，其言激烈，遂致主意不明已。故明於敬天之義，
則先王之道如指掌，是所謂"禘之説"也，學者其潛心諸。小人不知
天命而不畏也，其所見近小故也。天道恢恢，不若人事之易見，故
其意以爲不如盡心人事之爲勝焉。大氐後世學者，以盡人事與知
天命並言，皆小人之歸哉！何則？古之務人事者，本於敬天焉，故
古之人未有天、人並言焉者，敬天故也。自思孟好辨，以天人並言，
而後敬天之義荒矣，學者其察諸。"狎大人"，亦其所見近小，故見
崇高而畏之，喜才諝而用之，所以不知大人而狎之也。以聖人之言
爲迂，亦豈非所見近小之故乎？尹氏曰："三畏者，脩己之誠當然
也。"亦未知脩己之誠本於敬天已。

孔子曰："生而知之者，上也；學而知之者，次也；困而學之，又其次也；
困，猶"困於心，衡於慮"之困，言事勢窮蹙，以困於心。**困而不學，民斯爲下矣。"**

【古義】此夫子深贊學問之功，以勉人也。夫道一而已矣，生而知之者，
　　固不待學焉，人之上也；學而知之者，及其成也，則亦與上者同功，
　　故次之；困於心而後學，則固末矣，然勉而不已，則亦可以進於上，
　　故又次之；若夫困於心，而猶不知學，則是無義理之心者，故爲下
　　矣。所謂無羞惡之心者，非人也。

【徵】"生而知之者，上也"，即孟子曰："堯舜性之也。"上，謂上智也。"學
　　而知之者，次也；困而學之，又其次也"，孔安國曰："困謂有所不
　　通。"如孟子"困於心，衡於慮"之"困"。仁齋曰："事勢窮蹙，以困於
　　心。"不知措辭者也，是豈可以事勢言哉？以常語困窮相連，故作
　　"窮蹙"解，非矣。如困倦、困頓，皆謂力窮也。己之智力窮竭，而後

知不可不學，是謂"困而學之"也。"困而不學，民斯爲下矣"，下謂下愚也，言民之所以爲下也，非謂民有四等，是爲下也。後儒多不知民字，古者學爲士，進於民焉，民之不學，其常也。故君子不以其不學而棄之矣，故曰："可使由之，不可使知之。"孔子此言，謂除上智與下愚之外，皆不可不學也。子思《中庸》"三知"，與此殊義，朱子一之，非矣。蓋人有四等，而子思三之，故知非此章之意也。

孔子曰："君子有九思：視思明，聽思聰，色思溫，貌思恭，言思忠，**明者，視無所蔽也。聰者，聽無失也。溫，溫然如玉也。恭，惰慢之氣，不設身體也。忠，言而無不盡也。此五者，就身而言**事思敬，疑思問，忿思難，見得思義。**敬，奉承不怠也。思敬則事無失，思問則疑不蓄，思難則忿必懲，思義則得不苟。此四者，就事而言。**"

【古義】此明君子除九思外，無復他思也。夫人思則得之，不思則不得，君子之所以爲君子者，以其能思也。若夫喪身敗家者，皆弗知思故焉耳。九思蓋所以狀其善思也。

　　論曰：醫之製方，必有君臣佐使之差，奇偶緩急之殊。衆藥相配，而後能已疾救人。若夫用單方者，亦徒備急之用，要不足爲法。聖人之設教也，亦然。以仁存心，以禮存心，衆功兼全，而後以成其德。如先儒主敬之説，亦用單方之類耳。又曰：事思敬，九思之一耳。謂九思皆當主乎敬者，何哉？

【徵】"忿思難"，子曰："一朝之忿，忘其身，以及其親。"《易》曰："君子以懲忿。"是思難也；"見得思義"，《易》曰："理財正辭，禁民爲非曰義。"是也。君子有九思，皆謂思惟之也。視思其所以明，聽思其所以聰，色思其所以溫，貌思其所以恭。思如何言之而後得忠，思如何爲之而後得敬，思如何問之而後得析疑。忿則思其能招難，見得則思其或害義。後人不知"思"字多作念頭解，故詳之爾。仁齋以此而譏朱子"持敬"之非，然朱子亦有窺先王敬天之義，而不知本諸天，是朱子之失也。仁齋謂敬唯在事者，不知先王之道者也。

孔子曰：“見善如不及，見不善如探湯。吾見其人矣，吾聞其語矣。言好善惡惡，出於其誠者，世固有其人矣。語，古語。**隱居以求其志，行義以達其道。吾聞其語矣，未見其人也。**隱居求志，如“伊尹耕于有莘之野，而樂堯舜之道”是也。義，即君臣之義也。行義達道者，如幡然而起，應湯之聘幣也。孔門若顏、曾、閔、冉之徒，可以當之，而夫子曰“未見其人”者，蓋夫子泛論當世人材，而至於其門人，則每不論及之也。”

【古義】善善惡惡，出於其性者，人之上也。何故不及求志達道之人邪？

曰：聖人之學，以經世爲本，而不以獨善其身爲極，故曰：“吾非斯人之徒與而誰與？”蓋善善惡惡，出于至誠，雖行之至者，然不若求志達道者之不唯成己，亦能成物之爲大，此其所以優劣之也。以此教人，猶有以自潔爲高者，豈非不知其輕重者乎？

論曰：舊註：“‘見善如不及，見不善如探湯’，顏、曾、閔、冉之徒，蓋能之。‘隱居以求其志，行義以達其道’，惟伊尹、太公望可以當之，顏子亦幾乎！”此非也。孟子明言：“禹、稷、顏回同道。”又曰：“易地則皆然。”今言“亦幾乎”，此則是右伊、呂而左顏子也。孔子之聖，賢於堯舜遠矣，而顏子亞之，則其德業，豈有媿於伊、呂乎哉？若伊、呂之儔，得君行道，功業大被于天下焉，則人固識其爲賢聖也。若數子者，不幸而厄於時，不能有爲於天下，故人皆不致疑於伊、呂，而每疑於顏曾，不亦左乎？曾西畏子路，而管仲則其所不爲，而先儒以管仲之事業爲子路之所不逮，亦此類也。

【徵】“見善如不及，見不善如探湯”，又曰：“我未見好仁者，惡不仁者。”此言見其人矣。仁與善，或有間也，然有時乎或曰見之，有時乎或曰未見，皆教之術也。萬世之下，未知孔子誰爲言之？則不必深泥可也，且孔子門人蓋有之矣。然孔子之道，先王之道也，其於門人皆以先王之道期之。故曰"見其人矣"者,不難之辭也。"隱居以求其志",志謂古志記也。求云者,謂求先王之道於其書,孟子所謂:"處畎畝之中,由是以樂堯舜之道。"是也。舊註以爲"心志"之志,殊爲不通。"行義"者,謂仕也。子路曰:"君子之仕,行其義也。""達其道"者,達其道於天下也。"吾聞其語矣,未見其人也"者,難之辭,皆勸門人從事仁也。孔子嘗曰:"用之則行,舍之則藏。"則顏子蓋其人也,而此言未見其人者,勉它人辭已。後儒不知聖人之善誘,徒謂孔子真未見焉,亦《詩》學不傳,人不知言語之道故也。且後世儒者專尚知見,以論優劣分錙銖爲務,遂以此視孔子,豈不悲哉!如仁齋先生,以此章爲夫子"泛論當世人材,而不及其門人"者是也。夫七十子之徒與聞此言者,皆以孔子後言爲志者也,使其見用於當世,亦當世之伊、呂也。如其德之優劣,千載之下,孰能知之?區區求諸殘編,而或曰"唯顏子當之",或曰"遺曾、冉、閔"者,過也。可謂無益之論已。

齊景公有馬千駟,死之日,民無德而稱焉。伯夷、叔齊餓于首陽之下,民到于今稱之。駟,四馬也。首陽,山名。**其斯之謂與?**程子、胡氏以爲第十二篇錯簡,"誠不以富,亦祇以異"當在此句之上。言人之所稱,不在於富,而在於異也。朱氏曰:"章首當有'孔子曰'字,蓋闕文耳,大抵此書後十篇多闕誤。"

【古義】此言雖萬乘之君,然無德之可稱,則曾匹夫之不若。齊景公,大國之君也,然死之日,泯然澌盡,與草木同腐。伯夷、叔齊,首陽之餓夫也,然萬世之下,猶與日月同光。其榮辱隆汙,固不可同日而語也。嗚呼!以人君之尊,而不得下比匹夫,豈不可閔哉?

【徵】"死之日,民無德而稱焉","德"即"得"字,以音誤。焦氏《筆乘》曰:"夷、齊可以有國,而辭之者也。崔子弑景公之兄莊公,而景得立,崔子猶爲政,而景公莫之問也。觀其一再爲晏子感慨悲傷,欲不死

以長有齊，而其死也，泯然無復聞焉。孔子有感而嘆之，以爲彼棄
國如齊、夷者，獨何人哉？彼其所以千古不朽者，非以富貴也。”
得之。

陳亢問於伯魚曰：“子亦有異聞乎？”亢以爲，伯魚平日在夫子之膝下，必有聞人之
所不及聞者。**對曰：“未也。嘗獨立，鯉趨而過庭。曰：‘學《詩》乎？’對曰：
‘未也。’‘不學《詩》，無以言。’鯉退而學《詩》。**《詩》之爲教，天道備矣，人事洽
矣，而著善惡得失之迹，故學之則能言。**他日，又獨立，鯉趨而過庭。曰：‘學禮
乎？’對曰：‘未也。’‘不學禮，無以立。’鯉退而學禮。聞斯二者。”**禮者，人
之隄防，萬事之儀則，故學之則得以立。言聞斯二者，明別無異聞也。**陳亢退而喜曰：
“問一得三，聞《詩》，聞禮，又聞君子之遠其子也。**遠者，謂不狎近也。父子之
間不責善，故古者易子而教，又言遠之也。”

【古義】孔門之教，無先於《詩》禮，而其所言，皆在庸言庸行之謹，而無甚
　　異於人以爲教者。蓋人情以《詩》而知，人道以禮而立，皆言萬世通
　　行之道。是故聖人之道，爲萬世通行之道；《詩》禮之經，爲萬世通
　　行之典。若夫遠人以爲教者，豈聖人之道乎哉？

【徵】“子亦有異聞乎”，當時學者之汲汲於道也。“對曰：未也”，未也者，
　　謙辭。對長者之禮也，非謂實無之也。“又聞君子之遠其子也”，仁
　　齋先生曰：“父子之間不責善，故古者易子而教。”得之。蓋孔子不
　　知其既未學《詩》、禮，則其不躬教可以見已。朱子以爲無異聞，尹
　　氏以爲無異於門人，皆非也。孔子嘗曰：“予不得視猶子也。”是孔
　　子之於門人，視猶子也。父子之親，天性也，孔子之愛子，誠當深
　　矣。門人如顏子，乃比諸子，是亦親親之推已。至於教之道，則有
　　至焉，有不至焉，故有其子不與聞而門人聞之者。然門人亦有親疏
　　久近之分，則豈一槩而施之乎？是孟子私淑艾，後儒所以失其解
　　也。《詩》《書》者義之府，而《詩》又悉人情，凡言語之道，《詩》盡之

矣，故學《詩》則可以言也；禮樂者德之則，而禮又事事而立之防，凡先王之道，禮盡之矣。不知禮，則無以立於君子之間，三代之世爲爾，故學禮則可以立也。朱註："事理通達而心氣和平""品節詳明而德性堅定"，喜作儷辭，欲以明其義，言有所局而義不得暢，是果何意哉？仁齋曰："孔門之教，無先於《詩》、禮，而其所言，皆在庸言、庸行之謹。"所謂"庸言之謹"者，於《詩》何之有？

邦君之妻，君稱之曰"夫人"，夫人自稱曰"小童"，邦人稱之曰"君夫人"，稱諸異邦曰"寡小君"，異邦人稱之亦曰"君夫人"。寡，寡德，謙辭。孔氏曰："小君，君夫人之稱。"

【古義】孔氏曰："是時嫡妾不正，稱號不審，故孔子正其禮也。"○吳氏棫曰："凡《語》中所載，如此類者，不知何謂。或古有之，或夫子嘗言之，不可攷也。"

【徵】"邦君之妻，君稱之曰'夫人'"，吳棫曰："或古有之，或夫子嘗言之，不可攷也。"陋矣哉！載在《禮記》，則謂得其所焉；載在《論語》，則云爾。凡周之禮，《戴記》諸書所載，皆孔子言之，而後門人得書之者耳。孔子而前，何嘗有書？且也孔子之道，先王之道也。"吾無行而不與二三子者"，謂無隱先王之道也。故當時門人，於先王之禮，於孔子之言行，無復差別於其間焉，豈如後世謂是爲某語錄者比乎？

卷九

陽貨第十七_{凡二十六章}

陽貨欲見孔子，孔子不見，歸孔子豚。陽貨，季氏家臣，名虎。嘗囚季桓子，而專國政。魯人素仰孔子，貨欲招來謁己以爲重，而孔子不往。以禮大夫有賜於士，不得受於其家，則往拜其門，故瞰孔子之亡而歸之豚，欲令孔子來拜而見之也。**孔子時其亡也，而往拜之。**孔子不欲見貨，故瞰其亡而往也。**遇諸塗，謂孔子曰："來！予與爾言。"曰："懷其寶而迷其邦，可謂仁乎?"曰："不可。"**塗，道也。懷寶迷邦，謂懷藏道德，不救國之迷亂也。德被天下之謂仁。**"好從事而亟失時，可謂知乎?"曰："不可。"**亟，數也。失時，謂不及事幾之會也。**"日月逝矣，歲不我與。"孔子曰："諾，吾將仕矣。"**朱氏曰："將者，且然而未必之辭。"

【古義】此記仲尼不爲已甚，而示學者以應世之權也。夫道可以通天下，而甚高難行之事，皆非道也。凡有志者必迫，有氣者必激，但聖人道廣德邵，於天下無可無不可，自有權存，無所不宜也。

　　論曰：舊註曰："孔子不見者，義也；其往拜者，禮也。必時其亡而往者，欲其稱也；遇諸塗而不避者，不終絕也。隨時而對者，理之直也；對而不辨者，言之遜而亦無所詘也。"愚謂似則似矣，然若聖人之德之大，欲言言而論，句句而議焉，則是欲以昭昭之多而觀天，一撮土之多而量地也。零碎支離，多見其愈鑿而愈遠矣。

【微】陽貨章，朱註：義也，禮也，欲其稱也，不終絕也，理之直也，言之孫而亦無所詘也。仁齋先生曰："似則似矣,然若聖人之德之大,欲言言而論,句句而議焉,則是欲以昭昭之多而觀天,一撮土之多而量地也。零碎支離,多見其愈鑿而愈遠矣。"二説或一道也,不可執一而廢一焉。何則?仁齋以"不爲已甚"爲之解,是信孟子者也。孟子亦對伯夷、柳下惠云爾,若固執其説,則天下百孔子矣。是"不爲已甚",可以贊孔子,而未足以盡孔子也,則所謂昭昭、一撮欲量天地者,亦誰執其咎也?"日月逝矣,歲不我與",雖陽貨猶能爲此言,三代之士大夫,風流可觀,乃先王之《詩》教也。又揚雄謂:"孔子敬所不敬,詘身以信道。"龜山謂:"道外無身,身外無道,身詘矣而可以信道。"吾未之信也,朱子采之。夫古所謂道者,謂先王之道也。孔子雖曰:"桓魋其如予何?"然亦微服過於宋,恐文之喪也,豈非詘身以伸道邪?道外無身,身外無道,亦謂其行合於先王之道也,其在孔子固矣。孔子之於陽貨,豈外道哉?所指各異,而龜山不解子雲之言,且果其言之是乎,則孔子當以孟子待王驩者待陽貨。是孟子耳,豈可以論孔子哉?

子曰:"性相近也,習相遠也。"子曰:"唯上知與下愚不移。"或曰:"下'子曰'二字衍文。"今從之。

【古義】此明聖人之教人,不責性而專責習也。言人性氣質,其初未甚相遠,但習於善則善,習於惡則惡,於是始相遠矣。學者不可不審其所習焉:苟有教以習之,則皆可以化而入善。唯上知下愚,一定不移而已矣。

　　論曰:孔子曰"性相近",而孟子專曰"性善",其言似有不同者,何諸?孟子學孔子者也,其旨豈有異乎?其所謂性善者,即發明"性相近"之旨者也。蓋自堯舜至於途人,其間相去,奚翅千萬?可謂遠矣,而謂之相近者,人之性質剛柔昏明,雖有不同,然而至於其

有四端，則未嘗不同。譬之水焉，雖有甘苦清濁之異，然其就下則
一也。故夫子以爲相近，而孟子專以爲性善，故曰："人性之善也，
猶水之就下也。"又曰："乃若其情，則可以爲善矣，乃所謂善也。"皆
就生質論之，而非以理言之也。若以理言之，則豈可以遠近言哉？

【徵】"性相近也，習相遠也"，性者，性質也。人之性質，初不甚相遠。及
所習殊，而後賢不肖之相去，遂致遼遠也已。孔安國曰："君子慎所
習。"得之矣。然孔子之心，實在勸學。如："生而知之者，上也；學
而知之者，次也；困而學之，又其次也；困而不學，民斯爲下矣。"正
與此章相發焉。上即上知，下即下愚。學知困學，乃指常人，故習
誠有善惡，而孔子之意，專謂及學而爲君子，而後其賢知才能，與鄉
人相遠已，未嘗以善惡言之也。如："十室之邑，必有忠信如丘者，
焉不如丘之好學也？"亦同意。亦不過於韓愈詩所謂"欲知學之力，
賢愚同一初。兩家各生子，提孩巧相如。少長聚嬉戲，不殊同隊
魚。三十骨骼成，乃一龍一豬"耳。《後漢・黨錮傳》引此而曰："言
耆惡之本同，而遷染之塗異也。"可見漢儒相傳之說已。自孟子有
性善之言，而儒者論性，聚訟萬古，遂以爲孔子論性之言，而不知爲
勸學之言也。蓋孔子沒而老莊興，專倡自然，而以先王之道爲僞，
故孟子發性善以抗之。孟子之學，有時乎失孔氏之舊，故荀子又發
性惡以抗之，皆爭宗門者也。宋儒不知之，以本然氣質斷之，殊不
知古之言性，皆謂性質，何本然之有？仁齋先生辨之者是矣。然仁
齋又以爲孔子、孟子其旨不殊焉，其言曰："人之性質，剛柔昏明雖
有不同，然而至於其有四端，則未嘗不同。譬之水焉，雖有甘苦清
濁之異，然其就下則一也。故夫子以爲相近，而孟子專以爲性善。"
可謂善解孟子者已。然孔子之意，不在性而在習，孟子則主仁義内
外之說，豈一哉？且孔子以上知下愚不移，而孟子則人皆可以爲堯

舜，則孟子亦豈非以理言之邪？大氐孟子之言，皆與外人爭者，豈可合諸孔子哉？

　　“唯上知與下愚不移”，或以爲“子曰”字衍也，是原思以二語相發，故連記之，豈必一時之言哉？它章亦有若是者焉，豈可拘哉？下愚，謂民也。下愚之人不能移，則以爲民，而不升諸士也。孔子曰：“民可使由之，不可使知之。”以學習所不能移也，初非惡其愚焉。又唯言其愚不可學耳，未嘗以善惡言之矣。何則？以知愚言之，而不以賢不肖言之也。如程子以“自暴自棄”論下愚，大失孔子之意焉。蓋自有孟子性善之説，而學者以善惡見之，遂曰“習有善惡”，而至於以下愚爲桀紂之徒焉；又自孟子好辨，而學者率以言語爲教，務欲以言語化人，一如浮屠。至有不可得而化者，則以下愚目之矣。又其意謂聖人可學而至焉，氣質可變而盡焉，以此立説，則至此章而窮矣。故遂以自暴自棄目下愚，其心謂下愚不移，非氣質之罪也，其心之罪也。是皆坐其不知先王之道，又不知古之教法，故失孔子當時之意耳。蓋“移”云者非移性之謂矣，移亦性也，不移亦性也，故曰：“上知與下愚不移。”言其性殊也。中人可上可下，亦言其性殊也。不知者則謂性可得而移焉，夫性豈可移乎？學以養之，養而後其材成，成則有殊於前，是謂之移，又謂之變。其材之成也，性之成也，故《書》曰：“習與性成。”非性之移也，學者察諸。

子之武城，聞弦歌之聲，時子游爲武城宰，以禮樂爲治。**夫子莞爾而笑，曰：**
“割雞焉用牛刀？”莞，微笑貌。言以可大用之道而試之小邑也。**子游對曰：“昔者**
偃也聞諸夫子曰：‘君子學道則愛人，小人學道則易使也。’”君子小人，皆
不可以不學，故武城雖小，亦必教之以禮樂。**子曰：“二三子，偃之言是也。前言**
戲之耳。”嘉子游之言，以明前言之戲也。

【古義】朱氏曰：“治有大小，而其治之，必用禮樂，則其爲道一也。但衆

人多不能用，而子游獨行之，故夫子驟聞而深喜之。"○君子之德，在於愛人；小人之德，在於易使。君子學道，則有以養其仁心，故愛人也；小人學道，則有以消其暴慢，故易使也。君子小人，皆不可以不學也如此。後世捨禮樂而任刑殺，雖其欲治，而可得乎？

【徵】弦、絃，古字通用。"割鷄焉用牛刀"，蓋微言也。子游之宰武城，必有急務也，而子游不知也。禮樂之治，徒循常法，幾乎迂矣，然其事必有不可顯言者，故孔子微言爾爾。及於子游猶尚弗悟也，孔子直戲其前言，而不復言其意耳。蓋魯公室弱而三家强僭，其在當時，必有不可得而言者，然今不可知其爲指何事爾。吳有子游祠，則子游亦終有悟於孔子之言，遂不終爲魯臣而去歟？後世《詩》學弗傳，則人莫知孔子多微言也，則以爲驟聞而深喜之辭。深味其言，豈全無意謂者哉？禮樂，仁之術也，故君子學之則愛人；禮達而分定，移風易俗，莫善於樂，故小人學之則易使。孔安國曰："道，謂禮樂也。"漢時傳授未失其真者如此焉。後人以當然之理爲道，遂刪之，悲哉！

公山弗擾以費畔，召，子欲往。弗擾，季氏宰，與陽虎共執桓子，據邑以叛。**子路不説，曰："末之也，已，何必公山氏之之也？"**末，無也。之，適也。已，止也。言道既不行，無所往矣，何必公山氏之適也？**子曰："夫召我者，而豈徒哉？如有用我者，吾其爲東周乎？"**爲東周，言興周道於東方也。

【古義】蘇氏軾曰："孔子之不助畔人，天下之所知也。畔而召孔子，其志不在於惡矣，故孔子因其有善心而收之，使不自絶而已。弗擾之不能爲東周，亦明矣，然而用孔子，則有可以爲東周之道。故子欲往者，以其有是道也。"

　　論曰：聖人之仁天下也，至矣。苟有善心以向之，則雖叛人猶欲往，況未爲叛人，而有向道之志者乎？天下未至於無道，而先以無道視之，引身自退，絶志於斯世者，實聖人之罪人也。

【徵】"興周道於東方，故曰東周"，何晏解也。興周道於東方者，尊王室以號令天下，管仲之事也，而抑三家不足道矣。後人或執孟子，以仁義治邦爲説，則何必言周也？

子張問仁於孔子。孔子曰："能行五者於天下，爲仁矣。""請問之。"曰："恭、寬、信、敏、惠。 天下，極廣之稱，言無處而不然也。能行此五者於天下，則德敷化流，物無不得其所。**恭則不侮，寬則得衆，信則人任焉，敏則有功，惠則足以使人。** 任，倚仗也。上總舉五者之目，此分言其效如此。**"**

【古義】此亦專以脩德之功夫告之也。言能行此五者於天下，則親疎貴賤，靡思不服。其君用之，則安富尊榮；其子弟從之，則孝弟忠信，何仁如之？夫子以此答之，則子張進德之深，亦可知矣。學者以曾子之言，甚輕子張，其見亦左矣。所謂知其一，而不知其二者也。

【徵】"子張問仁於孔子"，亦問行仁政也；"能行五者於天下爲仁矣"，非謂行此五者即仁也。欲行仁政於天下，必行此五者，然後仁可得而行也，故爲仁。與"克己復禮爲仁"同義，訓"爲"爲"謂"者，非矣。蓋必人不侮焉，衆歸焉，人信任我焉，爲事有功焉，使人而人不怨焉，而後仁政可得而行也。非有此五者，則欲行仁政不可得也。子張才大，故孔子以行仁於天下告之。孔子以天下告者，惟顏子、子張耳，"師過商不及"，豈非才大乎？所以曰"過猶不及"者，謂各有所長短也。傳先王之道于後世，則子張不及子夏焉。至於子思、孟子，皆以議論與天下之人爭，故動曰"天下""天下"焉，後世狃見其言，而謂孔子亦爾。殊不知孔子之言天下者，自有意謂也。朱子不知之，曰"猶所謂'雖之夷狄，不可棄'者"，可謂窘已。

佛肸召，子欲往， 佛肸，晉大夫，趙氏之中牟宰也。**子路曰："昔者由也聞諸夫子曰：'親於其身爲不善者，君子不入也。'佛肸以中牟畔，子之往也，如之**

何？"朱氏曰："子路恐佛肸之浼夫子，故問此以止夫子之行。親，猶自也。不入，不入其黨也。"子曰："然，有是言也。不曰堅乎，磨而不磷；不曰白乎，涅而不緇。磷，薄也。涅，水中黑土，可以染皂。緇，黑色。夫子言人之不善，不能浼己，以安子路之意。吾豈匏瓜也哉？焉能繫而不食？匏，瓠之苦而不可食者，《詩》曰"匏有苦葉"是也。言吾非如匏瓜無用之物，無資於世者也。蓋因偶見匏瓜而云然。"

【古義】夫子昔者所言，即君子守身之常法，篤信者或能焉，然未盡仁也。

夫聖人之視天下，猶己之身；視其疾苦，猶己之遭焚溺。苟有善意以嚮之，則豈拒其召也哉？若拒而不答，則是善自我絕，而幾乎棄絕天下矣，可謂仁哉？夫人生斯世，當爲斯世之用；若生斯世而無資於斯世，則曾草木之不若，豈足爲學乎？故曰："吾豈匏瓜也哉？"而門人於弗擾、佛肸二章，皆記其欲往，而不記其卒不往者，蓋示人以夫子仁天下之心，而其不往者，不暇論焉。

【徵】"吾豈匏瓜也哉"，古來以爲苦匏，焦弱侯獨以爲星名，得之。《廣雅》曰："匏，瓠也。"瓠即壺盧，豈分甜苦？《詩》"匏有苦葉"，其葉苦已，豈足以爲苦匏之證乎？且所謂"繫"者，如"日月星辰繫焉"之"繫"，以爲星名則得，以爲苦匏則不得也。且以苦匏爲喻，鄙俚之甚。以星爲喻，如："維南有箕，不可以簸揚。維北有斗，不可以挹酒漿。"三代以上，亡論士大夫，雖閭巷兒女輩，能識星緯，故時俗有是諺，而孔子引之，豈不然乎？石氏《星經》《史記》《隋書》，或曰"瓜瓠"，或曰"瓠瓜"，或曰"匏瓜"，其星近須女。須女賤女象，掌果蓏蔬菜事。凡星皆以類相從，匏瓜乃匏與瓜，亦爲蔬蓏總名，象以命之已。蓋在古言，匏、瓜當爲二物，以爲苦匏，則爲一物。是後世之言耳，故知焦説爲是也，焉能繫而不食？何晏曰："吾自食物，當東西南北，不得如不食之物繫滯一處。"得之。朱子曰："匏瓜繫於一處而不能飲食。"果其言之是乎？則孔子之往，爲餔餟也。仁齋先生曰:"夫子昔者所言,即君子守身之定法,篤信者或能焉,然未盡仁也。夫聖人之視天下,猶己之身;視其疾苦,猶己之遭焚溺。苟有善意以嚮之,則豈拒其召也哉? 若拒而不答,則是善自我絕,而幾乎棄絕天下矣,可謂仁哉? 夫人生斯世,當爲斯世之用;若生斯世而無資於斯世,則曾草木之不若,豈足爲學乎? 故曰:'吾豈匏瓜也哉?'而門人於弗擾、佛肸二章,皆記其欲往,而不記其卒不往者,蓋示人以夫子仁天下之心,而其不往者,不暇論焉。"有味乎其言之!

子曰:"由也,女聞六言六蔽矣乎?"對曰:"未也。"蔽,遮掩也。"居,吾語女。禮,君子問更端,則起而對,故孔子諭子路,使還坐而告之。好仁不好學,其蔽也愚;仁者愛人,然不學以照之,則柔而無斷,如婦人之仁是也。好知不好學,其蔽也蕩;蕩,謂徒窮高遠而無所止也。知者求遠,然不學以講之,則離人倫、遠日用,如佛老之教是也。好信不好學,其蔽也賊;賊,謂傷害於物。信者守堅,苟不學以辨之,則害道敗事,如尾生、荀息之信是也。好直不好學,其蔽也絞;直者不枉,苟不學以輔之,則急切不寬,如子證父攘羊是也。好勇不好學,其蔽也亂;勇者好進,苟不學以裁之,則逆理亂常。好剛不好學,其蔽也狂。剛者不屈,苟不學以制之,則妄抵觸人。"

【古義】此言學問之功甚大也。蓋六者皆天下之美德然,或原于氣質之稟,或出於好尚之偏,而不能得其正。必待學問,而後救偏補弊,能成其德,則天下豈有大於學問之功者哉?

　　論曰:學問之功,至矣。苟學以講之,則事有所法,偏有所救,而於天下之事自無所迷。若徒任其獨智,則雖鈎深探賾,發天下之秘,皆不得其正。故《易》曰:"君子多識前言往行,以蓄其德。"若佛老之徒,非不窮高極遠,然而其所以離世隳倫,獲罪於聖人者,皆由絕聖棄智,祛其見聞也。故孔門必以學爲入德之要也。

【徵】"六言六蔽",蓋古語也。其它如"請問其目""行五者於天下""三

樂”“三友”“三畏”“三愆”，古人以條目教之，以條目守之，其爲實學
可以知已。後人輒欲以一槩之論通之，不務實故也。是蓋其意以
一貫爲大小大事，自謂使我在孔子時，必與聞之，而發其所自得一
貫之説，以教學者耳，豈不妄哉？ 六言之蔽，皆在不好學，而《泰伯
篇》“直之絞”“勇之亂”，皆以無禮言之。蓋古之學，謂《詩》《書》、
禮、樂以學先王之道，而“《詩》《書》義之府，禮樂德之則”，則其所以
成德者專在禮樂焉。故曰：“禮樂得於身謂之德。”是以此以不好
學，彼以無禮，其旨一也；“仁之愚”，朱子曰：“若可陷可罔之類。”得
之，蓋如“子産之以其乘輿濟人於溱洧”“文帝之以笞杖易肉刑”是
也。何則？肉刑猶得生，乃有死於杖下者，豈非愚哉？ 仁齋曰：“仁
者愛人，然不學以照之，則柔而無斷，如婦人之仁。”是專以學爲知
之事，以仁爲慈愛，可謂不知仁，又不知學已。“知之蕩”，朱子曰：
“謂窮高極廣而無所止。”得之。後儒掃禮樂鬼神而一歸于理，亦蕩
已。大氐知者象天，仁者象地，故其蔽也如此。“信之賊”，謂任俠
之輩也。説者徒以害道敗事爲解，可謂不得其解已。“剛之狂”，孔
安國曰：“狂妄抵觸人。”得之。朱子曰：“勇者剛之發，剛者勇之
體。”則勇剛一也。殊不知六言本言六種德耳，德以性殊，故有多
品。然必學以成之，然後可以爲德，當其未成德，則性之所近，好之
已。勇謂其勇往之氣，剛謂性不柔順，本自不同也。仁齋曰：“六者
必待學問，而後救偏補弊，能成其德。”此後世議論已。殊不知學則
納身於先王陶冶之中矣，人苟能納身於先王陶冶之中，以養其德，
則仁、知、信、直、勇、剛皆成其材，足以有用焉，不必救其偏、補其弊
也。辟如椎鑿刀鋸，各有其用已。

子曰：“小子何莫學夫《詩》？ 小子，弟子也。《詩》可以興，志意興起，而易以入于
善。可以觀，觀古今人情風俗之所由，可以從政，可以立教。可以群，群而不黨，心之

和也。**可以怨**。怨而不怨，情之厚也。**邇之事父，遠之事君**，人倫之道，得失悉備，故足以得事父事君。**多識於鳥獸草木之名**。博物洽聞，則智識不陋，而處事有益。"

【古義】此夫子爲門人論讀《詩》之益也。蓋學問不可强作，必非志意興起，則莫以入于善，故以"可以興"先之。不知人情風俗之所以然，則莫以施政立教，故以"可以觀"次之。得于《詩》，則得性情之和，故可以群，可以怨。而其心溫厚和平，能得明人倫，博通庶物，能得廣見聞。學者苟於此有得焉，則其益有不可勝言者矣。然夫子唯許子貢、子夏以"始可與言《詩》已矣"，則悟《詩》之難，亦非初學者可驟而至者也，學者知其易亦知其難可也。

【徵】"《詩》可以興"，孔安國曰："興，引譬連類。""可以觀"，鄭玄曰："觀風俗之盛衰。"後漢去前漢未久，而孔說非鄭所能及也，何況朱子乎？大氐《詩》道性情，主諷詠，觸類而賦，從容以發，言非典則，旨在微婉，繁繁雜雜，零零碎碎，大小具在，左右逢原，故其義無窮，大非它經之比焉。然其用在"興"與"觀"已：興者，從其自取，展轉弗已是也；觀者，默而存之，情態在目是也。朱註"感發志意"者，觀也，非興也；"考見得失"者，僅其是非之見耳，安可以盡觀之義乎？凡諸政治風俗、世運升降、人物情態，在朝廷可以識閭巷，在盛代可以識衰世，在君子可以識小人，在丈夫可以識婦人，在平常可以識變亂。天下之事，皆萃于我者，觀之功也。《書》爲聖賢大訓，而禮樂乃德之則，苟非《詩》爲之輔，則何以能體諸性情周悉不遺哉？及於興以取諸，則或正或反，或旁或側，或全或支，或比或類，不爲典常，觸類而長，引而伸之，愈出愈新。辟如繭之抽緒，比諸燧之傳薪，取自我者可施天下焉，是興之功也。禮樂典誥，教法不渝，若不有《詩》以爲之輔，則何以能應酬事物變化莫盡哉？此《詩》之用，全在是二者也。"可以群，可以怨"，皆所以用《詩》之方也。群，孔安

國曰：“群居相切磋。”怨，孔安國曰：“怨刺上政。”蓋此二者，皆以興
觀行之。無事則群居切磋，諷詠相爲，則義理無窮。默而識之，則
深契於道，此非群乎？有事則主文譎諫，或唱酬相承以引之者興
也，或不言而賦以示之者觀也。言者無罪，聞者不怒，此非怨乎？
朱註：“和而不流，怨而不怒。”皆無關乎《詩》焉。“邇之事父，遠之
事君”，亦皆以興、觀、群、怨行之。至於多識，乃其緒餘，舊註盡之。

**子謂伯魚曰：“女爲《周南》《召南》矣乎？人而不爲《周南》《召南》，其猶
正墻面而立也與？”**爲，猶學也。《周南》《召南》，《詩》首篇名。正墻面而立，謂正向墻
而立，言前後左右皆無所見也。

【古義】二南之詩，皆言盛周王化之所及，而脩身齊家之道，無所不備也。
苟不讀二南而知先王風化之盛，其奚以能除我鄙陋之氣，而造夫廣
大之域？故曰：“其猶正墻面而立也與？”蓋譏夫苟安於目前之小
康，而不知聖世之大同也。

【徵】馬融曰：“《周南》《召南》，國風之始，樂得淑女，以配君子。三綱之
首，王教之端，故人而不爲，如向墻而立。”朱子曰：“《周南》《召南》
所言，皆脩身齊家之事。‘正墻面而立’，言即其至近之地，而一物
無所見，一步不可行。”仁齋云：“二南之詩，皆言盛周王化之所及，
而脩身齊家之事，無所不備也。苟不讀二南而知先王風化之盛，其
何以能除我鄙陋之氣，而造夫廣大之域？故曰：‘其猶正墻面而立
也與？’蓋譏夫苟安於目前之小康，而不知聖世之大同也。”“樂得淑
女，以配君子”，言《關雎》耳，二南何嘗脩身齊家之事？朱子爲不曉
語意矣。脩身齊家之事，豈二南所能盡哉？小康、大同，不識措語，
仁齋亦失之矣。蓋《書》曰：“不學墻面。”故“其猶正墻面而立也與”
者，言其不學耳。古之學，《詩》、《書》、禮、樂，而《詩》禮爲先，二南
亦爲《詩》之首，故孔子云爾。且君子生於周世，則學周家先王之道

以成其德，得爲周家君子，而二南實可以見周先王教化之盛，自家而國，以及天下焉。故周世學問之道，必由斯始已。後世儒者狃佛老之習，誤謂學以成聖人，而不識學以成當世士君子，故所見皆後世窮措大解。如此章，不爲二南之爲墻面，皆不得其解，妄言云云，可醜之甚。

子曰："禮云禮云，玉帛云乎哉？樂云樂云，鐘鼓云乎哉？"玉帛，禮之物；鐘鼓，樂之器，本非禮樂之實。言人徒視其器物，而不知禮樂之德有在，則豈足稱其名哉？

【古義】禮可以安上治民，樂可以移風易俗，豈玉帛鐘鼓之云乎哉？故禮儀三百，威儀三千，必待其人而行。苟非其人，則雖儀文無失，聲容可觀，而無以見禮樂之實也。

【徵】禮以玉帛云，樂以鐘鼓云，皆其大者也，故此章孔子爲人君言之。蓋先王禮樂之道，施於己則以此成其德，用於人則以此成其俗，先王之所以施不言之教、成無爲之化者，專在此焉。然世之人君不識此，而徒以悦耳目之具者衆矣。故孔子有此言也。馬、鄭以"安上治民""移風易俗"，是此章所主在人君，故此解得之。朱子以敬、和言，程子以序、和言，皆其家學，徒言其理而遺其事焉。且敬、序、和，豈足以盡禮樂之理哉？至於程子云："盗賊亦有禮樂。"真亂道哉！夫三代以下所無，而謂盗賊有之可乎？是其意極言禮樂不可須臾離之意耳。然其人不尊信聖人，而吾欲以言語喻其人，豈可得乎？要之，聖人者不可得而及之矣，故尊信其道而奉之，必有是心而後可得而教之焉。乃欲向不信之人而以辨言俾其信之，是孟子以後之失也。

子曰："色厲而内荏，譬諸小人，其猶穿窬之盗也與？"厲，矜莊也。荏，柔弱也。小人，細民也。穿，穿壁。窬，踰墙。言内實柔弱，外事矜持，故每恐人之知之。猶穿窬之盗，恐人之知之，鄙之之甚也。

【古義】此爲在位者言。蓋色欲温，心欲剛，而上之於下，必莊其顏色以
　　　臨之；而內或有所溺焉，則恐人之知之，豈可不赧乎？

【徵】“色厲而內荏”，是主色而言，謂色莊而內不莊也。不言心而言內，
　　　故知其主色而言也。仁齋乃謂“色欲温，心欲剛”，謬哉！剛誠美
　　　德，然“好剛而不好學，其蔽也狂”，未聞古有“心欲剛”之言焉。仁
　　　齋昧乎辭而造是言，豈非理學之弊乎？

子曰：“**鄉原，德之賊也。**”原，與“愿”同，謹也。鄉原以其同流俗、合污世，鄉人皆稱愿
人者也。夫子以其似德非德，反亂於德，故以爲“德之賊也”。

【古義】陳氏櫟曰：“真非不足以惑人，惟似是而非者，最易以惑人，故夫
　　　子以爲德之賊。”

【徵】鄉原，朱子據《孟子》爲之解，引《荀子》證“原”之爲“愿”，可謂善解
　　　已。何周云云，蓋未睹《孟子》耳；德之賊也，謂賊德也，言賊害有德
　　　之人也。蓋鄉原似有德而非有德，一鄉之人，皆以爲善人，是足以
　　　亂有德之人，則亦能妨害於有德之人，故云爾。

子曰：“**道聽而塗説，德之棄也。**”道聽塗説，謂實無所得，而輕聽妄説也。棄，廢也。

【古義】此夫子歎後世道德之下衰也。蓋在昔尊道甚篤，而不敢容易論
　　　之：必也躬行心得，爛熟融釋，有餘於己，而後應於人。故聽之者有
　　　所益，而用之者必當其可也。及至後世，道聽途説，不要其實，輕浮
　　　淺露，靡然成俗。其著書作文，肆然談天下之事，巧麗富藻，雖若可
　　　悦，然實道聽途説之流，要不足尚焉。

【徵】“道聽而塗説”，謂口耳之學也。道塗，亦喻耳。馬融以爲“道塗之
　　　傳説”，亦不識言語之道矣；“德之棄也”，謂棄德言也。德言者，謂
　　　有德人之言也。古者受諸師，學而得諸己，驗諸其行然後言。孔子
　　　曰：“有德者有言。”古之貴德言也。口耳之學，雖無所得於己亦言
　　　之，至於不得於己而言之，則無不可言者。是人騁其知辯，粲然可

聽，故有德之言，由此見棄也。朱子曰：“雖聞善言，不爲己有，是自棄其德也。”可謂失於辭已。

子曰：“**鄙夫可與事君也與哉？** 鄙夫，凡陋卑汙、不見義理者，指在位之人而言。**其未得之也，患得之。既得之，患失之。苟患失之，無所不至矣。** 何氏曰：“患得之，謂患不能得之。”或曰“患得之”當作“患不得之”。”

【古義】鄙夫之事君，其患得之也，猶有所顧慮；至於患失之，則非止赧愍醜惡之事，無所不爲。凡其可利於己者，雖人之患難、國之傾覆，皆在所不顧，故聖人深惡之。庸君以爲良臣，每近狎倚賴，而不知此皆禍亂之漸，覆亡之招也。可不戒乎！○許昌靳裁之曰：“士之品，大槩有三：志於道德者，功名不足以累其心；志於功名者，富貴不足以累其心；志於富貴而已者，則亦無所不至矣。志於富貴，即孔子所謂‘鄙夫’也。”

【徵】“其未得之也，患得之”，何晏曰：“患得之者，患不能得之，楚俗言。”可見古人解有所本已。蓋孔子時俗言，何晏時猶在楚也。“苟患失之，無所不至矣”，鄭玄曰：“無所不至者，言其邪媚無所不爲。”朱子曰：“小則吮癰舐痔，大則弒父與君，皆生於患失而已。”可謂深切痛快已。靳裁之曰：“士之品，大槩有三：志於道德者，功名不足以累其心；志於功名者，富貴不足以累其心；志於富貴而已者，則亦無所不至矣。志於富貴，即孔子所謂‘鄙夫’也。”是後世之論也。《左傳》曰：“大上立德，其次立功，其次立言。”是古語也。孔子亦唯言求富貴之失，而未嘗及功名，觀其取管仲，可以見已。道者，先王之道也。學先王之道以成德於己，是所謂道德也。其學先王之道，以成德於己，亦將以用之於世，故孔子曰：“用之則行，舍之則藏。”豈無用之謂哉？後世內聖外王之說，淪於人心腑，而後道德與功名判焉。如孔子時，亦豈無求功名之失哉？然孔子不言之者，功名之不

可棄也，故斬裁之之言，亦獨善其身者之言也。其所謂道德者，亦
非古所謂道德矣，學者察諸。

子曰："古者民有三疾，今也或是之亡也。昔所謂疾，今亦亡之，傷俗之益衰也。
古之狂也肆，今之狂也蕩；朱氏曰："狂者，志願太高。肆，謂不拘小節。蕩，則踰大
閑矣。"古之矜也廉，今之矜也忿戾；朱氏曰："矜者，持身太嚴。廉，謂稜角峭厲。忿
戾，則至於爭矣。"古之愚也直，今之愚也詐而已矣。朱氏曰："愚者，暗昧不明。
直，謂徑行自遂。詐，則挾私妄作矣。""

【古義】時世之變，實憂世道者之所深歎也，故曰"肆"，曰"廉"，曰"直"，
皆氣質之偏，而謂之疾。至於蕩與忿戾與詐，則惡而已矣，非疾也。
蓋三者之爲疾，猶足就此以見其俗之淳朴。至於後世，則民性習於
惡俗，而雖斯疾亦無，此風俗之所以益渝而不復古也。

【徵】"或是之亡也"，或者，有也。亡、無通。"或是之亡也"者，無有是
也；"古之狂也肆"，包咸曰："肆，極意敢言。"此解本於孔安國"妄，
抵觸人"意。"今之狂也蕩"，孔安國曰："蕩，無所據。"是亦謂世衰
而禮廢也。朱子曰："肆謂不拘小節，蕩則踰大閑矣。"乃誤解子夏
之言者，子夏豈以狂者爲至哉？理學之失，名不當物者如此夫！
"古之矜也廉"，馬融曰："有廉隅。"是別於"廉潔"之廉，然如《老
子》"廉而不劌"，古唯謂廉隅耳。稱不欲爲廉，蓋後世之言耳。
《論語》中言不欲者，即後世之廉也。矜，本矜莊之矜，美德也，
未有以爲狂愚之類者矣。蓋矜即狷，狷或作獧，或作矜，古字
通用耳，如鰥、矜通用。蓋狷或由鰥轉用，老而無妻，亦自守大
過者所爲也。"今之矜也忿戾"，孔安國曰："惡理多怒。""惡理"
或漢時言，或有脫悞。

子曰："巧言令色，鮮矣仁。"

【古義】重出。

子曰：“惡紫之奪朱也，惡鄭聲之亂雅樂也，惡利口之覆邦家者。”朱，正色。紫，間色。鄭聲，鄭國之音。雅樂，正樂也。利口之人，多言少實。苟聽之，則能傾覆國家。三者皆似是而實非，故聖人深惡之。

【古義】凡天下之事，其是非善惡之甚著者，判然易見，不足以惑人。惟夫似是而實非，似善而實惡者，人心疑惑，足以亂正，其害有不可勝言者矣。此孔子之所以惡鄉原也。

【徵】“惡紫之奪朱也”，此一句譬喻；“惡鄭聲之亂雅樂也”，即告顏子“放鄭聲”也；“惡利口之覆邦家者”，即告顏子遠佞人也。聖人之道，禮樂而已矣，故惡此二者焉。學者多以利口之覆邦家爲變亂是非，是誠然。然所謂是非者，苟不以禮爲據，將何所底止？故後儒益辨是非，而是非益不定矣，學者察諸。鄭聲之亂雅樂，亦其可娛人耳者，過於雅樂，故聖人惡之放之。

子曰：“予欲無言。”子貢曰：“子如不言，則小子何述焉？”學者專貴言語，而不知尚實德，故夫子發此以警之。子曰：“天何言哉？四時行焉，百物生，天何言哉？”言天雖不言，然四時自行，百物自生，道之行亦何待言語焉？

【古義】此欲學者不求於言語，而深務其實也。夫有實而無言，不足以爲患，以雖無言必行也。若有言而無實，則雖巧文麗辭，極天下之辨，無益，故曰：“天何言哉？四時行焉，百物生焉，天何言哉？”○歐陽子曰：“脩於身者，無所不獲；施於事者，有得有不得焉；其見於言者，則又有能有不能也。施於事矣，不見於言可也；脩於身矣，不施於事亦可也。……若顏回在陋巷，曲肱饑臥而已，其群居則默然終日如愚人然。自當時群弟子皆推尊之，以爲不敢望而及，而後世更百千歲，亦未有能及之者。其不朽而存者，固不待施於事，況於言乎？……自三代、秦漢以來，著書之士，多者至百餘篇，少者猶三四十篇。其人不可勝數，而散亡磨滅，百不一二存焉。”言之不可恃也,蓋如此。

【徵】"予欲無言",朱子有見乎高妙也,故曰:"學者多以言語觀聖人,而不察其天理流行之實,有不待言而著者,是以徒得其言,而不得其所以言,故夫子發此以警之。"仁齋有見乎平實也,故曰:"學者專貴言語,而不知貴實德,故夫子發此以警之。"殊不知此章本爲教而發也,教者謂禮樂也。夫學者既知貴聖人,豈以言語觀孔子乎? 故朱子說非矣。又若仁齋之說,則非夫子不欲言,而欲學者之無言,故夫子姑以是警之耳。且所謂實德者,苟非言以教之,則何以能知之行之而成其德乎? 則學者之惑益不可解焉,孔子時語意必不若是矣。何晏曰:"言之爲益少,故欲無言。"此古來相傳之說,故其言雖淺乎,反得孔子時意焉。蓋先王之教,禮樂而已矣,其意以爲言之爲益少也,故以禮樂教之。及孔子時,禮樂存而人不識其義,故孔子明其義以教之,於是乎學者皆以爲義止是焉,豈知言之爲益少也? 不可以廣包莫所遺也,孔子舉一隅以言之耳。及於或稍深切其言以詳悉之也,學者念益以爲義盡是焉,而不知其猶塵塵乎一端也,害生於是焉。故孔子欲無言,明禮樂之義,不可以言盡也。觀於子貢"小子何述焉",則孔子爲教而發者審矣。夫禮樂事而已矣,莫有言語,亦其尊先王如天,故引天以明其不待言而可默識之也。夫禮樂之教,至於默而識之,其義莫有窮盡也哉! 噫! 二先生之不知道,一低一昂,簸弄聖人之道,以至使學者莫所準則者,豈不悲哉? 朱子又謂與前篇"無隱"之意相發,是亦謂其相近耳。彼以己言之,故不引天,此以先王之道言之,故喻以天。孔子尊天至矣,尊先王之道至矣,豈以天自喻乎?

孺悲欲見孔子,孔子辭以疾。將命者出户,取瑟而歌,使之聞之。孺悲,魯人。朱氏曰:"當是時,必有以得罪者,故辭以疾,而又使知其非疾,以警教也。"

【古義】張氏栻曰："孺悲之不見，疑在棄絶之域矣。取瑟而歌聞之，是亦教誨之，而終不棄也。聖人之仁，天地生物之心歟？"

【徵】"孺悲欲見孔子"，程子引孟子"不屑之教誨"，爲是。不屑之教誨，孟子蓋傳孔門之義云爾。

宰我問："三年之喪，期已久矣。期，周年也。**君子三年不爲禮，禮必壞；三年不爲樂，樂必崩；**宰我言喪不可三年之義。**舊穀既没，新穀既升，鑽燧改火，期可已矣。**宰我又言喪一期既足之意。没，盡也。升，登也。燧，取火之木也。改火，按《周禮·司爟》："掌行火之政令，四時變國火，以救時疾。"註曰："春取榆柳之火，夏取棗杏之火，夏季取桑柘之火，秋取柞楢之火，冬取槐檀之火。"今詳本文，明是一年一改火，而非四時各變火，則不可專據《周禮》以解此章也。"**子曰："食夫稻，衣夫錦，於女安乎？"曰："安。"**稻，糯也，穀之甚美者。父母之喪，斬衰三年；期而小祥，始食菜果，練冠縓緣，要絰不除；三年喪終，初食稻衣錦。**"女安則爲之。夫君子之居喪，食旨不甘，聞樂不樂，居處不安，故不爲也。今女安則爲之。"**此夫子之言也。旨，美也。朱氏曰："初言女安則爲之，絶之之辭。又發其不忍之端，以警其不察，而再言'女安則爲之'，以深責之。"**宰我出，子曰："予之不仁也。子生三年，然後免於父母之懷。夫三年之喪，天下之通喪也。予也有三年之愛於其父母乎？"**懷，抱也。通，達也。夫子不欲面斥其過，及宰我既出，而深推言君子喪必三年之故，而使之聞之。蓋欲有所悔悟，思而得之也。

【古義】宰我此言，其必在於具慶之時乎？蓋幼而喪父母，與父母俱存者，自無此心，故或有疑於喪必三年之説。若一旦遭大故，則自有不能已之至情，故曰："人未有自致者也，必也親喪乎！"況觀夫子曰："今女安則爲之。"則知宰我此時父母猶在。夫子之於父母，有所怙恃，乃得生育，自天子以至于庶人一也。苟能知子生三年，然後免於父母之懷之意，其誰有疑於三年之喪？而聖人制爲三年之喪者，蓋取纔足以報懷抱之恩爾，豈以此爲足盡其報親之道乎？夫子之言甚明白矣。禮家以爲聖人特爲之中制者，蓋臆説也。

【徵】孔子時，當革命之秋，孔子之道大行於天下，必改禮樂。宰我之智，蓋窺見其意，故有"期可已矣"之問，是非己欲短喪也，言"若制作禮樂，則期可已矣"耳。不然，三年之喪，先王之制也，當世之人，遵奉而不敢違也，況宰我之在聖門，豈無故而有此問乎？宋儒好自高而輕詆人，亡論已。仁齋先生怪其孔門高弟而有此問也，乃曰："其必在於具慶之日乎？"是不得其解而爲之回護者也。夫禮者緣人情而作者也，故孔子曰："安則爲之。"後儒不知道，故以爲深責宰我，可謂謬矣。宰我曰："君子三年不爲禮，禮必壞；三年不爲樂，樂必崩。"可見孔子時禮樂至重耳，故宰我不以它而以禮樂。若後世儒者，何有此言乎？"鑽燧改火"，仁齋曰："今詳本文，明是一年一改火，而非四時各變火，則不可專據《周禮》以解此章也。"是仁齋執一部《論語》，而不信它經，言教至孔子而斬新開闢，而輕先王之道，故作是言耳。且《周禮・司爟氏》但有"變火"之文，而"春鑽榆柳"等說，鄭玄不言，但引鄭司農，何晏亦引《周書》。按《正義》：《鄒子》《周書》，其義爲一。則其爲鄒衍等所創，亦未可知也。且其意以爲一改火者，豈清明之日邪？本文曰："舊穀既没，新穀既升。鑽燧改火，期可已矣。"則十二月死者，三月改火，輒除喪邪？春夏死者，九月穀升，輒除喪邪？本文唯言農時一周，改火一周，以明"期可已"之義耳，亦昧乎辭之過也。仁齋又曰："稻，糯也，穀之甚美者。"殊不知在田曰稻，刈穫曰禾，去薻曰粟，去殼曰米，米而未舂曰糲，已舂曰粱，皆一物也。而稻爲糯，粟爲秫類，粱爲粟中一種，皆後世豎家之說，非古言矣。仁齋又曰："夫子於父母，有所怙恃，乃得生育，自天子以至于庶人一也。苟能知子生三年，然後免於父母之懷之意，其誰有疑於三年之喪？而聖人制爲三年之喪者，蓋取纔足以報懷抱之恩爾，豈以此爲足盡其報親之道乎？夫子之言甚明白矣。

禮家以爲聖人特爲之中制者，蓋臆説也。”仁齋可謂不識禮，又不識中矣。夫三年之喪，以盡子之哀，聖人之心，以此爲足以報懷抱之恩，則豈不迂乎？然孔子所以云爾者，廼禮之所取于類爲爾。曾子曰：“慎終追遠，民德歸厚。”是制禮之意也。且所謂“中”者，謂聖人爲民立極也，故漢儒解“極”爲“中”。極者，謂聖人立此而俾民守也。宋儒不識是義，乃取理其臆，而欲睹夫“無過不及”意，仁齋亦爾，予故曰：“不識禮，又不識中也。”

子曰：“飽食終日，無所用心，難矣哉！不有博奕者乎，爲之猶賢乎已。”博，局戲也。奕者，圍碁也。已，止也。

【古義】此言不用心之甚不可也，非取博奕也。孟子曰：“飽食煖衣，逸居而無教，則近於禽獸。”亦以無所用心，比之禽獸也。

【徵】“不有博奕者乎，爲之猶賢乎已”，馬融曰：“爲其無所據樂，善生淫欲。”漢儒雖笨乎，不失古時意，如此解亦大佳。孔子可謂善識人情已，禮樂之教，亦有此意。博，局戲，如雙陸、格五類。奕，圍碁也。孔子此語，必有所爲而言之。今老而無世務者，或以此消日，或持念珠稱佛，必合於孔子之心。不然者，皆無所據樂，善生淫欲也。相傳丹朱愚，堯作碁教之，或以爲舜教商均，予則謂豈無是事哉？其處朱均，必當如舜於象已，使有司治其國政，則爲朱均者，宜無事事焉。無事事，則無所據樂，善生淫欲，故教之奕以制其心，亦或聖人之術然焉。自後世賭博盛行，而諸老先生難解之，乃謂甚言無所用心之不可爾。以余觀之，博奕猶勝於靜坐持敬者已。

子路曰：“君子尚勇乎？”子曰：“君子義以爲上。君子有勇而無義，爲亂；小人有勇而無義，爲盜。”尚，上之也。君子、小人，皆以位而言。

【古義】義者，聖人之大用也。大而死生存亡，小而進退取捨，必由是而決。故義以爲上，則志有所立，而氣有所帥，不依勇而自裕如也；若

勇而無義，則君子爲亂，小人爲盜，而其害有不可勝言者矣。蓋義
之與勇，其趣相似而實甚殊矣。此子路所以有上勇之問，而夫子有
義以爲上之説也。

【徵】"子路曰：'君子尚勇乎？'子曰：'君子義以爲上。'"是問以上勇，答
以上義，蓋欲其以義裁勇，故曰："君子有勇而無義，爲亂；小人有勇
而無義，爲盜。"皆謂素有勇者也。仁齋曰："義者，聖人之大用也。
大而死生存亡，小而進退取舍，必由是而決。故義以爲上，則志有
所立，而氣有所帥。"此援孟子"浩然"以解此章，殊不知孟子言義以
生勇，自與此章不同矣。且所謂義者，先王之古義也。古曰："以義
制事。"故勇者以義制其事，則雖勇不至爲亂盜也。仁齋乃謂義與
勇相似，可謂謬已。勇，德也，義，道也，豈可爲似乎？皆昧乎古言
之過也。

子貢曰："君子亦有惡乎？"楊氏曰："仁者無不愛，則君子疑若無惡矣。子貢之有是
心也，故問焉以質其是非。"**子曰："有惡，惡稱人之惡者，惡居下流而訕上者，
惡勇而無禮者，惡果敢而窒者。"**訕，誹毀也。窒，塞也。邢氏曰："謂好爲果敢，窒
塞人之善道也。"稱人之惡者，薄也；下而訕上者，逆也；勇而無禮者，暴也；果敢而窒者，枉
也。故夫子皆惡之。**曰："賜也亦有惡乎？"**夫子又反問子貢，以發其意。**"惡徼以
爲知者，惡不孫以爲勇者，惡訐以爲直者。"**此子貢之言也。徼，伺察也。訐，謂
攻發人之陰私也。

【古義】夫子之所惡，是惡人自不知其不善者，其意平也。其惡易知，而
　　　　無意於惡之者也；子貢之所惡，是惡人自以爲善，而其意甚不善者，
　　　　其情似刻矣。其惡難察，而有意於惡之者也。唯夫子之言，猶天地
　　　　之易簡，而易知易從，豈不大哉！

【徵】"惡稱人之惡者"，稱，揚也，揚言之也。君子豈絶口不言人之惡乎？
　　　至於揚言之以播於衆，則惡之。朱子曰："無仁厚之意。"仁齋曰：

“薄也。”皆不識稱字之義。“居下流”，再見《子張篇》。彼謂身爲逋逃藪，辟諸衆流所歸焉，此亦謂身爲衆惡人所歸會者。大氐訕上者，冀有以規箴挽回上意也。若其身既爲衆惡所歸湊者，是衆所賤也。雖有所謗訕，亦不足以規箴挽回上意，徒以扇動民怨，以生禍亂耳。故不言“下位”，而言“下流”耳。世人不解，徒以爲居下而訕上，非矣。夫下民怨咨，情之常也，聖人豈惡之乎？稱揚人之惡，居下流而訕上，皆可以增薄俗、害政治，故聖人惡之；勇而無禮者，果敢而窒者，皆必至爲亂，故聖人亦惡之。窒，馬融曰：“窒，窒塞也。”邢昺以爲“窒塞善道”，然此與無禮一類，止當言其人，未必言其事，從馬融可也。徼，孔安國曰：“徼，抄也。抄人之意，以爲己有。”朱子曰：“徼，伺察也。”然遍檢字書，無此義。徼、僥同，僥幸亦抄取之義耳。蓋徼訓伺察，乃朱子以其意爲解者，後世之見也。孔子時猶以政治爲道，故善出謀慮爲知；後世則以學問爲道，故無所不知爲知。故訓伺察，非古義也，訓抄爲得古意。徼以爲知，謂抄取人之嘉謀善慮，以爲己知者也。仁齋先生曰：“夫子之所惡，是惡人自不知其不善者，其意平也。其惡易知，而無意於惡之者也；子貢之所惡，是惡人自以爲善，而其意甚不善者，其情似刻矣。其惡難察，而有意於惡之者也。唯夫子之言，猶天地之易簡，而易知易從，豈不大哉！”仁齋此言，真理學者流之言哉！大氐世所謂道學先生，岸其幘呻吟，以求程子所謂意味氣象者，如此言，豈不鑿乎？殊不知子貢所惡，惡似是而非者，亦與孔子惡鄉原、鄭聲、利口同焉。但孔子所惡，惡害政敗俗者，所關係者大焉，是仁也；子貢所惡，惡亂德者，所關係者小焉，是知也。知、勇、直皆美德，徼、不孫、訐以亂之。然比諸孔子所惡者，無害政敗俗之事，此孔子、子貢所以殊已。仁齋不知而爲之解，可醜之甚。且自不知其不善者，是無意爲不善，聖人豈惡之乎？

子曰："唯女子與小人爲難養也，近之則不孫，遠之則怨。"

【古義】待士君子者，交之以忠信，接之以禮義，務在盡己而已矣。唯女
　　子陰質，小人陰類，不可近之，亦不可遠之。苟失其所以御之之方，
　　則家道或自此壞焉，故戒之。

【徵】"女子與小人爲難養也"，小人，細民也。女子以形事人者也，細民
　　以力事人者也，皆其志不在義，故近之則不孫，遠之則怨。

子曰："年四十而見惡焉，其終也已。"

　　【古義】朱氏曰："四十，成德之時。見惡於人，則止於此而已，勉人
　　及時遷善改過也。"○孟子曰："可欲之謂善。"《詩》曰："在彼無惡，
　　在此無射。"其爲人，可欲而不可惡者，必君子也；可惡而不可欲者，
　　必小人也。鄉人皆惡之，猶有可言者；至於無往而不見惡，則其無
　　善狀可知矣。

微子第十八 凡十一章

微子去之，箕子爲之奴，比干諫而死。微、箕，二國名。子，爵也。微子，紂之庶
兄。箕子、比干，紂之諸父。微子見紂無道，早去之。箕子佯狂爲奴，比干以諫見殺。孔
子曰："殷有三仁焉。"三子皆忠君憂國，不爲身嫌，故皆謂之仁。

【古義】仁，實德也，故至誠而不僞，至正而不偏，皆自慈愛惻怛之心而
　　發。三仁當去而去，當爲奴而奴，當死而死，皆出於至誠惻怛之心，
　　而有痛哭流涕之意。但去則似於忘君，爲奴則似於辱身，故夫子原
　　其心，而總斷之曰："殷有三仁。"蓋爲微子、箕子暴白其精誠也，猶
　　孟子所謂"禹、稷、顏回同道"之意。且就此觀之，則知爲仁者或遠

或近，不可以一而拘焉。

【徵】“殷有三仁”，何晏曰：“仁者愛人，三人行異而同稱仁，以其俱在憂亂寧民。”朱子曰：“同出於至誠惻怛之意，故不咈乎愛之理，而有以全其心之德也。”仁齋曰：“三子皆忠君憂國，不爲身嫌，故皆謂之仁。”又曰：“仁，實德也，故至誠而不僞，至正而不偏，皆自慈愛惻怛之心而發。三仁當去而去，當爲奴而爲奴，當死而死，皆出於至誠惻怛之心，而有痛哭流涕之意。但去則似於忘君，爲奴則似於辱身，故夫子原其心而總斷之曰：‘殷有三仁。’蓋爲微子、箕子暴白其精誠也，猶孟子所謂‘禹、稷、顏回同道’之意。”愚按：三子之行，其詳不可得而聞焉。在孔子時，必有傳其蹟之詳者，故孔子知其爲仁而斷之云爾。後世朱子、仁齋之徒，皆各以己所見以定所謂仁者，而推言三子之心必合諸己所見者，以解孔子爲仁之意焉，是以其説皆雖可聽，吾未知其果合孔子稱仁之意乎否也。朱子所謂“至誠惻怛”，仁齋所謂“至誠而不僞，至正而不偏”，此皆吾所謂“各以己所見”者也。幸三子之行，其詳不可得而聞焉，則朱子、仁齋之説，人不能斥其非是也。然律諸管仲而其説窮矣，故知何晏之説優於二家也，且如仁齋之説，止可謂之忠耳。大氐道學者流，率皆以知道自任，競言古聖賢心中之微，典籍所不載者，豈可不謂之鑿乎？今且據“仁”字之義，參以《論語》之文，比干之死，必在微子去、箕子爲奴之後也。其所諫，必在用微子、箕子之言，而先是微子、箕子亦必告紂以保宗社安天下之事耳。夫有安天下之心而又有安天下之功，謂之仁，管仲是也；有安天下之心而無安天下之功，不得謂之仁；有安天下之功而無安天下之心，莫有此事焉。如三子者，有安天下之心而無安天下之功。雖無安天下之功，然使紂從其言，則亦足以安天下，故謂之仁。今之可言者，止於是焉。

柳下惠爲士師，三黜。士師，獄官。黜，退也。人曰：“子未可以去乎？”曰：“直道而事人，焉往而不三黜？枉道而事人，何必去父母之邦？”此承上章，類而記之。胡氏曰：“此必有孔子斷之之言而亡之矣。”

【古義】此蓋夫子稱柳下惠之仁也。夫直道則當去，不去則當枉道。柳下惠三黜不去，而終不失其正，又有戀戀於父母之國之意，非仁者不能也。

【徵】柳下惠，孔子未嘗以仁稱之。其在《論語》，以逸民見稱，曰：“言中倫，行中慮。”此知者事也。孟子以“不恭”目之，亦知者事也。仁齋味其言，以爲非仁人不能言矣，是但以其氣象優游不迫而已，可謂不知仁而強爲知之者也。且古所謂知者，其知必於仁，是以肖於仁。

齊景公待孔子曰：“若季氏，則吾不能；以季、孟之間待之。”魯三卿，季氏最貴，孟氏爲下卿。曰：“吾老矣，不能用也。”孔子行。孔子言：“吾年老力衰，不能用季孟之事。”而遂行。○愚謂景公既曰：“以季、孟之間待之。”而不可遽又曰：“吾老矣，不能用也。”故傚夫子不對衛靈公問陳而行之例，以此語爲夫子之言。○按：舊説據《史記·世家》，以此爲魯昭公二十五年之事。此時孔子年三十五，名位未顯，想無景公以季孟待之之理，恐他日之事。

【古義】齊景公欲以季、孟之間待孔子，猶齊王欲授孟子室，養弟子以萬鐘之類也。季、孟皆魯之強臣，景公遽欲以此待孔子，其禮固隆，然非待孔子之道，此夫子之所以行也。

【徵】曰：“吾老矣，不能用也”，古來以爲景公言，而仁齋乃謂孔子言。下文有“孔子行”，則“曰”之爲景公曰，豈不然乎？昧乎辭而好奇，祇貽人笑耳。

齊人歸女樂，季桓子受之，三日不朝，孔子行。季桓子，魯大夫，名斯。按《史記》：定公十四年，孔子爲司寇，攝行相事，齊人懼，歸女樂以沮之。

【古義】前記三仁、柳下惠之出處，而折衷以聖人之行。夫聖賢之事，出處進退，雖並行而不相悖，然中庸爲至矣，此夫子之所以獨度越于群聖也。

論曰：按《史記·世家》："齊人歸女樂以沮之，季桓子受之。郊又不致膰俎於大夫，孔子行。"今據《孟子》曰："孔子爲魯司寇，不用。從而祭，燔肉不至，不稅冕而行。"而無齊人歸女樂、三日不朝等事。竊疑歸女樂與不致膰，本非一時之事。史遷合二事，以係定公十四年下者，非也。莊周書亦言："孔子再逐於魯。"益可證矣。

【徵】"齊人歸女樂"，仁齋先生曰："按《史記·世家》：'齊人歸女樂以沮之，季桓子受之。郊又不致膰俎於大夫，孔子行。'今據《孟子》曰：'孔子爲魯司寇，不用。從而祭，膰肉不至，不稅冕而行。'而無齊人歸女樂、三日不朝等事。竊疑歸女樂與不致膰，本非一時之事。史遷合二事以係定公十四年下者，非。莊周書亦言：'孔子再逐於魯。'益可証矣。"此説亦可備一説。

楚狂接輿歌而過孔子，接輿，楚人，佯狂不仕。時孔子適楚，故接輿歌而過其車前，下文乃其歌詞也。**曰："鳳兮鳳兮，何德之衰？**知孔子有聖德，故以鳳比之，但鳳有道則見，無道則隱，故接輿譏其不能隱，以爲德衰也。**往者不可諫，來者猶可追。**言已往所行者，不可復諫止，自今已來猶可追而自止，勸孔子避亂隱居也。**已而！已而！今之從政者殆而！**已，止也。而，語助辭。殆，危也。**孔子下，欲與之言。趨而辟之，不得與之言。**下，下車也。孔子蓋欲爲接輿言斯人之徒與，而不可絶物離世，獨善其身也。

【古義】輔氏廣曰："觀接輿之言，既比之以鳳，而又疑其衰；既幸其或止，而又慮其殆。"語意慇懃諄復，是誠知尊聖人者矣。然其所趨，則在絶人逃世，專以遠害全身而已。其與聖人之心，不啻如冰炭黑白之不同也。

【徵】孔子欲見楚王，蓋聖人之過也。接輿過而歌，其辭若譏，而實所以喻孔子也。門人錄之，見聖人之多助也。後世《詩》學不傳，遂以爲實譏孔子。夫比孔子以鳳，豈譏之者乎？"孔子欲與之言"，朱註："蓋欲告之以出處之意。"其意以爲孔子欲使接輿知出處之道邪？古之人各行其意，孔子不能强之漆雕開，何況接輿乎？以爲孔子欲暴己之意邪？天下之人，豈可人人而懇乎？可謂謬已。孔子之欲與之言，亦知其爲佯狂而欲與之言也。接輿之趨而辟，遂其狂態也。所以遂狂態者，不欲使人覺其爲佯狂也。接輿必是姓名，或云姓陸名通，接孔子之輿而歌之，妄哉！

長沮、桀溺耦而耕。孔子過之，使子路問津焉。二人，隱者。耦，並耕也。時孔子自楚反乎蔡。津，濟渡處。**長沮曰："夫執輿者爲誰？"子路曰："爲孔丘。"曰："是魯孔丘與？"曰："是也。"曰："是知津矣。"**執輿，執轡在車上也。初子路御而執轡，今下問津，故夫子代之也。知津，言數周流，自知津處。**問於桀溺，桀溺曰："子爲誰？"曰："爲仲由。"曰："是魯孔丘之徒與？"對曰："然。"曰："滔滔者，天下皆是也，而誰以易之？且而與其從辟人之士也，豈若從辟世之士哉？"耰而不輟。**朱氏曰："滔滔，流而不反之意。"以，猶與也。言天下皆亂，將誰與變易之？而，汝也。辟人，謂孔子。辟世，桀、溺自謂。耰，覆種也。亦不告以津處。**子路行以告。夫子憮然，曰："鳥獸不可與同群，吾非斯人之徒與而誰與？**朱氏曰："憮然，猶悵然，惜其不喻己意也。言所當與同群者，斯人而已，豈可爲絶人離世，自逃山野，以獨潔其身哉？"**天下有道，丘不與易也。**天下有道，猶曰"人之有道"也，言天下自有君臣，有父子，有夫婦，吾以斯人而治斯人而已，何用變易爲？"

【古義】論曰：桀溺欲變易天下，聖人不欲變易天下。欲變易天下者，是以己之道强天下也；不欲變易天下者，是以天下治天下也。蓋天下以人而立，不能去人而獨立，故聖人樂以天下，憂以天下，未嘗避天下而獨潔其身。如長沮、桀溺之流，固非通乎天下、達乎萬世之道也。夫佛氏以寂滅爲教，老氏以虛無爲道，思以易天下，然到今二千有餘歲，佛氏未嘗能滅天下之君臣、父子、夫婦，而老氏亦未嘗能復太古之無爲，於是益知吾夫子之教大中至正，貫徹古今，不可以復加也。又曰："斯民也，三代之所以直道而行也。"又曰："以人治人，改而止。"聖人之不絶物憤世也若此。唐魏徵曰："五帝三王，不易民而化。"蓋得此意。

【徵】"滔滔者，天下皆是也，而誰以易之"，言天下人君，莫有可與有爲者，而欲輔何人以變易天下也？以不必訓與，訓與亦同義。辟人之人，本指人君，可見"天下皆是"亦指人君也。學者多言天下之人皆無道者，非孔子時語意矣。"耰而不輟"，升庵曰："賈颿曰：'古曰耰，今曰勞。'勞，郎到切。《説文》：'耰，摩田器。'諺云：'耕而不勞，不如作暴。'"此説與舊説不同。"吾非斯人之徒與而誰與"，亦指人君。"天下有道，丘不與易"，亦謂若使天下人君皆有道，則丘何必欲輔之變易風俗哉？朱註盡之矣。仁齋乃曰："桀、溺欲變易天下，聖人不欲變易天下。"又曰："天下有道，猶曰'人之有道'也，言天下自有君臣，有父子，有夫婦，吾以斯人而治斯人而已，何用變易爲？"可謂昧乎辭已。凡諸書"天下有道""邦有道無道"，皆以人君言之，而所謂道，皆先王之道。且移風易俗，莫善於樂，聖人何嘗不欲變易也？仁齋之言，一如未嘗讀書者何？其曰"天下自有道"者，本諸《中庸》"道不遠人"，而《中庸》亦指先王之道而言。吁！好奇之失，一至于斯歟！按：蔡邕《石經》："孔丘與"下，無"曰是也"三字。"耰"下無"而"，"子路"下無"行"。"夫子"作"孔子"，"憮"作"撫"。

子路從而後，遇丈人，以杖荷蓧。丈人，亦隱者。蓧，竹器。**子路問曰："子見夫子乎？"丈人曰："四體不勤，五穀不分，孰爲夫子？"**朱氏曰："分，辨也。五穀不分，猶言不辨菽麥，責其不事農業，而從師遠遊也。"**植其杖而芸**。植，倚立也。芸，除草也。**子路拱而立**。知其隱者，敬之也。**止子路宿，殺雞爲黍而食之，見其**

二子焉。丈人亦知子路非常人，故其待之甚懇。**明日，子路行，以告。子曰："隱者也。"使子路反見之，至則行矣**。孔氏曰："子路反至其家，丈人出行不在。"**子路曰**：孔氏曰："丈人既不在，留言以語丈人之二子，令其父還則述之。此下之言，皆夫子之意。""**不仕無義**。隱者潔其身，以廢大倫，故譏其無義。**長幼之節，不可廢也；君臣之義，如之何其廢之？**子路見其二子，自有兄弟之分，則固既知長幼之節不可廢也。因明君臣之義，其不可廢亦如此。**欲潔其身，而亂大倫！君子之仕也，行其義也。道之不行，已知之矣**。倫，理也。大倫者，謂父子有親，君臣有義，夫婦有別，長幼有序，朋友有信也。行其義，謂仕以達其道也。"

【古義】黃氏榦曰："列'接輿'以下三章於'孔子行'之後，以明夫子雖不合而去，然亦未嘗慁然忘世，所以爲聖人之出處也。"

　　論曰：隱者以不仕爲義，聖人以仕爲義。蓋義者，天下之大路也，舍之則不可以一日行焉。君子之仕也，非以干祿也，將以達其道於天下也。聖人豈可止而不止者乎？若以此時而止焉，則是無義也，故曰："道之不行，已知之矣。"後世儒者之論義也，蓋亦隱者之見焉耳。

【徵】"四體不勤，五穀不分，孰爲夫子"，朱註："責其不事農業而從師遠遊也。"失之。蓋言四體不勤、五穀不分者，皆爲夫子，子以何人稱夫子也？"子路曰"，鄭玄曰："留言以語丈人二子。"朱註因之，而又曰："福州有國初時寫本，'路'下有'反子'二字。以此爲子路反而夫子言之也，未知是否。"竊疑孔子使子路述其意，何必然也？福本似是。按：蔡邕《石經》"植"作"置"，古字通用耳。

逸民：伯夷、叔齊、虞仲、夷逸、朱張、柳下惠、少連。逸，遺逸。民者，無位之稱。按：虞仲、夷逸，不見經傳。《荀子》書有子弓，或曰即朱張之字。少連，東夷人，見《檀弓》。或以虞仲爲泰伯弟仲雍，然泰伯死，仲雍繼其位，則不可謂之逸民。且生在於伯夷之前，則夫子不可列之於叔齊之下也。恐別是一人。**子曰："不降其志，不辱其身，伯夷、叔齊與！"**陳氏櫟曰："非其君不事，不降志可見；不立惡人之朝，不辱身可見。"謂：

"柳下惠、少連，降志辱身矣，言中倫，行中慮，其斯而已矣。"慮，思慮也。中慮，言意義合人心。謂："虞仲、夷逸，隱居放言，身中清，廢中權。朱氏曰："隱居獨善，合乎道之清；放言自廢，合乎道之權。"我則異於是，無可無不可。言七子各有可有不可，非絕世離俗，則必和光同塵，皆不可行，故夫子言此以斷之。"

【古義】無可無不可者，義之盡而道之全也。學苟不至乎此者，必可則無不可，不可則無可。唯聖人仕止久速，各適其義，而無可不可之可言也。

【徵】虞仲，朱註以爲太伯弟。仁齋先生以泰伯死，仲雍繼立，又生於伯夷之前，而疑其稱"逸民"，列諸叔齊之下，爲是。朱張，或謂荀卿所謂子弓，非矣。荀卿以孔子、子弓並稱而爲聖人，則爲仲弓也，非朱張也。"言中倫，行中慮"，蓋其言行暗合聖人之倫慮也。倫字，見《詩·正月》，曰："謂天蓋高，不敢不局。謂地蓋厚，不敢不蹐。維號斯言，有倫有脊。"《樂記》曰："樂者，通倫理者也。"又曰："論倫無患，樂之情也。"又曰："樂行而倫清。"是必古言，未審何謂。朱子乃曰："倫，義理之次第也。"如此解書，豈有不可解者乎？可謂胡説已。竊意，如"不相奪倫"，是樂有倫。蓋絲以絲終始，竹以竹終始，匏以匏終始，歌以歌終始，各有條理而不紊，是倫也。如"人有五倫"，蓋父子有父子之道，君臣有君臣之道，夫婦有夫婦之道，不可得而同，是所謂倫也。道不可一槩論矣：有通於一切者，又有不通於一切者。如可則仕，不可則去，是君子之大義，通於天下者也。如柳下惠之言，乃非君子之大義焉，然先王之道，亦有若是者焉。辟諸小德之川流，豈是之謂邪？又曰："慮，思慮也。中慮，言有意義合人心。"亦未足以稱柳下惠、少連矣。蓋慮者，委曲以行，不以直遂也。古聖人之行，亦必有時乎有之，如孔子之於陽貨是也。柳下惠不直義以行，乃委曲以合乎道者，亦暗合於古聖人之慮也；"其斯而已矣”，言自此之外，別無可稱者也。孟子以柳下惠爲聖人，其過可知已。虞仲、夷逸隱居放言，則其言莫有可取者矣。但其所以隱居者在潔其身，是合於古聖人之道，故曰：“身中清。”孟子曰：“聖人之行不同也，或遠或近，或去或不去，歸潔其身而已矣。”可見潔身者亦古聖人之一德也。唯潔身而已矣，言行皆無可觀，故不曰“行”而曰“身”。然其所以廢絶若是者，亦合於聖人之權，故曰：“廢中權。”“我則異於是”者，此時孔子隱居不仕，故引諸逸民，而明其所以異也。“無可無不可”者，朱註引孟子，非也。孟子曰：“可以仕則仕，可以止則止，可以久則久，可以速則速。”此孟子以孔子對伯夷、伊尹一出一隱言之，言其不拘一端也。而其所謂“可”字，以義之可否言之，豈可以解此章乎？又如“聖之時者也”，亦謂“溥博淵泉，而時出之”，皆非此章之意矣。此章之意，伯夷已下七人，皆道不可行而隱矣。孔子則異於此焉，道大德宏，故在孔子，則無道不可行之世也。故孔子之仕，非必以道可行也，其隱亦非必不可行也。晨門曰：“知其不可而爲之者與？”孔子曰：“大臣者以道事君，不可則止。”凡此不可，皆以道不可行言之，與此章可、不可同義，學者察諸。按蔡邕《石經》：“其斯而已矣”作“其所已乎”，則已、以同，言惠以之也。

大師摯適齊，大師，魯樂官之長。摯，其名也。**亞飯干適楚，三飯繚適蔡，四飯缺適秦**，亞，次也。亞飯以下，以樂侑食之官。干、繚、缺，皆名也。班固曰：“王者平旦食、晝食、晡食、暮食，凡四飯。諸侯三飯，大夫再飯。”魯蓋宜三飯。**鼓方叔入於河**，鼓，擊鼓者。方叔，其名。河，河内。**播鼗武入於漢**，播，搖也。鼗，小鼓，兩旁有耳，持其柄而搖之，則旁耳還自擊。武，名也。漢，漢中。**少師陽、擊磬襄入於海**。少師，樂官之佐。陽、襄，二人名。海，海島也。

【古義】朱氏曰：“此記賢人之隱遁，以附前章。然未必夫子之言也，末章放此。"〇當時世亂道湮，賢者不得志，非隱于抱關擊柝，則逃于伶官樂工，若《簡兮》之詩是已。若大師摯以下諸人，散之四方者，蓋以斯時雖魯國，亦不可仕，非專尚淫哇之聲，而正樂不行故也。

【徵】亞飯、三飯、四飯，升庵引《白虎通》而謂王有平旦食、晝食、晡食、暮食。殊不知"亞飯"之"亞"，如"亞獻"之"亞"，每食皆有亞飯、三飯、四飯。而升庵以四食配四飯，可謂謬矣。《特牲饋食禮》曰："尸三飯，告飽者三，合爲九。"故鄭玄謂："士九飯，大夫十一飯，其餘有十三飯、十五飯。"賈疏謂："諸侯十三飯，天子十五飯。"則士之祭有亞飯、三飯，而大夫以上當有四飯。今有亞飯而無初飯，則知初飯不須侑也。亞飯、三飯、四飯，爲祭奏樂侑尸食之官者，審矣。

周公謂魯公曰："君子不施其親，魯公，周公子伯禽也。施，陸氏本作"弛"，遺棄也。不使大臣怨乎不以。以，用也。大臣非其人則去之，在其位則不可不用。故舊無大故，則不棄也。大故，謂惡逆。無求備於一人！"

【古義】此章四者，皆君子之事，忠厚之至也。胡氏曰："此伯禽受封之國，周公訓戒之辭，魯人傳誦，久而不忘也。其或夫子嘗與門第子言之歟？"

【徵】周公謂魯公曰："君子不施其親"，孔安國曰："施，易也，不以他人之親易己之親。"未穩。韓愈《筆解》："'施'當作'弛'。"朱註曰："陸氏本作'弛'，福本同。"今且從之。祇其解曰："弛，遺棄也。"非矣。韓愈曰："不弛慢。"爲是。"不使大臣怨乎不以"，孔安國曰："以，用也。"

周有八士：伯達、伯适、仲突、仲忽、叔夜、叔夏、季隨、季騧。包氏曰："周時四乳生八子，皆爲顯仕，故記之爾。"

【古義】四乳生八子，其事甚異，恐不可信，只是言當時人物之盛耳。陳氏櫟曰："記魯末賢人之隱遁，而終以周盛時賢人之衆多，其有傷今思古之心乎？”

【徵】“周有八士”，包咸曰：“周時四乳生八子，皆爲顯仕，故記之爾。”邢昺曰：“鄭玄以爲成王時，劉向、馬融以爲宣王時。”升庵引《汲冢周書·克殷解》：“乃命南宫忽振鹿臺之財，乃命南宫百達、史佚遷九鼎三巫。”疑南宫忽即仲忽，南宫百達即伯達也。《尚書》有南宫括，疑即伯适也。則八士皆南宫氏也。以爲成王時人，近之。張橫渠曰：“記善人之多也。”是或然矣。蓋與“殷有三仁”同辭，然是於《論語》無干。意者，古人偶得古人一二言欲記之，乃記諸《論語》篇末空處，如此篇“周公”以下，及“邦君之妻”章、“色斯舉矣”章是也。後人尊其師傳，故併傳之耳。“四乳生八子”，亦以伯伯、仲仲、叔叔、季季相並云爾，然世亦有是事，豈足怪乎？且今俗惡雙生，必殺其一。原諸人情，雖古亦然。觀於此，則其風少弭邪？君子之所以貴，博物也。

卷十

子張第十九凡二十四章

子張曰："士見危致命，朱氏曰："致命，謂委致其命，猶言授命也。"見得思義，祭思敬，喪思哀，其可已矣。"

【古義】見危致命，則不苟偷生；見得思義，則有所不爲；喪祭哀敬，則守身之本立矣。其行如此，足以爲士，故曰："可已矣。"然上而爲君爲相，亦不止於此。

【徵】"見得思義，祭思敬，喪思哀"，皆謂思而求之也：如之何而當合於義，如之何而當合於敬，如之何而當合於哀，是思也。義也者，先王之義也；敬也者，先王之敬也；哀也者，先王之哀也。後儒短見，思作念頭解，義、敬、哀皆取諸臆，非孔門之意矣。

子張曰："執德不弘，信道不篤，焉能爲有？焉能爲亡？"弘，寬廣也。篤，厚也。亡，無也。焉能爲有、亡，猶言若存若亡。

【古義】德在於執，然不弘則徒爲狷介之士；道在於信，然不篤則必爲塗說之流。故執德而必弘，信道而必篤，則可以爲君子矣。若否，則其始雖若有得，然道德終不爲己有，亦必亡而已矣。

【徵】"執德不弘"，德者，性之德也。弘者，謂養而大之也。人各異德，性所近焉，貴乎執而不失，故曰"據"。又貴脩而崇之，故曰"弘"。信道之篤，德之所以弘也，然道在彼而德在我，故析言之。

子夏之門人問交於子張，子張曰："子夏云何？"對曰："子夏曰：'可者與之，其不可者拒之。'"蓋子夏之門人，有疑於子夏之言，故質之於子張。子張曰："異乎吾所聞：君子尊賢而容衆，嘉善而矜不能。此子張舉所聞于夫子之言也。我之大賢與，於人何所不容？我之不賢與，人將拒我，如之何其拒人也？子張承夫子之意，而述之如此。"

【古義】尊賢則道立，嘉善則學進，而亦能容衆則不棄人，矜不能則能濟物。此聖門之法言，學者之所當盡心而受用也。或曰：此與"無友不如己者"之言相反，如何？彼蓋謂好友之者，非曰彼求于我，而我必拒之也。況尊賢則自與小人遠，嘉善則又不與不善相近，不必拒之，亦不待拒之也。子夏之所言，固雖擇交之道，而子張之言，實傳聖人之意者也。本非謂大故不當絶，損友不當遠也，讀者不以辭害意可也。

【徵】"嘉善而矜不能"，善對不能，指人之有善行者言之。善，猶能也。仁齋曰："嘉善則學進。"似指善惡之善，非矣。"尊賢而容衆"，是大綱。容衆之中，又能嘉善而矜不能已。蓋子張之言，與"泛愛衆，而親仁"合。朱註議其過高，非矣。仁齋先生非之，是矣。大氐《論語》記諸子問答者，皆答者爲是，記者之意爾。包咸曰："友交當如子夏，汎交當如子張。"孰謂新註勝舊註也？如朱子以"大故當絶，損友當遠"議之，可謂吹毛求疵已。必以此心求之，孔子之言亦有失於偏者，故君子學貴博，惡執一而廢百。豈子張之失哉？讀者之失也。

子夏曰："雖小道，必有可觀者焉。小道，如諸子百家之屬是也。致遠恐泥，是以君子不爲也。泥，不通也。"

【古義】此言小道多便于事，且見效速，故俗士庸輩，多悅爲之。然致之於遠，則泥而不通，故雖有可觀者，君子不爲也。

【徵】"雖小道，必有可觀者焉"，朱註："小道，如農圃醫卜之屬。"得之。何晏以爲異端，仁齋因之。然諸子百家，子夏之時所無。雖然，當今之世，諸子百家，應作如是觀。雖佛老，必有可觀者焉。

子夏曰："日知其所亡，月無忘其所能，可謂好學也已矣。"亡，無也，謂己之所未有。

【古義】學進則日知其所亡，必有加於前也；德立則月無忘其所能，亦不失其初也。日知其所亡，學而不厭者能焉；月無忘其所能，內自省者能焉。既知己之所亡，又無忘其所能，日思月省，常存於胸中，則其進不可量焉，天下之能事畢矣。

　　論曰：天下之美，莫大於知學；天下之善，莫大於好學，而聰明才辨不與焉。人而不知學，則不可以爲君，不可以爲臣，不可以爲父，不可以爲子。至於夫婦、昆弟、朋友之倫，皆不得其所。故聖人以好學爲人之美稱，而其於顏子，不稱其穎悟，而稱其好學，則可見好學之善，天下蔑以加焉。

【徵】"日知其所亡，月無忘其所能"，孔安國曰："日知其所未聞。"邢昺曰："亡，無也。"後儒因之。然一章之內，不容亡無兩用，故亡者，失也。日知其所亡失者，而後能月無忘其所能。曰"日"者，言其自省之亟也。曰月者，要其成之辭。孔子曰："溫故而知新。"以教人者言之，子夏祇以學者言之，故語溫故而不及知新也。後儒求之深也，必欲一言而兼盡焉，其失率爾。

子夏曰："博學而篤志，切問而近思，仁在其中矣。"

【古義】博學，則求之也精。篤志，則信之也實。切問，則無泛然之患。近思，則無馳遠之弊。學能如此，則雖不足以謂之仁，而爲事不苟，必實之於身，故曰："仁在其中矣。"

【徵】"博學而篤志"，孔安國曰："廣學而厚識之。"是訓"志"爲"記"。蓋志先而學後，今先學於志，故云爾。朱註殊失其序，不可從矣。切問，何晏曰："切問於己所學未悟之事。"未見切字之義。近思，何晏曰："思己所未能及之事。"非矣。程子曰："切問近思在己者。"亦非矣。蓋切問，如"切磋"之"切"，謂逼切出之也。"不憤不啟，不悱不發"，古之教法也。故師之答於弟子，不盡言之，使思而自得之。是以弟子之於師，苟有所未喻，則以言語左右逼切，以觀其意嚮所在，如宰我"井仁"，子貢"爲衛君"之問，皆然。又如孔子曰："管仲之器小哉！"則或問以儉、以知禮，豈不然乎？及於後世，師聒其言語，欲弟子之遽信，而古之教法泯焉。朱子又不得切磋之解，古言遂不可考耳。近思，謂不忽近而思之也，如："舜察邇言。"意師之所答，或似卑近者，亦當思之而不忽也。"仁在其中矣"，如孔子"是亦爲政"之意。子夏此時不仕，從孔子而學焉，所學皆先王安民之道，故其自言如是。仁與學殊，然士之所以行仁於世者，必由學而得之，故曰："仁在其中矣。"後儒不知仁，故其解皆失之。夫博學而篤志，則先王之道可舉也；切問而近思，則其所以求藏諸身者至矣。孔子曰："我欲仁，斯仁至。"亦此意。

子夏曰："百工居肆以成其事，君子學以致其道。"肆，謂官府造作之處。致，極也。

【古義】居肆成事，百工之事也；學以致道，君子之業也。人各有其業，君子豈可不知所務哉？

【徵】"百工居肆以成其事，君子學以致其道"，言不用其力也，亦孔子"何有於我哉"意。學者，《詩》《書》、禮、樂以學先王之道也。致者，使先王之道自然來集也。百工之居肆，自不知其技之所以巧者焉。君子之學亦然，亦自不知其道之集于我焉。主意在百工不可不居肆，君子不可不學也。朱子以"致"爲"極"，昧乎字義矣，亦以"不奪於外誘，當知所務"爲説，抑亦末已。

子夏曰："小人之過也必文。"

【古義】子夏所以言此者，蓋欲人以此自考也。夫君子之心誠，故不自恥其過，而以不能改爲深恥。小人之心僞，故恐人斥言其過，而必自文之。不知其愈飾愈露，不可得而掩也。故君子終於無過，而小人則至過大而不可救也，弗思焉耳。

【徵】"小人之過也必文"，小人，本謂細民也。細民之過，可得而文，以其在鄉黨閭巷之間，人孰知之也。君子，本在位之稱。顯顯君子，邦家之望，其過如日月之食，過則人皆知之。故君子之過，不可得而文之。日月亦有食之，君子何必無過？改則衆皆仰之，故改之爲貴。雖在上位，其猶爲小人也，必文其過，以其心如細民也。雖在下位，其能爲君子也，過則改之，以其學先王之道以成長民之德也。是亦操心大小之分存焉。後儒不知是義，以誠僞論，抑亦末也已。

子夏曰："君子有三變：望之儼然，即之也溫，聽其言也厲。"朱氏曰："儼然者，貌之莊。溫者，色之和。厲者，辭之確。"

【古義】望之儼然，禮之存也；即之也溫，仁之著也；其言也厲，義之發也。蓋盛德之至，光輝之著，自是如此。謝氏曰："此非有意於變，蓋並行而不相悖，如良玉溫潤而栗然。"

【徵】仁齋先生曰："望之儼然，禮之存也；即之也溫，仁之著也；其言也厲，義之發也。蓋盛德之至，光輝之著，自是如此。"有味乎其言之！雖然，何啻盛德之人獨然哉？君子體仁履禮而由義，在上者皆當如此，學道者亦皆當如此。程子曰："惟孔子全之。"謝氏曰："此非有意於變，蓋並行而不相悖也。"此皆宋儒之失，在不知聖人焉。呼！是未足以爲聖人也，古之賢者皆爾。

子夏曰：“君子信而後勞其民，未信則以爲厲己也；_{厲，猶病也。}**信而後諫，未信則以爲謗己也。**”

【古義】信乎於使民諫君之前，則諫必行，令必從，自無咈其志之患。若否，則使民而民以爲厲己，諫君而君以爲謗己，事豈得成乎？故君子誠之爲貴也。○甚哉！子夏之言似夫子也。設使此章首冒“子曰”二字，孰復辨之？凡門人之語載于《論語》者，皆不可不崇信而佩服焉。

【徵】子夏曰：“君子信而後勞其民，未信則以爲厲己也；信而後諫，未信則以爲謗己也。”此孔子“大車無輗，小車無軏”意。假使孟子知是義，則好辨之失，不若是其甚也已。後世惟浮屠尚能窺是意，其言曰：“佛法大海，信爲能入。”

子夏曰：“**大德不踰閑，小德出入可也。**”_{大德者，若君臣之義、父子之親是也；小德者，謂言行信果之類。閑，闌也，所以止物之出入。}

【古義】此言大德固當不踰閑，至於小德，則非或出或入時措之宜，不可也。蓋惡夫必信必果之小人也。孟子曰：“大人言不必信，行不必果，唯義之所在。”是也。

【徵】孔安國曰：“閑，猶法也。小德則不能不踰法，故曰‘出入可’。”古時人善解古語如此。《晏子春秋》以此爲晏子之言，“大德小德”，作“大者小者”。蓋古語，晏子誦之，子夏亦誦之。蓋古者以德爲教：事父曰孝，事兄曰弟之類，大德也；如色容厲肅，視容清明，是小德也。皆以在己者爲教，是所謂德也。君子先立大者，故專力於大德，有子曰“君子務本”者，亦此意。若欲必盡夫小者，則有時乎失其大者，故曰：“出入可也。”所以曰“不能不踰閑”者，則非盛德之士不能也。古之君子，務其大者若是，是可以觀孔門之學也。宋儒之不識大者也，惟精是求，故以此章爲有弊已。仁齋又曰：“至於小德，則非或出或入時措之宜，不可也。蓋惡夫必信必果之小人也。”依舊亦宋人之見哉。且“言必信，行必果”，孔子謂之“小人哉”耳，亦未嘗惡之也，且小德何嘗“信果”哉？

子游曰：“子夏之門人小子，當灑掃應對進退，則可矣，抑末也。本之則無，如之何？”子游見子夏之門人，專務人事之末，而於道德之本則無之，以爲有隱而然，故譏之也。**子夏聞之曰：“噫！言游過矣。君子之道，孰先傳焉？孰後倦焉？**倦，朱氏曰：“如‘誨人不倦’之‘倦’。”言君子之教初無定法，各隨其材而施之，非以其末而先傳之，以其本爲後而倦之。若我之門人，當教以灑掃、應對、進退之節耳，非隱之也。**譬諸草木，區以別矣。君子之道，焉可誣也？**區，域也。古者園圃毓草木，各分區域種藝之，氾勝之爲區種法是也。草木區別，言其明也，《書》曰：“賁如草木。”是也。言君子之道，昭晰明白，不可得而掩藏，豈可隱之以誣罔門人小子乎？**有始有卒者，其惟聖人乎！**有始有卒，謂本末俱舉，而兩端竭盡也。此聖人之事，豈可以此律門人小子乎？”

【古義】聖人之道，猶草木之區別，不可得而誣罔也。然道無先後之可別，而人有賢否之不同，故教之有方，造之有時，不可漫爾而施。善乎，子夏之教人也！隨學者所至之淺深誨之，而不敢以其所不能强之也。故在學者，亦有所據，以無淩虛之失；有所親，以無厭倦之患。日引月長，而不自知其進也。

　　論曰：《集註》譏子游之不知有小學之叙，然游、夏同學于孔門，子夏獨知有小學之叙，而子游不知之乎？觀子夏曰：“君子之道，焉可誣也？”蓋子游疑其有所隱而譏之也。

【徵】“本之則無”，言求其本則莫有也。本者，謂先王治天下國家之道也。先王之立道，其意本求以安天下後世故也。後儒以性命之奥爲本，非孔門諸子之意矣。“孰先傳焉，孰後倦焉”，包咸曰：“言先傳業者，必先厭倦。”邢昺曰：“君子教人之道，先傳業者，必先厭倦，

誰有先傳而後倦者乎？子夏言：我之意，恐門人聞大道而厭倦，故
先教以小事。"朱子曰："非以其末爲先而傳之，非以其本爲後而倦
教。但學者所至，自有淺深。"是包、邢失乎"孰"字，朱子昧乎"倦"
字，皆不可從矣。蓋言君子之道，何者當先傳之，何者當後傳之，何
者彼所先倦，何者彼所後倦？傳之所以有先後者，以彼之能堪與不
堪也。所堪者後倦，所不堪者先倦，必量其所能堪而教之。人有敏
不敏，道有淺深，譬諸草木區以別矣。區，朱子訓類，非矣。《升庵
外集》："蘇子由云：'如瓜疇芋區之區。'"仁齋曰："區，域也。古者
園圃毓草木，各分區域種藝之，氾勝之爲區種法是也。草木區別，
言其明也，《書》曰：'賁若草木。'"是説得之，蓋其次第等級，炳如丹
青也。"焉可誣也"，言以不堪爲堪。教以其大者，俾門人小子肆言
其大者，則是誣人也，君子之道安可如此乎？上言君子之道量其人
教之，此言君子之道不誣人，二君子之道，意自不同也。"有始有
卒"者，謂不倦也。"學而不倦"，孔子所自道，故曰："其惟聖人乎！"
言其不可以望門人小子也。朱子以"始終本末，一以貫之"爲説，仁
齋以"本末俱舉，兩端竭盡"爲説，皆不得其解者耳。夫"扣兩端而
竭之"，孔子所以告鄙夫也，是豈難事而常人所不能哉？此章朱子
以爲大小學之序，"大小學"自其所見耳，孔子時豈有之乎？仁齋乃
言"子游疑其有所隱而譏之"，而以"焉可誣也"爲君子之道。"昭晰
明白，不可得而掩藏"，是亦昧乎"誣"字之義矣，"誣"豈掩藏之義
乎？蓋子游之意，以子夏之倦於教規之耳，故子夏答以弟子之不堪
而倦焉，可以見已。

子夏曰："仕而優則學，學而優則仕。"優，饒也，謂有餘也。

【古義】此言仕與學本無二致。學以致其道，仕以行其志。故仕而能裕
　　其事，則雖未必學，然不違乎學之理；學而能及乎人，則雖未必仕，

亦不戾於仕之道。可知雖學而仕，然若不稱其職，則與不學同。夫子曰：“《書》云：‘孝乎惟孝，友于兄弟。施于有政，是亦爲政。’”此學而優則仕也。子夏曰：“雖曰未學，吾必謂之學矣。”此仕而優則學也。

【徵】“仕而優則學，學而優則仕”，朱註盡之矣。優，有餘力也。言仕而宦成，雖有曹事，亦所優爲，是有餘力可以學焉。學而業成，雖有未成者，亦非歲月之可能卒，則可以仕焉。仁齋乃引“是亦爲政”而曰：“仕不必學，學不必仕。”真亂道哉！

子游曰：“喪致乎哀而止。”致，推而極之也。

【古義】此戒時俗居喪者，哀不足而專務文也。即“喪，與其易也，寧戚”、“喪與其哀不足而禮有餘，不若禮不足而哀有餘”之意，聖門之學尚實如此。

【徵】“喪致乎哀而止”，孔安國曰：“毀不滅性。”古人之解經，簡而能盡，誠非後人所及哉！蓋子游説聖人制喪禮之意，“止云”者，聖人之心至於其致哀而止，不必過求其它也。凡致字之義，皆謂使其自然至此之極也，非我推而極之也。如喪禮，皆所以使人子之哀情自然來至。聖人之心，是爲極處不過求它，故曰“止”。朱子昧乎“喪”字、“致”字，故以行喪之人言之，以推極言之。又以子游爲簡略細微之弊，不亦謬乎！

子游曰：“吾友張也，爲難能也，然而未仁。”“爲難能”，美其不可及也。“然而未仁”，不與其仁也。**曾子曰：“堂堂乎張也，難與並爲仁矣。”**堂堂，容貌之盛。

【古義】務外自高者，内必不誠，故曾子謂其不能有輔人之仁，亦不可資其仁而輔之也。其稱“堂堂”者，惜之也，非贊之也。○子張之行，子游言其“難能”，曾子稱其“堂堂”，皆褒之之辭。然而二子皆不與其仁，是知制行之高易爲，而道德之實則難其人也。夫窮經之人易

遇，知道之人難遇；知道之人易得，有德之人難得。非知道之人，則
難與存義；非有德之人，則難與並爲仁矣，此二子之所以不與子張
也。後世儒者因二子之言，漫議子張者，過矣。

【徵】子張才識高朗，能勉强爲難及之行，而其於仁也，未能成德，故曰：
　　"難能也。"其未仁也，猶如仲弓之未仁也。後世據子游之言，以輕
　　詆子張，非也。蓋子張之難能也，亦子貢廬冡上六年之類耳。朱子
　　以爲"少誠實惻怛之意"，夫有誠實惻怛之意，烏足以爲仁乎？"堂
　　堂乎張"，亦謂其威儀之盛、規模開廓，有難及者也。如"堂堂乎張，
　　京兆田郞"，亦言威儀之盛。《荀子》曰："弟作其冠，神禪其辭，禹行
　　而舜趨者，子張氏之賤儒也。"是譏末流焉。由流求乎源，則子張可
　　知已。"難與並爲仁矣"者，言使己與子張隣國以行仁政，則必出其
　　下焉。亦見曾子所畏，不啻子路也。"未仁"與"爲仁"不同義，觀於
　　孔子答諸子問仁，唯顏淵、子張以天下言之，可見其才大已。然孔
　　子未嘗規以篤實忠厚之事，則亦其非不足於此者審矣。宋儒動求
　　諸心，故以威儀爲粗迹，遂謂子張專用心于外，所以未仁也。遂訓
　　"師也辟"爲"便辟"。夫威儀之盛，豈便辟哉？《中庸》曰："齊明盛
　　服，非禮不動，所以脩身也。"是其在九經之首，豈非爲仁之本乎？
　　子張之堂堂，豈病乎？大氐後儒昧乎"爲仁"字義，所以差也。古時
　　師之教弟子，弟子之所從事，皆各以其性所能焉。然後世道學先
　　生，則各立門户，設宗旨，以己所見强之孔門諸賢。何其自高之甚，
　　以至奪夫孔子之權也。噫！仁齋又論此章之義曰："知道之人易
　　得，有德之人難得。"殊不知"苟不至德，至道不凝"，豈非知道之難，
　　非孔子不足以當之邪？"君子哉若人"，亦足以爲有德之人也已。

曾子曰："吾聞諸夫子：'人未有自致者也，必也親喪乎？'"致，盡其極也。至
哀之情，不待人言。

【古義】人固無所不至，然至於親喪，則無不自盡焉。可見人性之善，不可誣焉，而人之不可以不自勉也。於是而忽焉，則不可以爲人也。曾子引夫子之言而稱之，所以深警也。

【徵】“人未有自致者也”，言人於它事，皆假禮而後誠至焉，敬至焉。若必求其能自致者，則親喪而已。是獨雖不假先王之禮，尚可能使己之哀情自然來至也。

曾子曰：“吾聞諸夫子：‘孟莊子之孝也，其他可能也。其不改父之臣與父之政，是難能也。’”孟莊子，魯大夫，名速。其父獻子，名蔑。言莊子事獻子，飲食供奉，無所不盡其心。然不若不改父道之孝，尤爲大且盡也。

【古義】獻子，魯之賢大夫，其用才立政，固多可觀者，而莊子皆能遵守而不改焉。夫子言：“其他孝行，有人之所不能者，然而皆不若此事之最爲難能也。”夫孝者，善繼人之志，善述人之事者也。父有善政良法，而爲之子者不能奉行，或輒變更之，以徇其所好者，世每有之。今莊子不改父之臣與父之政，則非惟不辱先德，且可以光祖業，豈其他孝行所可能比哉？而後世史氏傳孝子者，專取奇行難能者稱之，抑末矣。

【徵】“孟莊子之孝也”，仁齋先生據《中庸》，以“繼述”爲孝之至，可謂善解《論語》已。然又據此而以“三年不改於父之道”，必爲父之善者，泥矣。獻子，魯之賢大夫，則仁齋先生之解此章，爲得之。然必以父之善言之，則安知仁齋先生之言，不爲世之嗣主喜改父之臣與父之政者口實哉？《學而篇》所載：“父在觀其志，父沒觀其行。”古言也。“三年無改於父之道，可謂孝矣。”亦古言也。孔子並引古言，示學貴博貴不固也。君子之不執一而廢百也，一則言彼，一則言此，並觀則道生於其間焉，古之學爲爾。

孟氏使陽膚爲士師，問於曾子。陽膚，曾子弟子。**曾子曰：“上失其道，民散**

久矣。如得其情，則哀矜而勿喜。"朱氏曰："民散，謂情義乖離，不相維繫。"情，謂情實。

【古義】凡民之善惡，皆上之所使，故古之聖王，尤謹其所導焉。蓋導民之要，在先使民各得其所，故先王之治民，必先使其有恒產，而申之以孝悌之義。若此而犯法，上猶有欽恤之意，況養之無制，教之無法？此上先失其道也。及其犯罪，從而刑之，是上罔民也。固哀矜之不暇，豈可喜之哉？

【徵】"如得其情，則哀矜而勿喜"，聽訟之道本然也。情，謂獄情也。朱子曰："情，實。"未是。喜者，喜得其情也。獄情難得，故得之則喜，是聽訟者之常也，故孔子不貴聽訟。曾子曰："上失其道，民散久矣。"此曾子特言此以深警陽膚者已。"惟刑之恤哉"，雖盛世亦然。

子貢曰："紂之不善，不如是之甚也。是以君子惡居下流，天下之惡皆歸焉。"下流，謂地形卑下，眾流之所歸。言人若有汙賤之行，則惡名歸之，亦猶如此。

【古義】言紂固不善，然不如後世所稱之甚也。苟人一置身于不善之地，則自爲眾惡之叢，可不慎哉！是以君子好處高明，而惡居下流也。

【徵】"君子惡居下流"，謂紂之爲逋逃藪也，眾惡人歸紂而紂受之。其所自爲惡雖不甚，而眾惡人所爲惡，皆紂之惡也。故曰："天下之惡皆歸焉。"舊註皆不得其解。

子貢曰："君子之過也，如日月之食焉：過也，人皆見之；更也，人皆仰之。"

【古義】君子之心至誠，故雖微過，人皆見之。猶日月之體至明，故雖纖翳，天下見之。言明白易見，亦不掩藏之也。而其爲過也，必無所不改；而及乎其改之也，人益仰慕之也。小人反之。子貢以日月之蝕，喻君子之過，其旨深矣。

【徵】"君子之過也，如日月之食焉"，以在上者言之。君子之德，民所具瞻,是謂之明德。故其過也,不可得而掩焉,是子貢之意也。有德之人,在上之器也,故亦謂之君子。故有德望者,其過也亦猶若是焉。後世註家,皆得其旁意耳。

衛公孫朝問於子貢曰:"仲尼焉學?"公孫朝,衛大夫。焉,猶安也。**子貢曰:"文武之道未墜於地,在人。賢者識其大者,不賢者識其小者,莫不有文武之道焉。夫子焉不學,而亦何常師之有?"**文武之道,謂文王、武王治天下之大經大法也。不曰堯舜,而曰文武者,以去代猶近,而典刑具在也。未墜於地,猶曰"極天罔墜"。識,記也。識大識小,猶所謂"仁者見之謂之仁,智者見之謂之智"之類也。

【古義】子貢言夫子從賢者學其大者,從不賢者學其小者,初無常師,有道則取焉。蓋謂聖人道廣德大,好學而不已也。

論曰:夫聖人之道,天地之常經,古今之通義,猶日月星辰之繫于天,而萬古不墜也。有智者皆可知,有志者皆可行,雖夫婦之愚不肖,莫不與知能行焉,此所以為聖人之道也。故曰:"莫不有文武之道焉。"廣矣大哉!若夫後儒所謂"道統""傳云"者,本傚佛氏所傳宗派圖而所造,皆私道者,而非天地公共之道。故道統圖者,君子不取焉。

【徵】"文武之道未墜於地,在人",獻足徵也;"文武之政,布在方策",文足徵也。賢者所見大,故能識其大者;不賢者所見小,故能識其小者。文武之道,禮樂也。禮樂不言,在默而識之,故賢不賢異其識,古之道也。識,謂能名言之也,如識人、知人之分。朱子"識"音志,不必爾。賢不賢皆識之,故"莫不有文武之道焉";賢不賢皆可師,故孔子"何常師之有"。仁齋曰:"聖人之道,天地之常經,古今之通義,猶日月星辰之繫于天,而萬古不墜也。有智者皆可知,有志者皆可行,雖夫婦之愚不肖,莫不與知能行焉,此所以為聖人之道也。故曰:'莫不有文武之道焉。'"又曰:"文武之道,謂文王、武王治天下之大經大法也。不曰堯舜，而曰文武者，以去代猶近，而典刑具在也。未墜於地，猶曰‘極天罔墜’。識大識小，猶所謂‘仁者見之謂之仁，智者見之謂之智’之類也。”此等之言，皆失之粗已。彼專以講説爲學，而不識古聖人所謂學焉，誤讀《中庸》。以爲親義別序信盡乎道也，殊不知子貢所謂學者，謂學禮也。道者，謂禮樂也。識大者識小者，亦謂禮之大者小者也。文武之道未墜於地者，謂周禮樂未亡也。若以“極天罔墜”爲未墜於地者，則子貢之不長於説辭也。夫文武者，周先王也。孔子爲周臣子也，故曰“爲東周”也。如所謂“去代猶近而典刑具在”者，則孔子之於展禽、臧文仲，或是可已，安可以稱之於文武乎？親義別序信，達道也，豈可以盡於道乎？子思作《中庸》，與外人爭也，豈可移其意以解《論語》哉？

叔孫武叔語大夫於朝，曰：“子貢賢於仲尼。”武叔，魯大夫叔孫州仇。武叔，其謚。**子服景伯以告子貢，子貢曰：“譬之宮墻，賜之墙也及肩，窺見室家之好。**墙卑，宮淺。**夫子之墻數仞，不得其門而入，不見宗廟之美、百官之富。**七尺曰仞。言墙高而宮廣，故不得其門而入，則不得見其中之所有。**得其門者或寡矣，夫子之云，不亦宜乎？**夫子，武叔也。言得其門者猶少焉，則入于其室之難，宜矣。**”**

【古義】人之於道，造詣淺者，人皆可得而知焉；造詣甚深，則非其人，不能以知焉。故曰：“聖人能知聖人也。”故子貢於武叔之言，不非之而宜之，蓋以言聖人之難知也。

【徵】“不得其門而入，不見宗廟之美、百官之富”，誠哉是言！七經具存千載，學者不知聖人之道，亦不得其門而入故耳。近世諸老先生多以《孟子》解《論語》，亦未知孟子與外人爭者也，豈足以解門内之言乎？其解經皆以理而不以道，可謂“不見宗廟之美、百官之富”已。其專心四書而忽略六經，亦坐是故耳。按蔡邕《石經》：“譬之”作

“譬諸”。

叔孫武叔毁仲尼。子貢曰：“無以爲也，仲尼不可毁也。<small>無以爲，猶言無用爲此。</small>**他人之賢者，丘陵也，猶可踰也；仲尼，日月也，無得而踰焉。人雖欲自絶，其何傷於日月乎？多見其不知量也。**<small>土高曰丘，大阜曰陵。日月，喻其至高。自絶，謂謗毁以自絶于孔子。何傷於日月，言無損於日月之明也。多，與祇同，適也。不知量，謂不自知其分量。</small>**”**

【古義】其智愈深，則知聖人愈深；其學愈至，則尊聖人愈至。如孔子之喪，子貢廬於冢上六年，可謂知聖人之愈深，而尊聖人之愈至者也。

【徵】“仲尼，日月也”，觀於子貢此言。則知孔子末年，魯人尊親孔子，不啻君父也。不爾，弟子而譬其師“日月也”，人孰信之？人不信而言之，豈足以解其惑乎？則子貢之不善於説辭也。連前後三章，子貢贊孔子者至矣，故以此終之。

“多見其不知量也”，何註：“以適足自見其不知量也。”邢昺疏：“據此註意，似訓‘多’爲‘適’。所以多得爲適者，古人多、祇同音。‘多見其不知量’，猶襄二十九年《左傳》云‘多見疏也’，服虔本作‘祇見疏’，解云：‘祇，適也。’晉宋杜本皆作‘多’。張衡《西京賦》云：‘炙炮夥，清酤多。皇恩溥，洪德施。’施與多爲韻。此類衆矣，故以多爲適。”升庵曰：“《周易》‘無祇悔’，《荀九家》作‘多’。”亦一証。

陳子禽謂子貢曰：“子爲恭也，仲尼豈賢於子乎？”<small>朱氏曰：“爲恭，謂爲恭敬，推遜其師也。”</small>**子貢曰：“君子一言以爲知，一言以爲不知，言不可不慎也。**<small>子貢責子禽之易言也。</small>**夫子之不可及也，猶天之不可階而升也。**<small>階，梯也。朱氏曰：“大可爲也，化不可爲也，故曰：‘不可階而升也。’”</small>**夫子之得邦家者，所謂立之斯立，道之斯行，綏之斯來，動之斯和。其生也榮，其死也哀，如之何其可及也？**<small>立，謂植其生，所謂“制其田里”是也。道，引也，謂導之以德。行，從也。綏，安</small>

也。來，歸附也。動，謂鼓舞之也。和，猶言不應徯志。此皆言聖人感應之妙，至神速也。榮，極其尊親。哀，極其思慕。言人之恭敬服從，無所不至也。”

【古義】謝氏曰：“觀子貢稱聖人語，乃知晚年進德，蓋極其高遠也。夫子之得邦家者，其鼓舞群動，捷於桴鼓影響。人雖見其變化，而莫窺其所以變化也。”黃氏榦曰：“天之德，不可形容，即其生物，而見其造化之妙；聖人之德，不可形容，即其感人，而見其神化之速。”天下之理，實大則聲宏，本深則末茂。感動之淺深遲速，未有不視其德之所至者。聖人道全德備，高明博厚，則其感於物者如此。因其感於物，以反觀聖人之德，豈不曉然而易見哉？

【徵】無説。

堯曰第二十凡三章

堯曰：“咨！爾舜！天之曆數在爾躬，允執其中。四海困窮，天祿永終。”咨，嗟嘆聲。曆數者，紀歲時節氣，以授民時者也。在爾躬，謂賤①成輔相天地之道，《書》所謂“天工人其代之”是也。允，信也。中者，無過不及之名。言四海之人困窮，則君祿亦永絶矣，戒之也。此堯命舜而禪以帝位之辭。舜亦以命禹。舜後遜位于禹，亦以此辭命之。

【古義】上古之聖人，有磅礴浩渺，過乎中道而不切於人倫，無益於天下國家之治者。故堯以“允執其中”命之於舜，而舜明於庶物，察於人倫，由仁義行，非行仁義也。此舜之所以能承堯之言也。

　　論曰：《古文尚書·大禹謨篇》亦載此言，加以“人心道心，危微精一”等語。然見此篇唯曰“舜亦以命禹”，則堯之命舜，舜之命禹，皆止此二十二字，而無“危微精一”等語，可知矣。按宋明諸儒，或疑《大禹謨》之非真古文，以爲漢儒僞作。大抵依倣諸經、《論》、

---

① 底本作“賤”，疑當作“財”。

《孟》中語，併竊其字句，而緣飾之。而《荀子》亦引"人心之危，道心之微"二句，稱"《道經》曰"而不稱《虞書》，則知此語本非堯舜授受之語，明矣。蓋唐虞之際，其言論平易樸實，專在於知人論政之間，而無後世心性精微論。故知《大禹謨篇》實出於漢儒之手，而堯舜告命之詞，止於此二十二字耳矣。

【徵】"天之曆數在爾躬"，何晏曰："曆數，謂列次也。"朱子因之曰："帝王相繼之次第，猶歲時節氣之先後也。"仁齋曰："曆數者，紀歲時節氣以授民時者也。在爾躬，謂財成輔相天地之道，《書》所謂：'天工人其代之。'是也。"古書誠艱奧，然二說皆如謎，豈有之哉？且仁齋"財成輔相"之解，亦高妙哉！唐虞時豈有是言乎？蓋古先聖王之道，以奉天爲本，故《堯典》無它事，唯有"欽若昊天授民時"耳。《舜典》"天叙""天秩""天工"，皆稱天以行之，羲和以天官分主四嶽爲方伯。夫唐、虞、夏之道一矣，故《左傳》《吕覽》合稱"二典三謨"爲《夏書》。孔子曰"行夏時"，此在堯舜時，其所謂"曆數"者，政治之道盡是焉，故孔子所謂"夏時"，不啻指建寅一事已。曆數人所作，而曰"天之曆數"，亦猶如天叙、天秩焉耳。四嶽即百揆，舜爲百揆日久，既已躬任其職，故曰"在爾躬"，語已往也；"允執其中"，謂踐帝位也。古來相傳"執無過不及之理"，非也。蓋執中，猶云執樞，古訓"皇極"爲"大中"，是亦漢時自古相傳授之説，不可非也。古先聖王"欽若昊天"以臨民，上有天，下有民，而天子立其中間，握其樞柄，是所謂"皇極"也，故古謂踐帝位爲執其中耳。不然，子思作《中庸》書，援引具至，何不一援堯舜授受之言以爲根本也？若從舊解，以爲執無過不及之理，則上下文"執"大不相蒙，豈有是理乎？"四海困窮，天禄永終"，何註憒憒，朱子得之。堯授舜，舜授禹，惟奉天儆戒而已。孔子告顏淵爲仁，唯以"脩身"，可謂先聖後聖，其揆一也。後儒必欲得一微眇之言，如道德仁義者，以見孔子所祖述。是自理學者流之見，陋矣哉！仁齋又據此章及《荀子》《道經》之言，而以《大禹謨》"危微精一"爲漢儒僞作，是其人深信《孟子》，坐是故不復留意於《書》，徒以朱子解解《書》而譏之耳。蓋民心可畏，如朽索之馭六馬，故曰："人心惟危。"導民心於其微，不於其著，庶可以保其治，故曰："道心惟微。"精者，靜也。治天下者，務清靜專一，不敢輕忽，以踐其位，故曰："惟精惟一，允執其中。"味《荀子》之文，其意亦如此。而所謂《道經》，亦"夏道"篆文相近，故誤耳。夫荀子儒者也，豈援老、墨之書邪？故《尚書》所言，亦惟徼戒之言，其實與《論語》所載莫有殊者。故曰："舜亦以命禹。"豈如仁齋拘字數者比乎？孟子譏"子莫執中"，可見中之不可以"執"言也已。

曰："**予小子履，敢用玄牡，敢昭告于皇皇后帝**，朱氏曰："'曰'上當有'湯'字。"是也。履，殷湯名。殷尚白而用黑牡者，未變夏禮故也。皇皇，大也。后，君也，謂天帝也。此言昭告天以伐桀之意。**有罪不敢赦。帝臣不蔽，簡在帝心**。簡，閱也。有罪，指桀。帝臣不蔽，蓋指伊尹也。言天下之善惡，己不敢私，惟天所簡。**朕躬有罪，無以萬方；萬方有罪，罪在朕躬**。"以上皆告天之詞。無以萬方，言勿降災祥於民也。民之有罪，實君之所爲，罪己而無罪民也。○此語今見《古文尚書·湯誥篇》，然《墨子》書引此以爲《湯誓》，則《古文尚書》之可疑，益可見矣。**周有大賚，善人是富**。何氏曰："周，周家。賚，賜也。言周家受天大賜，而富於善人，有亂臣十人是也。""**雖有周親，不如仁人**。孔氏曰："親而不忠賢，則誅之，管蔡是也。仁人，謂箕子、微子，來則用之。"**百姓有過，在予一人**。此武王罪己之辭。"**謹權量，審法度，脩廢官，四方之政行焉**。權，稱錘也。量，斗斛也。法度，禮樂制度皆是也。古者世官，子孫相守，官廢則事曠，故脩之。**興滅國，繼絕世，舉逸民，天下之民歸心焉**。朱氏曰："興滅繼絕，謂封黃帝、堯、舜、夏商之後。舉逸民，謂釋箕子之囚，復商容之位。三者皆人心之所欲也。"**所重：民、食、喪、祭**。孔氏曰："言帝王所重者，此四事：重民，國之本也；重食，民

之命也；重喪，所以盡哀；重祭，所以致敬。"○以上言武王之事。按：武王語，今多見《武成》
《泰誓》等篇，然《古文尚書》頗多乖謬，且先儒亦多致疑，故今不引以爲證。

【古義】楊氏曰："《論語》之書，皆聖人微言，而其徒傳守之，以明斯道者
也。故於終篇具載堯舜咨命之言，湯武誓師之意，與夫施諸政事
者，以明聖學之所傳者，一於是而已。所以著明二十篇之大旨也。"
○堯、舜、湯、武之道，不過敬天重民二者，而敬天其本也。曰"天之
曆數在爾躬"，曰"簡在帝心"，曰"周有大賚"，皆莫非所以敬天也。
凡賞善罰惡，責己恕人，所以推此心也。夫子所以祖述、憲章者，不
外於此。

【徵】皇皇后帝，孔安國曰："皇，大。后，君也。大大君帝，謂天帝也。"朱
註不引此，故詳焉。帝臣，古註以爲桀，朱註得之。"周有大賚，善
人是富"，何晏曰："言周家受天大賜，富於善人，有亂臣十人。"得
之。朱註："所富者皆善人。"雖聖世，豈有是理乎？"雖有周親，不
如仁人"，朱註："紂至親雖多，不如周家之多仁人。"得之。孔安國
以"誅管蔡，用箕微"解之，殊爲不得乎辭矣；"脩廢官"，仁齋以"古
者世官，子孫相守"解之。古誠有之，然豈可引之於此乎？且古之
世官，亦謂有司耳。《春秋》譏世官，則公卿大夫不世官，古之道也。

寬則得衆，信則民任焉，敏則有功，公則説。 公字不見於《論語》，據前篇當作
"惠"字。

【古義】此章舊本通前章合爲一章，然於武王之事無見，而與前篇"子張
問仁"章略同，而逸其半。彼有"恭則不侮"一句，而"公則説"作"惠
則足以使人"。疑因下章有子張之問，而誤再出歟？

論曰：宋儒每以"公"字爲學問之緊要，曰"天理之公"，曰"公而
以人體之"是也。然"公"字屢見老莊之書，而於吾聖人之書無之。
何者？是是而非非，少無所偏私謂之公。然不擇親疏，槩而行之，

則必有害於義。夫父爲子隱，子爲父隱；越人關弓而射之，則己談笑而道之。其兄關弓而射之，則垂涕泣而道之，不可謂公。然人情之至，道之所存也。故聖人仁以盡其愛，義以立其辨，猶天道之有陰陽，地道之有剛柔，不可偏廢也。故仁而無義，則墨子之仁不可行也；義而無仁，則楊子之義不可從也。苟居仁由義，則不待言公，而自無所偏私矣。

【徵】“寬則得衆，信則民任焉，敏則有功，公則説”，仁齋曰：“此章舊本通前章合爲一章。然於武王之事無見，而與前篇‘子張問仁’章略同，而逸其半。彼有‘恭則不侮’一句，而‘公則説’作‘惠則足以使人’。疑因下章有子張之問，而誤再出歟？”可謂善讀《論語》已，然又烏知其非孔子別有所言，而與答子張者相類邪？至於其以《論語》無“公”字而駁宋儒，則懲羹吹虀者比已。宋儒所謂天理之公，其原誠出老莊之見焉，然聖人豈惡公邪？“無偏無黨”，皇極之敷言也。“民之所好好之，民之所惡惡之”，豈非公乎？君子之道，惡執一而廢百。故宋儒拈一“公”字，與仁齋惡“公”字，其失適相同也。

子張問於孔子曰：“何如斯可以從政矣？”子曰：“尊五美，屏四惡，斯可以從政矣。”孔氏曰：“屏，除也。”子張曰：“何謂五美？”子曰：“君子惠而不費，勞而不怨，此二者，治民之要。欲而不貪，泰而不驕，威而不猛。此三者，脩身之要。脩身，即治民之本。”子張曰：“何謂惠而不費？”子曰：“因民之所利而利之，斯不亦惠而不費乎？擇可勞而勞之，又誰怨？欲仁而得仁，又焉貪？君子無衆寡，無小大，無敢慢，斯不亦泰而不驕乎？君子正其衣冠，尊其瞻視，儼然人望而畏之，斯不亦威而不猛乎？”惠易費，勞易怨，欲易貪，泰易驕，威易猛，而今皆不然，故以爲美也。子張曰：“何謂四惡？”子曰：“不教而殺謂之虐；虐，謂殘酷不仁。不戒視成謂之暴；不豫告戒，而督其成功，是爲卒暴無漸。慢令致期謂之賊；朱氏曰：“致期，刻期也。賊，害也，猶‘賊夫人之子’之‘賊’也。言緩於前而急於後，以誤其民，是害之也。"**猶之與人也，出納之吝，謂之有司**。朱氏曰："**猶之，猶言均之也。均之以物與人，而於其出納之際，乃或吝而不果，則是有司之事，而非爲政之體。"**"

【古義】爲政以仁爲本，以不仁爲戒。此章雖論説甚長，然其要不過此二端，不可不察焉。

【徵】五美，仁齋曰："惠易費，勞易怨，欲易貪，泰易驕，威易猛，而今皆不然，故以爲美也。"得之。又曰："惠而不費，勞而不怨，二者治民之要；欲而不貪，泰而不驕，威而不猛，三者脩身之要。脩身，即治民之本。"亦得之。但"欲仁而得仁，亦治民之要"，彼不得其解，故云爾。欲仁而得仁，即求仁而得仁，謂求仁人而得之也。凡所求之切，皆可以爲貪，但求賢無貪之失耳。後儒皆以爲仁道，是則學問，何待從政而後言之乎？且究其説，亦宋儒一事之仁，古莫有是説，不可從矣。或曰："孔子少許仁，而今曰'求仁人而得之'，則何仁人之易得也？"是則不然，如"欲仁而得仁"，及答子貢"居是邦也，事其大夫之賢者，友其士之仁者"，皆古語而孔子誦之，故亦不深拘耳。從政貴得人，故云爾；"不戒視成"，馬融曰："不宿戒而責目前成，爲視成。"蓋不它是視而唯成是視，故曰"視成"。或以"督成"解之，視豈有督義乎？"慢令致期"，孔安國曰："與民無信而虛刻期，虛字不可解。"朱子曰："致期，刻期也。賊者，切害之意。緩於前而急於後，以誤其民而必刑之，是賊害之也。"刻期，約期也，而止言"致期，刻期也"，則無致字之義。蓋慢者，怠慢也。令者，如"三令五申"之"令"。其所以令申之者不勤，而俾民怠於其事，不覺逼期，是有故陷民于刑意，故謂之賊。致者，使至也，謂使民不覺至期也。如"不戒視成"，則絶無告戒之事，況令申乎？唯視其成耳。是其意爲暴惡，故謂之暴。凡如"暴君"及"桀紂帥民以暴"，皆暴惡之義。其與虐殊者，以其殺之謂之虐，暴不必殺，稍輕於虐耳。朱子以"卒遽無漸"解之，非矣。

子曰："**不知命，無以爲君子也**；天有必然之理，人有自取之道，故知命則樂而不憂，畏而不怠，是所以爲君子也。**不知禮，無以立也**；禮者，身之幹也，故知禮則有以立也。**不知言，無以知人也**。言者，心之符也，故知言則有以知人也。"

【古義】輔氏廣曰："知命則在我者，有定見；知禮則在我者，有定守；知言則在人者，無遁情。知斯三者，則內足成己之德，外足盡人之情，故君子之事備矣。"○尹氏曰："弟子記此以終篇，得無意乎？學者少而讀之，老而不知一言爲可用，不幾乎侮聖言者乎？夫子之罪人也。可不念哉！"

【徵】"不知命，無以爲君子也"，命者，道本也。受天命而爲天子、爲公卿、爲大夫士，故其學、其政，莫非天職。苟不知此，不足以爲君子也。蓋君子者爲上之德也，以君命爲悦者，爲人下者也。君子則不然也，禀命於天焉，以其所傳先王之道也，是其大者，而吉凶禍福不待言也。先儒多以吉凶禍福言之，抑亦末已。禮者，德之則也，故不知禮無以立。立者，立於道也。先王之道，其可守以爲則者，禮已。言者，先王之法言也。先王之法言，猶規矩準繩也。夫非規矩準繩，何以能知方圓平直哉？非此而知，亦目巧耳，皆取諸其臆者也。取諸其臆，則人恣其所見，有何窮極？故知先王之法言，而後所知合於道，故知人。知人者，謂知賢者也。夫賢者，其德行合於先王之道者也，故以先王之法言爲之規矩準繩，而後可知已。孟子"知言"，知它人之言也。觀於孔子"聽訟，吾猶人也"，則知它人之言，聖人亦不敢言吾能之矣。夫聖人所不敢言能之，而孟子能之，豈理乎哉？故知孟子之非也。先王之法言在《詩》《書》，而先王之《詩》、《書》、禮、樂，君子所以學也。上《論》首學與知命，而下《論》

又以此終之，是編輯者之意也。王者出征告諸天，受命于廟，受成于學，還亦獻馘于學。學者，聖人之道所在也。聖人之立道，奉天命以行之，故君子之道，歸重於天與聖人者，無適不然焉。《論語》之所以終始，可以見已。按：《註疏》本此章作"孔子曰"，朱子本作"子曰"。

圖書在版編目 (CIP) 數據

論語古義　論語徵 /（日）伊藤仁齋，（日）荻生
徂徠著；張蒙蒙整理 . — 北京：商務印書館，2023.10
（2024.12 重印）
（中西書院文庫）
ISBN 978–7–100–21516–9

Ⅰ . ①論…　Ⅱ . ①伊… ②荻… ③張…　Ⅲ . ①《論
語》—注釋　Ⅳ . ① B222.22

中國版本圖書館 CIP 數據核字（2022）第 140950 號

中西書院文庫
論語古義　論語徵
〔日〕 伊藤仁齋
荻生徂徠 著
張蒙蒙　整理

————————————————

商 務 印 書 館 出 版
（北京王府井大街 36 號　郵政編碼 100710）
商 務 印 書 館 發 行
江蘇鳳凰數碼印務有限公司印刷
ISBN　978–7–100–21516–9

————————————————

2023 年 10 月第 1 版　　開本 880×1240 1/32
2024 年 12 月第 2 次印刷　印張 14
定價：98.00 元